岳阳县年鉴

YUEYANG COUNTY YEAR BOOK

（2021）

中共岳阳县委党史研究室
岳阳县地方志编纂室 编

方志出版社
Publishing House of Local Records

图书在版编目（CIP）数据

岳阳县年鉴. 2021 / 中共岳阳县委党史研究室，岳阳县地方志编纂室编. --北京：方志出版社，2021.10

ISBN 978-7-5144-4815-3

Ⅰ.①岳… Ⅱ.①中… ②岳… Ⅲ.①岳阳县-2021-年鉴
Ⅳ.①Z526.44

中国版本图书馆 CIP 数据核字（2021）第 203742 号

岳阳县年鉴（2021）

编　　者：中共岳阳县委党史研究室　岳阳县地方志编纂室
责任编辑：高孟君

出 版 者：方志出版社
地址　北京市朝阳区潘家园东里 9 号（国家方志馆 4 层）
邮编　100021
网址　http：//www.zgfzcb.cn
发　　行：方志出版社图书经销中心
电话（010）67110500
经　　销：各地新华书店
印　　刷：岳阳天创印务有限公司

开　　本：889×1194　　1/16
印　　张：23.5
字　　数：612 千字
版　　次：2021 年 10 月第 1 版　　2021 年 10 月第 1 次印刷
印　　数：0001~1000 册

ISBN 978-7-5144-4815-3　　**定价**：358.00 元

编 辑 说 明

一、《岳阳县年鉴（2021）》以马克思列宁主义、毛泽东思想、邓小平理论、“三个代表”重要思想、科学发展观、习近平新时代中国特色社会主义思想为指导，坚持辩证唯物主义和历史唯物主义的立场、观点和方法，全面、客观、系统地记载2020年岳阳县自然、政治、经济、文化、社会和生态建设等方面发展情况，为社会各界和海内外人士了解和研究岳阳县提供基本资料。

二、本年鉴采用分类编辑法，设类目、分目、条目3个层次，部分分目下设子目，条目为记述基本层次。

三、本年鉴记述时限为2020年1月1日至12月31日，特载及图片部分内容涉及2021年。

四、本年鉴所载领导人名录以2020年12月31日在职为准，以各单位提供的资料为主要依据。

五、本年鉴稿件内容和数据由各单位提供并经撰稿单位主要领导审核，然后由年鉴编辑部编辑，年鉴编委会终审定稿。凡涉及全县性的经济和社会发展的主要数据，以县统计局提供的数据为准。

《岳阳县年鉴（2021）》编辑委员会

李君梅　　岳阳县人力资源和社会保障局党组书记、局长

李　林　　岳阳县筻口镇党委书记

李德军　　岳阳县荣家湾镇党委书记

何　勇　　岳阳县人大常委会党组成员、办公室主任

邹三龙　　岳阳县文化旅游广电局党组书记、局长

闵孚君　　岳阳县人民检察院党组书记、检察长

汪东九　　岳阳县职业中等专业学校校长

张忠新　　岳阳县发展和改革局党组书记、局长

周立雄　　岳阳县新墙镇党委书记

周　年　　岳阳县政府办副主任（兼）、信访局党组书记、局长

郑少华　　岳阳巴陵农村商业银行股份有限公司党委书记、董事长

柳卫平　　岳阳县农业农村局党组书记、局长

姜宏毅　　岳阳县东洞庭湖管理委员会办公室主任

徐　晖　　岳阳县税务局局长

高兴球　　岳阳县步仙镇党委书记

梁亿仲　　岳阳县新开镇党委书记

喻新亚　　岳阳县商务粮食局党组书记、局长

《岳阳县年鉴（2021）》编辑部

主　　编　曹　瑜

副 主 编　费淑荷

编辑部主任　毛向阳

编　　辑　单　婵

摄　　影　王根良

版式设计　李仕玉

封面设计　谌良柱

目 录
CONTENTS

中国共产党岳阳县委员会

中共岳阳县纪律检查委员会

岳阳县人民代表大会常务委员会

岳阳县人民政府

政协岳阳县委员会

军　事

法 治

群众团体

经济管理

农业·水利

工业·通信

东洞庭湖管理

商贸服务

城乡建设·生态环境

交通·邮政

财政·税务

金 融

教育·科技

文化·旅游·广电

医疗卫生

人民生活

乡 镇

人 物

附 录

索 引

岳阳县行政区划图

审图号：湘S（2017）132号

荣湾水库
白洋水库
城北
恒鑫纺织公司
天鹅小学
地税局
荣站
荣站小学
新华书店
技监局
果品市场
自来水二厂
自来水公司
八中
大园岭市场
国税局
天城花园
中山科技学校
卫农
巴陵
富荣西路
工商局
政务中心
城西
计量局
庆丰市场
庆丰花园
环保局
怡和花园
劳动局
中医院
交警大队
明德小学
国土局
借源宾馆
烟草局
天祥房地产
房产局
老干局
电力局
旅游局
计生局
庆丰
街赵
职业中专
人民医院
二中
荷花塘小学
检察院
小天地宾馆
民政局
君和大酒店
招商局
城关派出所
荣家湾站
司法局
县政府
石油公司
同心
龙都宾馆
档案局
万福来宾馆
乡企局
县委
富雅大酒店
邮政局
青华源宾馆
老街
国税分局
电信局
广播局
教育宾馆
保险公司
镇医院
公安局
法院
天鹅
财政局
农业局
一中
教育局
向阳
妇幼保健院
中心市场
镇一中
林业局
城南
建设局
血防医院
粮食局
防办
农机局
东海人酒店
文胜
审计局
环保局
水利局
倾城主题酒店
规划局
工商局
卫生局
文化局
物质总公司
云龙宾馆
医药局
交通局
体育局
总工会
副食居民小区
亿丰时代广场
汽车站
畜牧局
荣城鑫都
公用事业公司
盐业局
民康公司
金鑫商务大酒店
加油站
城南汽车站
枫桥
枫桥小学
县委党校
南街
中医院
荣家湾镇
新长征小学
机瓦厂
南天大酒店
公路局
汇鑫油脂公司
海天客房
汇鑫环保科技公司
秦皇岛益海岳阳公司
新科职业技术学院
桥东
核工业
月西
京广铁路
X052

岳阳县城区图

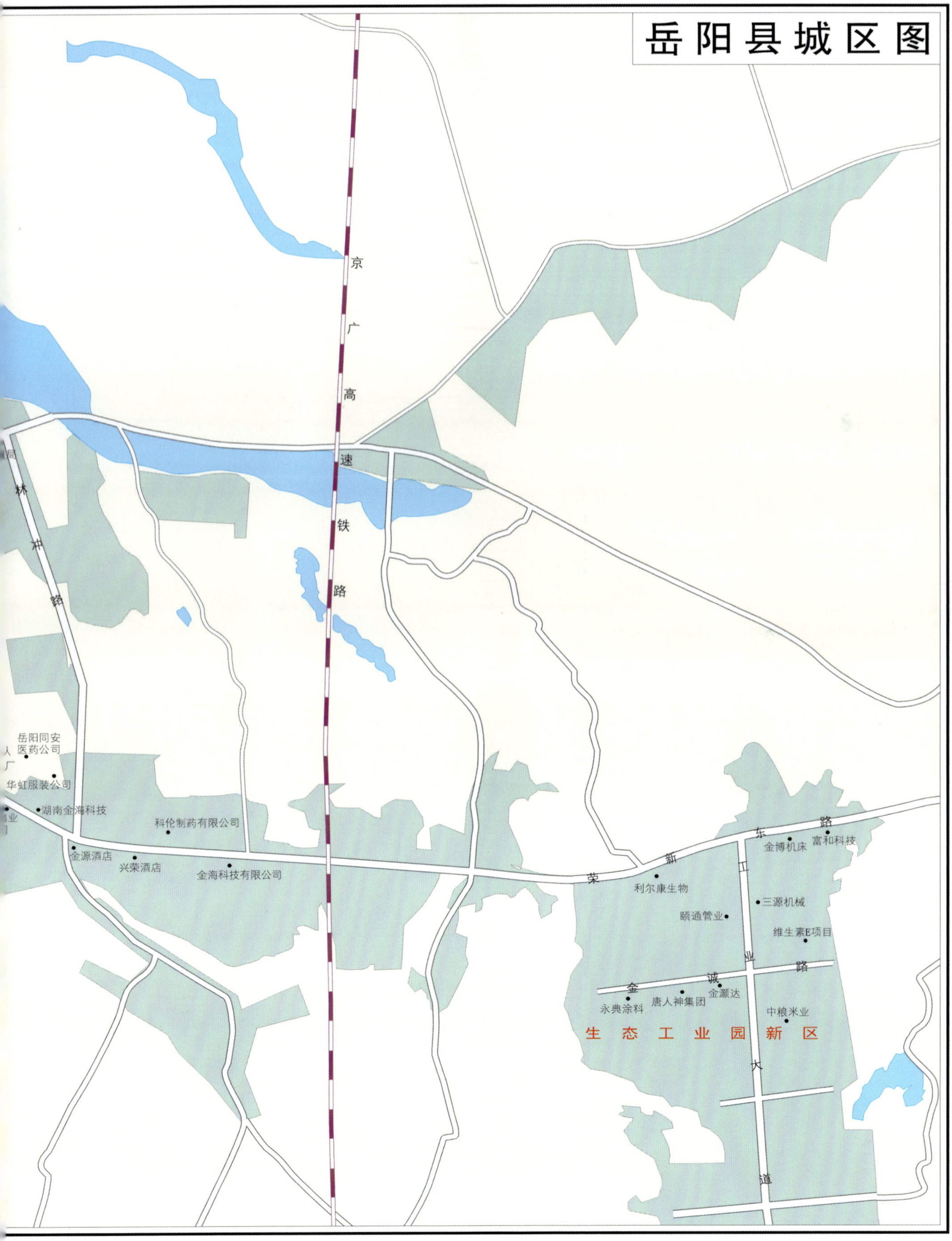

审图号：湘S（2017）132号

数说岳阳县2020

全县总面积	280983.36 公顷
全县总人口	724448 人
全县生产总值	362.84 亿元
第一产业增加值	69.71 亿元
第二产业增加值	150.95 亿元
第三产业增加值	142.17 亿元
公共财政预算收入	12.71 亿元
地方财政预算收入	7.13 亿元
工业增加值	141.44 亿元
规模以上工业企业实现利润同比增长	10.9%
社会建筑增加值	9.71 亿元
固定资产投资同比增长	9.0%
民间投资占全部投资的比重	74.3%
产业投资占全部投资的比重	76.81%
高新技术产业投资占全部投资的比重	12.7%
房地产开发投资	11.87 亿元

◎中华诗词之乡　◎中国最美山水生态旅游名县
◎国家卫生县城　◎洞庭湖生态经济优秀县
◎全国文明城市提名城市　◎全国农业农村信息化示范基地

社会消费品零售总额	133.65 亿元
外贸进出口总额	14945 万元
用电总量	114355.68 万千瓦时
公共文化设施面积	200.50 万平方米
广播综合人口覆盖率	100%
电视综合人口覆盖率	100%
医疗床位数	3215 张
旅游综合收入	46.87 亿元
城镇居民人均可支配收入	32555 元
农村居民人均可支配收入	19299 元
城镇新增就业	6725 人
城镇居民人均消费支出	15580 元
农村居民人均消费支出	14085 元
城乡居民医疗保险人数	672582 人
城镇失业保险参保人数	26540 人
城乡居民社会养老保险参保人数	465961 人

美丽县城

荣湾湖公园夜景

洞庭夕照

铁山水库

大云山胜境

民间故宫张谷英

金色麻塘

筻口镇释迦寺村

月田皇帽松

洞庭春茶

美丽新墙河

绿满荣城　　（许伟军/摄）

工业园全景　　（许伟军/摄）

2020 年 11 月 20 日，岳阳县城乡供水一体化暨水系连通及农村水系综合整治试点县项目开工。（李雨桑/摄）

浩吉铁路步仙货运站（余谦/摄）

2021 年 4 月 22 日，中央农办主任，农业农村部党组书记、部长唐仁健到岳阳县筻口镇潼溪村调研早稻生产工作

（袁颖/摄）

2021 年 8 月 26 日，湖南省委副书记乌兰到岳阳县调研乡村振兴工作 （熊佳/摄）

2021年6月29日，岳阳市委书记、市人大常委会主任王一鸥到岳阳县开展"七一"走访慰问活动，看望慰问因公殉职干部彭庆文的家属 （熊佳/摄）

2021年7月19日，岳阳市委副书记、市长李爱武专题调研岳阳县园区高质量发展工作 （熊佳/摄）

2021 年 7 月 27 日，岳阳县委书记肖湘晖陪同岳阳市委副书记陈爱林到岳阳县专题调研乡村振兴工作　（熊佳/摄）

2021 年 8 月 30 日，岳阳县委副书记、县长吴光文到新开镇岳阳市金可可食品科技有限公司调研油茶企业发展情况
（袁颖/摄）

特　载

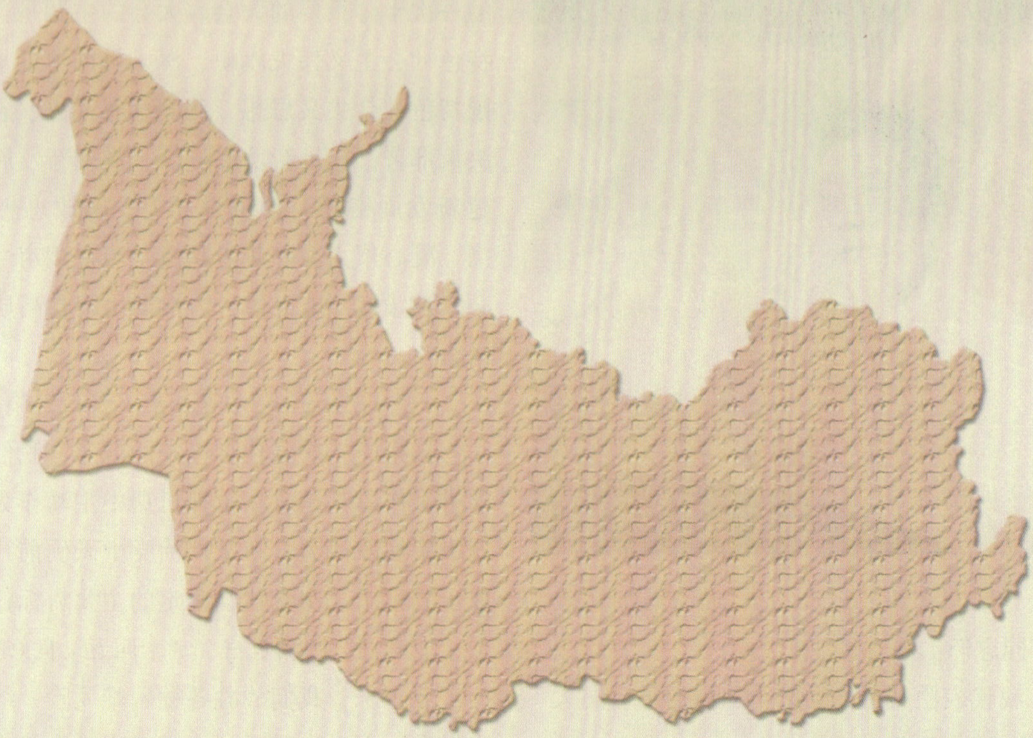

特　载

解放思想　实干担当
为推动岳阳县高质量发展不懈奋斗

——在中国共产党岳阳县第十三次代表大会上的报告

中共岳阳县委书记　肖湘晖

（2021 年 7 月 29 日）

各位代表、同志们：

现在，我代表中共岳阳县第十二届委员会向大会报告工作，请予审议。

中国共产党岳阳县第十三次代表大会，是我县向第二个百年奋斗目标阔步迈进的新征程上，召开的一次十分重要的大会。大会的主题是：高举中国特色社会主义伟大旗帜，深入贯彻习近平新时代中国特色社会主义思想，认真落实中央、省委和市委决策部署，立足新发展阶段，贯彻新发展理念，构建新发展格局，动员全县上下解放思想、实干担当，凝心聚力、跨越赶超，争当岳阳市“三区一中心”建设[1]排头兵，为推动岳阳县高质量发展不懈奋斗。

一、过去五年：攻坚克难，步伐铿锵

县第十二次党代会以来的五年，我们坚持稳中求进工作总基调，在抢抓机遇中主动作为，在转型升级中焕发活力，在从严治党中砥砺前行，较好完成了县第十二次党代会确定的主要目标任务，实现了“十三五”圆满收官、“十四五”良好开局。

五年来，我们战胜各种困难风险，综合实力稳步提升。面对决战脱贫攻坚、决胜全面小康、做好“六稳”“六保”[2]等艰巨的改革发展稳定任务，全县上下积极应对新冠肺炎疫情、本世纪以来最严

重的汛情等大战大考，全力稳增长、调结构，推动经济平稳健康发展。2020年，全县完成地区生产总值362.84亿元，一般公共预算收入12.71亿元，其中税收收入10.9亿元，占财政总收入比重达85.7%；“十三五”期间，全县地区生产总值年均增长7.2%，一般公共预算收入年均增长9.3%，城乡居民人均可支配收入分别年均增长8.0%、8.7%。我县被评为全省全面小康十快进县、全面小康推进工作优秀县、全域旅游示范县。生物医药、新型建材、智能制造三大优势产业加快发展，湖南科伦年纳税能力突破1.8亿元。争取国家重点投入项目563个，到位资金123.9亿元；招商引进项目205个，到位资金400亿元，投资35亿元的财纳福诺石晶地板纳入全省“五个100”[3]重大产业项目。

五年来，我们坚持深化改革开放，发展活力不断释放。以机构改革为重点，推进各领域改革全面深化。深入推进“放管服”改革[4]，实行审批服务一个窗口受理、一条龙服务、一站式办结、一单式收费、一张网监管。深入推进园区管理体制改革，形成“一园三区”[5]格局，实现产业集聚、优势互补、错位发展。深化供销合作社综合改革，整合县域农机、农技、农资服务资源，成立惠农服务公司，有效提升为农服务能力。开展农民专业合作社质量提升整县推进试点，创建国家级示范社14家，省级示范社5家。在全省率先推进国有资产专项整治，彻底理清了全县1188宗、13.6万平方米、市值10.8亿元国有经营性门店及存量公房的租赁关系，实现统一规范管理，国有资产改革经验被中央深改委《改革内参》推介。

五年来，我们统筹推进城乡发展，县域面貌焕然一新。积极对接省域副中心城市建设，加快打造岳雅新城、大唐新城、荣湾湖片区等城市功能区，城市建成区面积达16平方公里，常住人口城镇化率达58%。推进棚户区和老旧小区改造，两次获评全国文明城市提名城市，顺利通过国家卫生县城复评验收，成功创建省级园林县城。稳住粮食生产基本盘，守好群众“米袋子”，连续三年获评全国粮食生产先进县。推进乡村振兴战略，培育国家级农业品牌38个，创建省级现代农业特色产业园5个；推进“空心房”整治、村庄清洁行动集中攻坚、垃圾分类乡村试点等工作，打造了一批山清水秀、风清俗美的美丽乡村，获评全省人居环境整治先进县、全市乡村振兴工作先进县，张谷英村被央视“焦点访谈”栏目重点推介。推进基础设施建设，完成G240和湘北大道岳阳县段、荣新公路等干线公路提质，新建、改造农村公路1197公里，启动鹿角临港新区建设，通江达海的立体交通网络日趋完善。

五年来，我们持续增进民生福祉，人民群众广泛受益。始终把改善民生作为加快发展的出发点和落脚点，近五年民生支出达到160亿元，占财政总支出的76%。着力打好“蓝天、碧水、净土”保卫战，全县生态环境持续好转，乡镇污水处理经验在全省推介。46个贫困村全部退出，28939人全部脱贫，圆满完成脱贫攻坚目标任务。高标准建成岳雅、城南、集英等学校，彻底消除了义务教育阶段大班额。推进医疗能力建设，完成两家县级医院、两家乡镇卫生院整体搬迁和升级扩容，全面完成193个村（社区）卫生室标准化建设任务，医疗保障覆盖率达95%以上。狠抓安全生产、防汛抗旱、食药安全和森林防火等工作，成功创建全省食品安全示范县。实事办理、保障性住房建设、社会救助等工作进入全市先进行列。深入推进扫黑除恶专项斗争，积极化解信访矛盾，不断提高安全应急处置能力，保持了社会大局和谐稳定。

五年来，我们强化统揽全局作用，党的建设全面加强。严格落实党风廉政建设主体责任和监督责任，推动全面从严治党向纵深发展。深入开展“两学一做”学习教育、“不忘初心、牢记使命”主题教育、党史学习教育、政法队伍教育整顿，激励广大党员干部坚定理想信念，践行初心使命。认真落实省委“1+5”文件[6]精神，圆满完成村“两委”换届，村级组织星级管理和基层减负工作经验被《湖南内参》《人民日报》推介。认真落实新时期好干部标准，从严加强干部教育管理，干部队伍建设取得新进展。抓实意识形态工作，加强网络风险防控管理，健全县乡村宗教管理三级网络，开展“千名书记讲党课”活动，守牢了主阵地，唱响了主旋律。强化党管武装，国防教育、民兵调整、兵员征集等工作进入全市先进行列。强力推进反腐败斗争，抓好省委巡视整改，实现第十二届县委巡察全覆盖，严肃查处了一批违纪违法案件，政治生态不断净化。

这些成绩的取得，是省委、市委坚强领导的结果，倾注了历届县委接续奋斗洒下的心血汗水，归功于全县广大党员干部群众、离退休老同志和社会各界人士的齐心协力，离不开驻县单位、驻县部队官兵和寓外乡友的大力支持，在此，我代表第十二届县委，向所有为岳阳县发展进步作出贡献的各级领导、各届人士，表示衷心的感谢和崇高的敬意！

五年的艰辛探索，我们进一步加深了对县域经济社会发展规律性的认识，积累了加快发展的宝贵经验。一是必须有科学明晰的发展思路。我们围绕“做大新型工业、做强现代农业、做活生态旅游、做旺商贸物流、做美县城集镇”的工作思路，强力推进“三大攻坚战”、园区发展、北向融城和项目建设，实践证明，这些思路和举措在打基础、利长远方面，见了实效、出了实绩。新征程上，我们要有符合岳阳县当前实际的发展思路作引领，确保步伐不乱、速度不减。二是必须有干事成事的实干担当。我们以强烈的实干担当精神，作出了一系列重大部署，推进了一系列重点工作，解决了一批多年来想解决而没有解决的问题，办成了许多过去想办而没有办成的大事。在今后的工作中，我们要进一步强化实干担当精神，高位谋划、高位推进，在贯彻省委“三高四新”战略[7]、推进全市“三区一中心”建设中干在实处、走在前列。三是必须有攻坚克难的斗争精神。我们面对征地拆迁难、项目推进难、企业发展难等一系列制约因素，迎难而上，全面推进造纸制浆产能退出、砂石禁采、禁捕退捕、畜禽退养、矮围网围拆除、粘土砖厂关闭取缔、“散乱污”企业治理等专项行动，一大批顽瘴痼疾得以整治，一系列社会矛盾得以化解，保障了县域经济社会健康稳定发展。我们要始终发扬斗争精神，在大是大非面前旗帜鲜明、立场坚定，在危机困难面前挺身而出、敢打敢拼，在歪风邪气面前敢于亮剑、坚决斗争。四是必须有精诚团结的干事氛围。“积力之所举，则无不胜；众智之所为，则无不成。”我们坚持团结一切可以团结的力量，调动一切可以调动的积极因素，与人大、政府、政协班子一起，着力营造风清气正的政治生态，形成了科学发展的强大动能。我们要进一步以团结凝聚共识，以团结促进和谐，以团结推动发展，努力营造心齐气顺、务实高效的工作氛围。五是必须坚持党的全面领导。我们切实增强“四个意识”、坚定“四个自信”、做到“两个维护”，确保了中央、省委、市委各项决策部署落地见效。我们要更加坚定维护以习近平同志为核心的党中央集中统一领导，充分发挥县委总揽全局、协调各方的作用，为高质量发展把方向、作决策、抓落实。

同时，我们也清醒认识到，我县底子薄、基础弱、人均水平低的基本县情没有根本改变，主要矛盾仍然是发展不平衡不充分的问题，主要是：发展方式转变滞后，经济结构调整不到位，城乡区域发展不平衡，科技创新能力不强，高层次人才不足，资源环境约束趋紧，保持经济增长、提升发展质量的难度加大；社会事业发展存在短板，公共服务供给能力不足、水平不高，金融风险、社会风险等隐患增多，维护社会安全稳定的压力很大；党的建设存在薄弱环节，少数干部创新意识不强、缺少干事创业激情，不作为、乱作为现象仍然存在，“四风”问题时有反弹，全面从严治党的责任重大，等等。对于这些问题，我们必须高度重视，在今后工作中切实加以解决。

二、今后五年：锚定目标，乘势而上

今天的岳阳县，发展潜力巨大，发展优势日益凸现，发展态势更趋强劲。站在岳阳县看，我们在过去的基础上取得了长足发展；跳出岳阳县看，我们与周边县市区相比还有较大差距。放眼长沙、株洲、湘潭等地区快马加鞭的发展来势，面对湘阴、汨罗、平江等县市奋力赶超的竞争态势，我们必须意识到，在百舸争流的时代潮流中，不进则退，慢进也是退。窥一斑而知全豹，处一隅而观全局，我们要锚定目标不放松，进一步解放思想，实干担当，在高质量发展竞赛中跑出“加速度”。

1.*以解放思想激发发展效能*。岳阳县与周边县市区的差距，归根结底是思想解放程度的差距。未来五年，我们要紧扣高质量发展这个主题，推动全县干部特别是领导干部解放思想、凝聚共识，同向发力、同频共振。一要着眼长远发展。“十四五”时期，是我们向第二个百年奋斗目标迈进的重要时期，只有从全局考虑、从长远察势，才能抢抓发展机遇，掌握工作主动权。我们制定“北向融城”战略，就是用全局视野和战略思维来谋划岳阳县的未来。“大河有水小河满，大河无水小河干”，这是自然规律，也是哲学道理。岳阳市与岳阳县的关系，就像大河与小河的关系。我们要凭借和发挥近市区的优势，坚定不移融入省域副中心城市建设，推动县域经济社会持续健康快速发展。二要提升队伍素养。县委决定，今年启动三级干部全员轮训计划，分年度、分批次、分专题，组织县级领导和县直部门、乡镇及村“两委”班子成员，到发达地区和党校、高校学习培训，两年内实现全覆盖。这是为加强和提升全县干部队伍整体素质作出的通盘考虑，我们要善于在学习中开阔视野、增长才干，为推动岳阳县高质量发展积累人才、增添动力。三要勇于改革创新。在推动高质量发展上闯出新路子，就要坚持问题导向，拿出更大的勇气和信心，破除深层次体制机制障碍，用改革创新激活发展动力。县委将依据相关法律政策要求，大力破解制约高质量发展的“瓶颈”问题，加快推进乡镇综合执法、撤镇设街道办事处、黄沙街茶场、台创园以及县城投公司管理体制等改革事项，用铁的决心和意志，理顺管理体制机制，推动改革创新，释放发展动能。

2.*以实干担当践行发展使命*。昨天的实干担当成就了岳阳县的今天，今天的实干担当则决定着岳阳县的明天。全县上下要把全部心思和劲头放在实干上，切实担负起高质量发展的历史使命。一要增强时不我待、只争朝夕的紧迫感。当今时代，发展大潮风起云涌，区域竞争千帆竞发，我们坐不住、等不起、慢不得，要时刻保持政治上的清醒和行动上的自觉，以一刻也不耽误的状态推动各项目标任务落地落实。对县委作出的决策、县政府布置的工作，要坚持“马上就办”，做到“办就办好”。二要锤炼攻坚克难、善作善成的真本领。推进高质量发展，我们必须具备与之相适应的能力素质，既要政治过硬又要本领过硬，既要攻坚克难又要善作善成，在“知行合一”中实干担当。对改革创新、北向融城、强园兴工、乡村振兴等重大工作，全县各级各部门要积极作为、攻坚克难，奋力争先创优，推动更多的工作迈进全市一流、全省上游。三要提振干事创业、担当作为的精气神。我们要旗帜鲜明为敢于担当、踏实做事、不谋私利的干部撑腰鼓劲。要坚持新时期好干部标准，把敢于直面矛盾，在关键时刻冲得出来、敢战能胜，作为选拔使用干部的重要依据，着力选拔敢于斗争、善于攻坚的干部。要健全容错、纠错、防错和诬告陷害查处机制，努力营造“想事、干事、成事”的创业氛围，以更加强烈的担当精神，干出实效，干出精气神。

3.*以更高站位锚定发展目标*。当前，国家积极构建以国内大循环为主体、国际国内双循环相互促进的新发展格局，坚持宏观经济政策向中部发力、向“三农”倾斜，长江经济带发展进入“重整行装再出发”的新阶段，经济发展空间更广阔、环境更宽松。省委大力实施“三高四新”战略，明确提出把岳阳打造成为省域副中心城市，随着湖南自由贸易试验区岳阳片区的成立，开放平台效应加速释放，市场和资本必将对岳阳地区更加青睐。市委提出举全市之力打造“三区一中心”，岳阳县近水楼台，必将获得更多的政策机遇和改革红利。我们要切实提高站位、积极抢抓机遇，奋力开拓今后五年发展的新局面。

今后五年的指导思想是：以习近平新时代中国特色社会主义思想为指导，全面贯彻党的十九大和历次全会精神，坚持稳中求进工作总基调，以推动高质量发展为主题，深入贯彻省委“三高四新”战略和市委“三区一中心”部署，加快建设省域副中心城市融合区、高新技术产业集聚区、全域旅游发展示范区、沿湖开放经济崛起区，奋力谱写岳阳县高质量发展新篇章。

——建设省域副中心城市融合区。以岳阳省域副中心城市建设为契机，加快推进县城北融、西扩，全面实现地理空间融城、公共服务融城、现代产业融城，着力打造基础更优化、环境更优越、发展更优质的融合城区。

——建设高新技术产业集聚区。以创建“五好”园区为抓手，瞄准600亿产业园区目标，实施强园兴工战略，全面优化产业布局，着力打造产业集群，建优建强产业链条，做大做强园区经济，打造推动县域经济高质量发展的强大引擎。

——建设全域旅游发展示范区。以良好生态环境为支撑，以张谷英5A级景区创建为重点，整合新墙河、大云山、公田温泉等优质旅游资源，积极探索现代农旅融合发展模式，着力打造全域旅游发展新格局。

——建设沿湖开放经济崛起区。以鹿角港口资源为载体，抢抓京广铁路东移的机遇，全方位对接“岳阳长江百里绿色经济发展走廊”建设，积极承接城陵矶港物流产业转移，实现港口经济快速发展，推动沿湖经济开放崛起。

今后五年的奋斗目标：到2026年，全县生产总值超600亿元、年均增长8%以上，一般公共预算收入超20亿元、年均增长8%以上，固定资产投资年均增长8%以上，社会消费品零售总额年均增长10%以上，高新技术产业增加值占地区生产总值的比重超过30%，居民人均可支配收入增长9%以上，主要经济指标高于全省、全市平均水平。

三、跨越发展：聚焦重点，精准发力

推动经济高质量发展、社会高效能治理，是全县人民的期盼和历史赋予的责任。我们要牢牢抓住千载难逢的发展机遇，调动一切积极因素，集中全县人民的智慧和力量，聚焦工作重点，做到精准发力，在新一轮发展大潮中奋发有为。

（一）坚定融城步伐，推进新型城镇化

积极响应省域副中心城市建设，扎实推进基础设施建设，不断完善城市功能、增强城市实力、提升城市品位，争创全国新型城镇化示范县。

1.实施北向融城战略。按照省域副中心城市建设统一规划，以错位发展实现深度融城。坚定不移推进县城北融、西扩，加快发展荣湾湖、麻塘、新开片区和鹿角临港新区，完成麻黄线、绕城线建设，持续推进沿洞庭湖、跨新墙河发展，实现地理空间融城。充分利用中心城区公共资源，优化荣岳城际公交班次和站点设置，加快城乡供水一体化项目建设，推进与市区基础设施共建共享、管理高度融合，实现公共服务融城。全力支持市重点工程项目建设，积极承接市区相关产业转移，加快发展农旅、康养产业，实现特色产业融城。

2.提升城市管理水平。坚持以现代化理念和绣花功夫建设管理城市，推动治理重心下移、力量下沉，让治理的针脚更细密、城市的运行更顺畅，不断提升城市管理科学化、精细化、现代化水平。统筹推进城区道路提质、地下管廊、防灾减灾救灾等工程项目建设，加快老旧小区改造，彻底整治临街垃圾桶、城区菜园、违规广告牌等影响城市形象的难点热点问题。创建全国文明城市，以县新时代文明实践中心和镇村站所为平台，推进文明创建活动，全面提升县城文明程度和市民素质。创建国家园林县城，完善县城绿地系统规划编制，严格实施城市绿线管理，加大公园游园、城市景观建设维护力度，积极推进义务植树、庭院绿化、园林式单位建设，全面提高绿化覆盖率。

3.全力打造特色小镇。坚持以产业带动为抓手，加快推动荣家湾（鹿角）临港型城镇发展，统筹推进张谷英文旅小镇、黄沙街茶香小镇、筻口新墙果浓小镇、公田温泉小镇、杨林街富硒小镇、麻塘康养小镇等特色小镇建设，着力提升新型城镇化水平。

（二）加快园区发展，全力建设“五好”园区

坚持“强园兴工”战略不动摇，对标“规划定

位好、创新平台好、产业项目好、体制机制好、发展形象好”的要求，推进“五好”园区建设，加快产业集群发展，不断壮大县域经济实力。

1.精准规划定位。按照“一主一特”发展要求，以生物医药、新材料两大优势产业为依托，以600亿园区为目标，全力打造要素集聚、特色鲜明、活力迸发的产业高地。完成调区扩区，实现园区核准规划面积9平方公里以上。优先保障园区建设用地，在长湖片区规划建设新型建材产业基地，在核心片区规划建设全市生物医药产业基地，着力打造“专而精”园区。

2.夯实平台基础。加强园区金融服务体系建设，推动政府资本与社会资本合作，壮大园区产业发展基金，常态化推进银企沟通合作，确保供需信息“零障碍”互动，打造覆盖企业全生命周期的金融服务平台。完善园区教育、医疗、住房等社会公共服务，打造高端生产和优质生活并举的配套服务平台。加快以企业为中心的技术研发体系建设，鼓励支持创建生物医药、高端建材、智能制造科研基地，打造科技创新和成果转化平台。推进园区人才需求和产业发展全方位对接，支持园区企业与高校、职业院校共同建立高技能人才培训基地，打造支撑园区发展的人才供给平台。

3.发展产业项目。做大新型建材产业，通过招大引强、延链补链，推动技术和产品升级，力争产业总产值达到300亿元；做精智能制造产业，积极对接沿海产业转移，力争产业总产值达到100亿元；做专生物医药产业，引进一批医药企业入驻园区，打造中南地区示范性生物医药产业基地，力争产业总产值达到200亿元。以优势产业带动上下游核心配套企业落户，力争引进培育年产值过50亿元企业3家以上，高新技术企业30家左右。

4.健全体制机制。创新园区管理和考核体制，深化“放管服”“最多跑一次”改革，实现园区事项园区办、集中办。引导全县工业企业入驻园区，各乡镇原则上不新建工业项目。坚持“服务企业就是服务发展，支持园区就是支持发展”的理念，打破利益壁垒，真心实意为园区企业排忧解难。健全完善市场监管体系，严肃查处破坏营商环境的行为，构建公平透明、可预期的营商环境。全面落实企业联手帮扶机制，落实好减税降费、金融贷款等各项优惠政策，为企业发展壮大创造条件。

（三）坚持绿色发展，打造全域旅游名片

以创建国家全域旅游示范区为抓手，全面整合生态旅游和精细农业资源，积极引进战略投资，全力打造“天下洞庭·淳美巴陵”旅游品牌。

1.构建全域旅游格局。加快推进张谷英5A级景区创建，科学编制创建规划，全力补齐基础设施、旅游环境、管理服务等方面短板，以张谷英景区发展带动县域东部景点开发，引领全域旅游发展。加快推进公田温泉开发，将公田打造成连接县内景区的集散地、串联全市精品景区的中转站。统筹推进新墙河、麻布大山旅游开发，积极融入全市精品旅游线路，促进资源共享、合作共赢。加快推进万石湖通用机场项目建设，将空中旅游观光打造成我县旅游新亮点。

2.推进农旅融合发展。坚持以精细农业和适度规模农业为依托，积极培育生态游、乡村游、休闲游等农旅结合产业，实现以农促旅、以旅带农，为全域旅游注入新元素。突出“三大基地”建设，即：张谷英村、铁山库区为重点，探索建立休闲游基地；以黄沙街茶园、黄秀农耕文化园、岳阳樱花园为重点，探索建立研学游基地；以筻口菁华果业、新墙葡萄园为重点，探索建立体验游基地。

3.扛牢生态保护责任。严格落实河湖林长制和辖区环境质量责任制，切实推行环保网格化管理，整体推进生态文明建设。坚决打好“蓝天、碧水、净土”保卫战，确保一库清水入城、一湖碧水入江。进一步发展低碳绿色经济，培育发展一批循环经济示范企业，努力构建科技含量高、资源消耗低、环境污染少的产业结构和生产方式，促进县域生态环境持续向好。

（四）发展港口经济，实现沿湖开放崛起

充分发挥近市区、临长江的区位优势，以鹿角码头为载体，千方百计发展港口经济，实现沿湖开放崛起。

1.充分利用现有资源。以鹿角2000吨级（兼顾3000吨级）码头为重点，充分整合现有码头资源，规划新建港口和拓能现有港口吞吐量，转湖泊、河流资源优势为经济优势，将“码头经济”发展成港口经济、开放型经济。围绕岳阳港总体规划，依托岳阳县港区2900米规划港口岸线，主动融入国家“一带一路”和长江经济带发展战略，加快推进临港产业发展，努力把鹿角码头打造成为我县开放崛起的“桥头堡”、经济发展的新增长极。

2.积极对接相关政策。按照“岳阳长江百里绿色经济发展走廊建设”规划，依托荣家湾镇、鹿角码头、高新区规划，积极对接上级部门，科学规划功能布局，努力实现良好开局。扎实做好京广铁路东移、鹿角港专线铁路建设的前期准备工作，统筹推进汗水坡、大毛家湖砂石集散中心和月山码头等项目建设，努力将鹿角港打造成城陵矶港子港、物流仓储港、配送中转港，力争年吞吐量达到500万吨，推动岳阳县步入港口经济新时代。

3.加快发展物流产业。全力推动岳阳火车南站落户黄秀桥，统筹黄秀桥铁路物流园、新墙高桥物流园、新开湘北现代商贸物流园、步仙煤炭货运基地建设，加快构建覆盖全县的现代物流网。以我县主导产业为基础，以第三方物流为依托，大力发展现代运输业，建设水陆空齐全、点线面衔接、集疏运配套的运输服务体系，推动物流产业快速发展。积极引进新的电商项目，大力拓展新型消费模式，加快布局城乡一体化配送市场，统筹推进县乡村三级物流体系建设。

（五）保障改善民生，促进社会和谐稳定

让老百姓过上好日子是我们一切工作的出发点和落脚点。我们要始终坚持以人民为中心，把更多人力、物力、财力投向民生领域，让人民群众更有获得感、幸福感、安全感。

1.持续完善社会服务。加大基本公共服务投入力度，引导社会资金投向公共产品和服务，促进城乡基本公共服务均衡化。积极推进政务服务改革、智慧民生应用，最大范围实现民生服务快捷便利、民生数据共建共享。积极推进新型社区创建，基本形成覆盖社区居民的服务主体多元、服务功能完善、服务质量优良的现代社区服务体系。

2.大力发展社会事业。实施更加积极的就业扶持政策，建好用好招聘信息平台，努力提高城乡居民的就业质量和收入水平。坚持教育优先发展，在县城新建一所高中，推动县三中、县四中搬迁至县城集中办学。全面深化医药卫生体制改革，扎实推进县域医共体建设，支持县人民医院创建三级医院，加强医卫人才引进，整体提升基层医疗服务能力。加大三孩政策宣传力度，推进人口科学增长。加快S310新墙至公田段拓宽提质等项目，推进“四好农村路”[8]建设，让群众出行更加方便快捷。稳步推进房地产开发，加大农村低收入人口住房安全保障力度。统筹抓好社会救助、福利慈善等工作，切实兜住民生底线。持续推进殡葬改革，大力倡导文明丧葬。加强县级融媒体中心能力建设，讲好岳阳县故事，传播岳阳县声音。

3.全面加强社会治理。加强社会网格化治理，构建“横向到边、纵向到底”的网格服务体系，整体提高社会治理水平。落实“属地管理、属地负责”要求，常态化推进扫黑除恶专项斗争，严厉打击违法犯罪行为，确保成功创建“湖南省平安县”。全面巩固政法队伍教育整顿成果，努力打造一支党和人民信得过、靠得住、能放心的政法铁军。强力推进法治建设，提高人民群众法治素养，让办事依法、遇事找法、解决问题用法、化解矛盾靠法成为行动自觉。着力防范化解金融风险，抓实常态化疫情防控、交通顽瘴痼疾整治、防灾减灾救灾、安全生产和应急管理等工作，确保社会大局和谐稳定。

四、乡村振兴：产业先行，示范引领

坚持以实施乡村振兴战略统揽“三农”工作，按照“五级书记抓乡村振兴”的要求，围绕“产业兴旺、生态宜居、乡风文明、治理有效、生活富裕”的总体目标，在巩固拓展脱贫攻坚成果的基础上，优先发展乡村产业，坚持示范引领，协同推进乡村治理现代化，力争乡村振兴工作进入全省先进行列。

1.全面巩固脱贫成果。按照“两不愁三保障”要求，落实行业主管部门工作责任，突出抓好20个重点村帮扶工作，坚决守住不发生规模性返贫的底线。建立健全易返贫致贫人口快速发现和响应核查机制，及时将符合条件的对象纳入监测和帮扶范围，做到早预警、早发现、早帮扶，实现动态清零。持续发力做好稳岗就业，健全脱贫人口务工就业联动调查机制，加强城乡劳动力职业素质教育和劳动技能培训，进一步提升稳岗就业成效。加强易地扶贫搬迁后续扶持，加大对分散就地安置搬迁户的产业帮扶力度，将以工代赈项目向易地扶贫搬迁领域倾斜，优化安置区基层组织建设和社会治理，确保搬迁群众稳得住、可就业、能致富。

2.大力发展乡村产业。乡村产业是姓“农”、立农、兴农的产业，必须作为乡村振兴的重中之重。巩固原有产业基础，完善“四跟四走”“四带四推”[9]产业发展机制，突出发展精细农业，做大做强王鸽、黄茶、油茶、特色水果、特色蔬菜等农业产业，大力支持有优势、有潜力的乡村产业。鼓励乡友回乡创业，以乡情为纽带，以相关政策支持为激励，掀起新一轮乡友回乡创业热潮。培育新型经营主体，重点扶持扶贫企业和专业合作社做大做强，创新开展网红带货、节会展销、种养托管等新型销售模式，进一步提高农业生产经营组织化、信息化程度。加快发展现代农业，实施最严格的耕地保护制度，强化龙头企业示范带动作用，加快推进现代农业“接二连三”[10]。

3.扎实推进乡村建设。将党的政治优势转化为治理能力，是推进乡村建设的关键所在。重点抓好3个省级美丽乡村示范村、15个乡村振兴示范村创建，坚持以点带面，形成一批有特色的乡村建设模式。美化乡村风貌，科学编制村庄规划，注重地域特色，避免“千村一面”。持续改善人居环境，统筹加大投入力度，深化厕所革命、垃圾分类、污水处理、村容村貌提升等工作，加快补齐人居环境整治工作短板，持续改善人民群众生产生活条件。完善乡村治理，建强村“两委”班子，强化乡村自我管理、自我服务和自我监督能力。依托特色产业发展，壮大村集体经济，增强基层党组织的服务能力。充分发挥村规民约、村民议事会、乡贤参事会、红白理事会的作用，深入开展文明村创建、乡风文明评议、先进典型评选等活动，整体提升乡村文明程度和治理水平。振兴乡村文化，加强乡镇文化站、综合性文化服务中心等平台建设，广泛开展“送文化下基层”活动，着力培育孝友文化、诗联文化、农耕文化、寿星文化等一批知名文化品牌，让人民群众“看得见山，望得见水，记得住乡愁”。

五、从严治党：严字当头，长抓不懈

加快推进岳阳县经济社会高质量发展，关键在党、关键在干部。我们要毫不动摇地坚持党要管党、从严治党，坚定不移推动全面从严治党向纵深发展、向基层延伸。

1.严抓教育，加强政治建设。始终把政治建设摆在首位，切实增强“四个意识”、坚定“四个自信”、做到“两个维护”，严格遵守政治纪律和政治规矩，不断提高政治判断力、政治领悟力、政治执行力。坚持把思想政治教育作为党建工作的首要任务，拧紧理想信念这个“总开关”，落实意识形态工作责任制，牢牢掌握意识形态工作主动权，加强和改进党委（党组）中心组学习。积极支持人大、政府、政协依法履行职能，巩固发展爱国统一战线，认真抓好党管武装，更好发挥工会、共青团、妇联等群团组织的作用。

2.严格管理，打造过硬队伍。好干部是选出来的，更是管出来的。要坚持“严管就是厚爱”，多“雪中送炭”，少“雨后送伞”，对干部真正负责，以硬举措落实硬要求，以严明的纪律打造过硬干部队伍。要坚持正确导向，强化“以实绩论英雄、从实绩看德才、凭实绩用干部”的理念，坚持选用忠诚履职、敢于担当的干部，注重在基层一线培养干部，注重选拔使用经过实践考验的优秀年轻干部，构建科学合理的干部梯队。要加强整风肃纪，坚决纠正有令不行、有禁不止行为，严肃查处打牌赌博、公款吃喝、工作日饮酒等行为。尤其是当前正值县乡同步换届，广大党员干部要筑牢思想防线，严格遵守“十个严禁”“十个一律”等纪律要求，确保换届风清气正。

3.严明导向，大兴务实之风。要密切联系群众，始终把人民放在心中最高位置。要坚持实事求是，特别是对县委、县政府部署的工作，要一项一项拉条挂账，不准“掺水分”，杜绝“假把式”。要围绕北向融城、强园兴工、乡村振兴要求，在全市的竞争中找位置、比高低、排座次，倒逼各项工作落实落细。要牢固树立过紧日子的思想，厉行勤俭节约，反对铺张浪费，以优良的党风促政风带民风。

4.严实基层，筑牢执政基础。创新党建工作模式，认真落实省委“1+5”文件精神，推进党支部“五化”建设[11]，加快构建新型基层党组织体系。持续强化村级运转经费保障，逐步提高基层干部待遇，建立培养、使用基层干部的长效机制，真正调动广大基层干部的积极性。加强服务型党组织建设，严把村（社区）书记入口关，加大村（社区）干部培训力度，严格落实“三会一课”、民主评议等制度，着力解决个别基层党组织软弱涣散问题。

5.严守底线，坚持勤廉从政。“廉者，政之本也。”认真履行管党治党主体责任，做到守土有责、守土负责、守土尽责。坚持挺纪在前，准确把握和运用监督执纪“四种形态”，做到抓早抓小、防微杜渐，惩前毖后、治病救人。强力惩治腐败，加大纪律审查力度，从严从重查处发生在群众身边的腐败问题。健全监督体系，加大巡察监督力度，建立上下联动的监督网。加强纪律教育，让广大党员干部知敬畏、存戒惧、守底线。坚持依法用权、秉公用权、阳光用权、廉洁用权，积极推进党务、政务和各领域办事公开，让阳光成为最好的“防腐剂”。

各位代表、同志们，征途漫漫，唯有奋斗。心中有宏伟蓝图，肩上扛神圣使命，脚下是浩荡征程，让我们紧密团结在以习近平同志为核心的党中央周围，在市委的坚强领导下，以更加振奋的精神、更加昂扬的状态、更加务实的作风，解放思想，实干担当，为推进岳阳县经济社会高质量发展不懈奋斗！

名词解释

[1]“三区一中心”建设：2021年1月15日，市委明确提出举全市之力打造湖南省通江达海开放引领区、中部地区先进制造业聚集区、长江经济带绿色发展示范区和现代化省域副中心城市。

[2]“六稳”“六保”：稳就业、稳金融、稳外贸、稳外资、稳投资、稳预期；保居民就业、保基本民生、保市场主体、保粮食能源安全、保产业链供应链稳定、保基层运转。

[3]“五个100”：2018年省委经济工作会议提出，着力抓好100个重大产业建设项目、100个科技创新项目、100个重大产品的创新，引进100个500强企业、100个科技创新人才。

[4]“放管服”改革：简政放权、放管结合、优化服务。

[5]“一园三区”：岳阳高新技术产业园区及其下辖的主产业片区、建材产业片区和鹿角临港产业片区。

[6]省委“1+5”文件：2019年7月，湖南省委出台《关于全面加强基层建设的若干意见》及《规范乡镇（街道）职责权限实施方案》《拓展基层干部晋升通道实施方案》《提高基层干部待遇实施方案》《促进人才向基层流动实施方案》《切实减轻基层负担实施方案》5个配套文件。

[7]“三高四新”战略：国家重要先进制造业高地、具有核心竞争力的科技创新高地、内陆地区改革开放的高地；在高质量发展上闯出新路子、在构建新发展格局中展现新作为、在推动中部地区崛起和长江经济带发展中彰显新担当、奋力谱写新时代坚持和发展中国特色社会主义的湖南新篇章。

[8]“四好农村路”：把农村公路建好、管好、护好、运营好。

[9]“四跟四走”“四带四推”：资金跟着贫困户走、贫困户跟着能人走、能人跟着产业项目走、产业项目跟着市场走。以优势产业带动扶贫产业，推进产业精准培育；以新型主体带动贫困群体，推进利益紧密联结；以市场机制带动发展机制，推进产业持续发展；以组织作为带动农户有为，推进措施落地见效。

[10]“接二连三”：以第一产业为载体，延伸第二产业，连接第三产业。

[11]党支部“五化”建设：支部设置标准化、组织生活正常化、管理服务精细化、工作制度体系化、阵地建设规范化。

政府工作报告

——在岳阳县第十七届人民代表大会第五次会议上

岳阳县人民政府县长 肖湘晖

（2020 年 12 月 26 日）

现在，我代表县人民政府，向大会报告工作，请予审议，并请县政协委员和其他列席人员提出意见。

一、决胜全面建成小康社会取得决定性成就，岳阳县站到了新的历史起点上

“十三五”时期是岳阳县发展历程中极不平凡的五年，是应对重大挑战、经受重大考验、取得重大成就的五年，是在高质量发展道路上大胆探索、锐意创新并迈出坚实步伐的五年。五年来，我们坚持以习近平新时代中国特色社会主义思想为指导，深入贯彻省、市各项决策部署，在县委的坚强领导下，坚持做大新型工业，做强现代农业，做活生态旅游，做旺商贸物流，做美县城集镇，较好地完成了“十三五”规划确定的目标任务，谱写了高质量发展的崭新篇章。

五年来，我们积极应对经济下行压力，综合实力跃上新台阶。到 2020 年底，预计完成地区生产总值 362.84 亿元，年均增长 7%；一般公共预算地方收入达到 7.13 亿元，年均增长 8.3%；规模工业增加值年均增长 7.1%；固定资产投资年均增长 11.7%；社会消费品零售总额年均增长 6.5%；城乡居民人均可支配收入年均分别增长 7.7%、8.7%。被评为湖南经济发展快进县、湖南全面小康十快进县、湖南全面小康推进工作优秀县、洞庭湖生态经济优秀县、湖南省全域旅游示范区。

五年来，我们适应把握经济发展新常态，发展质量实现新突破。三次产业结构比由 18.5:48.3:33.2 优化为 16:44:40。税收收入达到 11 亿元，占财政总收入比重为 89.6%。园区工业占规模工业增加值比重达到 85%。万人发明专利拥有量从 0.6 件提升到 1.6 件。民营经济占 GDP 比重达到 66%。万元 GDP 能耗下降 18.5%。

五年来，我们积极发挥区位优势，开放发展取得新成绩。引进了渔美康、宸博铝材、桃李春风小镇等一大批投资过 10 亿元的项目，是历史上招商引进成果最显著的时期。举办岳台农业合作发展论坛、中国石木塑全产业链峰会。累计利用外资 1.95 亿美元，外贸进出口总额突破 6.8 亿元，电商交易总额达到 307 亿元。

五年来，我们团结拼搏攻坚克难，营造了干事创业新氛围。全力推进土地依法征收与棚户区改造

百日攻坚行动，全面推进洞庭湖区造纸制浆产能退出、砂石禁采、畜禽退养、矮围网围拆除、封洲禁牧淘汰牛羊、禁捕退捕、野生动物禁食退养等专项行动，依法关闭取缔黏土砖厂、烟花爆竹生产企业，实施国有资产专项整治、公路路域环境综合治理、交通问题顽瘴痼疾整治，打赢了一场又一场攻坚战，夺取了一个又一个新胜利，想事干事成事的精气神显著提振。

五年来，我们昂首阔步奋勇争先，在新时代展现新作为。我县成为全国绿色食品原料标准化生产基地、全国第一批畜牧业绿色发展示范县、全国义务教育发展基本均衡县、国家级农村职业教育和成人教育示范县，连续3年被评为全国粮食生产先进县。县林业局荣获全国防沙治沙先进集体，县农业农村局被认定为全国农业农村信息化示范基地（整体推进型），县人民法院、县税务局、县烟草局、核工业地质局三一一大队获评全国文明单位，县人民检察院被评为第七届全国先进基层检察院。杨林街镇被认定为第十批全国“一村一品”示范村镇。荣家湾镇司法所获评全国先进司法所。县文化馆获评第七届全国服务农民服务基层文化建设先进集体。中粮米业被认定为农业产业化国家级龙头企业，湖南科伦入选国家智能制造、人工智能试点示范企业。

具体来说，主要做了以下七个方面工作。

（一）调结构，转方式，三次产业协调发展。新型工业加速扩张。新增规模以上工业企业42家，达到190家。规模工业总产值达到685亿元，年均增长5.8%。新增高新技术企业22家，达到38家。湖南科伦年纳税能力突破1.8亿元。生物医药及食品、建筑材料及新材料、智能制造与电子信息三大新兴优势产业持续壮大。现代农业稳步发展。共生产粮食260万吨。培育国家级农业品牌38个，创建省级现代农业特色产业园5个，全民鸽业获评中国农产品地理标志保护产品。现代服务业稳进向好。旅游产业持续升温，荣湖大酒店建成开业，县信用联社成功改制，物流、房地产、农村电商、健康养老等服务业蓬勃发展。

（二）筑平台，建项目，发展动能更加充足。争取国家重点投入项目563个，到位资金123.9亿元；招商引进项目205个，到位资金400亿元。总投资35亿元的财纳福诺石晶地板产业链项目纳入全省“五个100”重大产业项目。全力推动园区建设大会战，扩园4900亩，园区核准规划面积由6800亩扩大到13700亩。实施园区净化、绿化、亮化、美化工程，建成“两纵三横”路网、双回路电源、专用供水管网、企业发展服务中心，排水、排污、通信、供汽、公交实现全覆盖。2020年实现工业总产值300亿元，吸纳1.6万人就业。园区迸发出勃勃生机，成为县域经济高质量发展的新引擎。

（三）补短板，强体系，基础设施日益完善。投入近500亿元用于基础设施建设。持续推进交通建设大会战，浩吉铁路、许广高速、G240建成通车，湘北大道、荣新公路等干线公路提质改造；投入3.9亿元，新建、提质农村公路1197公里；鹿角码头竣工运营，通江达海的立体交通网络更加完善。大力推进沿洞庭湖沿新墙河堤垸防洪安全建设，经受了高洪水位考验。实现农网配电智能化和互联网建设全覆盖。全县所有乡镇实现1小时通达，所有村组硬化了道路，接通了干净水，实现了电气化，生产生活条件明显改善。

（四）勇担当，破难题，三大攻坚成效显著。全面化解行政事业单位债务，大力压减建设项目和投资规模，整合转型融资平台7家。金融陈案化解率100%，金融运行平稳健康。全力推进蓝天、碧水、净土保卫战，扎实推进东洞庭湖生态环境专项整治三年行动，东洞庭湖水更清、岸更绿，江豚遨游、白鹭竞飞的怡情生态画卷徐徐展开。开展铁山水资源保护，饮用水水源地水质达标率达100%，乡镇污水处理厂建设经验在全省推介。28939名贫困人口全部脱贫，46个贫困村全部退出，岳阳县人民彻底摆脱了贫困。

（五）抓融合，优品质，城乡面貌日新月异。大力推进北向融城战略，深入实施城市建设五年行动，城市建成区面积扩大到16平方公里，常住人口城镇化率突破58%，城乡人口结构和空间结构发生显著变化。稳步实施县城扩容提质，一批群众期盼的重大项目相继实施，一批群众反响强烈的脏乱差区域实现有效整治，一批困扰多年的城镇痼疾得到全面解决。两次获得全国文明城市提名城市称号，顺利通过国家卫生县城复评验收，获评省级园林县城。强力实施乡村振兴战略，深入推进“空心房”整治和村庄清洁行动集中攻坚，持续推进“治陋习、树新风”行动，打造了山清、水秀、村美、路畅、户净、文明的美丽乡村。

（六）惠民生，促均衡，人民生活持续改善。坚持在发展中保障和改善民生，民生类财政支出累计达到160亿元，占财政总支出的76%。全面落实稳就业举措，提高城乡低保、特困人员救助供养和残疾人“两项补贴”标准，加强移民后扶工作。扎实推进城乡学校建设三年行动，高标准建成岳雅、城南、集英等学校，新增学位21940个，彻底消除了义务教育阶段大班额。全面化解学校债务，各类教育协调发展。推进医疗能力建设，医疗保障覆盖率达到95%以上。深入推进扫黑除恶专项斗争，积极化解信访矛盾。全力创建全省食品安全示范县。不断提高安全应急处置能力，社会大局和谐稳定。

（七）改作风，提效能，自身建设不断加强。深入开展“不忘初心、牢记使命”主题教育和“两学一做”学习教育，强化干部作风建设，不断推动中央“八项规定”精神落地见效。自觉接受人大法律监督、政协民主监督和社会舆论监督。全面整改巡视巡察、审计反馈意见，承办人大代表建议和政协提案866件，办结率100%、满意率100%。同时，国防教育和后备力量建设取得新成绩，东洞庭湖、消防、武警、人防、史志、档案、老干、民宗、侨务、广电、气象、供销、烟草、保险、邮政、盐务、石油等工作取得新进步，总工会、妇联、文联、残联、工商联、共青团、科协、红十字会等组织作出了新贡献。

各位代表，“事非经过不知难”“成如容易却艰辛”！即将过去的2020年，是决胜全面建成小康社会和“十三五”收官之年，是极不平凡的一年，是历史终将铭记的一年。面对错综复杂的国际形势、艰巨繁重的改革发展任务特别是突如其来的新冠肺炎疫情，全县上下同心同德，迎难而上，扎实做好“六稳”工作、全面落实“六保”任务，夺取了疫情防控与经济社会发展的双胜利。全力以赴抓疫情防控。快速响应，果断处置，精准防控，实现了感染病例零死亡、医务人员零感染的“双零”目标。全力以赴抓经济运行。突出抓好复工复产与稳企就业，减税降费1.3亿元，支持民营中小微企业贷款7.5亿元，新增市场主体2693个。稳步推进园区扩容，引进项目68个，46个项目开工建设，41个项目竣工投产。全力以赴抓精准扶贫。严格落实“四个不摘”要求，投入扶贫专项资金7538万元，脱贫1123户2683人，全面打赢了脱贫攻坚收官战。全力以赴抓禁捕退捕。坚决落实中央关于长江流域“十年禁捕”的决策部署，扎实推进东洞庭湖新墙河禁捕退捕工作，1078户3888名渔民上岸安居转产就业。全力以赴抓粮食生产。全力遏制耕地抛荒，早、晚稻播种面积比去年增加3.86万亩、4.16万亩，全年新增粮食产能3万吨。全力以赴抓防汛救灾。成功应对3次强降雨过程和洞庭湖区33天高危洪水侵袭，未垮一库一坝，未溃一堤一垸，未出现人员伤亡事件。全力以赴抓民生保障。着力补齐民生领域短板，对困难群体应保尽保、应补尽补。安排“三保”经费28.3亿元，切实保障了乡村两级正常运转。

各位代表！五年来，我们深刻体会到，推动岳阳县发展，必须始终坚持党的全面领导，在县委的坚强领导下，团结带领73万人民群众，真抓实干、攻坚克难，凝聚起建设富饶美丽幸福岳阳县的磅礴力量；必须始终坚持新发展理念，聚焦高质量发展要求，把创新、协调、绿色、开放、共享理念贯穿于发展全过程，全力推动县域经济社会跨越发展；必须始终坚持以人民为中心的发展思想，全力保障和改善民生，认真办好每一件民生实事，努力实现人民群众对美好生活的向往；必须始终坚持依法行政，自觉运用法治思维和法治方式深化改革、推动发展、化解矛盾、维护稳定，让权力在阳光下运行。

各位代表！春华秋实，岁月丰成。五年来的发展历程动人心弦，五年来的发展成果令人鼓舞，五年来的发展态势催人奋进。今天，我们更有理由坚信，一个实力更强、结构更优、质量更好、后劲更足、充满生机活力的岳阳县，正以前所未有的底气和信心，站上了历史的新起点！五年来所取得的巨大成就，得益于市委、市政府和县委的正确领导，得益于县人大、县政协的监督支持，得益于全县人民的团结奋斗，得益于社会各界的鼎力支持。在此，我代表县人民政府，向全县人民及所有关心支持岳阳县经济社会发展的各界人士，表示衷心的感谢和崇高的敬意！

在总结成绩的同时，我们也清醒地认识到，全县经济社会发展仍存在一些问题和不足。发展质量上，发展不平衡不充分问题仍然突出，经济总量不大、转型发展不快、经济增长点不多等问题仍未解决，综合竞争能力总体不强的局面仍未改变。基础设施上，农村生产生活条件有待改善，城市基础设施还存在不少短板，城市功能尚不健全，规范化、精细化管理水平亟待提高。民生保障上，公共服务水平有待提高，安全生产、社会稳定、生态环境等方面仍然存在不少风险隐患，群众就业、医疗、住房、社保等民生问题有待进一步解决。治理能力上，政府服务质量、办事效率和服务水平与群众期待还有差距。对此，我们将保持清醒头脑，采取有效措施，切实加以解决。

二、坚定不移推动岳阳县高质量发展，全面开启现代化建设新征程

“十四五”时期是我国全面建成小康社会、实现第一个百年奋斗目标之后，乘势而上开启全面建设社会主义现代化国家新征程、向第二个百年奋斗目标进军的第一个五年。当今世界正经历百年未有之大变局，但和平与发展仍然是时代主题，我们正处于重要战略机遇期。从宏观政策看，随着“一带一路”和长江经济带建设深入推进，特别是中国（湖南）自由贸易试验区岳阳片区运行，政策红利不断叠加，为高质量发展增添了强劲动力。从区位优势看，湖南省全力构建“一核两副三带四区”区域经济格局，岳阳成为省域副中心城市，我县作为岳阳大城市建设的重要组团和纵深腹地，即将迎来历史上规模最大、速度最快的城镇化进程，获得更多更好发展机遇。从产业发展看，园区基础夯实、蓄势待发，三大优势产业链齐头并进、竞相发展；一大批旗舰型企业和重大产业项目相继落地，开创了多极发展的新局面。从发展氛围看，争先创优、比学赶超的竞争氛围浓厚，惠企利民、对标一流的服务意识更加主动，大众创业、万众创新的热潮持续涌动。先忧后乐精神培育和造就了一代又一代艰苦奋斗、无私奉献、追求卓越的岳阳县人。只要我们凝聚敢于担当、真抓实干的正能量，弘扬舍我其谁、敢为人先的精气神，顺势而为、乘势而上，就一定能够战胜一切困难和挑战，开创“十四五”现代化发展的崭新局面！

根据县委的意见和建议，县政府制定了《岳阳县国民经济和社会发展第十四个五年规划纲要（草案）》，提请大会审议。经本次大会批准后，县政府将认真组织实施。

今后五年工作的指导思想是：深入贯彻党的十九大和十九届二中、三中、四中、五中全会精神和习近平总书记系列重要讲话精神，全面落实省委、市委、县委决策部署，牢固树立新发展理念，坚持稳中求进工作总基调，以供给侧结构性改革为主线，以高质量发展为主题，依托和凭借近市区临长江的区位优势、空铁公水齐全的交通优势、新墙河洞庭湖的生态优势，全力落实“三高四新”战略，全面融入岳阳大城市建设，大力推进新型工业化、新型城镇化和农业现代化，持续做大新型工业，做强现代农业，做活生态旅游，做旺商贸物流，做美县城集镇，努力建设经济走势强劲的岳阳县、城乡一体发展的岳阳县、社会治理模范的岳阳县、生态环境美好的岳阳县。

经济走势强劲。地区生产总值突破560亿元，年均增长8%；一般公共预算地方收入年均增长4%；

规模工业增加值年均增长 8%；固定资产投资年均增长 8%；社会消费品零售总额年均增长 10%。本土上市企业实现零的突破，达到 5 家；高新技术企业总数突破 100 家；三次产业结构比优化为 13:40:47。进入全省县域经济 20 强。

城乡一体发展。力争 2025 年荣家湾与市区基本相连，城区建成面积达到 30 平方公里，常住人口达到 30 万人以上，城镇化率达到 61%。城乡居民人均可支配收入分别达到 4.8 万元、2.9 万元。城乡就业、教育、医疗、文化、体育、养老、社保基本实现均衡化。

社会治理模范。社会治理体系和治理能力现代化水平明显提高，司法公信力明显提升，安全生产责任和制度规范全面落实，社会救灾、治安防控体系进一步健全完善。社会信用体系不断完善。"八五"普法规划实施完成，法治观念深入人心，社会治理法治化水平显著提高。

生态环境美好。生态环境质量进一步改善。新增人工造林 15.5 万亩，全面建成绿色矿山，主体功能区布局和生态安全屏障基本形成。积极创建国家生态文明建设示范县。

今后五年，全县工作将紧紧把握以下五个方面。

*（一）坚持创新发展理念，以加强园区平台建设为重点，在产业转型升级上取得新突破。*把园区作为创新驱动、转型发展的主战场，打造要素集聚、特色鲜明、活力迸发的产业高地。突出岳阳高新技术产业园区建设。大力发展生物医药产业片区、建材产业片区和鹿角临港产业片区，园区面积扩大到 20 平方公里，新建标准化厂房 60 万平方米以上，全力打造 500 亿园区。强力建链强链补链延链，新增中国企业 100 强投资企业 2 家，培育年产值 10 亿元以上的企业 2 家。创建省级军民融合产业示范基地，打造全国知名的石木塑产业之都。突出鹿角临港新区建设。全力推动岳阳火车南站落户黄秀桥，建设鹿角港铁路专用线，乘势建设临港新区物流园、黄秀桥铁路物流园、步仙煤炭货运基地。充分发挥铁水联运组合效应，把鹿角港打造成城陵矶港子港、物流仓储港，建成中南地区最大的砂石中转储存贸易基地、煤炭储存配煤中转基地、粮食中转加工配送基地，力争年吞吐量达到 500 万吨，推动岳阳县步入港口经济新时代。突出现代农业示范园区建设。积极推动台湾农民创业园建设，强化龙头企业示范带动作用，实施农业品牌创建战略，加快推进现代农业"接二连三"。建设高标准农田 40.9 万亩，打造省级以上现代农业示范园区 2 个，新增省级以上农业产业龙头企业 3 家，培育区域公共品牌 3 个，培育绿色、有机、地标品牌 15 个，加快构建现代农业产业体系、生产体系和经营体系。

*（二）坚持协调发展理念，以推进新型城镇化为重点，在城乡融合发展上取得新突破。*科学编制国土空间总体规划，推进城市核心功能区、城市功能拓展区、城乡统筹协调区和生态涵养区四大功能区建设。坚持统筹发展战略。以县城提质为核心，实施"北融、西扩、南拓、东连"战略，形成核心引领、多点支撑、层次分明的城乡统筹发展新格局。向北大力发展荣湾湖、麻塘、新开片区，着力打造田园新区、山水新城。向西大力发展鹿角临港新区，以港口建设促进产业、城镇联动发展。向南大力发展黄秀桥交通枢纽，打造区域物流集散中心。向东大力发展公田温泉小镇，串联精品旅游线路，带动腹地农村和铁山库区加快发展。实施城市更新行动。坚定不移创建全国文明城市，巩固国家卫生县城创建成果，统筹创建国家园林县城、省级交通模范县城。全面实施老旧小区改造，城区所有市政道路实现白改黑，建成区背街小巷基本完成改造，城镇黑臭水体得到有效治理。努力把荣家湾建成宜居宜业之城、文明和谐之城、魅力品质之城。推进城乡一体化发展。坚持县城龙头、特色乡镇、中心社区、美丽乡村一体化发展，全面推进基础设施一体化建设，积极推进城乡政务服务一体化、天然气供气一体化、环卫保洁一体化，实现城乡供水一体化。

*（三）坚持绿色发展理念，以加强环境保护治理为重点，在生态文明建设上取得新突破。*践行绿水青山就是金山银山理念，深入实施可持续发展战

略。全力开展生态环境治理攻坚。全面落实“三线一单”制度，强化重点区域、重点产业、重点企业污染治理，严格环境执法监管，确保主要污染物排放总量持续减少，生态环境质量、城乡人居环境明显改善，绿色发展水平、环境风险防控能力和治理能力进一步提升。全力守护一江碧水。严格落实河湖长制，以东洞庭湖、新墙河、铁山水库为重点，系统推进水污染防治、水生态保护和水资源管理，着力构建以国家公园为主体的东洞庭湖自然保护地体系，确保“一湖碧水入江、一库清水进城”。统筹推进山水林田湖草系统治理。实施林长制，开展新一轮国土绿化行动，大力植树造林、封山育林，精准提升森林质量。保护好麻布大山、黄卯山，打造城市森林公园。推进美丽湿地建设，构建完善生物多样性保护网络。推动经济社会发展全面绿色转型。更加注重促进形成绿色生产方式和消费方式，积极探索绿水青山转化为金山银山的具体途径，大力发展绿色、环保、低碳经济，努力实现生态效益、经济效益和社会效益多赢。

（四）坚持开放发展理念，以融入长江经济带为重点，在发展外向型经济上取得新突破。牢牢把握联结岳阳都市区与长株潭城市群的重要节点这一战略定位，积极融入国际国内双循环体系，构建全方位宽领域多层次的对外开放新格局。培育市场发展新活力。突出精准招商、产业链招商，坚持招商引资和招才引智并举，加速要素资源聚集，提高经济外向度。力争引进产业链项目220个，其中10亿元项目10个。持续深化“放管服”改革，全力创优发展环境，激发市场活力和创造力。确保到2025年新增市场主体8500户以上，非公有制经济占生产总值比重超过75%。打造全域旅游新格局。唱响“天下洞庭、淳美巴陵”旅游品牌，着力打造大岳阳与长株潭城市群旅游目的地，争创国家全域旅游示范区。到2025年，接待游客人数达到1300万人次，旅游总收入突破100亿元。畅通对外交通新体系。积极争取荆岳昌高铁、京广高铁二通道、长岳城际铁路、岳平旅游高速公路等重大交通项目在我县布线设站。大力推进XJ04麻黄线、S310公田至新墙、S308月田至龙湾等大岳阳城市环线建设。加大省际、县际道路协调建设力度，畅通东部山区向外开放通道。开通荣家湾至岳阳市区公共交通。

（五）坚持共享发展理念，以增进人民福祉为重点，在保障改善民生上取得新突破。坚持以人民为中心的发展思想，深入推动发展成果共享。不管财政多困难，也要确保基本民生投入只增不减。坚持农业农村优先发展。接续全面推进乡村振兴，大力实施乡村建设行动，推动基础设施向乡村延伸、公共服务向乡村拓展、社会事业向乡村覆盖。巩固拓展脱贫攻坚成果，确保脱贫人口不返贫，坚决防止发生新的贫困。加强移民安置区建设管理。推动铁山库区公共服务和居民生活水平稳步提升。增强人民群众获得感。坚持就业优先，新增城镇就业3万人。完善收入分配制度和劳动报酬增长机制，加强低收入群体增收帮扶，更大释放农村消费潜力。完善社会保险、社会救助、社会福利等保障体系。大力建设文化强县、教育强县、人才强县、体育强县和健康岳阳县，实现义务教育、基本养老、基本医疗、公共卫生、住房保障等公共服务全覆盖。推进治理能力现代化。坚持系统思维，构建大安全格局。推进系统治理、依法治理、综合治理、源头治理，健全社会公共安全体系和社会治安立体防控体系，深化法治岳阳县、平安岳阳县建设。健全财力与事权相匹配的乡镇财政管理体制。积极践行社会主义核心价值观，深入开展新时代文明实践活动，挖掘提炼岳阳县精神，培育文明乡风、良好家风、淳朴民风。

三、接力奋进做好2021年工作，为“十四五”建设开好局起好步

2021年是中国共产党成立100周年的大庆之年，是向第二个百年奋斗目标进军的起步之年，也是实施“十四五”规划的开局之年。非常之年必须有非常作为。我们将以习近平总书记在湖南考察时的重要讲话精神和党的十九大精神为指导，积极践行新发展理念，坚持做好“六稳”“六保”工作，

全力推动高质量发展，确保“十四五”开好局、起好步，以优异成绩庆祝建党100周年。

2021年主要预期目标是：地区生产总值增长8%，一般公共预算地方收入增长4%，规模工业增加值增长8.5%，固定资产投资增长10%，社会消费品零售总额增长9%，城乡居民人均可支配收入分别增长8%、8.5%，全面完成节能减排年度任务。

（一）强力推进实体经济发展。把发展经济着力点放在实体经济上，推进产业转型升级、产业链现代化，提高经济质量效益和核心竞争力。

加快园区发展。全力推进高新园区调区扩区，实现六期满园、七期扩园。创新工业“标准地”出让模式，建设标准化厂房10万平方米，新建园区污水处理厂和企业员工用房。推进“园中园”建设，推动电磁铁产业加速发展。全力推动鹿角临港新区建设，开展鹿角港铁路专线前期工作，适时启动专线建设。加强台创园建设，争创湖南自贸区海峡两岸产业合作区和省级现代农业科技园。建立优秀干部到省内先进园区学习跟班制度。

推进项目建设。开展招商引资建设年活动，积极支持北上广深等大城市岳阳县商会建设，实施县级领导联商会制度。树立精准招商理念，建立产业链招商小分队，实行商会招商、驻点招商，全力以赴招大商、招优商。实施重大产业项目建设攻坚行动，深化企业联手帮扶，全力推动生物医药及食品、建筑材料及新材料、智能制造与电子信息三大产业链发展，确保科伦制药二期、财纳福诺二期、宸博铝材二期等产业链项目投产见效。

提升竞争实力。支持企业技改升级，加大重要产品和关键核心技术攻关力度，确保工业技改投资增长20%以上。实施质量强县战略，提升企业科技创新能力，争创省高新技术企业5家、省级科技创新平台1家。推动集群发展，力争净增规模以上工业企业16家、服务业企业9家、限额以上商贸企业11家。积极推动企业上市，组织专业团队开展上市辅导，培育7家省级上市后备企业，推动2家企业进省股交所挂牌。

（二）强力推进乡村振兴战略。坚持农业农村优先发展，接续推进全面脱贫与乡村振兴有效衔接，加快补齐农业农村短板，努力实现农业强、农村美、农民富。

加快发展现代农业。实施最严格的耕地保护制度，大力加强农田水利建设，坚决遏制耕地“非农化”、防止“非粮化”。种植粮食120万亩以上，生产粮食50万吨以上。积极培育发展新型农业经营主体，支持兰花萝卜、王鸽、金盆柚、油茶等特色农产品延链发展，推动王鸽、黄茶、特色蔬菜、特色水果、油茶五大产业规模突破10亿元。完善畜禽养殖区域划分管理，促进生猪生产转型升级。持续加强病死畜禽无害化处理，加大动植物疫病防控力度。健全农产品质量安全监管体系，积极创建省级农产品质量安全示范县。

推进美丽镇村建设。开展“美丽集镇”“秀美乡村”示范创建活动，建设一村一幅画、一线一特色、一镇一品牌的宜居乡村。以建设张谷英特色文旅小镇、黄沙街茶香小镇、新墙+筻口果浓小镇、杨林街富硒小镇、公田温泉小镇为重点，打造一批集产业、文化、旅游于一体的特色小镇。以农村“厕所革命”、垃圾分类减量、生活污水治理、“空心房”整治为重点，打造农村人居环境整治升级版。

巩固精准扶贫成果。继续落实党政一把手负总责的责任制，继续实行县级领导联村制度，确保帮扶政策不变、力度不减、责任不卸，持续巩固提升脱贫成效。强化产业帮扶、稳岗就业、消费帮扶等举措，着力提高低收入群体收入。扎实做好易地扶贫搬迁后续帮扶。完善动态监测机制，探索完善防止返贫长效机制，增强脱贫人口发展能力。

加强基础设施建设。强力推进水系连通及农村水系综合整治项目，实施7座小Ⅱ型水库除险加固，完成费家河、彭宗屋河、新墙河二期、罗水河二期治理和中洲灌区节水改造工程。启动S310毛田至白若、公田至新墙公路建设，适时推进XJ04麻黄线、S308月新线建设，建成许广高速黄沙街互通。加大危桥改造和渡改桥力度。加快实现城区、园区、景区5G信号全覆盖，全力消除通信盲区。

（三）强力推进城乡融合发展。坚持以人为核心的新型城镇化，着力破除城乡二元体制障碍，引导各类要素在全域统筹配置利用，不断提升城乡品质。

突出县城扩容提质。推进北向融城，引入实施高品质城市综合体、田园综合体、文旅综合体项目，加快北大青鸟、泛美航空职校、湖南工业技术学院、石油化工职业技术学院二期项目建设。完成长丰北路拓改，启动春风大道岳雅段拓改，新建新墙河大道，建成虎形山大桥。新建兴荣智慧农贸市场，建成垃圾消纳场、餐厨垃圾无害化处理中心。启动县公安局业务用房、县气象站建设。建设荣湾湖湿地景观。改造背街小巷10条，新增绿地5万平方米。

突出城乡精细管理。以创建全国文明城市为总揽，切实提高城乡治理水平。加快智慧城管、公安大数据建设，强力推进建筑工地、户外广告、餐饮油烟等专项整治行动。加快立体停车场和货运停车场建设，全面推行机关事业单位停车位对外开放，持续推进城区交通秩序集中整治，着力缓解城市交通拥堵问题。完成荣湾湖高压线改造。坚持“房住不炒”导向，促进房地产市场平稳健康发展。全面禁炮限塑（禁止燃放烟花爆竹，禁止使用一次性塑料制品），狠刹人情歪风，治理婚丧陋习，树立文明新风。

突出发展全域旅游。积极巩固全域旅游示范区创建成果，全力打造“天下洞庭、淳美巴陵”旅游品牌。强力推进桃李春风文旅小镇、张谷英特色文旅小镇、大云山生态旅游度假区、“四馆一中心”、泛美航空城建设，推动项目落地见效、景区提档升级。积极引进战略投资者，开发旅游新产品，打造精品线路。推进“旅游+”，发展研学游、红色游、康养游，推动景点观光游向全域旅游转变。

（四）强力推进生态环境保护。坚持生态优先、绿色发展，全力整治突出环境问题，促进人与自然和谐共生。

持续打好污染防治攻坚战。坚决完成上级督察反馈问题整改，持续改善环境质量。突出重点区域、重点行业、重点企业治理，严格落实扬尘防控措施，禁止焚烧秸秆，确保全年空气质量优良率达85%以上。认真落实河湖长制，加强农业面源污染防治，推进畜禽粪污资源化利用，构建水污染综合防治体系。加强重点区域重金属污染综合防治，实施废弃露天矿山生态修复，加快绿色矿山建设。严厉打击非法采砂采矿。

持续加强东洞庭湖流域生态保护。坚持问题导向、综合治理，全力推进东洞庭湖、新墙河流域生态环境突出问题整治。推进湖区网格化监管，加强非法捕捞、“三无”船舶、非法种养、非法垂钓整治。积极引导退捕渔民转产转业，巩固禁捕退养成效。依法推进金盆港砂石尾堆清理。适时启动保护地勘界立标，推进生态保护修复。有序推进东洞庭湖管理体制改革，探索芦苇产业转型路径，推进野生动物致害公众责任保险试点，积极争取湖洲湿地补偿政策。稳妥处置转型发展过程中出现的问题和矛盾，确保湖区稳定。

持续开展饮用水水源地保护。将铁山水库饮用水水源保护纳入法治化轨道，推动水资源保护与库区民生保障协调发展。全面推广绿色种植，常态化运营库区治污设施，加强库区环保设施建设。强力推进城乡供水一体化工程，建设铁山至新墙原水管道、铁山水库北干渠至明星水库输水管线，实施县二水厂、新墙水厂、饶港水厂扩建工程，统筹推进农村管网和入户工程建设。加强新墙水库、费家湖等饮用水水源地保护，强化集镇供水管理。

（五）强力推进全面深化改革。用改革的办法、开放的视野、包容的态度，破解发展难题，激发追赶超越的内生动力。

深化重点领域改革。持续深化供给侧结构性改革，完善支持民营企业发展的体制机制，推行园区负面清单管理。深化公共资源交易改革，建立健全工程项目招投标管理机制，规范招投标活动。深化农村集体产权制度改革，稳妥推进农村闲置宅基地和闲置住宅盘活利用，促进农村集体经济长效发展。推进城建投公司体制改革，深化供销社综合改革，完成事业单位、国有企业公车改革。

努力优化营商环境。加快实施政务服务事项全域通办、跨省通办、“5+2”无休办和接诉即办，推行政务服务“好差评”制度，打造“最多跑一次”改革升级版。持续深化落实企业开业“101”、不动产登记“160”、工程建设领域审批“170”改革，实现领照即开业、交房即交证、拿地即开工。推进市政公用服务提速提质行动，实行报装一网通办。深化“互联网+监管”，全面推行部门联合“双随机、一公开”市场监管。实施违约失信问题整治、涉企优惠政策落地、优化法治环境等专项行动，严厉打击“三强”行为，严肃查处损害营商环境的人和事。

扎实加强要素保障。大力开展重点项目征拆攻坚年活动，强力推进土地调规和用地报批，依法处置批而未供和闲置土地，严格储备土地管理，强化高质量土地供应。积极争取国家重点投入，确保到位资金30亿元以上。引导更多社会资本进入公共服务、资源环境、生态建设、基础设施等领域。加大减税降费力度，推进金融安全区创建，深化政银企对接合作，着力解决中小微企业融资难题。大力弘扬劳模精神、劳动精神、工匠精神，引进和培育各类创新型人才，为县域经济社会发展提供智力支撑。

（六）强力推进民生福祉保障。践行以人民为中心的发展思想，全力解决人民群众普遍关注、反映强烈的问题，努力增强人民群众的获得感、幸福感和安全感。

增强保障能力。全力推进大众创业、万众创新，引导和支持优秀人才精英创业、大学生实训创业、科研人员离岗创业、农民工返乡创业。加强劳动监察执法，充分保障农民工工资发放。严格落实各类保险政策，严厉打击欺诈骗保行为。优化征缴方式，提升服务水平，提高医保覆盖率和群众满意度。弘扬拥军优属传统，强化退役军人服务保障。关爱留守儿童、困境儿童，维护未成年人合法权益。

发展社会事业。加强基础教育工作，加快补齐城乡学校基础建设短板。大力建设公办幼儿园，确保公办幼儿园在园幼儿占比达到50%，普惠性幼儿园覆盖率达到80%。健全教师绩效考核制度，稳定乡村教师队伍。积极应对高考综合改革，不断提升教育教学质量。深化公立医院综合改革，支持县人民医院创建三级甲等医院，加强乡镇卫生院建设，推进县域医共体建设。启用新殡仪馆，推进殡葬改革。加强县级融媒体中心能力建设。办好建党100周年系列庆祝活动，扎实开展文体惠民活动。

维护社会稳定。常态化开展扫黑除恶，巩固和深化专项斗争成果，深入推进新一轮禁毒人民战争。推进安全生产专项整治三年行动、交通顽瘴痼疾整治、路域环境整治、金融秩序整治，全力防范化解重大安全风险。加强常态化疫情防控工作，强化食品药品安全监管，全面禁止食用野生动物。深入推进信访工作“三无”单位创建，开展突出信访问题专项治理。支持和发展志愿服务组织，鼓励社区社会组织参与基层社会治理。完善国防动员和后备力量体系建设。

办好民生实事。全面落实省市重点民生实事项目。完成10项县定民生实事：①改造薄弱学校25所、危旧房校舍12栋，优化农村高中教育布局；②启动县人民医院外科楼建设，整体搬迁县妇幼保健院，建成运营岳阳县二人民医院综合楼；③改造老旧小区10个，完成棚户区改造160户，建设公租房200套；④新续建110千伏输变电工程2个，改造10千伏电力线路4条、台区100个，提升2万户居民用电质量；⑤实施X004龙乌线（龙湾至乌江）、X145兰关线（兰泽至狮山）县道大修；⑥建设8个城区小游园和2个生态停车场；⑦新建1家A类畜禽屠宰场；⑧推进农村“厕所革命”，改厕1万户；⑨新改建养老院4所，新增床位678个；⑩加大金融信贷投放，民营中小微企业贷款达到38亿元，为民营中小微企业担保贷款3.2亿元，到期贷款转贷2.6亿元。对于以上民生实事，我们将认真抓好落实，确保人民群众得到实实在在的实惠。

四、加强政府自身建设，努力建设人民满意政府

各位代表！民之所望，政施所向。面对新形势新任务，我们将把政府自身建设摆在更加突出位置，加快推进政府治理体系和治理能力现代化。

建设为民惠民的服务政府。强化宗旨意识和以人民为中心的发展思想，始终把保障和改善民生作为政府工作的出发点和落脚点。全面推进政务公开，加强电子政务建设，推进电子印章、电子证照、网上政务旗舰店、“岳办岳好”APP等政务系统推广应用。推进基层公共服务（一门式）全覆盖，着力构建县、乡、村三级政务服务体系，实现服务群众“零距离”。

建设公平公正的法治政府。深入开展法律“六进”活动，推进行政复议机构改革，实施一村一法律顾问和规范化司法所建设，将法律服务触角延伸到基层。坚持民主集中制，认真落实“三重一大”决策制度，不断提升决策科学化、民主化、法治化水平。自觉接受人大法律监督、政协民主监督和社会舆论监督，确保政府工作始终在法治轨道上运行。

建设务实求实的效能政府。严格执行《岳阳县提升政府系统执行力十条措施》，建立健全工作推进、协调、督查体系，完善综合考评机制。加强基层组织建设，推进村级事务公开，完成新一轮村（居）民委员会换届选举。进一步简政放权，下放经济社会管理权限，实现乡镇综合行政执法权限赋权到位。加大问责力度，严肃惩处怠政、懒政、失职、渎职行为，确保各项决策部署落实落地。

建设清正清明的廉洁政府。始终把对党忠诚摆在政府工作的首位，严格落实中央“八项规定”精神，坚决防止“四风”。履行全面从严治党主体责任，深入推进政府系统党风廉政建设和反腐败工作。牢固树立过“紧日子”思想，从严控制“三公”经费。健全政府债务管理制度，严格政府投资重大项目概算评审，推进政府采购全流程电子化。加强村级集体财务规范化管理，杜绝新增债务，逐步化解村级债务。加强审计监督，强化巡察结果运用。

各位代表，同志们！万里河山开伟业，百年国梦启新篇。我们已经走过“十三五”的辉煌历程，正朝着更加光明的“十四五”迈出坚实的步伐。站在新的历史起点，让我们高举习近平新时代中国特色社会主义思想伟大旗帜，在县委的坚强领导下，开拓进取，奋发有为，全面推进岳阳县高质量发展，共同谱写岳阳县辉煌灿烂的时代篇章！

名词解释

“五个100”：每年实施100个重大产业项目、100个重大科技创新项目、100个重大产品创新项目，引进100个500强企业、100位科技创新人才。

“两项补贴”：困难残疾人生活补贴和重度残疾人护理补贴。

“六稳”：稳就业、稳金融、稳外贸、稳外资、稳投资、稳预期。

“六保”：保居民就业、保基本民生、保市场主体、保粮食能源安全、保产业链供应链稳定、保基层运转。

“四个不摘”：摘帽不摘责任、摘帽不摘政策、摘帽不摘帮扶、摘帽不摘监管。

“三保”：保基本民生、保工资、保运转。

“一带一路”：丝绸之路经济带和21世纪海上丝绸之路。

“三高四新”：2020年9月习近平总书记在湘考察时，勉励湖南着力打造国家重要先进制造业、具有核心竞争力的科技创新、内陆地区改革开放的高地，在高质量发展上闯出新路子，在构建新发展格局中展现新作为，在推动中部地区崛起和长江经济带发展中彰显新担当，奋力谱写新时代坚持和发展中国特色社会主义的湖南新篇章。

“接二连三”：以第一产业为载体，延伸第二产业，联结第三产业。

“三线一单”：生态保护红线、环境质量底线、资源利用上线和生态环境准入清单。

“放管服”：简政放权、放管结合、优化服务。

“标准地”：携带建设规划、能耗、环境、投资强度、亩产税收等一系列标准进行出让的建设用地。

“四馆一中心”：文化馆、图书馆、美术馆、博物馆（新墙河抗战史实陈列馆）、游客集散中心（旅游资源展示中心）。

“101”改革：领取1本营业执照、经营许可零时限、出具1份告知承诺书。

“160”改革：一窗受理、收一套资料、60分钟出证。

“170”改革：立项、许可、施工、竣工验收实行一窗联办，审批时限最长70天。

“双随机、一公开”：在监管过程中随机抽取检查对象，随机选派执法检查人员，抽查情况及查处结果及时向社会公开。

信访工作“三无”单位：无重复上访、无集体上访、无信访积案的单位。

“三重一大”：重大事项决策、重要干部任免、重大项目投资决策、大额资金使用。

岳阳县人民代表大会常务委员会工作报告

——在岳阳县第十七届人民代表大会第五次会议上

岳阳县人民代表大会常务委员会主任　汤小娥

（2020 年 12 月 27 日）

2020 年主要工作

一年来，县人大常委会在市人大常委会的精心指导和中共岳阳县委的坚强领导下，始终高举习近平新时代中国特色社会主义思想伟大旗帜，深入学习贯彻党的十九届四中、五中全会及习近平总书记考察湖南重要讲话指示精神，紧紧围绕“全面建成小康社会”“建设富饶美丽幸福岳阳县”目标，依法履职，主动作为，迈出了人大工作高质量发展的坚实步伐。全年共举行常委会会议 7 次，主任会议 12 次，开展执法检查、调研 35 次，听取和审议“一府一委两院”专项工作报告 42 项，作出决议决定 14 项，提出审议意见 18 条，依法任免国家机关工作人员 35 人次，较好地完成了县十七届人大四次会议确定的各项目标任务。

一、坚持党的领导，服从服务大局

常委会始终坚持党的领导，牢记人大是党领导下的重要政治机关，自觉把党的领导贯穿人大工作全过程各方面。

自觉接受县委领导。县委高度重视人大工作，积极支持人大履职，切实关心人大建设。常委会党组坚持扛牢把方向、管大局、保落实的政治责任，坚决执行重点工作、重大事项及时向县委请示报告制度，确保党的主张和意愿在人大得到全面贯彻落实。

坚持党管干部和依法任免相结合。严格按程序确保县委确定的人选通过法定程序成为国家机关工作人员。全年任免政府工作人员 5 人次，监察委工作人员 2 人次，法院工作人员 6 人次，常委会工作人员 22 人次。

依法决定重大事项。紧扣事关全县经济社会发展和人民群众切身利益的大事、要事，在认真调查研究的基础上，审查批准了岳阳县 2020 年国民经济和社会发展计划、2019 年县级财政决算、2020 年中央财政直达资金和债券资金安排方案、2020 年财政预算及 2020 年财政预算调整方案。调研“十四五”规划编制情况并听取专题报告，提出突出重点体现项目支撑，统筹协调加强上下衔接的审议意见，不断提升科学决策水平。

全力参与中心工作。主任会议成员积极参与疫情防控、脱贫攻坚、乡村振兴、防汛抗洪、企业帮

扶等中心工作，定期开展巡河巡路，推动蒙华铁路配套工程、亿丰二期、大云山旅游开发、长丰北路拓改、新开新型城镇化、街赵棚户区改造、张谷英文旅小镇、汽车后服市场、创建省级金融安全示范区、创建新开省级全域美丽乡村建设示范镇等重点项目建设。机关干部全员参与结对帮扶、文明创建、疫情防控等工作，做到了党委有安排、人大在行动。

二、有效开展监督，依法担当作为

常委会坚持精准监督、有效监督，努力提高监督实效，推动经济社会高质量发展，保障人民共享发展成果。

聚焦科学发展。听取审议计划和预算执行情况、国有资产管理等专项报告，紧盯审计查出问题整改落实，收回违规资金483万元，存量资金581万元，违规出借资金24万元。启动预算联网在线监督，切实保障全县财政资金规范、合法、有效使用。听取台湾农民创业园发展情况报告，组织开展民族宗教工作调研、“三湘民族团结进步行”活动，凝聚发展合力。视察《政府工作报告》完成情况，听取“一县一特”产业发展、公共文化建设、县城范围内静态停车管理、特种设备安全监管、《城乡规划法》执行和村庄规划编制审议意见落实情况的报告，督促政府做好稳增长、促改革、调结构、惠民生、防风险、保稳定各项工作。

聚焦民生改善。听取审议水、电、车票等价格制定、医保基金监管、城乡低保、残疾人保障、道路交通安全等专项工作报告；督促政府整改落实养老保险工作审议意见和加强音体美教学全面提升学生综合素质审议意见；听取我县疾病预防控制暨新冠肺炎集中收治医院建设情况的报告，推动合理配置医疗资源，提高应对突发公共卫生事件的处置能力；视察调研城区10所学校教学秩序、校园安全和周边环境情况，指出问题30余个；开展“三湘农民健康行”和“三湘农产品质量安全行”活动，增强农民卫生健康意识，守护舌尖上的安全，推动在发展中补齐民生短板，努力做到病有所医、老有所养、学有所教、劳有所得、住有所居、弱有所扶。

聚焦生态环保。听取东洞庭湖水域禁捕退捕工作情况的报告，参与人工增殖放流活动，推动加快修复长江和东洞庭湖生态环境；开展《水污染防治法》执法检查，对全县水、大气、土壤污染防治情况进行调研，推动解决环保督察中暴露的重点问题；开展“三湘环保世纪行”活动，组织代表和环保志愿者到东洞庭湖自然保护区开展考察，传播生态环保理念，落实总书记“守护好一江碧水”的殷殷嘱托；听取我县野生动物保护情况的报告，开展《动物防疫法》执法检查，坚决禁止非法野生动物交易，革除滥食野生动物陋习。

聚焦法治建设。听取审议拘留所、戒毒所、看守所和特殊人群涉毒人员收治中心建设与管理情况的报告，确保依法打击犯罪，维护社会治安，保护公民身心健康。加强司法监督，组织4批次市县人大代表现场观摩庭审。建立规范性文件备案审查衔接联动机制，依法审查规范性文件66件，其中县人民政府29件，乡镇37件，向市人大常委会报备5件。配合《岳阳市铁山水库饮用水水源保护条例》等4部法律法规立法调研，提出意见建议50余条。热情接待来访群众，受理并交办来信来访事项54件次，促进社会公正、和谐。

聚焦规范履职。听取应急管理机构改革情况报告，推动机构改革职能职责按时到位；听取全县道路交通执法执收情况报告，让行政执法权在阳光下运行；继续开展员额法官和员额检察官全员履职评议；听取县人民政府两名副县长和县人民法院一名副院长分管工作报告；听取县水利局等5个2019年被评议单位评议意见整改落实情况报告，对县民政局等9个部门开展工作评议，提出整改意见29条；听取6名市八届人大代表履职情况的报告。

三、突出主体地位，发挥代表作用

常委会积极拓展代表履职方式和路径，实现代表工作和常委会工作深度融合，为代表履职提供舞台，为人大作为增添活力。

推动代表进站入室。常委会将代表工作平台作为代表工作的一大重要载体，全县共建成平台209

个，覆盖所有乡镇、村（社区）。全年进站活动的各级人大代表1583人次，累计接待群众5638人，帮助群众解决问题200余个。进一步拉近了代表联系群众的距离，拓宽了畅通联系的渠道，形成了汇民声、聚民智、解民忧的新机制，代表作用更易发挥，切实打通了代表服务群众的最后一公里。

创新代表小组活动。常委会将组织开展代表小组活动作为代表工作的一种重要形式，全县共设立代表小组95个，省、市、县、乡四级代表全部进入代表小组，并创新活动形式，小组活动与中心工作、专业工作、志愿服务相结合，全年共开展各类活动236次。农业系统代表小组视察市级龙头企业发展情况，引导企业壮大农业品牌；东管系统代表小组调研东洞庭湖湿地保护，为长江生态修复出谋划策；步仙镇设置3个代表小组，探索“代表选民1+1+N”活动，取得良好反响。

督办代表议案建议。常委会将督办议案建议作为代表工作的一个重要手段，听取代表建议办理情况的报告，对县十七届人大四次会议期间代表提出的83件建议，采取重点督办、组织代表参与督办等举措，解决或正在解决的29件，列入计划逐步解决的41件，因目前条件限制或其他原因留待以后解决的13件，实现办复率、见面率、满意率100%。紧盯议案办理，听取专项工作报告，十七届人大四次会议提出的两件议案办理效果明显，城乡供水一体化项目已经启动建设，全县人民都将喝上优质放心的铁山水；督促政府出台《关于推动岳阳县实体经济高质量发展的实施办法》，民营经济发展更有保障。

四、着力基层基础，规范乡镇人大工作

深入学习贯彻《湖南省乡镇人民代表大会工作条例》，保障经费队伍，加强指导培训，强化督导考核，推动乡镇人大紧扣“326”开展工作（即抓好“政治、能力、平台”三项建设；开好“2次乡镇人民代表大会和4次人大主席团”两个会议；做好“联系群众、调研视察、执法检查、工作评议、建议办理、民生实事票决”六项工作），确保乡镇人大会议规范召开、活动阵地规范创建、自身制度规范完善、代表活动规范开展，不断推进乡镇人大工作规范化建设。步仙镇加强工作阵地建设，完善《人大主席团工作职责》等8个制度，严格议事流程，建立各类资料台账，规范档案管理，自身建设不断巩固；新墙镇利用代表平台引领“果浓小镇”建设，宣传有关政策，广泛收集意见建议，集中向镇党委政府反馈，助力特色小镇发展；新开镇组织代表视察镇域范围重大项目建设情况，加大项目监督力度，重点对项目资金使用情况进行监督，提高资金使用效益；杨林街镇进一步优化民生实事代表票决制工作，跟踪督办民生实事完成情况，组织代表开展满意度测评，确保实事项目落地见效；月田镇做实代表建议“交办、督办”环节，人大主席在每件建议上批转承办单位，适时组织代表视察建议办理情况，切实提高建议办理落实率，确保让代表和群众“双满意”。

五、强化自身建设，展示良好形象

常委会不断加强自身建设，努力锻造政治坚定、作风过硬、形象优良的坚强集体。

坚持理论武装。把加强政治学习摆在首位，不断完善常委会党组和机关学习制度，全年开展党组中心组和机关集体学习18次，将《习近平谈治国理政（第三卷）》、党的十九届五中全会和习近平总书记考察湖南重要讲话，以及关于疫情防控、脱贫攻坚等指示精神列为重点学习内容，自觉对标对表，不断增强“四个意识”，坚定“四个自信”，做到“两个维护”。

加强政治建设。严格落实意识形态工作责任制，不断改进人大新闻舆论工作，确保方向正确。深入推进“不忘初心、牢记使命”主题教育，定期研究机关党建工作，按期进行机关支部换届选举，不断深化支部“五化”建设，组织机关党员开展“担脱贫攻坚使命”“弘扬半条被子精神”“心系国防”“传孝廉家风”等主题党日活动，让党组和支部战斗堡垒作用发挥更加充分。

切实改进作风。严格落实党风廉政建设责任制，认真履行全面从严治党主体责任，支持派驻纪检监

察组工作，接受县委巡察，全面进行政治体检，高位推动问题整改落实见效。持续开展违反中央八项规定精神和形式主义、官僚主义专项整治，认真组织中央八项规定精神知识测试，严格执行机关管理制度，坚决制止餐饮浪费行为，以作风建设的新成效保证常委会各项工作有序规范高效推进。

深化宣传工作。启动《岳阳县人大志》编修工作，组织县乡人大代表和人大工作者参与省市人大制度理论与实践研讨，荣获“岳阳人大系统信息宣传调研工作组织奖”。认真管理维护好“岳阳县人大”微信公众平台和人大网站，推送工作信息 90 余条，在各级媒体刊登新闻稿件 150 多篇，有效宣传了人民代表大会制度和县人大及其常委会的工作成效。

各位代表！一年来，我们深刻感受到，常委会工作之所以取得较好成绩，离不开市人大科学指导和县委正确领导，离不开常委会组成人员共同努力和全体代表辛勤付出，离不开“一府一委两院”密切配合和乡镇人大积极参与，离不开全县人民充分信任和社会各方面热情帮助。在此，我代表县人大常委会表示衷心感谢！

回顾过去一年，我们也深刻认识到，面对新形势新要求，面对人民群众的热切期盼，我们的工作还存在一些薄弱环节。主要是：刚性监督方式运用较少，视察调研缺乏深度，自身建设仍需努力，推动全县高质量发展的作用发挥还有待加强。对此，我们将虚心听取意见，自觉接受监督，不断改进工作。

2021 年主要工作安排

2021 年，是中国共产党建党 100 周年，也是“十四五”规划开局之年，常委会将坚持以习近平新时代中国特色社会主义思想为指导，深入贯彻落实习近平总书记关于坚持和完善人民代表大会制度的重要思想以及考察湖南等重要讲话精神，聚焦县委重点推进的大事要事，聚焦经济社会发展的短板弱项，聚焦人民群众关心关切的热点难点，讲好党言党语、法言法语，推动人民代表大会制度优势转化为治理效能，推动全县经济社会高质量发展。

加强政治建设，坚守正确方向。深入学习贯彻习近平新时代中国特色社会主义思想，进一步增强“四个意识”，坚定“四个自信”，做到“两个维护”；围绕县委重大决策部署，聚焦中心工作、聚情民生关切、聚力依法履职、聚合代表力量，更好地发挥人大任免、监督、决定等职能作用，推动县乡人大工作高质量发展，让人民代表大会制度更加深入人心。

围绕发展大局，增强监督实效。围绕统筹发展，听取审议计划、预算、审计、审计发现问题整改、国有资产管理、民营经济发展等报告，听取景区开发建设、农村有线电视小片网专项整治和县融媒体中心建设、招商引资等专项报告，督促落实野生动物保护、特种设备安全监管、道路交通安全管理、县城范围内静态停车管理等专项报告审议意见。围绕法律执行，组织开展《中华人民共和国社区矫正法》《中华人民共和国大气污染防治法》执法检查，听取公益诉讼开展情况报告，推进备案审查信息平台建设。围绕民生改善，听取城乡供水一体化建设、公共卫生服务和村级卫生室建设、教体项目建设和经费运行、农产品质量安全监管、科普工作、老旧小区和棚户区改造、乡村危房改造以及民办教育、职业教育、学前教育情况的报告，督促落实残疾人保障专项报告审议意见。围绕民族团结，开展民族宗教工作调研活动，听取宗教场所规范管理情况的报告。围绕依法履职，继续开展部门工作评议，督促县民政局等 9 个部门落实工作评议意见。

拓宽履职渠道，发挥代表作用。进一步创新形式，优化服务，丰富内涵，认真做好代表服务保障工作，切实发挥代表主体作用。加强常委会组成人员与人大代表、人大代表与人民群众的联系，做好代表履职引导、服务和管理工作，推进代表工作的体制机制创新和平台载体规范化建设。强化代表履职培训，不断增强代表政治意识、法律水平和业务能力。积极组织各级代表参加常委会组织的执法检查、视察、调研和督办议案建议活动，列席相关会议，努力拓宽代表知情知政渠道。创新建议督办方式，不断提高代表建议办理质量。

规范履职行权，加强自身建设。进一步落实从严治党主体责任和党风廉政建设责任，持续加强常委会及机关党的建设，不断反“四风”、转作风，为常委会依法履职提供坚强组织保障。大兴学习之风，结合审议议题，加强法律知识和相关专业知识学习，不断增强常委会组成人员履职能力，提高常委会会议审议质量。大兴调查研究之风，时刻与人民群众保持密切联系。加强人大新闻宣传力度，讲好人大故事，树好人大形象。进一步贯彻《湖南省乡镇人民代表大会工作条例》，深入推进乡镇人大工作规范化建设，增强人大工作整体合力。

严格依法依规，抓好换届选举。根据省委、市委的统一部署，明年县乡人大将进行换届选举。常委会将在县委的正确领导下，按照《地方组织法》《选举法》《代表法》的规定，充分发扬民主，严格依法办事，精心组织，规范实施，切实做好县人大换届选举工作，加强对乡镇选举委员会的领导，确保县乡换届选举工作顺利完成。

各位代表，数尽人生好光景，最是奋斗动人心。让我们更加紧密团结在以习近平同志为核心的党中央周围，在县委的坚强领导下，牢记新使命，开启新征程，推动新实践，在奋斗中释放激情，在奋进中展示作为，奋力开创新时代人大工作新局面。

中国人民政治协商会议
岳阳县第十三届委员会常务委员会工作报告

——在政协岳阳县第十三届委员会第五次会议上

政协岳阳县委员会主席　袁陆保

（2020年12月25日）

2020年工作回顾

一年来，县政协在县委的坚强领导下，在省市政协的具体指导下，坚持以习近平新时代中国特色社会主义思想为指导，深入学习贯彻党的十九大、十九届二中、三中、四中、五中全会和习近平总书记考察湖南重要讲话精神，把“懂政协、会协商、善议政”贯穿于政协工作全过程，充分发挥协商民主和专门协商机构作用，紧扣县委决策部署，在建言资政和凝聚共识上双向发力，凝心聚力。全年共召开常委会议6次、党组会议6次、主席会议9次，集中视察活动5次，专题调研活动17次，为助推全县经济社会高质量发展贡献了政协智慧和力量。

一、强化政治引领，坚定正确方向

一年来，常委会始终把旗帜鲜明讲政治作为“主轴”，做到心中有党，在强化思想建设中提升政治站位，在推进工作中保持政治定力。

强化理论武装。我们始终坚持以习近平总书记关于加强和改进人民政协工作的重要思想作为行动指南，强化政治引领，广泛凝聚共识，进一步增强“四个意识”，坚定“四个自信”，做到“两个维护”。持续深化“不忘初心，牢记使命”主题教育，组织机关党员赴张谷英开展“扬清风正气，传孝廉家风”廉政教育活动，组织政协常委、联络办主任、界别组长赴桑植、芷江举办红色基因主题培训班。进一步提升做好政协工作的政治把握能力，切实把理论武装的成果体现在坚定理想信念上，体现在强化政治担当上，体现在更好服务中心大局上。

维护县委领导。我们始终坚持在县委统一领导下开展工作，认真贯彻县委决策部署，围绕全县中心工作，议大事、聚人心、当参谋、造声势，始终做到县委的工作布置到哪里，政协的力量就汇聚到哪里，县委的工作推进到哪里，政协的作用就发挥到哪里。县委的重要会议精神、重大部署及时传达

贯彻，政协的重大事项、重点工作、重要情况及时向县委请示报告，重大活动主动邀请县委领导出席指导，自觉通过协商民主的程序，把县委的决策部署、中心工作，转化为政协组织和广大委员的履职行动，确保政协的工作开展，与县委思想上同心、目标上同向、行动上同步。

坚持党建引领。切实扛牢党建政治责任，全面加强“两支队伍”的政治、思想、组织、作风和纪律建设，推动政协事业不断发展。坚持党建与履职一体谋划、一体推进、一体考核，以党建引领履职、以履职检验党建。认真落实中央《关于加强新时代人民政协党的建设工作的若干意见》，充分发挥政协党组把方向、管大局、保落实的作用。全面加强机关党建工作，全面落实党风廉政建设，全面管控意识形态责任，全力支持派驻县政协机关纪检监察组工作。完善党建工作制度，建立党员主席联系党外副主席、党员常委联系党外常委、党员委员联系党外委员，实现政协党的组织和党的工作“两个全覆盖”目标。

落实巡察整改。高度重视县委对政协机关办委巡察工作，主动接受“政治体检”，将巡察整改与政协履职同部署、与自身建设同推进、与工作绩效同考核。加强组织领导，强化责任落实，专题研究巡察整改工作，制定、细化巡察整改方案，确保有部署、有落实；严格对照县委第八轮巡察反馈的具体问题，举一反三，立行立改，确保有责任、有重点、有效果；紧扣政治巡察和制度建设要求，及时完善机关内部管理制度，深化队伍纪律作风教育，将日常整改措施上升为长效制度，确保巡察整改务实管用。

二、突出履职尽责，助力社会发展

一年来，常委会致力于经济社会发展，始终把履职为民作为“主责”，做到心中有民，在提升群众获得感、幸福感、安全感上留下政协烙印。

围绕乡村振兴，开展深度调研。我们围绕农业特色产业、农村干部队伍、农民生产生活等涉及乡村振兴的短板和问题，开展专题调研9次，形成调研报告11篇，提出意见建议21条，为县委县政府决策提供了重要依据。针对去年非洲猪瘟对生猪养殖的影响，我们组织调研组，走村入户，召开养殖大户、散养户、饲料供应商座谈会，详细了解当前生猪稳产保供情况，形成了《促进生猪稳产保供，助推乡村振兴的调研报告》。针对农村基层干部人才老化，结合村级换届选举，我们组织调研组，先后走访5个乡镇、17个村（居）、148名党员和群众，形成了《乡村干部人才队伍情况调研报告》，得到市政协高度肯定。针对群众关心的农村改厕工作，我们深入一线调研，形成了《岳阳县“厕所革命”实施情况的调研报告》。

围绕创优环境，开展民主监督。我们围绕县委县政府的工作重点、群众生产生活的热点、企业纾困转型的难点、社会关注关切的焦点，积极主动开展视察评议、民主监督工作，以履职尽责的姿态，彰显人民政协为人民的情怀。为助力“最多跑一次”改革，我们组织政协常委开展专题视察活动，提出“提升服务水平，筹建大数据中心，促进平台融合，为县域经济的快速发展注入新动能”的建议。为加强对司法实践的民主监督，组织部分政协委员，现场旁听特大网络传销案、侯小东等26人涉恶案，让政协委员近距离见证了司法审判工作，进一步增强了民主监督与司法监督的联系沟通。

围绕产业规划，积极建言献策。我们围绕县域经济发展，选好角度，把好尺度，开展调研视察、建言献策，为推动县域经济发展提供更多更优的“政协建议”。为助力陶瓷企业加快转型升级，做大做强，主席会议成员、政协各专委主任深入一线调研，召开职能部门、陶瓷企业负责人座谈会，提出“依法开采瓷泥瓷砂，保证原材料持续稳定供应；依法破产停产企业，盘活陶瓷行业不良资产；公允评价陶瓷企业，促进银企合作双赢；规划专业填埋场，实现固体废弃物集中填埋”的建议。为进一步拉长医药产业链，拓展生物医药发展空间，我们成立专题调研组，深入园区企业、县直部门开展调研座谈，召开4次对口协商会、3次专题协商会，提出生物医药产业布局要“明确产业定位，提升服务能力，优化扶持政策，突出产业招商”的建议，得到县委县政府肯定。围绕砂石资源利用，成立“东洞庭湖砂石有序开采”调研组，深入洞庭湖区、建筑市场、建工企业、县直部门广泛进行座谈，在市政协专题议政性常委会上，提出“关于支持岳阳县东洞庭湖区砂石有序开采进入岳阳市‘十四五’规划”的建议，得到了市政协和市直相关部门的积极回应。

三、聚焦服务中心，彰显政协担当

一年来，常委会聚焦服务全县中心工作，把彰显政协担当作为“主线”，做到心中有责，主动服务大局，做了我们职责所在、能力所及的工作。

全面参与脱贫攻坚。按照县委要求，继续落实主席会议成员联系贫困村，机关办委班子成员联系贫困户的帮扶责任，选派一名专委副职驻村担任第一书记。主席会议成员共联系6个贫困村，坚持一月一走访，因地制宜、因户施策，6个村已全部脱贫。同时，我们结合全省政协系统开展的“万户帮扶行动”，进一步深化“三个一”帮扶，组织省、市、县三级政协委员共394人，帮扶贫困户413户1116人，帮助吸收转移就业人员271人。在打赢脱贫攻坚战中，委员乐在其中、奉献其中、价值体现其中，把党和政府的温暖送到了困难群众的心坎上。6名县政协委员通过市级审核，已呈报为全省政协系统“扶贫行动先进个人”候选人。

全面投身防疫防汛。面对新冠肺炎疫情突如其来的“时代大考”，面对江湖汹涌而至的“百年大汛”，我们主动担当，全身投入防疫、防汛两大战役。在疫情防控上，带头做好强信心、聚民心、暖人心、筑同心工作。第一时间贯彻落实中央省市县一系列决策部署，第一时间向全体政协委员发出《团结一心，共战疫情》倡议书，第一时间发动广大政协委员筹集善款。主席会议成员深入所联乡镇、社区和企业，指导开展疫情防控、复工复产工作。全体政协委员发挥专业特长，投身到防疫检疫、交通管制、市场监督、医疗卫生、志愿服务和统筹推进经济社会发展的第一线，彰显了政协担当，展现了政协力量。县政协工交城建联络组，组织委员为武汉雷神山、火神山医院运送大输液药品；3月份组织委员到许广高速新墙河防疫点，慰问看望一线值守人员；5月份组织委员视察岳阳南方水泥公司、湖南康泰日华纸业有限公司，为其复工复产解难帮困。县政协委员、岳阳平强水产有限公司总经理张平安，在疫情道路封锁期间，主动对接县交通部门，将近百万斤鲜鱼输送至广东。在防汛工作上，三名主席会议成员靠前指挥，分别牵头驻守中洲大堤、万福垸、平费垸等三个堤垸42天。据统计，全县141名委员参与到防汛督查、查险处险、巡堤值守等防汛救灾工作中，他们以身作则，率先垂范，不畏艰险，敢于胜利，展现了政协委员的良好形象。

全面助推项目建设。我们不遗余力助推全县重点工程项目建设。一名副主席牵头县殡葬设施建设项目协调，一名副主席担任高新技术产业园主任，7名主席会议成员联手帮扶6家规模企业、对口帮扶一家“双联”解困企业。今年来，高新技术产业园统筹推进疫情防控和复工复产，园区110余家企业和在建项目迅速恢复正常生产和施工建设。突出产业链招商，成功引进22个项目并落地开工建设，园区基本要素进一步夯实，发展后劲不断增强。殡葬设施建设项目克服疫情影响，加快施工进度，专线公路已通车，综合业务区、住宿餐饮区、悼念区及其他配套用房、集散广场等项目主体工程、弱电工程、空调工程建设等已进入扫尾阶段，殡葬专用设备安装可望年底完成。

四、着眼自身建设，夯实基层基础

一年来，常委会始终围绕政协委员这个主体，把提升委员能力素质作为“主调”，做到心中有戒，在加强自身建设中强基固本，促进政协工作不断发展。

严格管理激活力。全面激发委员活力，让委员们争当懂政协、会协商、善议政的参政先锋，争做守纪律、讲规矩、重品行的行动表率。一是搭建活动平台。通过打造委员工作室，将委员的履职触角从每年的全会延伸到日常履职，延伸到基层，为委员联系群众、反映民意、参政建言搭建新的平台，成为群众与党委政府之间沟通的桥梁纽带。通过多年的努力，我县今年获得“湖南省示范性委员工作室”称号。步仙镇唐禹委员工作室，依托自己创办的岳禹水稻合作社，向周边贫困户、种粮户，提供选种、育秧、耕整、植保、收割一条龙服务，购置植保无人机，解决了种植户“打药难”的问题，得到了农户的一致好评。二是深化智慧建设。通过一年多的建设，我县智慧政协项目已做到了上联省市政协、下达委员工作室，与县内相关政务平台对接，促进了政协民主监督与社会监督的互补互通，拓宽了委员知情明政的视野和渠道。三是推进阳光履职。继续实行提案全程阳光办理，确保提案工作落地生效，组建“委员建议提案工作交流群”，采取播放视频录音、上传督办照片等方式，让委员知进度，让部门有责任，促进承办单位阳光办理、透明办理、加速办理，进一步提升了委员参政议政的积极性。四是强化绩效考核。出台委员履职考核评价方案，建立委员履职档案，强化委员日常考核，及时通报考核情况，在委员中形成赶超氛围，全面促进委员履职尽责，主动作为。

自身建设树形象。持续聚焦“五个政协”建设目标，着力在自身建设上下功夫，进一步优化委员形象。突出政治建设，强化党的理论学习，提升机关干部的政治素质和业务能力，出台《“书香政协”学习方案》，通过自己讲、请人授、外出学的方式，有效提升委员的学习动力。我们报送的《岳阳县农业产业化特色小镇建设的调研与思考》获省政协优秀调研报告二等奖，《不忘初心、牢记使命，争做新时代“四有”政协人》获省政协理论征文三等奖。突出制度建设，把推行政协委员“五联”制度，政协专委与党政部门对口联系协商制度，作为联系委员的重要渠道，通过开展委员片区履职活动、交流联谊活动，密切委员联系，掌握委员动态，了解委员诉求，全面服务委员，增强基层委员特别是农村委员的归宿感。突出机制建设，加强省市县三级政协委员学习调研、视察评议、协商监督联动机制。完善提案办理机制，实行主席会议成员领办重点提案，由“一次性办理”转化为“阳光跟踪办理”。十三届四次会议以来，共收到提案84件，经审查立案74 件，已全部办复，委员满意率98%，一批事关发展、事关民生的提案得到了有效落实。

文史宣传扩影响。我们把文史宣传摆在传递政协声音、扩大政协影响的重要位置，突出正面宣传，讲好政协故事。充分利用省“政协云”平台及时反映我县政协工作动态，推介工作亮点。充分利用智慧政协平台，收集委员微建议、微提案，反馈给相关单位办理，扩大委员知情明政渠道。充分利用“岳阳县政协”公众号，及时发布政协活动信息。充分利用县融媒体平台，展示政协委员立足岗位、敢于担当、勇于作为的形象。今年，我们在全县30多名优秀委员中挑选出万江文、毛军雄等5名委员，在县电视台“委员风采”栏目中进行了报道。将文史资料编纂作为人民政协的一项重要工作，作为推介政协的一种重要载体。年初启动《岳阳县政协志(1983—2020)》编纂工作以来，现已完成从1983年恢复县建制至今37年的文史资料收集、整理、分类、编辑，共计8章60余万字。

各位委员，过去的一年，积淀了太多值得我们铭记的画面和回忆。政协迈出的坚实步伐，得益于县委的坚强领导，让我们倍感温暖；政协结出的履职硕果，归功于各级各部门的支持呵护，让我们倍受鼓舞；政协收到的称道点赞，来自于全体政协委员的共同付出，让我们倍增信心；政协交出的为民答卷，感恩于广大人民群众的包容理解，让我们倍添动力。在此，我代表县政协常委会，向所有关心支持政协工作的各位领导和同志们，向认真履职、努力奉献的全体政协委员，表示衷心的感谢和诚挚的敬意！

回顾一年来的工作，我们也清醒认识到工作中还存在一些薄弱环节和不足之处，比如协商议政和民主监督还需加大力度、创新方式；专门协商机构作用发挥还需更加深化、广泛拓展；加强基层委员联系和服务，还需改进方法、完善机制；委员履职能力和成果转化还需不断强化、持续提升等等。我们将在明年工作中高度重视，认真研究，切实加以改进。

2021年工作安排

2021年是中国共产党成立100周年的大庆之年，是实施“十四五”规划的开局之年，也是我县全面对接融城战略的关键之年。政协工作的总体要求是：以习近平新时代中国特色社会主义思想为指导，以习近平总书记关于加强和改进人民政协工作的重要思想为遵循，不断增强“四个意识”、坚定“四个自信”、做到“两个维护”。认真贯彻落实中央、省委、市委经济工作和政协工作会议精神，围绕打造“三个高地”，担当“四新”使命，紧扣县委决策部署，强化政治引领，聚焦主责主业，为县域经济高质量发展贡献政协智慧和力量。

一、坚持政治引领，在凝聚人心和团结奋斗上更显担当

把加强思想政治引领、广泛凝聚共识作为中心环节，为全县经济社会发展汇集强大合力。

努力寻求最大公约数。坚持求同存异、聚同化异，着力做好经常性思想政治工作，强化对敏感点、风险点、关切点问题的正面引导，不断锤炼政治能力，促进同心同向，增进“四个认同”，进一步筑牢共同思想政治基础，努力使县委的决策主张，成为社会各界的共同认识、共同意志、共同行动、共同利益。

不断扩大团结覆盖面。进一步加强与县工商联和非公经济人士的联系，就共同关心的课题，开展联合调研、联合视察，做到优势互补、信息互通、成果共享。密切同新的社会阶层人士的沟通联络，耐心听取和反映各界代表人士的合理诉求，更好发挥他们在联系群众中不可替代的作用，更好地凝聚人心和共识、汇聚智慧和力量。

致力画好最大同心圆。深化“五联”机制，把以人民为中心的理念始终贯穿到政协工作之中，充分发挥委员优势，拓宽团结联谊渠道。充分利用互联网优势，广泛关注网络热点和界别群众诉求，通过政协提案、社情民意信息等民情通道，及时反映群众意见，积极提出工作建议，把凝心聚力工作做到“线上”，把最大同心圆画到“网上”，把履职成果落实到群众“心坎上”。

二、围绕中心大局，在服从服务和参政议政上更有作为

服从县委安排。坚持在县委领导下开展工作，动员和带领广大政协委员紧紧围绕县委县政府工作思路，聚焦全县中心工作和重点工作安排，做到帮忙不添乱、尽责不失职，不折不扣地贯彻落实好县委的决策部署，完成好县委交办的各项工作任务。

凝聚界别共识。发挥界别委员的主体作用和桥梁作用，做好协调关系、理顺情绪、化解矛盾、凝聚共识的工作。要紧扣团结民主主题和专门协商主责，积极履行三项职能，传递界别声音，服务中心大局。

发出政协声音。认真履行政协章程赋予的各项职能，围绕人民群众关心的热点、难点问题，积极为民代言；围绕县域经济社会发展的全局性、复杂性、前瞻性重大问题，积极提交具有资政价值的意见建议；围绕政协事业发展和政协队伍建设中存在的短板和弱项问题，主动整改，敢于揭短，以更加务实的工作推动全县各项事业不断进步。

三、聚焦主责主业，在资政建言和双向发力上更有力度

围绕政协三大职能，忠诚履职，聚焦县委政府中心任务，精心选择履职议题，坚持调研、协商、监督一体推进，更好地发挥专门协商机构的作用。

在政治协商中充分发挥桥梁作用，紧扣专门协商机构定位，深化政治协商。精准聚焦助推县域经济高质量发展，立足于服务人民群众对美好生活向往这个落脚点，加强协商对接，搭建协商平台，丰富协商内容，积极履行政治协商职能，促进建言资政和凝聚共识双向发力。

在民主监督中充分发挥监督作用，坚定协商监

督服务理念，加强民主监督。更加紧盯县委部署的重点难点工作，有针对性地聚焦全县重大改革举措、重要政策贯彻执行和社会关注的热点问题，扎实开展政府工作部门民主评议和重大事项专项监督，努力为改革发展献计出力。

在参政议政中充分发挥资政作用，发挥政协委员主体作用，积极参政议政。主动对接全县民生实事清单，立足人民群众的关注点、关切点，认真组织委员开展视察调研、撰写提案、反映社情民意。组织和引导委员立足本职，建功立业，投身全县发展主战场，主动为招商引资牵线搭桥，积极参与社会公益事业，以自己的实际行动为政协事业增光添彩。

四、深化自身建设，在忠诚干净和守正创新上更有成效坚持以敢担当为己任，进一步务实求为，全面激发委员

队伍生机活力，全面提升政协工作水平。

创新思路方法。继续加大智慧政协的建设力度，确保上下联动、左右协同更加顺畅、更加融通，全面挖掘智慧政协新应用，丰富网络议政，为政协工作注入生机活力。抓好委员工作室的创建和运行，树立品牌意识，注重品牌培育，积极探索创新，擦亮“湖南省示范性委员工作室”品牌。围绕发挥专门协商机构作用和强化凝聚共识功能，因地制宜搭建新平台、新载体。

健全履职机制。结合中央、省委、市委关于新时代加强和改进人民政协工作的贯彻落实，不断加强政协各项制度建设，补齐短板、强化弱项，形成运行有效的制度体系。建立健全谈心谈话、联系走访约谈委员等制度。健全政协系统联系指导工作机制，着力完善履职协同调研、联动监督、联合协商等工作机制，形成履职强大合力。

提升能力水平。始终把党风建设、廉政建设、队伍建设的要求刻在心上、责任扛在肩上、工作抓在手上。加大学习培训力度，持续开展“书香政协”活动和常委、界别组长、联络办主任定期培训，促进成果转化，提升委员能力水平。完善委员管理制度，强化委员日常管理，抓好履职考评，有效促进委员更好地在政协工作中履职尽责、在本职岗位上建功立业。

加强作风建设。坚持从严教育、从严管理、从严要求，全面加强政协委员和机关干部“两支队伍”的作风建设，确保深入一线调研更实，联系人民群众更紧密。以巡察整改为契机，全面深化队伍党风廉政建设，严格落实中央八项规定精神，带头整治“四风”，持续整治形式主义、官僚主义，努力打造一支守纪律、讲规矩、重品行的政协队伍。

各位委员、同志们，使命因担当而光荣，履职因有为而精彩。让我们更加紧密地团结在以习近平同志为核心的党中央周围，高举习近平新时代中国特色社会主义思想伟大旗帜，在中共岳阳县委的坚强领导下，坚定方向，同心同德，不忘初心再出发，为建设富饶美丽幸福岳阳县贡献政协智慧和力量！

大事记

大 事 记

1 月

19 日 市委书记王一鸥到新开镇看望慰问 57 岁的困难退役军人方某某。市委常委、市委秘书长谈正红，副市长、市公安局长唐文发，县委书记田文静，县委副书记、县长曾平原参加。

21 日 县委副书记、县长曾平原主持召开新型冠状病毒感染肺炎疫情防控工作调度会。

26 日 县委书记田文静主持召开县委常委（扩大）会议，专题部署新型冠状病毒感染的肺炎疫情防控工作。

2 月

3 日 县委书记田文静主持召开疫情防控工作调度会，专题部署交通管控工作。县委副书记、县长曾平原等参加。会议要求，要在各高速站点增加牵头责任单位，并由责任单位增派人员；与湖北交界的重点管制乡镇在原有的基础上增加督办与协办单位，并增派人员；其他乡镇实行属地管制，负责辖区内所有与外县连通的县际道路交通管制；所有车辆接受检查，涉湖北车辆及可疑车辆一律劝返，禁止入县；所有过往人员检查身份证，检测体温，涉湖北人员、体温高的人员、密切接触者等重点人员一律劝返，禁止入县。

12 日 岳阳县召开"十四五"规划编制工作调度会，县委副书记、县长曾平原主持会议。

是日 县委副书记、县长曾平原主持召开企业复工复产会商会，确保安全、有序、科学推进复工复产。

24 日 县委书记田文静主持召开县委常委会议，专题研究部署乡村振兴和脱贫攻坚等工作。

是日 省发改委能源指导组到民康医用材料、湖南科伦制药、岳盛新型材料和中粮米业等企业调研指导企业疫情防控和复工复产工作。县委常委、常务副县长吴光文参加。岳阳县有规模以上企业 252 家，总用工人数 33017 人。截至 23 日，已复工 225 家，复工率 89.3%；累计到岗 25278 人，到岗率 76.6%。

25 日 市委副书记、市长李爱武到岳阳县检查指导疫情防控和企业复工复产工作。县委书记田文静，县委副书记、县长曾平原参加。

28 日 县委书记田文静主持召开县委常委会，专题研究城市建设与管理工作。2020 年岳阳县城建工作将以推进城建五年行动计划为根本，坚持城市向北、工业向南的发展方向，积极对接市区南延，加快县城扩容提质和北向融城步伐，助力岳阳大城市建设。

3 月

6 日 市委副书记、市长李爱武到岳阳县走访慰问优秀女企业家代表湖南科伦制药总经理邹瑰丽，市县领导黎作凤、刘传汉、田文静、曾平原参加。

10 日 岳阳县召开决战脱贫攻坚决胜全面小康县乡村负责干部大会。县委书记田文静出席并讲话，县委副书记、县长曾平原主持。

15 日 工业和信息化部副部长王志军率中办国办复工复产调研组到岳阳县调研疫情防控、企业复工复产、春耕备耕生产等工作。市委书记王一鸥，副市长黎作凤，县委书记田文静，县委副书记、县长曾平原参加。王志军一行先后到筻口镇、杨林街镇，察看春耕备耕情况，深入岳阳高新技术产业园区察看复工复产情况。

24 日 岳阳县“守护好一江碧水”暨生态环境保护工作会议召开，县委书记田文静强调，要深入贯彻落实习近平生态文明思想和中央、省、市生态环境保护大会精神，扎实做好全县生态环保各项工作，为建设富饶美丽幸福岳阳县提供良好的生态保障。县委副书记、县长曾平原主持会议。

是日 湖南省工业技师学院第二校区项目签约仪式在岳阳县举行，省工业技师学院院长李勇、副县长周里参加。省工业技师学院第二校区项目选址麻塘办事处中心小学北侧，投资总额约 5 亿元。项目建成运营后，2025 年实现在校学生 12000 人。

26 日 市委书记王一鸥到岳阳县调研脱贫攻坚、生态环保、春耕生产等工作。市委常委、市委秘书长谈正红，市政协副主席、市发改委主任刘晓英，县委书记田文静，县委副书记、县长曾平原等参加。王一鸥一行先后到毛田镇南冲村易地扶贫搬迁安置点、全民鸽业养殖基地、岳阳高新区实地调研指导。

4 月

1 日 省高级人民法院党组书记、院长田立文到岳阳县调研指导法院工作，实地察看了县法院诉讼服务中心、法文化长廊和执行警务指挥中心。县委书记田文静参加。

8 日 岳阳县召开桃李春风小镇概念性规划评审会，县委书记田文静，县委副书记、县长曾平原出席。桃李春风小镇项目地处麻塘办事处，涉及 3 个行政村，西邻洞庭湖，东接麻布山森林公园。以文旅产业为核心驱动，以山湖田园为基底，以文旅度假为引领，以康养为特色，打造特色康养目的地。

9 日 中国民族贸易促进会和民革湖南省委组统工作委员会到岳阳县调研县域特色经济产业情况，县委常委、统战部部长苏红琳参加。调研组先后实地察看了金盆柚加工基地、全民鸽业、黄沙街茶场、台湾农民创业园核心区，认为岳阳县“一乡一品”初具规模。

20 日 全县统计工作暨第七次全国人口普查工作动员会召开，县委常委、常务副县长吴光文出席。

23 日 中共岳阳县委审计委员会第一次会议召开，县委书记、县委审计委员会主任田文静主持会议。县委副书记、县长曾平原出席。

24 日 岳阳县举行张谷英文化遗产保护项目签约仪式，县委书记田文静、中国华夏文化遗产基金会副理事长、湖南华夏美湘公司总经理高峰出席。此次该公司无偿捐建项目包括张谷英村文化遗产保护利用、污水管网改造及水环境治理等，初步概算 2 亿元以上。

5 月

12 日 副省长隋忠诚到岳阳县督导新墙河流域八仙桥段防汛备汛工作，副市长杨昆，县委副书记、县长曾平原参加。

15 日 市政协主席、市脱贫攻坚大会战指挥长徐新楚到岳阳县黄沙街镇复兴村、长湖乡自强村，调研督导脱贫攻坚工作。

21 日 省政府秘书长王群到岳阳县麻塘办事处湖南东洞庭湖国际重要湿地蓄水湖退养还湖工程现场调研蓄水湖生态修复工作，副市长黎作凤、市政府秘书长刘传汉、县委书记田文静参加。

22 日 岳阳县首个农村金融服务站——长沙银行岳阳县支行兴园村金融服务站正式开业。

6月

3日 省侨联党组书记、副主席黄芳到岳阳县调研“侨胞之家”建设等工作，县委常委、统战部长苏红琳参加。参观新墙河抗战史实陈列、察看县侨胞之家，还为获评“中国华侨国际文化交流基地”的张谷英镇授牌。

4日 省政协港澳台侨和外事委员会驻会副主任李国雄率调研组到岳阳县台创园和岳阳高新园区，就“落实支持政策，助推港澳台侨企业高质量发展”课题开展监督调研。市政协副主席黎四清，县政协主席袁陆保参加。

11日 岳阳县举行2020年重大项目集中开工仪式暨财纳福诺石晶地板产业链项目（二期）奠基仪式。市委常委、宣传部部长马娜宣布岳阳县2020年重大项目正式开工。县委书记田文静出席。该次集中开工的10个重点项目，总投资额为71.1亿元，其中5亿元以上项目4个，涉及现代生物医药、智能制造、新型材料等领域。财纳福诺石晶地板项目总投资达35亿元，纳入2020年湖南省“五个100”重大产业建设项目。

17日 岳阳县多部门联合在鹿角码头开展“保护母亲湖，守护好一江碧水”为主题的非法捕捞水产品案增殖放流活动。县委常委、政法委书记余泽世参加。投放青、草、鲢、鳙“四大家鱼”苗种1900万尾。自2002年以来，岳阳县连续18年在东洞庭湖开展水生生物增殖放流活动，累计投放“四大家鱼”苗种1.9亿尾。

19日 为期3天的2020湖南（国际）文化旅游产业博览会暨文化和旅游装备展在长沙拉开帷幕，县委常委、统战部部长苏红琳参加，张谷英古镇获“最佳展台奖”荣誉称号。

22日 由国际稻都投资经营集团（湖南）有限公司投资的国际稻都农贸综合市场项目落户岳阳县。县委常委、常务副县长吴光文，院士袁隆平助理黄崎，国际稻都投资经营集团（湖南）有限公司项目经理康进财出席签约仪式。项目拟投资3亿元以上，选址县城向北拓展的节点上，主要经营蔬菜、肉类、水产、粮油、干货、小商品等。

24日 县委书记田文静主持召开东洞庭湖、新墙河禁捕退捕突出问题专项整治行动工作部署会。县委副书记、县长曾平原参加。该次整治水域为岳阳县所辖东洞庭湖、新墙河全流域以及大型通江湖泊连通的其他天然水域；整治行业包括涉禁捕水域渔业资源的非法捕捞、运输、销售、经营、加工等行业。

28日 岳阳县人大预算联网监督系统正式运行。县人大常委会主任汤小娥出席启动仪式。该系统设计了预决算审查、意见管理、执行监督等八大模块，通过建立数据查询分析模型，对财政预算收支、部门预算、审计监督等情况进行分析对比，及时发现预算管理和执行中存在的问题，并作出警示。

7月

2日 副省长何报翔到岳阳县岳盛新型材料有限公司、科伦制药、岳阳民康医用材料有限公司调研开放型经济发展等工作。副市长李为，县委书记田文静，县委副书记、县长曾平原参加。

是日 县委书记田文静主持召开县委常委会议，市委组织部相关负责人宣布中共岳阳市委决定：杨革新任岳阳县委委员、常委、纪委书记，提名为县监察委员会主任人选。

3日 副省长隋忠诚到岳阳县调研禁捕退捕工作。市委副书记、市长李爱武，县委书记田文静参加。隋忠诚一行实地察看了鹿角码头涉渔“三无”船舶拆解点和麻塘办事处畔湖村稻渔综合种养基地、天裕农业等地。

是日 省人大常委会委员、省人大财经委主任张亦贤到岳阳县筻口镇丰瑞农机合作社调研农业生产工作。市人大常委会副主任、市总工会主席彭先政，县人大常委会主任汤小娥参加。

13日 市委副书记、市长、市防汛抗旱指挥部指挥长李爱武到岳阳县督导防汛抗灾工作。市县领导马娜、刘传汉、田文静、曾平原参加。李爱武先后到中洲大堤开挖导浸沟现场、新墙河六合垸一管涌险情处置现场进行督导。

是日 应急管理部地质地震司副司长胡杰到岳阳县督导防汛抗灾工作，县领导袁陆保、吴光文参加。胡杰先后到大云山林场、筻口镇潼溪片受灾点、S308线筻口新步桥桥面垮塌现场和三合垸、中洲大堤实地察指导。

16日 农业农村部长江流域渔政监督管理办主任马毅率调研组到岳阳县涉渔“三无”船舶拆解现场和麻塘天裕农业等地调研禁捕退捕工作。省畜牧水产事务中心主任徐旭阳，副市长黎作凤，县委副书记、县长曾平原参加。岳阳县是全省长江流域重点水域禁捕退捕试点县之一，全县东洞庭湖内有渔民1090户4111人，渔船2080艘。其中，共有涉渔“三无”船舶632条，已拆608条，签协议待拆解24条。

17日 农业农村部副部长张桃林率调研组到岳阳县调研病虫害防控、现代农业、粮食生产等工作。市委副书记、市长李爱武，县委书记田文静参加。张桃林先后到黄沙街镇苍坪村，新墙镇燎原村、高桥村，杨林街镇隆平粮社等地进行调研。

是日 市委书记、市防汛抗旱指挥部政委王一鸥到岳阳县大毛家湖、万石湖等堤垸，调研单退垸分洪情况。市委常委、市委秘书长谈正红，县委书记、县防汛抗旱指挥部政委田文静参加。

19日 水利部长江水利委员会副主任胡甲均到岳阳县麻塘大堤、中洲大堤督导防汛抗灾工作。县委副书记、县长曾平原参加。

21日 水利部总工程师刘伟平到岳阳县麻塘大堤、大毛家湖、中洲乡黑泥坝二门底闸管涌抢险现场督导防汛工作。县委书记、县防汛抗旱指挥部政委田文静参加。

22日 省防指秘书长、省应急管理厅厅长李大剑到岳阳县黄沙街镇苍坪村、中洲大堤督导防汛救灾工作。市委常委、宣传部部长马娜，县委书记、县防指政委田文静参加。

23日 国家防总湖南工作组组长胡杰到岳阳县中洲大堤和大毛家湖检查指导防汛抗灾工作。县委副书记、县长、县防指指挥长曾平原参加。

28日 省妇联主席姜欣到岳阳县新墙镇三合垸、县婚姻调适服务中心、麻塘办事处慰问防汛抗灾工作中的妇联组织和女性典型，并调研特色妇联工作。市委常委、宣传部部长马娜，县委副书记、县长、县防指指挥长曾平原参加。

31日 市委书记、市防指政委王一鸥到岳阳县麻塘垸防汛值守点看望慰问坚守在防汛一线的值守人员。市委常委、宣传部部长马娜，县委书记、县防指政委田文静参加。

8月

4日 农业农村部部长韩长赋到岳阳县筻口镇潼溪村和润升水稻合作社、涉渔“三无”船舶拆解现场、麻塘办事处渔民新村，调研灾后农业恢复生产和禁捕退捕工作。副省长隋忠诚，市委副书记、市长李爱武，县委书记田文静参加。

是日 武警湖南总队司令员李明辉到岳阳县中洲大堤抗洪一线看望慰问奋战在抗洪一线的武警官兵。县政协主席袁陆保参加。

30日 市委书记王一鸥到岳阳县调研大云山旅游开发工作。县委书记田文静参加。

9月

15日 岳阳县召开鹿角临港新区物流园铁路专用线工作汇报会。县委书记田文静出席。专线东起京广铁路黄秀桥站，西至鹿角临港站，正线全长17.08千米，主要承担沿线物流园区的货物运输任务，设计输送能力为2044万吨/年。

18日 岳阳县委召开全县领导干部会议。市委常委、组织部部长王武出席会议，并宣布省委、市委关于岳阳县人民政府主要领导干部调整的决定：

提名肖湘晖为岳阳县人民政府县长候选人，曾平原不再担任岳阳县人民政府县长职务。

21日 全国政协常委、农业和农村委员会副主任、民建中央副主席吴晓青到岳阳县调研新开钒矿区重金属污染场地修复项目。全国政协委员、省政协副主席、民建省委主委赖明勇，市县领导方争奇、田文静、肖湘晖、袁陆保参加。项目于2018年2月开工，2019年竣工验收，生态修复7万多平方米绿化面积。

29日 岳阳县举行岳阳桃李春风文旅小镇项目签约仪式。县委书记田文静及中交一公局集团副总经理刘其亮出席。项目选址麻塘办事处金垅村，以山湖田园为基底，以文旅度假为引领，以生态康养为特色，着力打造全域旅游特色康养目的地，总规划面积约325.44公顷，总投资约45亿元，分3期进行。

10月

10日 岳阳县人民武装部召开会议，宣布中央军委国防动员部命令。市委常委、岳阳军分区政委吴晓波，县委书记、县人武部党委第一书记田文静出席。会上，吴晓波宣读中央军委国防动员部命令，宣布岳阳军分区党内任职通知，张海波被任命为岳阳县人武部部长。

12日 岳阳县召开禁捕退捕工作专题会。县委书记田文静，县委副书记、代县长肖湘晖出席。自10月13日起，按照“应收尽收、应毁尽毁”的原则，开展退捕残余网具清收清缴工作。

13日 湖南省华侨文化交流基地（岳阳）授牌仪式在张谷英村举行，岳阳县张谷英古建筑群被授予省华侨文化交流基地称号。省侨联副主席李祖元，县委常委、统战部部长苏红琳出席授牌仪式。

15日 泛美集团考察团到岳阳县考察。泛美集团董事局主席魏全斌，县委书记田文静，县委副书记、代县长肖湘晖参加。考察拟在岳阳县麻塘办事处金山地块兴建一所航空职业院校。

26日 张谷英村古建筑群核心景区文物修缮和环境综合整治项目合作协议签约仪式县委党校举行。中国华夏文化遗产基金会公募基金部长、湖南华夏美湘公司副总经理万家春，县委副书记、代县长肖湘晖参加。

27—28日 全国工商联专职副主席、党组成员，中华全国总工会副主席（兼）邱小平率调研组到岳阳县调研。省政协副主席、省工商联主席张健，市政协副主席秩励，市工商联主席何祚云，县委书记田文静参加。

28日 2020年首届湖南（岳阳）口岸经贸博览会岳阳县招商推介专场会召开。市委常委、宣传部部长马娜，县委书记田文静参加。湖南异地商会联合会、湖南省湘平路桥建设有限公司、长沙市岳阳县商会与岳阳县进行现场项目签约。

11月

2日 县委副书记、代县长肖湘晖以普通公民身份，在荣家湾镇现场登记点参加第七次全国人口普查正式登记。

3日 省农村信用社联合社党委书记赵应云到巴陵农商银行调研，县委书记田文静参加。

是日 县委常委、人武部政委马长林到荣家湾镇老战士袁岳华、彭联昌、姚朝国、鲁星光家中看望慰问，为他们佩戴由中共中央、国务院、中央军委颁发的“中国人民志愿军抗美援朝出国作战70周年”纪念章。

12日 省人大常委会秘书长胡伯俊到岳阳县调研洞庭湖沿线生态治理、非法砂石开采整治、农村人居环境整治及村民规范建房等工作。市人大常委会党组书记、常务副主任向伟雄，县委书记田文静，县人大常委会主任汤小娥参加。胡伯俊先后到鹿角码头、黄沙街镇荷塘村荷塘月色集中建房点、三和村再茂屋场和黄秀农耕园开展调研。

20日 岳阳县城乡供水一体化暨水系连通及农村水系综合整治项目开工。省水利厅副厅长杨诗君，市委常委、宣传部部长马娜，县委书记田文静等出席开工仪式。项目与市公路桥梁基建总公司合作实施，总投资7.496亿元，建设铁山至新墙原水管道、铁山水库北干渠至明星水库输水管线、新墙水厂和饶港水厂扩建工程，县二水厂至中洲黄沙管网、饶港水厂至公田（甘田、饶村部分）管网等。

25日 石木塑第二届全产业链峰会暨2020年年会在岳阳县举行。中央国家机关协会商会住建联合党委书记张力威，国家林草局林业产业办副主任、发改司副司长李玉印，市委常委、宣传部部长马娜，县委书记田文静等出席。财纳福诺木业（中国）有限公司、江苏肯帝亚木业、圣象集团等150余家石木塑产业及关联企业代表参加。

12月

7日 陶行知教育基金会“科技兴教，扶智助学”公益活动岳阳市捐赠仪式在集英学校举行。陶行知教育基金会中教英才公益基金管委会会长刘芳勇、副市长李为、县委书记田文静出席。陶行知教育基金会是经中宣部批准，于1984年成立的公益基金组织，2017年开始在全国开展扶智助学公益活动。该次共向岳阳市337所学校捐赠价值1389万元的教育信息化设备。

9日 省侨联党组成员、副主席李祖元率领来自美、法、意等40个国家和地区的120余名海外侨胞走进岳阳县，在张谷英景区共叙乡音乡情、共谋合作发展。县委书记田文静出席。

10日 新墙河抗战史实陈列馆被正式列为省第六批全民国防教育基地。省军区副政委、省国教委副主任许凤元为新墙河抗战史实陈列馆国防教育基地授牌。岳阳军分区司令员周隽，县委常委、宣传部部长、县国教委主任王卫兵出席授牌仪式。

15日 省人社厅党组书记、厅长唐白玉到岳阳县麻塘办事处调研退捕渔民就业和社会保障等工作。市委常委、常务副市长李挚，县委书记田文静参加。

17日 岳阳县与泛美集团就岳阳泛美航空城项目招商推进进行洽谈，县委书记田文静，县委副书记、代县长肖湘晖，泛美集团董事局副主席刘晓军出席。岳阳泛美航空城项目选址麻塘办事处金山地块，总投资103亿元。

25日 政协岳阳县第十三届委员会第五次会议开幕。会议由县政协副主席袁文琪主持。县政协党组书记、主席袁陆保代表县政协十三届委员会常务委员会向大会作工作报告。27日闭幕。

26日 县第十七届人民代表大会第五次会议开幕。会议由大会执行主席汤小娥主持。县委副书记、代县长肖湘晖代表县人民政府作工作报告。28日闭幕。大会依法选举肖湘晖为县人民政府县长；陈晓军、吴承棉为县人大常委会副主任；杨革新为县监察委员会主任。

岳阳县概览

岳阳县概览

自然地理

【位置面积】 岳阳县位于湖南省东北部，东接湖北省通城县，东南连平江县，南抵汨罗市，西南以湖洲与沅江市、南县交界，西与华容县、君山区毗邻，并与临湘市、岳阳楼区、君山区相接。县界极端位置，东至月田镇钟山村钟家山南麓，南至长湖乡民主村王家寮分水岭，最西、最北均以东洞庭湖湖洲与君山区相接。2019年年底，全县土地总面积280983.36公顷，其中耕地49154.42公顷、园地4027.82公顷、林地88914.71公顷、草地3263.04公顷、城镇村级工矿用地13150.02公顷、交通运输用地3641.66公顷、水域及水利设施用地113074.41公顷、其他土地57580公顷。

【地貌】 县境地貌自东北幕阜山余脉向西南东洞庭湖呈降阶梯状倾斜。山地主要分布在毛田镇、月田镇、张谷英镇、公田镇。主要山脉有相思山、大云山。其中相思山位于岳阳县与湖北省通城县交界处，主峰眉毛尖海拔957.20米，为全县最高山峰。大云山位于县境东北部，与临湘市交界，主峰相公尖海拔909.70米。全县海拔300米以上的主要山脉有：位于毛田镇的大云山，海拔909.70米；位于毛田镇的相思山，海拔957.20米；位于张谷英镇的大峰山，海拔554.10米；位于麻塘境内并沿京广铁路南北延伸的麻布大山，海拔352.70米；位于毛田镇的铜鼓山，海拔535.90米；位于月田镇的白石山，海拔595.70米；位于张谷英镇的小水尖，海拔641.20米；位于柏祥镇的石头山，海拔358.20米；位于步仙镇的红花尖，海拔364.20米。丘陵主要分布于盆地周边或山间山麓旁侧。岗地主要分布于东洞庭湖东岸的荣家湾镇、黄沙街镇及新墙河两岸。平原主要分布在筻口、新墙、公田、荣家湾等镇，全县水域面积1100平方千米，主要为县辖东洞庭湖水面。

【河流湖泊】 县境主要河流有直泄东洞庭湖的新墙河、费家河、坪桥河、铜鼓河；有直入南洞庭湖的罗水河。河网水系归属相对集中，沙港、游港河为新墙河两大支流，其中沙港河发源于平江县板江乡大坳岭，自月田江坝入县境。流经月田、湾头、杨林、熊市，至筻口镇的三港嘴汇合游港河后入新墙河主流。游港河发源于临湘市药姑山，由西塘入县境，经筻口至三港嘴汇入新墙河主流。沙港、游港河自三港嘴汇流后流经新墙、荣家湾从破岚口入东洞庭湖，主流全长26.80千米，流域面积418平方千米。费家河发源于袁家里，流经黄秀桥、宝塔，河流长20千米，流域面积85.60平方千米，坪桥河发源于长湖乡胡仙山，流经三友、凌云、黄沙街、坪桥，河流长22千米，流域面积85.40平方千米。罗水河发源于张谷英镇桂峰村坳背里，经岳坊、步仙桥进入汨罗市，在县境长42千米，流域面积133.20平方千米。铜鼓河发源于茅栗铺，流经赵建中、磨刀、麻塘，河流长 16 千米，流域面积 32.10 平方千米。县境湖泊有与长江相通的东洞庭湖，有与境内河流相连的内湖。县境内有大小内湖 17 个。

自然资源

【概况】 岳阳县资源丰富，县境内已探明的矿藏有 20 多种，其中钒矿储量占全世界的四分之一，独居石、砂石等资源储量居湘北地区之首。东洞庭湖砂石资源蕴藏量丰富，总储量 65500 万吨，年可开采量达 1380 万吨，主要分布在东洞庭湖、新墙河流域及其滨湖地带。

岳阳县属亚热带常绿阔叶林区，植物资源十分丰富。境内有木本类植物 92 科、829 种，其中乡土树种 82 科、655 种。属国家及省定保护的有银杏、杜仲、桢楠、青檀、香桦、花桐木等 14 科、24 种。用材树种主要有杉、松、樟、枫、檫、楠、桐、柏等。2016 年，全县完成植树造林面积 3133 公顷，林木绿化率达 39.6%，森林蓄积量 305 万立方米，森林资源蓄积量净增长率达 4.0%，森林覆盖率达 30.46%。

风景名胜

【概况】 岳阳县旅游景点主要有大云山、张谷英民俗文化村、相思山公园、铁山水库。

【大云山】 岳阳县大云山国家森林公园位于湘北岳阳临湘两县（市）交界的大云山。大云山属幕阜山西北支，自古为江南名胜，道家洞天，志稍盘旋七十二峰，海拔 91.1 米。1996 年升级为国家森林公园，属国家 AAA 级景区。2020 年辖地 1180.6 公顷，规划景区面积 540 公顷。有祖师殿景区、真君殿景区、鸡子石景区和上威池景区 4 个景区、48 处景观景点。山上有各种植物 16 科 35 属、1230 种，有蕨菜、烟竹笋、高山霉豆渣等绿色食品 20 多种、古珍稀树种 12 种。曾建有 28 座庙宇，已批准恢复开放 5 处。有 8 处市级文物保护单位和 1 处全国重点文物保护单位（“三战三捷”摩崖石刻）。大云山集森林休闲、观光避暑、宗教朝拜于一体，是人们回归自然、生态旅游的理想去处。大云山被列为岳阳十景之一（云山探幽）、湘北宗教生态旅游区、岳阳生态旅游重点线路，是中国优秀旅游城市岳阳市的重点景区，2020 年被评为湖南省“十佳森林公园”。

【张谷英民俗文化村】 张谷英民俗文化村位于县境东部张谷英镇张谷英村，占地面积 5 万多平方米。历经明清时期，先后建成房屋 1732 间，大部分保存完好，在全国古建筑群中，号称“天下第一村”。房屋大都依山而建，伴溪而筑，栋宇相连，到处是曲径通幽，小桥流水。其严谨的整体结构、独具匠心的内部装饰、通达合理的排水系统，既体现了传统民居的风格特征，又迥异于传统民居的诸多共性，被公认为古代建筑史上的“三绝”。湖南省将该村定为“湘北农家乐旅游点”，岳阳市将其列入岳阳十大景点之一。民俗文化村中的大小景点有狮象把门、文塔、天灯、仙人石、龙珠石、当大门、青云楼、上新屋、王家塅、百步三桥、龙涎井、长寿井、龙形山、张谷英墓、孝子坟、垫公墓、藏谷洞、民俗陈列馆、王震办公旧址等 20 余处。2001 年 6 月，张谷英古建筑群被国务院批准为全国重点文物保护单位。2003 年 10 月，张谷英村被建设部、国家文物局公布为第一批历史文化名村。2013 年 1 月，张谷英景区被全国旅游景区质量等级评定委员会公布为国家 AAA 级旅游景区。2019 年 9 月，张谷英镇被湖南省文旅厅评为“湖南省十大文旅特色小镇”。

【相思山公园】 相思山公园位于岳阳县东部的相思山，与湖北通城、江西修水接壤，绵延十余千米，平均海拔 700 米以上，其主峰相思山（眉毛尖）海拔 957.2 米，年平均气温 15℃，是极佳的旅游、观光、度假、休闲、避暑、会务等理想场所。相思山原名相师山，相传该地是汉高祖刘邦请张良第二次出山的地方。相思山名胜古迹颇多，历代曾建殿、宫、寺、庙多处，著名的有白云观、芙蓉寺、张良庙等。旅游区由世界爱情文化生态旅游谷、同乐谷、相思瀑布、相思峰以及相思村等景区组成。

【铁山水库】 铁山水库位于大云山东南山脚，面积41.6平方千米，总容量6.35亿立方米，147座大小岛屿布列其间。水库四周青峰倒映，库面波光粼粼，扑朔迷离，绚丽多姿。库区主要名胜古迹有斩龙潭、狮子洞、飞鸣寺、八仙台等十多处。

建置·区划

【历史沿革】 岳阳县历史悠久，夏、商为三苗之地。西周、东周属楚。秦属长沙郡罗县，西汉为长沙国下隽县境，东汉下隽县地复属长沙郡。三国时属吴，隶属长沙郡。西晋太康元年（280）分下隽县西部，隶属长沙郡。南朝宋元嘉十六年（439）置巴陵郡。隋开皇九年（589）改巴陵郡为巴州，十一年（591）改巴州为岳州，隋大业元年（605）易名罗州，三年（607）改罗州为巴陵郡，巴陵县隶属随之变更。唐宋巴陵县属岳州（巴陵郡），元属岳州路，明清属岳州府。1913年废岳州府，巴陵县改为岳阳县，后设湖南第一行政督查区，岳阳县属之。1949年7月20日岳阳县和平解放，属长沙专署管辖。1952年9月，长沙专署改名湘潭专署。1960年1月2日，经国务院批准，析岳阳县城关镇、城陵矶镇为岳阳市，由岳阳县代管。1962年10月20日，国务院决定撤销岳阳市，复为岳阳县城关镇。1964年9月22日置岳阳专署，岳阳县属之。1975年10月29日，国务院下函恢复岳阳市，与岳阳县同属岳阳行署管辖。1981年10月20日，经国务院批准，湖南省人民政府于11月10日通知撤销岳阳县，并入岳阳市，隶属岳阳地区。1983年2月。岳阳市升为省辖市，同年7月13日经国务院批准，8月19日湖南省人民政府通知恢复岳阳县建制，归岳阳市管辖，岳阳县隶属岳阳市。

【行政区划变更】 2005年12月27日，岳阳市人民政府办公室根据省民政厅《关于将岳阳县康王乡等三个乡镇划归岳阳楼区管辖的批复》（湘民行发〔2005〕33号）精神，下达岳政办函〔2005〕170号《关于同意将岳阳县康王乡等三个乡镇划归岳阳楼区管辖的批复》，同意将岳阳县康王乡、三荷乡、西塘镇成建制划归岳阳楼区管辖。所划2个乡1个镇的行政建制、行政区域、政区名称和政府驻地不变。

2015年12月1日，岳阳市人民政府根据《湖南省民政厅关于同意岳阳县乡镇区划调整方案的批复》（湘民行发〔2015〕108号）文件，下达岳政函〔2015〕209号关于转发《湖南省民政厅关于同意岳阳县乡镇区划调整方案的批复》的通知，经研究报省人民政府批准，同意城关

岳阳县2020年行政区划表

表1

乡镇名称	辖村（居）民委员会	辖村（居）民小组	辖村（居）民委员会名称
毛田镇	17个村 1个居委会	589个村民小组 2个居民小组	南冲村 芭蕉村 英桥村 孟城村 毛田村 道仁村 小港村 相思村 卢塅村 李塅村 珠港村 中兴村 白若村 云山村 西台村 鸣山村 黄道村 八斗居委会
黄沙街镇	13个村 1个居委会	443个村民小组 3个居民小组	复兴村 荷塘村 和谐村 刘士奇村 大金村 中兴村 新天村 三和村 黄秀村 大明村 龙凤村 黄沙村 苍坪村 黄沙居委会

续表 1

乡镇名称	辖村(居)民委员会	辖村(居)民小组	辖村(居)民委员会名称
杨林街镇	8 个村	282 个村民小组	尚书村 花果园村 兰泽村 城山舟村 溪源村 姑桥村 王安村 杨林街村
月田镇	14 个村 1 个居委会	535 个村民小组 5 个居民小组	红光村 花苗村 改港村 江坝村 大界村 茨洞村 稻田村 月东村 月田村 白竹村 立新村 相思山村 黄岸村 铁山湖村 月田居委会
新开镇	9 个村 1 个居委会	399 个村民小组 1 个居民小组	万福村 马店村 常山村 朱砂桥村 新开村 马山村 龙湾村 友谊村 共和村 新开塘居委会
公田镇	13 个村 2 个居委会	256 个村民小组 10 个居民小组	飞云村 塘田村 港口村 饶港村 大塅村 东淇村 东新村 横铺村 甘田村 五龙桥村 向佳村 长安村 铁山村 公田居委会 新街居委会
筻口镇	13 个村 2 个居委会	571 个村民小组 36 个居民小组	筻口居委会 老街居委会 明星村 潼市村 移山村 游港村 大塘村 释迦寺村 朱仑村 沙南新村 潼溪村 三港咀村 笔架山村 熊市村 西冲村
步仙镇	9 个村 1 个居委会	307 个村民小组	关王村 松溪村 狮山村 仙桥村 步仙湖村 新合村 凤凰村 安山村 北斗岭村 狮山居委会
柏祥镇	8 个村 1 个居委会	350 个村民小组	临港村 桑园村 七一村 伏太村 中村村 柏祥村 万庆村 十步桥村 刘明居委会
张谷英镇	13 个村 1 个居委会	416 个村民小组 1 个居民小组	天龙村 渭洞村 风水村 张谷英村 大明山村 五洋村 松树村 芭蕉村 倒溪村 莲花湖村 饶村村 大峰村 朱公桥村 渭洞居委会
荣家湾镇	19 个村 20 个居委会	793 个村民小组 103 个居民小组	荣湾湖村 东方村 城东村 六合垸村 兴园村 文发村 友爱村 欣荣村 公诚村 荣鹿新村 牛皋村 岳武村 鹿角村 金垅村 麻布山村 麻塘村 畔湖新村 洞庭村 东风村 城北居委会 卫农居委会 荣站居委会 文胜居委会 枫桥居委会 城南居委会 月西居委会 桥东居委会 南街居委会 集镇居委会 同心居委会 庆丰居委会 城西居委会 天鹅居委会 老街居委会 街赵居委会 向阳居委会 巴陵居委会 鹿角居委会 麻塘居委会
新墙镇	7 个村 2 个居委会	282 个村民小组 9 个居民小组	双枫村 清水村 三合村 高桥村 燎原村 新华村 马形村 十二公里居委会 老街居委会
长湖乡	10 个村	402个村民小组	白羊村 范家村 长湖村 京广村 燎原新村 团结村 荆洲村 洪桥村 自强村 大众村
中洲乡	8 个村	190个村民小组	巴陵村 平江河村 三江村 北垸村 坪桥湖村 中洲村 机场村 宝塔村

镇、鹿角镇、麻塘镇成建制合并设立荣家湾镇；云山乡、毛田镇、相思乡成建制合并设立毛田镇；甘田乡、公田镇成建制合并设立公田镇；张谷英镇、饶村乡成建制合并设立张谷英镇；杨林乡撤乡设镇为杨林街镇；步仙乡撤乡设镇为步仙镇。该轮乡镇区划调整后，岳阳县共减少6个乡镇建制，现辖1个办事处（麻塘办事处），荣家湾、新开、筻口、公田、毛田、月田、张谷英、柏祥、新墙、黄沙街、杨林街、步仙12个镇，长湖、中洲2个乡，总面积2893.3平方千米，总人口731220人，县人民政府驻地城关镇名称变更为荣家湾镇。

人口状况

【概况】 2020年年末，户籍总人口724448人，其中城镇人口240565人；全县年末户籍总人口72448人，其中城镇人口240565人，男性人口379948人。全年出生人口7474人，死亡人数10375人（因户口整顿，出生人口含往年出生本年落户人数，死亡人数含往年死亡应销未销户人数），净增人数-2901人。根据第七次全国人口普查结果全县年末常住人口561888人，其中城镇人口300315人，占总人口的53.45%，农村人口261573人，占总人口的46.55%。全县常住人口中，男性人口为291347人，占51.85%；女性人口为270541人，占48.15%。人口性别比（以女性为100，男性对女性的比例）为107.69。

国民经济和社会发展

【经济总量】 2020年，岳阳县贯彻落实中央、省、市各项决策部署，扎实做好“六稳”工作，全面落实“六保”任务，统筹疫情防控和经济社会发展，经济运行承受住疫情的考验，总体呈现稳定恢复、持续向好态势。初步核算，全县实现地区生产总值362.84亿元，按可比价计算，同比增长4.2%。其中第一产业增加值69.71亿元，同比增长4.1%；第二产业增加值150.95亿元，同比增长4.3%；第三产业增加值142.17亿元，同比增长4.7%。按年平均常住人口计算，人均地区生产总值57032元，同比增长17.3%。分季度看：第一季度增加值同比下降3.4%，第二季度增加值同比增长4.6%，第三季度增加值同比增长4.7%，第四季度增加值同比增长7.7%。分产业看：第一产业增加值占地区生产总值比重为19.2%，第二产业增加值比重为41.6%，第三产业增加值比重为39.2%。

【农业】 2020年，岳阳县农林牧渔业实现增加值73.12亿元，同比增长4.3%。其中农林牧渔服务业增加值3.41亿元，同比增长7.5%。

全县农作物总播种面积12.11万公顷，同比增长3.2%。其中，粮食作物播种面积8.03万公顷，同比增长2.8%；经济作物播种面积4.07万公顷，同比增长3.99%。经济作物中蔬菜及食用菌播种面积1.23万公顷，同比增长3.52%。粮食总产量50.17万吨，同比增长0.09%。其中，蔬菜及食用菌产量39万吨，同比增长3.99%。

全县年末牛存栏4.72万头，同比增长8.0%。全年出栏肉猪65.06万头，同比下降5.4%。年末生猪存栏53.42万头，同比增长31.3%；其中母猪存栏4.68万头，同比增长33.7%。山羊存栏9.97万只，同比增长7.0%。活家禽存笼（鸡、鸭、鹅）479.79万羽，同比增长3.0%；当年家禽出笼498.51万羽，同比下降1.0%；当年禽蛋产量1.72万吨，同比增长5.8%。肉类总产量5.90万吨，同比下降3.7%，其中猪肉产量4.73万吨，同比下降5.8%

全县农业机械总动力87万千瓦，同比增长1.28%；农用化肥施用量32881.3吨（折纯），同比减少2.5%。

【工业和建筑业】 2020年，据初步核算，岳阳县全部工业实现增加值141.44亿元，同比增长4.7%。其中规模以上工业企业增加值同比增长5.1%，高新技术产业园区规模工业增加值同比增长5.2%。分产业生物医药、建筑建材工业总产值同比分别下降1.2%、13.6%；农副产品加工、机械制造工业总产值同比增长5.2%、14.5%。全年规模以上工业企业实现利润同比增长10.9%。

全县全社会建筑业实现增加值9.71亿元，同比增长3.0%。房屋建筑施工面积104.14万平方米，同比增长11.5%。

【固定资产投资】 2020年，岳阳县固定资产投资同比增长9.0%，其中第一、二、三产业投资占比分别为8.5:41.7:49.8。民间投资占全部投资的比重为74.3%，产业投资占全部投资的比重为76.81%，高新技术产业投资占全部投资的比重为12.7%。

全县完成房地产开发投资11.87亿元，比2019年增长1.2%。商品房销售面积38.13万平方米，增长1.1%。商品房销售额19.44亿元，同比下降3.1%。年末商品房待售面积1.89万平方米，同比下降38%%。

【国内贸易和对外经济】 2020年，岳阳县全年实现社会消费品零售总额133.65亿元，受新冠肺炎疫情影响，同比下降2.3%。按所在地分：城镇社会消费品零售额同比下降2.9%；乡村社会消费品零售总额同比增长0.5%。按行业分：批发业销售额同比增长4.3%；零售业销售额同比下降2.1%；住宿业同比下降13.6%；餐饮业同比下降4.4%。

全县外贸进出口总额14945万元，同比下降17.9%。其中出口总额4970万元，同比下降67.5%；进口总额9974万元，同比增长243.1%。进出口差额（出口减进口）-5004万元。引进外资4840万美元，同比增长11.5%。

【交通、邮电和旅游】 2020年，岳阳县全年公路货运量1610万吨，同比增长2.3%；货运周转量76256万吨/千米，同比增长3.3%。客运量3925万人，同比增长1.6%；客运周转量27455万人/千米，同比增长1.2%。全县公路通车里程2876.57千米，其中等级公路2829.005千米，农村通公路行政村比重达到100%。全年新注册机动车5912辆，其中小型汽车991辆。

2020年，全县邮政业务总收入8541.52万元，同期增幅12.16%，其中邮务类2623.07万元（寄递物流类1253.01万元）、代理金融类5918.45万元。电信业务总量8871万元，同比增长11.2%。联通业务总量5018万元，同比增长4.2%。移动业务总量14254.89万元，同比下降3.06%。

2020年，全县共接待中外游客515.31万人次，同比下降42.7%，旅游综合收入达46.87亿元，同比下降40.7%。

【财政、金融和保险】 2020年，岳阳县公共财政预算收入12.71亿元，同比增长4.1%。地方公共财政预算收入7.13亿元，同比增长0.6%。税收收入10.89亿元，占公共财政预算收入的85.7%。

至12月末，全县金融机构各项存款余额203.25亿元，比年初增长14.2%，其中住户存款余额143.64亿元，比年初增长19.4%。各项贷款余额146.49亿元，比年初增长16.4%，其中中长期贷款111.73亿元，比年初增长9.3%。

2020年，全县保险机构12家，保费收入4.45亿元，同比增长5.48%。其中，寿险保费收入2.4亿元，下降1.72%；财产险保费收入2.05亿元，增长15.42%。全县保险机构理赔支出1.6亿元，比2019年减少7.09%。

【教育和科学技术】 2020年，岳阳县各类学校328所（含幼儿园）。其中，幼儿园179所（其中公立幼儿园87所），普通小学66所，小学教学点47个，初中学校19所，九年一贯制学校9所，高中学校5所，中等职业教育学校2所，特教学校1所。在校学生人数95864人。其中，幼儿园19934人，普通小学41834人，普通初中18704人，普通高中9928人，中等职业教育学校5321人，特殊教育学校143人。

全年争取省市科技项目11个，21家企业争取到省级财政研发奖补资金；全年技术合同交易额1.1亿元；全社会研发经费投入近16亿元；财政科技支出0.5亿元。2020年，岳阳县新认定高新企业25家（其中高新技术服务业17家），全县高新企业数达到110家（其中高新技术服务业17家）。高新产业增加值同比增长2.5%，占GDP比重的26.3%。

年末，累计建设省级工程技术研究中心2个，市级工程技术研究中心6个。科技成果登记数29项。全年专利申请871件（其中发明专利282件）；授权专利权355件（其中发明专利29件）；万人发明专利拥有量1.6件/万人。

【文化、卫生和体育】 2020年，岳阳县公共文化设施面积200.5万平方米，人均2.75平方米。年末，全县文化系统共有艺术表演团体20个。花鼓戏传承剧院1个、文化馆1个、美术馆1个。公共图书馆1个，总藏书量78000册，公用房屋建筑面积2400平方米，阅览座位数30个。有博物馆1个、纪念馆1个。村级综合文化服务中心192个，实现了所有行政村社区全覆盖。全县国家级非物质文化遗产保护目录2个，省级非物质文化遗产保护目录2个。全县广播电台1座，广播综合人口覆盖率100%。电视台1座，电视综合人口覆盖率100%，有线电视用户12.76万户，网络总长426千米。

年末，全县共有卫生机构37个。其中，医院3个，妇幼保健院1个，卫生院21个。2020年，卫生技术人员4121人，其中执业医师和执业助理医师1455人、注册护士2349人。卫生机构床位数3215张，其中卫生院1820张。2020年，全年诊疗病人183.72万人次，其中医院诊疗32.92万人次，卫生院诊疗147.79万人次（含村卫生室诊疗人次数），妇幼诊疗3.01万人次。

2020年，岳阳县新增群众体育组织和健身队伍4个，组织全民健身活动18次，参加健身活动的群众约17万人次。竞技体育和学校体育实现双赢。近3年在省级摔跤、拳击、举重锦标赛中共获金牌19枚。学校阳光体育活动蓬勃开展，体艺“2+1”、足球特色学校创建如火如荼，学生体质健康水平不断提升。大力开展群众体育健身活动。认真落实全民健身计划，加大群众体育经费的投入，每年安排不少于15万元作为全民健身经费。加强体育协会指导与管理，组织体育组织经常性开展群众体育活动，每年开展群众体育运动不少于20次。加快公共体育设施建设，推进农民体育健身工程，截至2020年，全县累计安装健身器材690套。2020年，全县新增健身路径18条，基本形成覆盖城乡和各类人群的群众体育组织网络。

【人民生活和社会保障】 2020年，岳阳县城乡居民人均可支配收入25257元，同比增长5.9%，按常住地分，城镇居民人均可支配收入32555元，同比增长4.6%；农村居民人均可支配收入19299元，同比增长7.7%。2020年全县居民人均消费支出14757元，比2019年增长8.1%，按常住地分，城镇居民人均消费支出15580元，增长7.0%；农村居民人均消费支出14085元，增长9.0%。

2020年，全县社会养老保险参保人数465961人；医疗保险参保人数（含医疗生育保险）672582人；工伤保险参保在职人数57707人；城镇失业保险参保人数26540人。2020年，城镇新增就业6725人，年末城镇登记失业率为2.48%，失业人员再就业3367人。

全县现有儿童福利机构1个，床位80张；敬老院25个，民办养老机构4个，养老总床位数达到5629张，同比增长220张，每千名老人养老床位数达40张。全县保障兜底对象1318人，孤儿229人，城乡低保16890人，特困供养5748人，发放临时生活困难救助6515人次，发放残疾人“两项补贴”10969人，救助流浪乞讨人员789人次。

【资源、环境和安全生产】 岳阳县境内资源丰富，境内已探明的矿产有20余种，其中钒矿储量占全世界的四分之一，独居石、砂石等资源储量居湘北地区之首；记录到的野生动物500

种，其中属国家一级保护动物12种、二级保护动物47种、三级保护动物70种；记录到的鱼类114种；记录到的木本类植物829种，其中乡土树种655种，属国家及省定保护树种24种。2020年，全县完成营造林4.9万亩，林地保有量143万亩，森林覆盖率稳定在39%；活立木总蓄积量356万立方米，蓄积量增长率达到4.0%；湿地保护率稳定在76.2%，是全市的湿地大县。

全县污水处理厂数16家，收集处理能力6.3万吨/天。Ⅲ类或优于Ⅲ类地表水质达标率93.8%。空气质量优良天数340天，优良以上空气质量达标率92.8%。

全年境内年度最高气温为36.7℃（7月23日），最低为-3.4℃（12月31日），全年平均气温17.7℃，年降水量1833.75毫米。

2020年，全社会用电总量114355.68万千瓦时，同比增长7.4%。其中工业用电量56948.39万千瓦时，同比增长10.3%。

2019年度，生产安全事故死亡17人，亿元GDP生产安全事故死亡率0.047人/亿元。全年道路交通事故死亡4人。全年刑事案件结案数353件，民事案件结案数2727件。

（县统计局）

政治文明建设

【“12345”热线工作】 2020年，县政府办“12345”热线工作紧紧围绕“受理快、办理实、处理好”目标，为群众提供全方位、全天候、高效率的政务服务。共办理热线工单27673件，办理市政府门户网站群平台信件750件，平均每月办理2368件、每个工作日108件，办结率100%，被评为全市“12345”政务服务和市长信箱办理工作先进单位。

【政务服务】 2020年，岳阳县政务中心认真落实“放管服”改革、“一件事一次办”最多跑一次改革和基层规范化标准化政务公开各项要求，成绩成效亮点纷呈，社会认可度日益攀升，营商环境明显优化。行政审批制度改革方面。“三集中三到位”进驻单位38家，进厅事项1204项，基本实现“应进尽进”。政务服务事项标准化梳理全面完成，梳理依申请类政务服务事项1489项。“三清单一目录”梳理收集28个部门送审权力清单3890项，责任清单1328项，全部提交至司法局进行合法性审定、汇总。专项改革方面。商事登记“110”改革完成，企业开办实现“不见面”审批，开办时间压减至1个工作日办结，设立登记最快4小时办结。全年新注册企业935户、个体户3105家。不动产登记“160”改革，实现一窗受理、共用一套申请材料、60分钟办结，全年办理13529宗，按时办结率100%。工改“170”4个阶段实现多个审批事项并联审批，全年立项375个，规划用地审批44个，发放工程规划许可证70个，发放施工许可证73个，完成联合竣工验收项目12个，完成联合审图46个。区域评估已做好承接应用准备工作，必做6项评估完成4项，其他2项已呈相关省厅。政府投资项目中介服务费50万元以下的“中介服务”超市建设完成，办理事项22个，在岳阳市6县（市）中排名第一。“多规合一”平台正式启动。岳阳县在工程建设项目审批制度改革领域后发赶超，获得市政府通报表彰。创新改革方面。省定两批“一件事一次办”全面落地，发布“一件事一次办”事项171项，全年办理1641件。新生儿出生“一件事一次办”系统7月1日正式上线，覆盖全县4家医疗机构，实现与市级医院的联通互办，累计办件202件。与湖北通城县共建“全域通办”“跨省通办”便民框架，主动推动城乡居民基本医疗保险参保登记纳入“跨省通办”事项办理库，59项“跨省通办”事项全部上线运行。基层公共服务（一门式）全覆盖第一批116项事项已下放和授权到位，15个乡镇和

193个村社人员设备已到岗到位，2020年办件量突破20万件。服务体系建设方面。县级大厅全面完成提质改造，各乡镇和村社都建成了功能完善的便民服务大厅，人员和事项进驻基本到位，标识标牌规格基本规范，设施设备型号基本统一。网络系统建设全部延伸到位，并与市级主平台实现无缝对接，与15个乡镇（办事处）、193个村（社区）实现了融合贯通。技能操作、服务礼仪等培训机制逐步建立，服务宗旨和服务理念已形成共识、产生共鸣，全年受训人数达500余人次。“一次性”告知制度和标准化办事指南形成统一架构，并印发到乡镇、村（社区）。政务数据中心机房升级改造和等级保护建设全面完成。乡镇和村（社区）常用设备已联线运行。网上政务旗舰店、“智慧岳阳·岳办岳好”APP和微信小程序等一批“网上办、掌上办”政务系统全面推广应用。“好差评”系统完成与省市接口匹配和数据引用。关闭和整合部门网站和政务新媒体力度逐步加大，发布平台逐步统一，流程逐步规范，机制逐步健全。县政府网站全年被浏览次数（PV）达1649万余次，独立访客（UV）达129万余次，全年发布各类信息21599条，办理办结市、县长信箱信件758件，开展调查征集活动7次，办结依申请公开9笔。第七次蝉联中国政务平台优秀奖。创新管理举措方面。相继出台县政务服务中心《共创共建文明单位实施方案》《示范党支部创建工作方案》《绩效评价方案》等激励管理措施。进行了普通话、公务礼仪、婚姻家庭及亲子教育等方面的专业辅导，组织演讲比赛、拔河比赛等竞赛活动，定期实施“优质服务窗口”“红旗岗位”“先进工作者”积分评比，从多个维度对优秀工作人员给予表彰和激励，充分调动窗口人员的工作积极性。根据2020年优化营商环境测评数据显示，企业和群众办事满意度指标获得94.59分的高分，受到社会各界一致好评。

【平安岳阳县建设】 2020年，岳阳县出台《关于进一步加强“四无”村（社区）创建工作的意见》，全力抓好无非正常上访、无治安刑事案件、无新增吸毒人员、无诉讼的“四无”村（社区）工作，努力实现矛盾不上交、平安不出事。2020年，评定23个“平安村（社区）”，毛田镇八斗居委会连续3年被评为“平安村（社区）”，授予“平安示范村”称号。“平安村（社区）”总数达到56个，占全县行政村总数的29%。坚持以矛盾纠纷多元化解为抓手，深入推进平安创建，成立县矛盾纠纷多元化解工作协调小组，建立矛盾纠纷多元化解联席会议制度，切实推动重大矛盾纠纷问题协调解决。加强“诉”“调”对接，县人民法院诉前多元解纷1012件，一审民商事收案数首次下降，同比减少9.12%；诉中调解、撤诉结案1171件，占民商事案件结案总数的43.53%，大量矛盾纠纷化解于苗头、解决在诉前，诉讼案件呈现下降，司法质效进一步提升。县司法局进一步完善“三调联动”工作机制，全县216个人民调解组织调处矛盾纠纷1087件，成功调处1082件。设立8个专业性、行业性调解组织，特别是县妇联牵头成立的婚姻家庭调适服务中心运行以来，调解申请夫妻离婚纠纷1092起，调解成功468起，调解成功率42.86%。新墙镇清水村充分激发群众活力，县妇联推进婚姻家庭纠纷多元化解，在全市推进基层社会治理创建试点合格城市现场观摩会上作为先进典型推介。

精神文明建设

【全国文明城市创建工作】 2020年，岳阳县加强领导保障，县委办、县政府办联合下发《常态化开展文明城市创建工作的通知》，由29名县级领导担任责任路段的路长，5名县级领导分管六大秩序整治，常态化开展责任路段整治和六大秩序整治工作。“六大秩序整治”工作组全年共规范不文明经营行为1000余起，强制改正389余人次，整治规范违章占道经营摊点100多起，纠正查处出店经营行为5000多起，取消乱摆乱放马路市场、流动摊贩80多个，整治破旧广告40余块，规范车辆乱停乱靠和占压盲道行为500多起。加大基础设施建设，大力推进北向融城战略，深入实施城市建设五大行动，城区建成区面积扩大到16平方千米，投入2.2亿元，启动新建城建项目38个，大力推进道路建设，长风北路拓改等3条道路正在快速推进，文胜路等3条道路提质改造工程已完工通车，智慧农贸市场、餐厨垃圾无害化处理项目和建筑垃圾消纳场项目完成征拆动工建设。加大考核力度，将文明城市创建工作纳入全县党政绩效考核范畴，对创建工作成效突出的单位和个人进行表彰。在全县上下的共同努力下，岳阳县顺利通过全国文明城市创建省级测评验收，继续保留“全国文明城市提名城市”荣誉称号。

【文明单位创建】 2020年，“三一一”大队、县税务局被评为第六届全国文明单位，县教育体育局被评为省级文明标兵单位，县水利局被评为省级文明单位，新开镇龙湾村被评为省级文明村镇，荣家湾镇新长征小学被评为省级文明校园，新增市级文明单位、村镇25家单位，县级文明单位、村镇29家。

【新时代文明实践中心建设】 2020年，岳阳县深入贯彻落实省、市关于建设新时代文明实践中心的工作部署，大力推动新时代文明实践中心市级试点县建设工作，11月13日，岳阳县新时代文明实践中心正式揭牌，中心坐落于岳阳县厚德广场体育馆一楼，占地面积约2000平方米，通过整合县体校、美术馆、体育馆等场馆资源，科学地将中心划分为文明实践展厅、文明实践课堂、风雨活动场所、志愿者工作站等四大片区，打造融思想引领、道德教化、文化传承等多种功能于一体的基层综合平台，“传播思想、实践文明、成就梦想”的百姓之家。全县有6个镇的新时代文明实践所、36个村的新时代文明实践站正式投入使用。

【精神文明建设宣传】 2020年，岳阳县加大精神文明建设宣传力度，坚持户外宣传、媒体宣传、文艺宣传多管齐下，确保文明城市创建宣传、公益广告、《岳阳市文明行为促进条例》宣传全视角、全方位、全覆盖。城区所有公交站台、建筑围挡、道路两侧的公益广告牌全部进行更新。县媒体中心、县电视台加大创建宣传力度，均开辟了文明创建宣传专栏和曝光台。

【文明实践志愿服务活动】 2020年，岳阳县广泛开展“四季同行·文明单位进社区”“网络带货助农增收”“爱心助学”等文明实践志愿服务活动。新冠肺炎疫情爆发期间，全县41个志愿服务组织、社会团体及全县314个基层党组织的近3万名志愿者响应号召，开展各类疫情防控志愿服务活动，参与志愿服务人次达20万人，服务时长超33万个小时，捐赠防护服、口罩、消毒液等防疫物资和现金350万余元，为防疫防控战打下坚实的基础。谌良柱等8人获市级优秀志愿者荣誉，微水爱心志愿者协会“爱心圆梦”项目被评为岳阳市最佳志愿服务项目，七色之光党员志愿者协会被评为岳阳市疫情防控志愿服务先进组织；评选县级优秀志愿者15人、优秀志愿服务组织10个。

【主题教育实践活动】 2020年，岳阳县组织开展清明祭英烈、重阳敬老、春节五下乡等“我们的节日”系列活动，大力弘扬传统文化；组织开展“扣好人生第一粒扣子”“向雷锋同志学习”“我和我的祖国”等主题教育实践活动，加强未成年人思想道德建设，引导广大青少年树立美好的道德理念。

【先进典型选树工作】 2020年，岳阳县召开精神文明建设表彰会，表彰岳阳县第五届道德模范、第二届文明家庭、2019年度优秀志愿者。彭庆文获评“湖南好人”，谢斌入选“中国好人”候选人，李立入选“湖南好人”候选人。通过下发《关于加强身边好人宣传工作的通知》，发掘彭泽龙、胡梅香、谭月兰等一批先进典型人物并大力宣传，在全社会形成关爱、尊崇、学习道德模范的文明风尚。

【节俭养德行动】 2020年，岳阳县继续深化“文明餐桌”行动，开展了“全面推行使用公勺公筷”主题行动，通过为期3个月的集中整治、志愿者宣传推广、各餐馆严格落实，推行活动取得阶段性成果，营造文明节俭的社会风尚。

【网络文明传播】 2020年，岳阳县以各级文明单位为主体，充分利用岳阳县文明网、“文明巴陵”、“新巴陵”微信公众号开展网络文明传播活动，有力提升了网络文明传播水平。

【移风易俗工作】 2020年，岳阳县委常委会专题研究部署移风易俗工作，将移风易俗工作纳入乡村振兴重要内容同步考核、同步推进。文明节俭操办婚寿喜庆形成常态长效，做到月度定期督查与不定期暗访，季度考核排名。全县全年新办婚事4415场次，简办丧事1688场次，为群众节省开支和人情达1.35亿元。全年接受群众举报线索41起，成功劝阻违规请客49起、违规放炮用塑261起。查处违规请客党员干部案件8起，批评教育41人次。

（张　磊）

【生态修复】 2020年，岳阳县推进东洞庭湖、新墙河湿地生态修复和裸露矿山复绿；通过采取退养还滩、栖息地恢复、湿地外来入侵物种治理等措施恢复新墙河流域退化湿地24公顷，协助市自然保护区完成退耕还湿116.7公顷，完成洲滩整治8处、岸线整治0.6千米，完成东洞庭湖欧美黑杨清理退出240公顷；完成大坳采石场、新墙镇矿山复绿面积52.7公顷；深入开展新墙河流域禁捕退捕专项整治行动，配合县直相关职能部门拆除地笼王（网）420个、丝网3011米、迷魂阵330米，查获背包式电鱼机27台，捣毁非法捕捞船只10艘；深入开展“洞庭清波”专项行动，及时完成长江经济带胡家窑渣土堆场问题、大坳砂石公司涉林问题及5起省环保督查组“回头看”交办涉林信访问题的整改和销号，已督促经营主体整改、复绿到位。

【铁山水源保护】 2020年，县铁山水资源保护中心坚持库区绿色发展理念，坚持尊重自然、顺应自然、保护自然，正确处理保护生态环境与保障库区民生的关系，以最坚决的态度，落实“六控一治”措施，努力建设美丽铁山，确保水源地环境质量持续保持良好。加强巡查控建力度，将“违建”控制在萌芽状态，坚持每日常态化巡查，发现违建行为37处，现场控停30次，联合乡镇及相关职能部门强制拆除违法建筑7处，避免事态恶化，降低群众损失；强化立体式综合整治，突出“打、拆、清”的工作重点，全年配合库区政府捣毁沙场25处，扣押非法采砂车辆设备35台。同时，建立信息共享，同自然资源，水政、林业、镇控建办、派出所进行相关联合执法，确保了库区生态水源地进一步改善；进一步巩固治污成果，针对铁山库区一、二级保护区畜禽养殖工作，按已完成退养的148户规模养殖户定期、不定期巡查、核实，防治反弹。完善铁山库区一、二级保护区关退企业户台账信息，对已经关退的竹木加工业11家、餐饮业8家的污染企业定期不定期走访、回头看，严格按照文件精神依程序分批拨付资金积极开展巡河工作，按照省、市、县的巡河要求，定期对铁山水库巡河，做到发现问题消除问题、发现隐患消除隐患，根据岳阳市铁山水库河长制市级巡河问题交办单，针对铁山水库内存在安全隐患及违法载客、垂钓的私人船只进行全面摸底排查，制订退出方案，除有义渡任务及生产生活保障船只外，其余船只计划分步骤逐步退出；加大污染治理项目建设，2020年度2000套散户型污水处理设施全部建成；按季度核查，保证了月田、毛田污水处理厂和库区10个垃圾中转站正常运营。6个联户型四池净化设施属于配套设施完成土建和安装，正待调试和验收及试运行后交付使用。

【林业生态建设】 2020年，全县造林绿化呈现高质量发展和城乡绿化同步推进两个特点。实施项目造林面积3266.7公顷，其中中央财政补贴造林800公顷、森林抚育1400公顷、长江防护林800公顷、森林质量精准提升工程266.7公顷；全民义务植树克服新冠疫情影响，采取小规模、分散式进行，并与结合“绿色村庄”“绿色通道”建设紧密结合，全县新增义务植树基地15个，完成义务植树140万株；城乡绿化纵深推进，完成107国道绿化提质改造3.7千米，成功创建森林小镇2个、国家级森林乡村3个、省级森林乡村2个、绿色村庄71个，全县新增公共绿地40处，城乡绿化呈现点、线、面相互连接、一体化发展的良好态势。

县、县直系统及部分驻县单位领导干部名录

(2020.1—2020.12)

·中共岳阳县委员会·

书　记　田文静

副书记　曾平原(　—2020.8)

　　　　肖湘晖(2020.9—　)

　　　　王保林(　—2020.10)

常　委　余泽世

　　　　吴光文

　　　　陈绍东(　—2020.6)

　　　　杨革新(2020.7—　)

　　　　姜其胜

　　　　易新岳

　　　　王卫兵

　　　　苏红琳

　　　　马长林

·岳阳县人大常委会·

主　任　汤小娥

副主任　刘小良(　—2020.12)

　　　　张艳生(　—2020.12)

　　　　胡海平

　　　　易治国

　　　　许吉程

　　　　陈晓军(2020.12—　)

　　　　吴承棉(2020.12—　)

办公室

主　任　何　勇

副主任　罗弈博

　　　　吴朝晖

选举任免联络工作委员会

主　任　刘　齐

副主任　柳　平

民族华侨外事委员会

主　任　万　强

副主任　龚明华

监察和司法委员会

主　任　许东望

副主任　吴霞辉

　　　　王　敏

财政经济委员会

主　任　梁绪华

副主任　万　意

　　　　梁叶青

教育科学文化卫生委员会

主　任　蔡平凡

副主任　汪自兴

环境与资源保护委员会

主　任　刘亮甫

副主任　李淑晖

农业与农村委员会

主　任　冯　艳

副主任　蒋中华

社会建设委员会

主　任　周久来

副主任　何燕花

·岳阳县人民政府·

县　长　曾平原(　—2020.8)

　　　　肖湘晖(2020.9—　)

常务副县长
吴光文
副县长 周 里
彭碧芳
付学文
胡秉阳
杨前进
张 奕
副调研员 胡团生

·政协岳阳县委员会·

主 席 袁陆保
副主席 袁文琪
甘柏旺(兼)
彭荣欣
余望新(兼)
刘 岳
秘书长 毛世红

办公室

主 任 毛世红
副主任 周成方
陈志辉
提案委员会
主 任 吴立文
副主任 周立飞

经济科技和外事委员会

主 任 刘森清
副主任 刘细辉

文教卫体和文史委员会

主 任 黎鸿南
副主任 王林志

社会法制和民族宗教委员会

主 任 刘琦新
副主任 庞玉红

委员学习联络委员会

主 任 皮定关
副主任 刘望才
李涌华

农业农村和人口资源环境委员会

主 任 刘满荣
副主任 李简政

·岳阳县人民武装部·

政 委 马长林
部 长 张青海(—2020.08)
张海波(2020.10—)
副部长 陈铁军
政治工作科科长
肖 恒
保障科科长
汪 楷(—2020.5)
军事科参谋
于 路

·中共岳阳县纪律检查委员会·

书 记 陈绍东(—2020.6)
杨革新(2020.7—)
常务副书记
吴承棉
副书记 陈庆军
陈 鑫
常 委 杨斌君
古阁城
姚小孔
袁会虹
龚海波

岳阳县监察委员会

主 任 陈绍东(—2020.4)
杨革新(2020.12—)
副主任 吴承棉
陈庆军
陈 鑫
委 员 杨斌君
古阁城
袁会虹
罗卫兵
陈 雁

县委巡查办

主 任 毛绍波
副主任 许石仲
王 庆(2020.4—)

·县委办系统·

县委办公室

主　任　　易新岳
副处级干部
　　　　　刘才伟
常务副主任
　　　　　任新庆
副主任　　冯　营
　　　　　毛　征
　　　　　李岳平
督查专员
　　　　　李奇志
　　　　　唐　尧

县委党史研究室

主　任　　曹　瑜
副主任　　费淑荷
　　　　　汤安民

县接待服务中心

主　任　　许玉石
副主任　　鲁小黄

县委改革办

主　任　　易新岳
专职副主任
　　　　　邓　伟
副主任　　刘小文

县委政策研究中心

主　任　　刘其波
副主任　　余灿宇
　　　　　邝　杨

县委保密委员会办公室（县国家保密局）

主　任　　易新岳
专职副主任(局长)
　　　　　黄金印

县绩效考评事务中心

主　任　　许新莉

县档案馆

馆　长　　任石慧

·组群系统·

县委组织部

部　长　　姜其胜
常务副部长
　　　　　任三星
副部长　　苏艳明
　　　　　刘四兵
　　　　　江新德
部务会成员
　　　　　龚克雄
　　　　　胡　朋

县委机构编制委员会办公室

主　任　　谢雨星
副主任　　陈　玲
　　　　　彭拥军
　　　　　钟礼霞
　　　　　易　森

县委党校

校　长　　陈　琳
副校长　　姜中葵
　　　　　王　玮
　　　　　袁　艳
校委委员　吴焕青

共青团岳阳县委员会

书　记　　何铁飞
副书记　　汤雅麟
　　　　　何　源

县总工会

党组书记、副主席
　　　　　邹飞跃
党组成员、副主席
　　　　　黄湘群
　　　　　王尹静
党组成员　卢继红
　　　　　李建云

县妇女联合会

书记、主席
　　　　　黄丽娟
副主席　　邓德馨
　　　　　欧阳玲芝

县科协

主　席　　胡光霞
副主席　　易学文

·宣传系统·

县委宣传部

部　长　　王卫兵
常务副部长
　　李　荣(2020.3—　)
副部长　　吴拥民
　　李月争
　　孙　晗

县文化旅游广电局

党组书记、局长
　　黎晓军(　—2020.4)
　　邹三龙(2020.4—　)
副书记、副局长
　　袁　正
党组成员、副局长
　　方楚生
副局长　　万明星
党组成员
　　刘映辉
　　戴洪波
党组成员、副局长
　　付海滨
　　欧小元
总工程师　游　纳

县融媒体中心

党组书记、台长(主任)
　　喻新亚
党组成员、副台长(副主任)
　　杨四恩
党组成员　万满平
党组成员、总工程师
　　方永江
党组成员、副台长(副主任)
　　杨鹏飞
　　周兵华
副总编　　龚欧云（2020.5—　）

县文学艺术界联合会

党组书记、主席
　　罗海波
副主席　　唐荣平

县新华书店

经　理　　彭建武(　—2020.6)
　　尹小文(2020.6—　)
副经理　　易　兵
　　方敏利(2020.7—　)
　　彭天成(2020.7—　)

·统战系统·

县委统战部

部　长　　苏红琳
常务副部长
　　毛金根
副部长、工商联党组书记
　　游斌强
副部长　　付海霞(　—2020.3)
　　李　航(2020.3—　)
　　何水滔
部务会成员、县民宗局局长
　　冯高平

县工商联

主　席　　李赐柚
党组书记　游斌强
副主席　　汪　洋
　　涂正望
党组成员　姜三平

县归国华侨联合会

主　席　　王　勤
党组书记　周三波
副主席　　吴秀荣

·政法系统·

县委政法委

书　记　　余泽世
常务副书记
　　郭胜强
副书记　　吴红兵(　—2020.4)
　　李　勇
　　李风雷
　　彭　勇(2020.4—)
政法委员　吴宏伟
政工室主任
　　蒋　拓
委务会成员
　　罗勇波

县公安局

党委书记、局长
　　付学文
副书记、政委
　　陈遇春
副书记、副局长
　　李干取
　　王四清
党委委员、副局长
　　万岳平

党委委员　钟仁贵
党委委员、副局长
　　　　　毛四兵
党委委员　朱春晖
　　　　　熊朝晖

县公安局交通警察大队

大队长　　赵兵荣
教导员　　付卫国
副大队长　余楚高
副教导员　费春来
副大队长　唐宏国
副书记　　殷志刚
　　　　　张　奉
　　　　　范冬梅

县人民检察院

党组书记、检察长
　　　　　钟　沁
副书记、副检察长
　　　　　张正球
副检察长　李小波
党组成员、副检察长
　　　　　吴　勤
原纪检组长
　　　　　陈长生
党组成员　何星明
　　　　　刘慧琼

县人民法院

党组书记、院长
　　　　　许　辉
副书记、副院长
　　　　　张　维
副书记、政治部主任
　　　　　陈业文
党组成员　肖志军
党组成员、副院长
　　　　　戴清波
副院长　　欧阳磊
党组成员　赵　慧
　　　　　龙　兵
党组成员、机关党委书记
　　　　　易　斌

县司法局

党组书记、局长
　　　　　程立斌
副书记、副局长
　　　　　胡鹤鸣
党组成员　兰双虎
党组成员、副局长
　　　　　李海波
党组成员　孙　洋

·县政府工作部门·

县政府办公室

党组书记、主任
　　　　　王　靖
副主任　　侯练兵
副书记、副主任
　　　　　续　涛
党组成员、副主任
　　　　　陈拥军
　　　　　梁望春
　　　　　汤建军
　　　　　周　年
　　　　　任　畅
　　　　　毛彬生
　　　　　唐卫平
派驻纪检监察组长
　　　　　王小林
党组成员　谢秋明

县发展和改革局

党组书记、局长
　　　　　张忠新
副书记、副局长
　　　　　龙新献
党组成员、副局长
　　　　　方秋平
　　　　　姜曙光
党组成员　任畅学
党组成员、副局长
　　　　　杨经纬
副局长　　杨　洲

县教育体育局

局　长　　王　敏
党委书记　彭四旺
副书记、副局长
　　　　　李丽荣
副局长　　黄　晨
　　　　　王　鹏
　　　　　袁雪峰(2020.6—　)
主任督学　袁雪峰(　—2020.6)
　　　　　欧阳群明(2020.11—)
党委委员　李智勇
　　　　　陈亚辉
　　　　　万琼峰
县纪委派驻县教体局纪检组组长
　　　　　张　宏

县科学技术局

党组书记、局长
刘传雄
副局长　涂森柏
党组成员、副局长
李　明

县工业和信息化局

党组书记、局长
梁绪望
副书记、副局长
李　祎
党组成员、副局长
李际忠
李立新
党组成员　易洛斌
总工程师　钟桂华

县民政局

党组书记、局长
袁干保
副书记、副局长
许　波
副局长　汪秋保
党组成员、副局长
李九斤
陈细水

县财政局

党组书记、局　长
刘卫兵
副书记、副局长
汪　辉
党组成员、副局长
胡　晖
彭泽民
龙洛阳
纪检组长　陈石文
总会计师　张大东
党组成员　刘奇爱

县人力资源和社会保障局

党组书记、局长
李君梅
副书记、副局长
周水果（　—2020.5）
付海霞（2020.5—　）
党组成员、副局长
骆　斌
党组成员　胡　扩
党组成员、副局长
王国雄
廖　凌
李马志

县自然资源局

党组书记、局长
付鸾声
副书记、副局长
狄春桃
党组成员、副局长
吴　杰
党组成员　童　军
党组成员、副局长
李聘宏
孙细金
党组成员　杨　碧
总工程师　李　霄
总经济师　朱勇为

县住房和城乡建设局（县人民防空办公室）

党组书记、局长、人防办主任
姚正大
副书记、副局长
刘尽欢
党组成员、副局长
肖朝辉
赵佳喜
邹岳军
许海峰
党组成员、人防办副主任
周小秋
党组成员、副局长
孙友德
党组成员　许奇龙
张四文
党组成员、总工程师
侯新求
党组成员　谭伯渊

县交通运输局

党委书记、局长
任伟平
副局长　甘柏旺
党委委员、副局长
黎　明
彭泽龙
江拥军
党委委员、总工程师
江泽红

县农业农村局

党组书记、局长
柳卫平
副书记、副局长
彭六军
副局长　易顶盛
原纪检组长
陈兵良
党组成员、副局长
梁　华
张　斌
邹　琦
副局长　吴爱桃
党组成员、副局长
孙朝阳
副局长　许岳文
党组成员　付　玲
沈珊珊
总农艺师　余文良
农业机械化服务中心主任
董卫国

县商务粮食局

党组书记、局长
刘　遂
副局长　付六生
杨　晴
龚荣斌

县卫生健康局

党组书记、局长
刘修平
副书记、副局长
李林勇
许文杰
党组成员、副局长
张湘玉
吴立山
党组成员　许　琦
吴修明

县审计局

党组书记、局长
黎晓军(2020.4—　)
副书记、副局长
廖　翔
党组成员、副局长
许陆军
总审计师　陈运锋

县退役军人事务局

党组书记、局　长
方　兴
党组成员、副局长
付湘江
彭拥军
方新宇
党组成员、副局长(挂)
黄细波

县应急管理局

党组书记、局长
荣旭东
副书记、副局长
杨柏松
党组成员、副局长
吴江华
黄岳华
蔡彦华
党组成员　毛小雄

县市场监督管理局

党组书记、局长
陈晓军(　—2020.12)
副书记、副局长
李西兵
党组成员　李育军
党组成员、副局长
高钱钢
彭　勇(　—2020.5)
李　涛
李建华
冯小兰
党组成员　任小元
谢利民

县统计局

局　长　敖　珊
党组书记　李炜炜
副局长　肖典先
何凯辉
总统计师　李　锐

县城市管理和综合执法局

党委书记、局长
孙　肱
党组成员、副局长
刘新球

刘卫星
杨文涛
市容环境卫生服务中心主任
胡海保

县信访局

党组书记、局长
周　年
副局长　李大亮
杨战军
胡云山

县医疗保障局

党组书记、局长
李凌峰
党组成员、副局长
李七林
副局长　胥望荣
党组成员、副局长
吴京向

县水利局

党组书记、局长
胡志刚
副书记、副局长
刘　毅
副局长　王卫斌
党组成员　万　辉
党组成员、副局长
余新波
胡成华(2020.12—　)
党组成员　龚　琪
梁家凤

总工程师　凤　飞

县林业局

党组书记、局长
任小军
副书记、副局长
易正凡
副局长　王　露
余　华
刘君保
党组成员、副局长
刘　雷
党组成员　杨向荣
王映平(　—2020.12)
总工程师　蒋雄钢

县扶贫开发办公室

党组书记、主　任
刘　滔
副书记、副主任
续海山
党组成员、副主任
毛虎勇
刘　卫

县东洞庭湖管理委员会办公室

党组书记、主任
姜宏毅
副书记、副主任
李利平
党组成员、副主任
胡晓峰

梁大寒
张亮辉
党组成员　施华兵
葛阳玲

·县政府系统所属单位·

县经济研究中心

主　任　李三军
副主任　杨　哲
易江波

县残疾人联合会

党组书记、理事长
刘三军
副理事长　胡　斌
吴　锐
蒋仕林
党组成员　吴雪兵

县人民医院

党委书记　李　荣(　—2020.2)
喻新亚(2020.2—　)
副书记、院长
程朝晖
党委委员、副院长
方水平
党委委员、纪委书记
易书联
党委委员、副院长
李三玉
副院长　王石虎

中国国际贸易促进委员会岳阳县委员会

党组书记、会长
彭　华
副书记、副会长
李　志
党组成员、副会长
李　丹

县城市建设投资经营有限责任公司

党组书记、董事长
黄　洋
副书记、总经理
陈　俊
党组成员、监事长
李环球
党组成员、副总经理
胥洪涛
周　林
易学清
赵耕耘
龚云松
刘志成
周景明

岳阳高新技术产业园区管理委员会

主　任　余望新
党工委书记
李凌东
党工委副书记、副主任
张兴中
副主任　吴少锋
陈　晖
党工委委员
钟三红
副主任　罗乐之
万　群
赵　伟
副主任　李　丹(挂职)
方　梁(挂职)

湖南岳阳台湾农民创业园

党工委书记
卢兴国
主　任　阮振国
副主任　方　波
邓海洋
刘少东(2020.6—　)

县荣湾湖建设开发服务中心

党组书记、主任
王四平
党组成员、副主任
龙望保
许　成
周　威

县政务服务中心

党组书记、主任
侯小波
党组成员、副主任
崔　露
李　翊
李曙红

县东洞庭湖河道采砂管理局

党组书记、局长(兼)
姜宏毅(　—2020.4)
李天怀(2020.4—　)
砂石公司总经理
刘庆福
党组成员、副局长
方振湘(挂职)
许朝辉
龚湘华
龚云松(挂职)

县铁山水资源保护中心

党组书记、主任
邹三龙(　—2020.4)
付红宾(2020.4—　)
党组成员、副主任
杨拥军
蒋　莉
刘　华
党组成员　唐小虎

县张谷英管理处

党组书记、主任
毛一民
党组成员　周佳良
党组成员、副主任
余　乔
陈国华
彭　昕

县大云山国家森林公园管理处

党组书记、主任
付红宾（ —2020.4）
周水果（2020.4— ）
副主任 许岳华
谢移兵
成卫军（2020.4— ）

县供销合作联社

党组书记、理事会主任
李革伟
副书记、监事会主任
敖 伟
党组成员、理事会副主任
敖 锦
理事会副主任
彭佳丽
党组成员、监事会副主任
米 军
党组成员、理事会副主任
侯海波

县畜牧水产发展服务中心

党组书记、主任
陈 铭
党组成员、副主任
尹爱华
副主任 唐利辉
党组成员、副主任
关 辉
党组成员 刘志宇（ —2020.9）
黄 信（ —2020.9）

县库区移民服务中心

党组书记、主任
费时铭
党组成员、副主任
付五魁
党组成员 周湘福
副主任 何德保
李 亮

县东洞庭湖渔政监察执法局

党组书记、局长
陈君辉
副书记、副局长
李海波
副局长 蒋灵芝
党组成员、副局长
李 锋
党组成员 杨 智
杨利文
何 辉

湖南洞庭苇业有限责任公司

党委书记、总经理
李天怀（ —2020.04）
吴红兵（2020.04— ）
党委委员、副总经理
李建红
费春霞
方振湘
党委委员 付锦球
党委委员、副总经理
葛能文
颜昌勇
纪委书记 廖 辉
党委委员、副总经理
荣光明
文 哲
党委委员 杨 勇
党委委员、副总经理
瞿芳霞
副总经理 刘党生
总经理助理
许波勇

县职业中等专业学校

党委书记、校长
汪东九
副校长 李毓东
余艳智
纪委书记 李美波
副校长 梁先叨
工会主席 晏菊梅

县第一中学

党委书记、校长
郭光前
副书记、纪委书记
陈 灏
党委委员、副校长
卢小柱
黄 宇
续鹏飞
工会主席 周 灏

·驻县单位·

岳阳市生态环境局岳阳县分局

党组书记、局长
胡团生
副书记、副局长
刘　昭
副局长　任志勇
任泽凤
党组成员　喻军辉
总工程师　王石满
党组成员　彭向东

岳阳市住房公积金管理中心岳阳县管理部

主　任　徐　云
副主任　李东文

县公路建设和养护中心

党委书记、主任
杨学军
副主任　徐庆和
鲁　红
罗喜军
纪委书记　万祖毅
主任工程师
童新波
党委委员　易四现
工会主席　阎德元

国网岳阳县供电公司

总经理　朱洪吾
党委书记　熊宏伟
副总经理　冯　亮（　—2020.5）
纪委书记　余平华
副总经理　易　浩（2020.5—　）
徐　意

县邮政分公司

总经理　谢军华
副总经理　廖智平
刘　奇
赵玉立（2020.05—　）
党总支成员
李　朝（　—2020.03）

县电信公司

总经理　万　勇（　—2020.7）
王　松（2020.8—　）
副总经理　许新宇
曾素敏
付　琦
（2020.8—2020.10）
总经理助理
付　琦（　—2020.8）

县移动公司

经　理　兰志刚（　—2020.11）
陈勇军（2020.12—　）
副经理　罗　霄（　—2020.11）
李昀阳（　—2020.6）
蔡志峰（2020.12—　）
彭宇雨（2020.7—　）

县联通公司

总经理　黄　诚
副经理　米　龙

县盐业公司

支部书记、经理
杨远红
副经理　周　军

县石油公司

经　理　李　彦（　—2020.6）
闵　远（2020.6—　）
副经理　陈　严

县税务局

党委书记、局长
谢　斌
副书记、副局长
戴学斌
党委委员、副局长
王　耘
黄　斌
胡　风
高良敏
胡永忠
吴喜保
党委委员、纪检组组长
童双权

县烟草专卖局

党组书记、局长、经理
周小红
党组成员、副局长
陶　明
党组成员、副经理
张三望
党组成员、纪检组长
姚　高

中国人民银行岳阳县支行

行　长　　李　珂
党组成员、副行长
谢爱华
党组成员、纪检组长
兰志宏
党组成员、副行长
李　景

中国工商银行股份有限公司岳阳县支行

行　长　　陈　果（　—2020.10）
汪新时（2020.11—　）
副行长　　汪新时（　—2020.10）
胡向东
陈学军（2020.11—　）

中国农业银行岳阳县支行

党委书记、行长
葛　鹏（　—2020.7）
刘卫国（2020.7—　）
党委委员、副行长
刘卫国（　—2020.7）
姜　佳
刘　超（2020.7—　）
纪委书记　彭泽交

县农业发展银行

行　长　　叶　敏（2020.2—　）
喻　明（　—2020.2）
副行长　　于　孟
汪　霞（2020.4—　）

中国建设银行股份有限公司岳阳县支行

行　长　　张志希
副行长　　付　李（　—2020.3）
符松光（2020.8—　）
章　立（2020.3—　）

湖南岳阳巴陵农村商业银行股份有限公司

党委书记、董事长
郑少华
副书记、行长
付良军
纪委书记、监事长
黄小芬
副行长　　黄增华
柳　斌

中国银行股份有限公司岳阳县支行

行　长　　陈辉平（　—2020.10）
王　为（2020.11—　）
副行长　　赵振华
（2020.6—2020.8）
刘大志（2020.9—　）
康建军（　—2020.9）
吕　磊
（2020.9—2020.12）
刘　念（2020.12—　）

中国邮政储蓄银行岳阳县支行

行　长　　李　超
副行长　　杨　林（—2020.10）
刘　璐（2020.10—）

华融湘江银行岳阳县支行

行　长　　陶　沙（2020.5—　）
许　琼（　—2020.5）
副行长　　胡　超

中国人寿保险股份有限公司岳阳支公司

经　理　　袁进军
副经理　　侯卫宏
谢　辉
熊湘辉

中国人民财产保险股份有限公司岳阳支公司

经　理　　唐克强（　—2020.1）
副经理　　胡　星（2020.1—　）
黄　勇
陈昊文

·驻县部队·

县武警中队

指导员　王　超
队　长　胡　超

县消防救援大队

教导员　罗　忠
大队长　裴　斐

·乡镇领导干部名录·

荣家湾镇

党委书记　李德军
副书记、镇长
　　孙荣华
副书记　毛　瑞
　　邓　飞
人大主席　曾伟波
政协联络办主任
　　李　刚
纪委书记　刘　衍
党委委员　李小晶（　—2020.12）
组织委员　侯益波
党委委员、人大副主席
　　侯成浩
党委委员　葛　松（挂职）
　　邹　兰（2020.11—　）
　　田学敏（2020.11—　）
副镇长　刘新华
　　张　韶
　　赵玮华
　　黎细华
　　张　迎
　　方　奇
　　孙春雷
　　张军民
　　张　洋（　—2020.11）
　　张　佩（2020.12—　）
党政办主任
　　陈琼尧

麻塘办事处

党工委书记
　　付文勇
副书记、主任
　　周　兵
副书记　方立军
人大联络办主任
　　张学维
政协联络办主任
　　周满六
纪工委书记
　　李小雄
党工委委员
　　冯荣保
　　蒋仕涛
　　刘锦华
副主任　彭　会
　　李海波
　　李林霏
　　（　—2020.6 挂职）
办公室主任
　　黄　柳

新开镇

党委书记　梁亿仲
副书记、镇长
　　胡华盛
副书记　戴永红
人大主席　冯彦平
政协联络办主任
　　蔡春华
纪委书记　付水霞
党委委员、副镇长
　　童卫华
党委委员、人大副主席
　　易阳兵
党委委员　袁　明
副镇长　毛爱民
　　李　仲
党政办主任
　　张庆阳

筻口镇

党委书记　李　林
副书记、镇长
　　刘　炜
副书记　刘玉谦
人大主席　龚小峰
政协联络办主任
　　任明星
纪委书记　高大军（　—2020.5）
　　胡　盟（2020.5—　）
党委委员　杨望新
　　熊仲勋
　　李浩宇
副镇长　熊仲勋（兼）
　　汤　丽
　　舒拥军
人大副主席
　　李浩宇（兼）
党政办主任
　　任凌志（　—2020.1）
　　方石光（2020.1—）

公田镇

党委书记　汤少文
副书记、镇长
　　李　龙
副书记　　袁　雁
人大主席　刘拥华
政协联络办主任
　　易志坚
党委委员　高湘元
纪委书记　林　凯
党委委员　熊　立
　　周　海
副镇长　　高湘元(兼)
　　张　燕(兼)
　　许明曙
　　(　—2020.12)(兼)
　　陈小勇(2020.12—　)
人大副主席
　　周　海(兼)
党政办主任
　　胡　凯

毛田镇

党委书记　续广宁
副书记、镇长
　　徐勇军
副书记　　李睿超
人大主席　龙新宇
政协联络办主任
　　谢模勇
纪委书记　许　维
党委委员　邓党生
　　刘奇勇
　　杨伟松
副镇长　　陈　颖
　　邹　乔(2020.1—　)
人大副主席
　　邓党生(兼)
党政办主任
　　卢水波

月田镇

党委书记　付海苗
副书记、镇长
　　张　磊
副书记　　汪庆宇
人大主席　李旭东
政协联络办主任
　　赵波林
纪委书记　李　宏
党委委员　副镇长
　　陈巨松
党委委员　李元满
党委委员、人大副主席
　　郭　伟
副镇长　　陈政辉
　　杨再亮
党政办主任
　　万宗敏

张谷英镇

党委书记　张文毅
副书记、镇长
　　黄　静
副书记　　魏佳琦
人大主席　钟志斌
政协联络办主任
　　付伟中
纪委书记　易　艳
党委委员　万　懿
　　周佳良(2020.5—　)
　　许志敏
　　胡鑫鹏
副镇长　　钟　皓
　　徐粟军(2020.1—)
人大副主席
　　许志敏(兼)
党政办主任
　　张　煌(2020.3—　)

杨林街镇

党委书记　王　勇
副书记、镇长
　　陈登高
副书记　　杨　胜
人大主席　孙朝晖
政协联络办主任
　　李佑军
纪委书记　罗　默
党委委员　方　魁
　　彭　星
　　袁　礼(2020.01—　)
副镇长　　袁　礼
　　方　魁(兼)
　　续　毅(2020.01—　)
人大副主席
　　彭　星(兼)
党政办主任
　　欧阳涛

步仙镇

党委书记　高兴球
镇　长　　黄　海
副书记　　李　明
人大主席　卢亚军
政协联络办主任
　　王建平

纪委书记　龙光宇
党委委员　王建平
　　　　　李忠耘
　　　　　戴燎云
　　　　　黄　威
副镇长　　李忠耘
　　　　　(2020.4—　)(兼)
　　　　　任凌志(2020.4—　)
人大副主席
　　　　　黄　威
　　　　　(2020.4—　)(兼)
党政办主任
　　　　　余　谦

柏祥镇

党委书记　周代建
副书记、镇长
　　　　　吴　进
副书记　　刘　盟
人大主席　陈群风
政协联络办主任
　　　　　余秋根
纪委书记　吴红波
党委委员、副镇长
　　　　　姚飞梁
党委委员、人大副主席
　　　　　黄飞龙
党委委员　刘星宇
副镇长　　黄　毅
党政办主任
　　　　　李亚洲

新墙镇

党委书记　周立雄
副书记、镇长
　　　　　鲁　伟
副书记　　杨法新
人大主席　朱雄光
政协联络办主任
　　　　　李志宏
纪委书记　荣来归
党委委员、人大副主席
　　　　　董细红
党委委员　汤　美
副镇长　　姜新伙
　　　　　李时明
党政办主任
　　　　　黄双薇

长湖乡

党委书记　童　铮
副书记、乡长
　　　　　李海鸣
副书记　　刘　亮
　　　　　彭　旭(2020.8—　)
人大主席　冷清波
政协联络办主任
　　　　　许干群
党委委员　胡德意
　　　　　吴建军
　　　　　万　兴
纪委书记　杨　安
副乡长　　邓玉清
　　　　　陈新根
党政办主任
　　　　　夏　亮

黄沙街镇

党委书记　毛红波
副书记、镇长
　　　　　廖焱丰
副书记　　张鹏飞
人大主席　王　庆(　—2020.4)
　　　　　高大军(2020.4—　)
政协联络办主任
　　　　　秦　毅
纪委书记　刘　勇
党委委员　赵　海
党委委员、副镇长
　　　　　胥　婷
党委委员、人大副主席
　　　　　刘平辉
党委委员　刘孟奇(2020.12—　)
副镇长　　周　宇
　　　　　万青承

中洲乡

党委书记　刘　潇
副书记、乡长
　　　　　邹　翔
副书记　　万红娟
人大主席　胡孟生
政协联络办主任
　　　　　张永胜
纪委书记　付　勤
党委委员、副乡长
　　　　　周正操
党委委员　万海勇
党委委员、人大副主席
　　　　　费军民
副乡长　　刘　伟
党政办主任
　　　　　刘相灵

中国共产党岳阳县委员会

中国共产党岳阳县委员会

重要会议

【“不忘初心、牢记使命”主题教育总结会议】 2020年1月10日，岳阳县召开“不忘初心、牢记使命”主题教育总结会议，深入学习贯彻习近平新时代中国特色社会主义思想，全面落实中央和省、市“不忘初心、牢记使命”主题教育总结大会精神，认真总结全县主题教育成果和经验，以便进一步推动主题教育走深走实。市委巡回指导组组长杜宇到会指导，县委书记田文静在会上讲话，县委副书记、县长曾平原，县领导王保林、汤小娥、袁陆保、余泽世、吴光文、陈绍东、姜其胜、易新岳、王卫兵、马长林出席会议。

【新型冠状病毒感染的肺炎疫情防控调度会】 2020年1月23日，岳阳县召开新型冠状病毒感染的肺炎疫情防控调度会，学习传达市委、市政府关于疫情防控工作部署，听取当前疫情防控工作情况汇报。县委书记田文静，县委副书记、县长曾平原，县委常委、县委办主任易新岳，副县长周里出席会议；县卫健局、市场监管局、商粮局等相关部门负责人参加。会议传达1月23日市委市政府相关会议精神，通报全县新型冠状病毒感染的肺炎疫情防控工作及防控工作督查情况。会议指出，当前新型冠状病毒感染的肺炎疫情防控形势严峻，疫情扩散速度快，来势汹汹，加之岳阳临近武汉，处于南北交通要道，已经受到高度威胁。

会议强调：防控机制要立即提档升级；工作措施要迅速落地落细；思想认识要及时调整跟进；责任担当要不讲条件价钱。

【决战脱贫攻坚决胜全面小康县乡村负责干部大会】 2020年3月10日，岳阳县召开决战脱贫攻坚决胜全面小康县乡村负责干部大会，深入贯彻习近平重要讲话及指示批示精神，认真落实中央和省委、市委决策部署，动员全县上下迎难而上、共克时艰，统筹推进疫情防控和经济社会发展，扎实做好“全面小康决胜年”的各项工作，坚决做到两手抓、两手硬、两手赢，以决战决胜的实际成效向党和人民交上一份满意的答卷。县委书记田文静出席并讲话，县委副书记、县长曾平原主持，县领导王保林、汤小娥、袁陆保、余泽世、吴光文、陈绍东、姜其胜、易新岳、王卫兵、苏红琳、马长林等出席。会议以视频会议形式召开，各乡镇（办事处）设分会场参会。

【落实意识形态工作责任制述职评议会议】 3月12日，岳阳县召开2019年度乡镇（办事处）及县直行业系统党（工）委书记抓基层党建暨落实意识形态工作责任制述职评议会议。县委书记田文静现场点评，县委副书记、县长曾平原出席，县委副书记王保林主持，县领导汤小娥、袁陆保、余泽世、吴光文、陈绍东、姜其胜、易新岳、王卫兵、马长林等出席。市委组织部“两新”

工委专职副书记谭军到会指导。

会上，全县15名乡镇（办事处）党委书记就履行基层党建落实意识形态工作责任情况进行现场述职并接受评议，4名县直行业系统党（工）委书记进行书面述职。

【县委政法工作暨全县信访、禁毒、反恐工作会】 2020年4月10日，县委政法工作暨全县信访、禁毒、反恐工作会召开，县委书记田文静主持会议并讲话，县领导余泽世、吴光文、易新岳、付学文，县法、检两院负责人许辉、钟沁参加会议。会议以电视电话会议的形式召开，设县主会场与乡镇各分会场。

会议指出，2020年是决战脱贫攻坚、决胜全面小康之年，谋划做好政法工作至关重要。要深入贯彻习近平对政法工作的重要指示精神和中央、省委、市委政法工作会议精神，增强“四个意识”，坚定“四个自信”，做到“两个维护”，坚持党对政法工作的绝对领导，坚持以人民为中心的发展思想，坚定不移走中国特色社会主义法治道路，全面推进扫黑除恶专项斗争，切实维护社会安全稳定，提升社会治理现代化水平，加强政法队伍建设，努力建设更高水平的平安岳阳县、法治岳阳县，为全县决战脱贫攻坚、决胜全面小康创造安全的政治环境、稳定的社会环境、公正的法治环境、优质的服务环境。

【脱贫攻坚讲评暨“回头看”问题整改与加强粮食生产、防止耕地抛荒工作推进会】 2020年5月12日，岳阳县召开脱贫攻坚讲评暨“回头看”问题整改与加强粮食生产、防止耕地抛荒工作推进会，县委副书记、县长曾平原出席并讲话，县委副书记王保林主持会议，副县长杨前进及县法院院长许辉、县检察院检察长钟沁和相关单位负责人参加。

会议指出，脱贫攻坚已进入决战决胜的冲刺期，从决定性成就到全面胜利，面临的困难和挑战依然艰巨。要坚定不移贯彻中央决策部署、坚决打赢脱贫攻坚战。要摸清底数，完善方案，准确把握贫困人口需求，制定有针对性的帮扶措施，聚焦问题清零“补短板”，逐村逐户逐项梳理问题短板，一项一项整改清零，一户一户对账销号。要坚定不移落实各项惠农政策、全力以赴抓好粮食生产工作，做到严格兑现政策、严惩耕地抛荒，鼓励复耕复垦、推进粮食生产，加强土地流转、推进大户种植。要坚定不移贯彻落实习近平生态文明思想，用严格制度和有效措施保护生态环境，禁止秸秆焚烧，切实提升我县环境空气质量，打好蓝天保卫战。

【2020年党外代表人士暑期谈话会】 2020年8月27日，岳阳县召开2020年党外代表人士暑期谈话会。县委书记田文静，县领导吴光文、姜其胜、易新岳、苏红琳、甘柏旺、彭荣欣、余望新出席，全县党外干部代表、党外知识分子代表、非公经济人士代表、新的社会阶层人士代表和民主党派人士代表参加。

【脱贫攻坚收官推进会】 9月25日，岳阳县召开坚决克服疫情灾情影响，确保脱贫攻坚如期圆满收官推进会召开。县委书记田文静在会上强调，全县上下要再加一把劲、再努一把力，以更加明确的目标、更加有力的举措，坚决打赢这场收官之战。会议由代县长肖湘晖主持，县委副书记王保林，县委常委、县委办主任易新岳参加。

田文静指出，2020年是脱贫攻坚战的交账之年、收官之年，此次会议既是加油鼓劲，也是加压加力；既是一个誓师会，也是一个承诺会。就如何做好全县决战决胜脱贫攻坚工作，田文静强调，各级各部门要统一思想，增强紧迫感，把握主动权，打好主动仗，集中精力，真抓实干；要把握重点，抓在关键处，严格考核验收，推进问题整改，紧盯关键领域，做好稳岗就业、消费扶贫等紧要工作；要强化保障，提高执行力，坚持领导带头，加强正面宣传，锤炼干部作风，严格督查考核，以决战决胜之势，奋力夺取脱贫攻坚战的全面胜利。

【县委理论学习中心组第九次集中学习】 2020年9月27日，县委书记田文静主持县委理论学习中心组第九次集中学习，传达学习习近平在湖南考察调研时的系列重要讲话和指示精神，交流学习心得体会，研究贯彻落实意见。田文静强调，要深入学习贯彻习近平在湖南考察调研时的系列重要讲话和指示精神，坚定不移沿着习近平指引的方向前进。

会议强调，深入学习宣传贯彻习近平重要讲话指示精神，是当前首要政治任务。要讲政治，树牢“四个意识”，坚定“四个自信”，做到“两个维护”，按照中央、省委统一部署要求，在全县上下迅速掀起学习宣传贯彻热潮，切实把习近平重要讲话指示精神传达到每一个基层党组织、每一个党员干部，把习近平的亲切关怀传递到千家万户。要显担当，围绕习近平提出的工作要求和重点任务，逐条逐项进行梳理研究，明确分工，落实责任，拉条挂账，一项一项落实到位。要聚焦经济高质量发展，激发人才创新活力，有序推进产业结构优化升级；聚焦农业农村现代化，加快推进农业机械化生产和规模化经营，统筹做好品种改良、污染耕地修复与治理等工作，一鼓作气攻下最后贫困堡垒，推动脱贫攻坚与乡村振兴战略有机衔接；聚焦生态文明建设，持续抓好长江经济带生态环境突出问题整改，精准扎实推进长江禁捕退捕工作，深入开展农村人居环境整治；要见实效，坚持学习宣传与贯彻落实一体谋划、一体推动，把总书记习近平提出的要求一项一项深化细化，一件一件抓好落实，确保落地见效，推动各项工作比学赶超、争先创优，推动县域经济发展不断取得新的更大突破。

【学习贯彻党的十九届五中全会精神省委宣讲团岳阳分团报告会暨县委理论学习中心组第十二次集中（扩大）学习】 2020年12月9日，岳阳县举行学习贯彻党的十九届五中全会精神省委宣讲团岳阳分团报告会暨县委理论学习中心组第十二次集中（扩大）学习。市直属机关工委书记、市委讲师团客座教授李桂华讲课，县委书记田文静主持。县委副书记、代县长肖湘晖，县领导汤小娥、袁陆保、吴光文、杨革新、姜其胜、易新岳、王卫兵、苏红琳、马长林等参加。

李桂华作《开启全面建设社会主义现代化国家新征程的行动指南》的宣讲报告，从大会概况、时代背景和重大意义，规划《建议》的主要内容和基本精神，推动规划《建议》落到实处三个方面，对全会的核心内容、主要精神进行详细讲解和深入阐述。辅导报告逻辑严密、视野开阔、生动鲜活，既有深入浅出的理论阐述，又有实践层面的深度思考，具有很强的思想性、指导性和针对性。

重要活动

【王志军到岳阳县调研】 2020年3月15日，工业和信息化部副部长王志军率中办国办复工复产调研组到岳阳县调研疫情防控、企业复工复产、春耕备耕生产等工作。市委书记王一鸥，副市长黎作凤，县委书记田文静，县委副书记、县长曾平原，县领导吴光文、杨前进、张奕、余望新参加。

王志军对岳阳县科学安排、周密部署疫情防控、复工复产、春耕备耕工作的做法给予充分肯定。他指出，当前整个防疫形势向好的方向发展，企业要坚定信心，严格落实疫情防控、安全和环保主体责任，以精准高效的工作机制，落细落实疫情防控和复工复产举措，同舟共济、共克时艰，确保防疫和发展“两手抓，两手硬”。

【王群到岳阳县调研】 2020年5月21日，省政府秘书长王群到岳阳县调研蓄水湖生态修复工作，副市长黎作凤、市政府秘书长刘传汉、县委书记田文静、副县长张奕参加。

在麻塘办事处，王群一行查看湖南东洞庭湖国际重要湿地蓄水湖退养还湖工程现场，了解工程情况及进展。蓄水湖面积100

公顷，是麻塘垸内重要的调蓄型湖泊，也是东洞庭湖自然保护区越冬候鸟重要的栖息地。该工程主要建设内容包括湖泊清淤、湿地植被种植、岸线整治和巡护栈道建设。

王群指出，蓄水湖生态修复是惠民的生态工程，要始终践行以人民为中心的思想，加快推进湿地生态修复。王群强调，要坚持生态优先、绿色发展，不折不扣把“共抓大保护、不搞大开发”方针落实到位；要牢固树立自然生态理念，切实加强生态湿地保护，增强湿地生态功能，妥善处理人与植物、植物与湖水、湖水与湖岸、植物与鸟类间的关系，打造人与自然和谐相处的生态湿地。

【岳阳县举行重大项目集中开工仪式】 2020年6月11日，岳阳县举行2020年重大项目集中开工仪式暨财纳福诺石晶地板产业链项目（二期）奠基仪式。市委常委、宣传部部长马娜出席仪式并宣布岳阳县2020年重大项目正式开工；县委书记田文静，县领导汤小娥、袁陆保、吴光文、易新岳、王卫兵、胡秉阳、张奕、余望新和集中开工项目业主方及施工队伍代表出席。县委常委、常务副县长吴光文主持开工仪式。

马娜在讲话中希望集中开工的项目在确保工程质量和安全生产的前提下，倒排工期、挂图作战，做到快建设、快投产、快见效。同时，也希望县委、县政府以此次项目集中开工为契机，抓住当前大好时机，以更加饱满的热情、更加扎实的作风，在岳阳县掀起新一轮全员拼抢大项目、全面聚焦大项目、全力攻坚大项目、全心服务大项目的新热潮，实现招商引资、项目推进新突破，为全市经济社会发展做出新的更大的贡献。

【省老科协领导到岳阳县考察调研】 2020年6月23—24日，省老科协荣誉会长唐之享、省老科协会长蔡力峰带队到岳阳县考察调研，市老科协会长包忠清，县委书记田文静，县委副书记、县长曾平原，县领导汤小娥、吴光文、姜其胜、易新岳、张奕参加。

调研组一行实地察看岳武村金盆柚基地、牛皋村300亩富硒蓝莓基地，走进洞庭灵雾山生态农旅专业合作社的菜籽油榨油坊了解生产情况。

【姜欣到岳阳县调研】 7月28日，省妇联主席姜欣到岳阳县慰问防汛抗灾工作中表现突出的妇联组织和女性典型，并调研特色妇联工作。市委常委、宣传部部长马娜，县委副书记、县长、县防指指挥长曾平原，县委常委、组织部部长姜其胜参加。

姜欣实地查看新墙镇三合垸当前汛情、水情，并与沿线防汛妇女干部群众交流，鼓励大家坚定信心，继续在防汛抗灾中发挥巾帼力量；同时叮嘱大家在做好防汛工作时也要注意自身安全。

【岳阳县举行全国第七个烈士纪念日公祭活动】 9月30日，岳阳县在金山烈士陵园隆重举行全国第七个烈士纪念日公祭活动，共同缅怀烈士功绩，弘扬爱国主义精神。

县委书记田文静，代县长肖湘晖，县领导汤小娥、袁陆保、余泽世、吴光文、杨革新、姜其胜、易新岳、王卫兵、苏红琳、马长林等出席烈士纪念日公祭活动。县直部门主要负责人，一、二等功获得者，部分烈士家属和老战士代表、学生代表710人参加。

【张谷英村古建筑群核心景区文物修缮和综合整治项目举行签约仪式】 10月26日，张谷英村古建筑群核心景区文物修缮和环境综合整治项目合作协议签约仪式在县委党校举行。中国华夏文化遗产基金会公募基金部部长、湖南华夏美湘公司副总经理万家春，县委副书记、代县长肖湘晖，县委常委、统战部部长苏红琳，副县长周里，县政协副主席刘岳参加。

【邱小平率调研组到岳阳县调研】 2020年10月27—28日，全国工商联专职副主席、党组成员，中华全国总工会副主席（兼）邱小平率调研组到岳阳县调研。省政协副主席、省工商联主席张健，市政协副主席秧励，市工商联主席何祚云，县委书记田文静，县委副书记、代县长肖湘晖，县委常委、统战部部长苏红琳，副县长张奕参加调研。

邱小平一行先后前往岳盛新型材料、全民鸽业集团、湖南科伦制药有限公司、县青年企业家商会、蓝丝羽家纺岳阳县门店、县工商联、天裕生态农业发展有限公司、华中天地环保科技有限公司实地察看，就民营企业在疫情防控后期复工复产情况、基层工商联发挥作用及所属商会改革等情况作了详细了解。

【石木塑第二届全产业链峰会暨2020年年会在岳阳县举行】2020年11月25日，石木塑第二届全产业链峰会暨2020年年会在岳阳县隆重举行。会议由中国林产工业协会、岳阳县人民政府联合主办，岳阳高新技术产业园区管委会、中国林产工业协会石木塑环保材料及制品分会共同承办。

中央国家机关协会商会住建联合党委书记张力威，国家林草局林业产业办副主任、发改司副司长李玉印，市委常委、宣传部部长马娜，县委书记田文静，县委副书记、代县长肖湘晖，县领导汤小娥、袁陆保、吴光文、易新岳、王卫兵、彭碧芳、张奕、余望新等出席会议。

表2 **2020年度县委、县政府重点工作考评结果表**

一、决胜全面小康综合绩效评估结果		
乡镇	优秀	新墙镇、麻塘办事处、杨林街镇、黄沙街镇
	良好	张谷英镇、步仙镇、荣家湾镇、筻口镇、中洲乡、新开镇、柏祥镇
	合格	月田镇、毛田镇、长湖乡、公田镇
县直单位	优秀	县政府办公室、县委办公室、县委宣传部、县纪委监委、县委组织部、县委编办、县总工会、县农业农村局、县财政局、县卫健局、县人民检察院、县水利局、县林业局、县发改局、县税务局、县公安局、县交通运输局、县扶贫办、县消防大队、巴陵农商银行、县人民银行、县邮政局、县农业银行、县烟草公司
	良好	县委政法委、县委统战部、县人大机关、县政协机关、县人武部机关、县残联、县妇联、县教体局、县医保局、岳阳高新技术产业园、县市场监管局、县东管办、县城管局、县统计局、县应急管理局、县人民法院县退役军人事务局、县住建局、县民政局、县信访局、县职业中专、县一中、县张谷英管理处、县文旅广电局、县城建投、县铁山水资源保护中心、县商务粮食局、县司法局、县自然资源局、县人社局、县苇业公司、县贸促会、县审计局、县大云山管理处、县盐业公司、县华融湘江银行、县农发行、县住房公积金中心、县长沙银行、县建设银行、县湘江村镇银行、县人保公司、县联通公司、县邮政银行
	合格	县工商联、县科协、县委党校、县文联、团县委、县荣湾湖建设开发服务中心、台创园、县库区移民服务中心、县广播电视台、县供销社、县砂管局、县工信局、县公路建养中心、县科技局、县生态环境分局、县渔政局、县畜牧水产发展服务中心、县新华书店、县中国银行、县工商银行、县财保公司、县中华联保公司、县移动公司、县电信公司、县石油公司
支持县域经济发展特殊贡献奖		县供电公司
二、全面建成小康社会推进工作先进单位		
乡镇		荣家湾镇、杨林街镇、新开镇
县直单位		县委办公室、县统计局、县财政局、县卫健局、县医保局、县住建局、县教体局

续表 2

三、党的建设和班子建设先进单位	
乡镇	麻塘办事处、筻口镇、张谷英镇、黄沙街镇
县直单位	县发改局、县教体局、县财政局、县自然资源局、县卫健局、县统计局、县水利局、县扶贫办、县交警大队、县应急管理局、县人民法院、县人民检察院、县一中、县铁山水资源保护中心、县张谷英管理处、县政务服务中心
四、党风廉政建设暨党委主体责任、纪委监督责任先进单位	
党风廉政建设 党委主体责任	新墙镇、麻塘办事处、黄沙街镇、县发改局、县财政局、县卫健局、县东管办、县张谷英管理处、县应急管理局、县工信局、县人民检察院、县民政局、县水利局
党风廉政建设 纪委监督责任	长湖乡、荣家湾镇、张谷英镇
五、真抓实干工作先进单位	
县农业农村局	
六、经济工作先进单位	
财税贡献	巴陵农商银行、湖南科伦制药有限公司、湖南向红机械化工有限责任公司
重点项目	二等奖：岳阳高新技术产业园六期扩园及项目建设项目（长湖乡）、长丰北路拓改项目（县住建局）
	三等奖：岳盛二期项目建设项目益豚万头母猪场建设项目
民生实事	杨林街镇、麻塘办事处、张谷英镇、县交通运输局、县水利局、县卫健局
招商引进	麻塘办事处、新墙镇、荣家湾镇、县农业农村局、县工信局、岳阳高新技术产业园、县张谷英管理处
争取国家 重点投入	优秀项目：县水利局的岳阳县水系连通及农村水系综合整治试点县项目、县财政局和县发改局的地方政府专项债券项目、县住建局和县发改局的岳阳县老旧小区改造及配套工程项目、县张谷英管理处的张谷英村古建筑群核心景区文物修缮和环境综合整治项目、县自然资源局的长江经济带废弃露天矿山生态修复项目
	优秀单位：县财政局、县水利局、县发改局、县住建局、县生态环境分局、县铁山水资源保护中心
联手帮扶企业	县委办公室、县东管办、县财政局、县总工会、县纪委监委、县贸促会县农业农村局、县教体局、县水利局、县发改局
七、文明创建工作	
全国文明城市 创建先进集体	荣家湾镇、黄沙街镇、县卫健局、县城管局、县市场监管局、县教体局县交通运输局、县商务粮食局、县文旅广电局、县交警大队、县统计局
市级以上文明单位	县税务局、省核工业地质局 311 大队、县教体局、县水利局、县司法局、县自然资源局、县残联、县消防大队、县交通运输局、县中医医院岳阳县洞庭供水公司、县公路建养中心、县文化馆
市级以上文明乡镇	张谷英镇、公田镇
市级以上文明村镇	新开镇龙湾村、杨林街镇兰泽村、杨林街镇尚书村、公田镇港口村、毛田镇南冲村、毛田镇珠港村、筻口镇释迦寺村、黄沙街镇刘士奇村、黄沙街镇三和村、新墙镇马形村、新墙镇三合村
市级以上文明校园	荣家湾镇新长征小学、县二中、荣家湾镇荷花塘小学、麻塘中心学校、城南小学
八、省级食品安全县创建工作先进单位	
省级食品全县创建	荣家湾镇、新墙镇、县市场监管局、县农业农村局

续表 2

九、乡村振兴工作先进单位		
粮食生产		公田镇、新墙镇、步仙镇
厕所革命		荣家湾镇、麻塘办事处、柏祥镇、县住建局、县库区移民服务中心
农村人居环境整治		杨林街镇、步仙镇、长湖乡、县卫健局、县水利局
十、法治政府建设工作先进单位		
乡镇		杨林街镇、中洲乡、新墙镇
县直单位		县财政局、县林业局、县教体局、县税务局
十一、应急管理工作先进单位		
安全生产	市级安全生产示范乡镇	新开镇、杨林街镇
	市级安全生产优胜乡镇	荣家湾镇、筻口镇、麻塘办事处
	县级安全生产优胜乡镇	中洲乡、毛田镇、新墙镇、月田镇
	县级安全生产优胜单位	县住建局、岳阳高新技术产业园、县水利局、县自然资源局、县东管办县砂管局、县发改局、县市场监管局、县林业局
森林防火		麻塘办事处、步仙镇、杨林街镇
防汛抗旱		新开镇、新墙镇、中洲乡、荣家湾镇、麻塘办事处
十二、社会治理工作先进单位		
扫黑除恶		县公安局、县纪委监委、县人民检察院、县人民法院、县自然资源局、县林业局、县水利局、县市场监管局、县砂管局、县交通运输局、荣家湾镇、月田镇、新墙镇
禁毒工作		县委宣传部、县司法局、县文旅广电局、县民政局、县林业局、县交通运输局、岳阳高新技术产业园、县公安局、月田镇、新墙镇、公田镇麻塘办事处、步仙镇
平安创建	市级平安单位	县妇联、县张谷英管理处、县一中
	县级平安单位	县人民检察院、县税务局、县应急管理局、县苇业公司、县信访局、县人社局、县人民法院、县职业中专、县东管办、县统计局、县财政局、县发改局
	市级平安乡镇	步仙镇
	县级平安乡镇	毛田镇、柏祥镇、长湖乡
	市级平安村	新墙镇清水村
	县级平安示范村	毛田镇八斗居委会
	县级平安村	毛田镇黄道村、张谷英镇松树村、张谷英镇倒溪村、毛田镇西台村、荣家湾镇友爱村、步仙镇新合村、中洲乡坪桥湖村、新墙镇双枫村、毛田镇鸣山村、中洲乡巴陵村、筻口镇西冲村、毛田镇道仁村、张谷英镇朱公桥村、张谷英镇大明山村、步仙镇松溪村、麻塘办事处东风村、杨林街镇兰泽村、步仙镇步仙湖村、黄沙街镇新绣居委会、月田镇月东村公田镇东淇村

续表 2

十三、信访工作先进单位	
市级信访工作“三无”乡镇	张谷英镇、筻口镇、柏祥镇、毛田镇、步仙镇、中洲乡、杨林街镇、新开镇、月田镇、麻塘办事处
县级信访工作优胜乡镇	张谷英镇、筻口镇、柏祥镇
县级信访工作优胜单位	县民政局、县教体局、县公安局、县交通运输局、县东管办、县扶贫办、县自然资源局、县医保局、县水利局
十四、脱贫攻坚工作先进单位	
县脱贫攻坚先进乡镇	公田镇、杨林街镇、张谷英镇、麻塘办事处、月田镇、毛田镇、荣家湾镇、筻口镇
县脱贫攻坚行业扶贫先进单位	县纪委监委、县委组织部、县委宣传部、县委统战部、县残联、县卫健局、县住建局、县教体局、县水利局、县人社局、县医保局、县民政局、县财政局、县交通运输局、县供电公司、县商务粮食局、县审计局、县发改局、县农业农村局、巴陵农商银行
县驻村扶贫先进单位	县公安局、县税务局、县城管局、县自然资源局、县公路建养中心、县林业局、县市场监管局、县生态环境分局、县总工会、县砂管局、县工信局、县广播电视台、县职业中专、县司法局、县委编办、岳阳高新技术产业园、县东管办、县信访局、县文旅广电局、台创园
县驻村扶贫先进工作队	毛田镇：珠港村、黄道村、白若村 月田镇：江塅村、花苗村、相思山村、月东村 公田镇：东淇村 张谷英镇：芭蕉村、莲花湖村 杨林街镇：溪源村 长湖乡：自强村 新墙镇：清水村 新开镇：马店村 麻塘办事处：东风村 荣家湾镇：岳武村 黄沙街镇：和谐村、新天村 中洲乡：北垸村、巴陵村
十五、污染防治攻坚工作先进单位	
污染防治	县住建局、县畜牧水产发展服务中心、柏祥镇、麻塘办事处、月田镇
河长制落实	县农业农村局、县林业局、县自然资源局、县发改局、县公安局、县民检察院、新墙镇、黄沙街镇、柏祥镇
禁违拆违治违	县城管局、麻塘办事处、月田镇、黄沙街镇、新墙镇
十六、疫情防控攻坚工作先进单位	
乡镇	荣家湾镇、新墙镇、新开镇、月田镇
县直单位	县交通运输局、县卫健局、县市场监管局、县公安局、县商务粮食局、县住建局、岳阳高新技术产业园、县民政局、县文旅广电局、县教体局、县纪委监委、县委组织部、县委宣传部

县委办公室工作

【概况】 2020年，县委办持续提升“三服务”实效，努力克服疫情带来的不利影响，在打造县委坚强前哨、巩固后院的征程中做出新成绩。岳阳县被评为全省全面建成小康社会推进工作优秀县，县委办被评为全市文明创建标兵单位、全省党政机要密码工作先进单位。

【服务落实新步伐】 不断加强党的全面领导，推动中央、省市县各项重大决策部署落地落实。县委办牵头推进深化改革工作，顺利完成县委招待所改革，9大类、89小项的改革事项全面落实到位。严格落实长江流域“十年禁渔”要求，扎实开展禁捕退捕专项督查，协调处理信访纠纷130余起；坚持督查工作跟进决策部署，全年办理市委、县委主要领导批示件12起，市委督查室批转信访件2起，县委常委会交办事项243个。

【服务大局新担当】 坚持观大势、谋大局，确保“三服务”落在实处，做在关键处。抓实疫情防控工作。在疫情防控的关键时期，严格落实带班值班制度，充分发挥楼栋长作用，县委大院未发生一例疫情事故；坚持奋战一线，政研中心、督查室的干部坚守防控指挥部近2个月，深入一线督查超过30次，7篇典型经验材料被省、市疫情防控简报采纳。抓实脱贫攻坚工作。全面压实帮扶责任，扎实推进“50天”清零行动，创新开展“结对心连心、帮扶手拉手”等活动，联点的溪源村84户241人贫困人口全部脱贫。抓实全面小康工作。不断优化指标体系设置，持续提升绩效考核实效。坚持补齐短板，拉伸长板，加强指标完成情况调度，全年全县小康实现程度达99%。

【统筹协调新提升】 沟通好各部门间的关系，不断推进工作。以文辅政出思想。编印《岳阳县工作》12期，撰写各类文稿超过300篇，在市级以上刊物发表文章15篇。规范办文办会。坚决反对形式主义、官僚主义，让基层谋大事、谋实事。县委召开的会议较2019年减少16.7%，县委下发的文件较2019年减少23.7%。信息报送重精度。报送各类信息704条次，其中，20条次信息被市委办《每周汇报》采用。档案工作强管理。全市档案学会现场会在岳阳县召开；召开全县档案工作会议，定期开展档案指导检查工作，全县档案工作再上台阶。党史工作出品牌。《张谷英镇志》入选“中国名镇志”丛书，是全市唯一荣获该殊荣的志书。机要保密上台阶。不断加强软硬件配置，成立通信技术中心，文电管理保持高水准。统筹推进有力度。“零失误”做好接待工作，接待上级领导、客商、媒体等280批次，副部以上领导40人。着力做好外事工作，成功举办岳台青年融合发展论坛。

【自身建设新特点】 坚持学习强素质，管理出效能，县委办自我建设不断取得新成效。全力以赴加强政治建设。配合完成书记、县长的任中经济责任审计工作，得到审计组高度好评；深入推进巡视巡察整改，成立巡视整改工作领导小组，对省委巡视反馈的6个方面11个具体问题、县委巡察反馈的4个方面19个具体问题全部整改到位。全力以赴推进文明创建。坚持文明创建统筹全面，县委机关办公、就餐、住宿环境不断改善。

（任卓嘉）

【文秘工作】 2020年，县委办秘书室围绕县委的中心工作，强化服务责任意识，不断提高政治理论素质和业务水平，积极发挥参谋助手作用，完成各项工作任务。耐心细致做好值班工作。始终按照值班制度的要求，坚守工作岗位，坚持24小时值班，认真做好值班记录，对重要事项和重大情况及时向领导请示汇报。年初的疫情期间，秘书室承担全县总值班的任务，安排专人在总值班室值班值守，电话微信24

小时轮班值守，做到信息上传下达、通知发放“零失误”。对领导交办的工作事项，按照要求认真准确办理，及时反馈办理结果。系统高效做好会务接待活动。始终坚持细致、严密、高效、得体的工作态度，严格按照主要领导和分管领导的安排部署，克服人员少、任务重的困难，认真负责做好每一次会务及接待工作。全年承办会务及活动186次，其中承办国务院副总理到筻口调研、全国工商联副主席到县调研、“9·30”烈士纪念日公祭活动等大型活动10余次。受疫情影响，重要会务以视频的形式开展，县委办秘书室承办24次电视电话会，包括岳阳县决战脱贫攻坚决战全面小康县乡村负责干部大会，县政法工作暨全县信访、禁毒、反恐工作会议，履行基层党建工作责任和落实意识形态责任述职评议会议等大型重要会议。严格管理印章及做好相关档案存档、查阅等工作。秘书室承担着保管“中共岳阳县委”和“中共岳阳县委办公室”印章的工作，严格按照印章管理制度进行使用，经手办理的印章使用工作未出现纰漏。县委办内部档案工作复杂，秘书室负责全办的档案收集、存档等工作，做好档案管理工作，并为阅档人员做好相关服务。

（瞿亚乔）

【党内法规工作】　2020年，县委办公室认真贯彻落实中央和省市党内法规工作要求，切实加强公文审核工作，严把公文政治关、政策关、法律关，确保出台的文件符合党章和党的理论路线方针政策，符合国家法律法规。同时，严格控制发文数量，能不发的文件一律不发，能合并发文的一律合并发文，能以部门或部门联合发文的一律从部门或部门联合发文，全年发文89件、撰写县委常委会议纪要20个，最大限度控制了公文数量。向市委上报备案规范性文件20件。

（兰　伟）

【综调工作】　2020年，县委综调室主抓重点信息，贴近中心工作，完成各类信息报704条次，其中报送正面宣传类信息188条，中办、省办约稿16篇。根据岳阳县的地域特点、工作亮点、社情民意，深入挖掘地域特色，向市委办、省委办公厅推介岳阳县经验、岳阳县做法，如《岳阳县“1+4”全力推进旅游产业高质量发展》《岳阳县输血、减负、救急三措并举，精准助力企业复工复产》等一批优秀经验典型材料。紧急信息方面，严格按照“第一手情况”“第一道研判”“第一时间报送”的工作要求，做好24小时紧急信息值守，及时报送各类紧急敏感信息34条次；加大向市委办报送信息的力度，坚持每周向市委办报送信息2条以上，全年市委办《每周汇报》采用20条次。文稿服务是综合调研工作的重心之一，综调室充分发挥团队优势，优质高效完成领导文稿的撰写。同时，加强与省、市联系，努力争取上级综合调研部门的支持和重视；加强与各乡镇、部门办公室之间的团结协作，多方面搜集素材。完成岳阳县季度工作总结2篇；《岳阳县贯彻落实王一鸥书记在县市区委书记座谈会上的讲话精神》等学习贯彻落实上级会议精神情况汇报材料3篇；《岳阳县整治人居环境推进乡村振兴的调研与思考》《岳阳县强化科技支撑构建“网格化”现代基层社会治理体系》等经验典型材料紧扣县委重大决策部署，及时反映岳阳县各项重点工作进展情况，有力推动县委重大决策部署和重点工作，为县委领导了解全县政治、经济动态和进行决策提供可靠依据。

为进一步提升岳阳县综合调研和信息报送水平，切实提升信息工作科学化水平，确保重要信息及时、准确、规范上报。明确信息员职责。明确信息员是各乡镇、县直各单位报送信息的第一责任人，承担及时、准确、全面报送信息的职责。明确报送内容。进一步明确二大类信息报送内容：包括5项紧急必报信息和4项一般必报信息，确保报送内容准确无偏差。落实信息报送责任。按照“零失误、零差错、零容忍”的要求，对瞒报、漏报或未在规定时间内报送的，视情节轻重给予通报批评、责令检讨、绩效扣分等相应处理，造成严重后果或重大影响的，追究相关责任人责任。疫情防控期间，综调室坚持每天收集、核实、整理、汇总报送疫情有关情况，及时向县委主要领导、市委办、省委办公厅反映全县抗疫情况，做到及时、准确、高效，为上级领导第一时间掌握情况、有效指挥处置赢得了时间、争取了主动。

（任卓嘉）

【督查工作】 2020年，县委督查室围绕全县工作大局和县委、县政府重大决策、重点工作部署，充分发挥职责职能，切实践行“一线”工作法，开拓创新，务实求为，全面完成年度各项督查工作任务，连续3年被评为全省、市党委督查系统先进集体，督查室主任李奇志连续3年被评为全省、市党委督查系统先进个人。

县委常委会议决定事项督查。县委常委会决定事项共计68个议题共243个事项，交办责任单位435次，督查落实231次，确保了阶段性工作能按相关要求落实。

重点工作专项督查。加强新冠肺炎疫情防控工作督查，累计下发督查通报22期，有效防控了疫情扩散；督促20家企业和31家单位限期复工复产，复工率97.5%，到岗率89.8%。督促完善了省、市绩效评估94项短板，现场交办问题清单76件。开展新农合收缴督查，超额完成省、市交办的任务。开展抛荒督查，粮食较2019年增产1500万公斤，保障了全县粮食安全。开展全县河湖堤垸安全度汛专项督查，确保全县人民生命财产安全。开展禁捕退捕专项督查，确保了长江流域洞庭湖水域1500渔民退出捕鱼生活并上岸安居乐业，退捕渔民社会养老保险参保率达100%。开展安全生产联合督查，发现安全生产问题23个，并向县委、县政府提供决策性参考意见。

中央、省、市县主要领导批示交办件办理。督办环境突出问题整改、查处世豪矿业非法开采、铁山库区群众生产生活建议等中央、省、市县主要领导批示交办件20件，办结率和满意率达100%。

（许　奎）

【档案管理工作】 2020年4月，县委办、县政府办联合下发《关于进一步加强和改革档案工作的通知》，从提高政治站位，统一思想认识；推进依法治档，完善体制机制；夯实工作基础，加强阵地建设；发挥档案作用，提升服务能力；坚持统筹推进，强化工作保障五个方面提出具体要求。6月下旬，召开全县档案工作会议。11月，县委办、县人大教科文卫办牵头，档案行政办、县档案馆相关人员参与，组成档案行政执法综合检查组，采取集中检查与单位自查相结合的办法，对32家单位采取听取汇报、查阅资料、现场检查等方式，开展为期2周的集中检查。对有问题的单位提交问题清单，对违反档案法律法规的单位下发限期整改通知，下发问题整改清单7份。12月29—31日，针对各单位档案问题整改工作进行“回头看”，逐一整改销号，进一步规范单位档案工作，提升全县档案管理水平。

（殷智慧）

【财经工作】 2020年6月2日，市委财经委调研组到县调研重大规划编制工作。座谈会上，调研组听取岳阳县“十四五”规划编制工作推进情况汇报，对岳阳县规划编制工作给予了充分肯定，并就“十四五”规划编制思路提出相关意见建议。

11月30日，县委财经委员会第一次会议召开，县委书记、县委财经委主任田文静主持会议，县委副书记、县长肖湘晖，常务副县长吴光文，县委常委、县委办主任易新岳出席，县财政局、县发展和改革局主要负责人列席会议。会议传达学习中央、省委、市委财经委会议精神；审议通过《中共岳阳县委财经委员会工作规则》《中共岳阳县委财经委员会办公室工作细则》《重大经济社会政策协调委员会职责及成员名单》《重大规划协调委员会职责及成员名单》《重大课题咨询委员会职责及成员名单》等文件。

（任冬娇）

【对台工作】 2020年，县对台办注重听取台胞心声，及时了解台胞诉求，先后走访台胞台商台属6批次，受理5起涉台投诉案件，办结率达100%。协同做好全县台胞居住证的申领发放，矢力推动中央“31条”、省“59条”惠台政策措施落实落地，会同相关单位解决3名台胞的就学、创业诉求。县对台办与台湾岳阳同乡会、亚太两岸经贸交流协会等团体保持常态联系，邀请台湾湖南新住民交流协会理事长付妮娜到岳阳县参访，接待台商7批次，配合市台办组织赴台开展行业交流3批次。举办“第二届岳台农业发展合作论坛”“首届岳台两地青年融合发展论坛”等一系列大型涉台活动，参与交流的台湾各界人士300余人。

（李可辉）

政研工作

【概况】 2020年，县委政策研究中心坚持以习近平新时代中国特色社会主义思想为指导，认真落实各项工作部署，敢当敢为、务实求为、合力作为，较好完成全年工作任务，被评为全市政研工作先进单位。

【服务重点工作】 2020年，县委政策研究中心始终把县委关注的重点作为政研工作的要点，把改革发展的难点作为政研工作的焦点，切实做到在大局中思考问题，在服务大局中推动工作。提升格局不停步。常态化推进“不忘初心 牢记使命”主题教育，做到强学强记、常学常新，确保新思想、新理论内化于心、外化于行。引导干部多读一些扩展历史观的书，加强经济社会发展理论的学习，不断丰富自身想问题的角度、看事情、想对策的内涵。服务发展不止步。无论是三大攻坚、城乡发展、扫黑除恶，还是2020年重点推进的进捕退捕工作，都做到及时掌握工作动态，持续研究工作形势，为领导决策提供参考。面对疫情不怯步。自大年初二开始，县委政研中心全体干部放弃休假，加入县疫情防控指挥部，负责简报编辑、领导文稿和对上文稿起草工作。中心干部连续作战45天，累计编校《县疫情防控简报》45期，撰写领导讲话材料8篇；7篇典型经验材料被《市疫情防控简报》采纳，并有多篇材料被推荐到《省疫情防控专报》《湖南快讯》，为夺取疫情防控的战略性胜利贡献了政研力量。

【服务文稿主业】 2020年，县委政策研究中心始终把文稿质量作为政研中心的生命线，切实做到文稿让自己认同、让领导认可、让干部认账。文稿服务出思想。坚持吃透上情、摸清下情、了解外情、写出真情，高质量完成文稿起草工作。全年起草各类文稿近300篇，基本被县委主要领导采纳。宣传推介出精品。全面总结改革发展有效经验，讲好岳阳县故事，累计在市级以上刊物发表文章15篇。其中，农村人居环境整治纪实文章《长歌起时万象新》被《湖南日报》纸媒整版刊发，《凝聚四方合力 融入中心城区》在《县域经济参考》刊发。创新工作举措，扎实办好《岳阳县工作》，全年编辑出版10期。安排1名干部专职负责刊物编校工作，并争取县委领导重视，将《岳阳县工作》纳入绩效考核，极大激发了全县上稿热情，有效提升了刊物质量。调查研究出对策。坚持眼睛向下看，凡事以调研开路，不断提升调研实效。撰写《把握时代新要求 打开工作新局面》等10余篇精品调研报告，为县委决策提供参考。

（邝 杨）

改革工作

【概况】 2020年，县委改革办对全县9大类、89小项的改革事项进行打桩定位，做到改革任务逐条分解、改革责任精准落实。

每月对所有改革事项进度进行监测汇总、督查、通报，全年全部完成 89 项改革工作任务。

【重点改革工作】 2020 年，县委改革办坚持把抓落实作为推进改革的重点，一批有力度、有影响的改革在岳阳县落地生根，有力促进了县域经济社会发展。推进新型农业经营主体培育：全县累计发展农民合作社 489 家，注册资金 14.7 亿元，入社农户 2.1 万户；家庭农场 351 家；种粮 30 亩以上的专业大户 2395 户；养殖规模大户 514 户，农业经营主体呈现出多元化发展态势。全面完成禁捕退捕目标任务：全县共有渔船 2238 艘，东洞庭湖有退捕渔民 1078 户 3888 人，按照省、市部署安排，开展东洞庭湖新墙河禁捕退捕专项整治行动，东洞庭湖、新墙河实现无船、无网、无渔民、无捕捞生产。“最多跑一次”改革方面：38 个进驻单位 1002 项进厅事项已完成梳理确认，其中可网上办理 832 项，网办率 83%；公布“一件事一次办”事项 212 项。建立健全产业链常态化机制：确定生物医药、建筑材料及新材料、智能制造三大主导产业，建立产业链建设调度机制，制定“两图两库两池两报告”及产业发展实施方案，为产业发展摸清了基本思路。三大新兴优势产业链规模以上企业达 68 家，总产值突破 150 亿元，税收突破 3 亿元。全面完成经营类事业单位改革，岳阳县经营类事业单位改革涉改单位 4 家，涉改人数 194 人，涉改单位已全部撤销机构，4 家涉改单位 106 名自筹事业编制保持性质不变，全部实现人员整体划转。健全知识产权保护机制。在各乡镇市场所配备 1 名知识产权专干，在高新园区设立知识产权服务站，构建便民便利的知识产权公共服务体系，全面完成市定指标 150 件专利申请任务。获评全省知识产权保护先进县。完善老旧小区改造机制。2020 年计划的 6 个小区已完成楼栋本体改造。深化土地有偿使用制度改革。加大土地出让力度，网上挂牌共 23 宗，面积合计 1244 亩，成交价 7.587 亿。1—11 月颁发不动产权证书、证明 13529 件，比改革前效率提高 35%以上。深化农村集体产权制度改革。全县 184 个村级集体组织全部完成登记赋码、录入系统、颁发登记证、公章雕刻、银行开户等手续。打造农村人居境治升级版方面。推进农村“空心房”整治。实行垃圾精细化分类与粗分类相结合。加快农村生产废弃物资源化利用。推进农村污水综合治理。推进厕所革命。大力推进美丽乡村示范创建。稳妥推进农村闲置宅基地和闲置住宅盘活利用。组织赴外地学习经验，组织了村级培训，开展了专题督查，联审联批、日常巡视巡查等工作有序推进，张谷英镇张谷英村作为岳阳县典型案例被岳阳市采纳。开展农村宅基地和集体建设用地房地一体确权登记颁证。完成权籍调查 162516 宗，权籍调查率 100%，完成入库 115071 宗，审核登簿 78170 宗，完成应发尽发的 90%登记任务，基本建成不动产登记基础数据库。持续深化农村供销合作社综合改革。分别成立岳阳县供销合作联社社有资产管理有限公司、岳阳县供销惠农服务有限公司，全县 15 个乡镇（街道办事处）建立乡镇惠农服务中心和乡镇农民合作社联合社。创新“守护好一江碧水”的工作机制。2020 年纳入《水污染防治目标责任书》的地表水考核断面水质优良达到或优于Ⅲ类比例较 2018 年提高 11.1 个百分点；全县纳入省级考核断面水质达到或优于Ⅲ类比例较 2018 年提高 8.3 个百分点。教育改革方面。推进学前教育改革，增加公办园学位，全县公办园在园幼儿达到 10153 人，完成公办幼儿园在园幼儿占比为 50.93%。建全教育督导体制机制，选聘县级专职督学 7 人、兼职督学 85 人，报送市级督导评估专家 4 人。年度目标第 1.2 项已完成。推进城市医联体建设。县人民医院同中洲、杨林 2 家卫生院建立医共体，双向转诊患者 195 人次，其中上转患者同比减少 20%、下转患者同比增加 30%。组建胸痛中心、脑卒中中心、肿瘤治疗中心并形成网络，有效提升急性心脑血管疾病、肿瘤等重大疾病的救治。建立健全突发公共卫生事件应急管理机制。成立县突发公共卫生事件应急工作领导小组，建立应急响应联防联控机制，建立政府投入、分级负责的公共卫生经费保障机制，把卫生应急资金纳入县、乡（镇）两级政府的财政预算，成立应对突发公共卫生事件的专项基金。

（汪　骞）

接待工作

【概况】　2020年，岳阳县接待办围绕全县中心工作，充分发挥接待“载体”功能，全年完成接待任务218批次，约3200人，其中接待中央领导5批次、省部级领导26批次，成功实现接待工作“零失误”的目标，为党政机关顺利开展工作、服务县域经济社会发展做出了应有的贡献，确保每次接待任务的圆满完成。

【客商团招商、推介活动】　2020年1月10日，岳阳县举行岳阳高新技术产业园新年座谈会，县接待服务中心接待58家企业代表和多家金融服务机构单位负责人；6月10日，岳阳县举行重大产业项目开工仪式，中外客商、乡友、嘉宾60多人参加活动；7月13日，举办张谷英省级特色文旅小镇建设项目策划方案评审会，迎接湖南省文化和旅游副厅长高扬先一行、评审专家、企业客商等20余人；10月28日，举行首届湖南（岳阳）口岸经贸博览会岳阳县招商推介专场会，接待多家经贸代表团、商会、企业代表等；12月9日，举办“海外侨胞故乡行——走进湖南（岳阳县）”活动，迎接华人侨胞110余人。

【重要领导接待】　2020年，县接待服务中心接待中央领导5批次，省部级领导26批次。1月16日，接待省司法厅纪检监察组组长胡知荣一行；3月31日，接待省水利厅水旱防御处处长刘志强一行；4月28日，接待省档案馆馆长向明标一行；4月29日，接待省库区移民事务中心调研组一行；5月12日，接待省人大农业委主任刘宗林一行；5月19日—6月18日，接待省组织部脱贫攻坚考察组一行；5月26日—8月30日，接待省党政主要领导经济责任与自然资源资产审计组一行；6月8日，接待国家长江办调研组一行；6月23日，接待湖南省副省长吴桂英一行；6月24日，接待省信访局党组副书记、副局长王梦辉一行；7月2日，接待省政府副秘书长、省整治办主任肖迪明一行；7月3日，接待省人大财经委主任委员张亦贤一行；7月13日，接待应急管理部调研组一行；9月1日，接待省人大常委会副主任、省总工会主席周农一行；9月16日，接待农业农村部渔业渔政管理局副局长韩旭一行；9月21日，接待民建中央副主席吴晓青一行；10月21日，接待中央纪委国家监委第四调查组黄德安一行；11月12日，接待省人大常委会秘书长胡伯俊一行；12月9日，接待省工业和信息化厅副厅长黄宝林一行。

（唐　荔）

保密工作

【概况】　2020年，岳阳县保密工作认真贯彻落实省市保密工作会议精神，紧紧围绕服务县域经济、维护社会发展大局开展工作，在争取领导重视，加强宣传教育，创新管理方式，切实履行职责等方面作出了一定努力，形成了领导重视，各部门齐抓共管的工作格局，全面提升了保密工作水平。

【成立专用通信工作机构】　2020年11月10日，县委机构编制委员会同意设立岳阳县党政专用通信技术中心，为县委办公室所属正股级公益一类事业单位，核定全额拨款事业编制2名。在省市专用通信局的领导和指导下，专用通信在2020年疫情防控总体战中发挥了不可替代的作用。2020年，为全县党委部门和其他部门的视频会议提供技术保障80多次。同时，服务县委主要领导的县市区远程幻真会议系统建设和保障工作都做到了及时安全畅通无事故。

【开展“保密法治宣传月”活动】 2020年，根据《关于开展“保密法治宣传月”活动的通知》，县委保密办按照《通知》活动内容要求，结合岳阳县实际情况，开展一系列保密宣传教育活动。

将保密教育纳入县委党校教学内容。县委党校将保密知识教育列入中青班和各类培训班必讲课程，每期主题培训班都开设保密课程，对学员进行保密教育。将保密教育纳入县委学习中心组集体（扩大）学习内容，并在学习活动中播放保密教育警示片。县委保密办利用外网短信平台，多次向全县各乡镇（办事处）县直及驻县各单位的保密工作分管领导、办公室主任、保密员群发保密法治宣传短信。将保密法律法规纳入国家工作人员学法考法公共选修必修科目。结合2020年度全省国家工作人员学法考法工作，县委法治办将保密法律法规纳入国家工作人员学法考法公共选修必修科目。

【规范收发文保密纪律】 2020年3月25日，县委保密委员会向全县各公文系统用户单位下发《关于规范公文传输系统收发文工作的通知》文件，要求各单位严格落实保密工作主体责任制，严把发文保密关。机关单位发送的文件资料，经单位主要负责人或分管保密工作领导审批同意后，由保密员传发；进一步强调了网络保密要求，严禁使用公文系统传输密级文件和有关国家秘密内容的信息。同时，要求各单位为保证公文的时效性，工作日八小时内，公文传输系统必须处于开启和接收状态，以保证文电的及时查收处理。

【试卷保密监督】 2000年至2020年连续21年，县国家保密局参与高考学考的试卷保密工作，从保密方案的制订到实施都全程参与，并且在整个实施中履行监督检查职责。2020年7月“两考”期间，县委保密委专职副主任黄金印带领保密办人员对县招考办考区保密室、考点考务办、临时保密室进行考前、考中保密检查并对县教体局（县招考办）下发《关于2020年“两考”保密工作存在问题的整改建议》和《关于高考试卷保密工作存在问题的情况通报》2个文件，提出整改建议3条，确保“两考”试卷保密工作的万无一失。

（冯岳斌　朱志雄）

绩效考评

【概况】 2020年，县绩效考评事务中心扎实有效开展全县绩效评估和决胜全面小康工作，将绩效考核与决胜全面小康相融合，优化绩效考核方案，改进评估方式，强化结果运用，圆满完成全年目标任务。

【优化绩效考核方案】 2020年，县绩效考评事务中心经多方征求意见，通过县政府常务会、县委常委会研究决定，对绩效考核方案进行了进一步修改。在2019年工作方案的基础上精减了征地拆迁和税收完成2个加分项，大幅度降低加减分分值，由原来的一项加减10分，降低至加减1分，有的甚至是零点几分，缩小了单位分值差距，增加了可比性，进一步提高了争先创优的工作积极性，营造了良好的工作氛围。

【开展实地绩效评估】 按照《2020年岳阳县全面建成小康社会综合绩效评估实施方案》文件要求，坚持日常考核和年终考核相结合，6月下旬至7月上旬，县绩效考评事务中心牵头组织对全县15个乡镇（办事处）、94个县直单位（含25个驻县部门）对争取国家重点投入等20项重点工作指标进行了上半年绩效考评，对存在的问题与不足认真梳理，并在全县的半年度工作讲评会上进行通报，有效推进各项工作的落实。1月4—8日，开展年度绩效评估实地验收。

【推进全面小康工作】 2020年，县委、县政府坚持以决胜全面小康为抓手，统揽经济社会发展，全县上下围绕争创“全面小康推进工作优秀县”的目标任务，狠抓工作落实，有力推进全面小康工作。根据省小康办下发的新的指标体系和考评办法，及时分解工作任务，压实工作责任，加强对责任单位的业务指导，紧密跟踪小康指标监测情况，及时进行预警督促。9月16—18日，县小康办联合县统计局对各短板指标责任单位工作推进情况进行专项督查，现场反馈意见，并向各单位递交书记亲笔签名的交办函，全面建成小康社会工作顺利开展。至年底，根据市统计监测数据，36个二级指标中大部分指标实现程度均达到100%，个别短板指标实现程度也有大幅度提升。

（蒋 伟）

党史地方志工作

【概况】 2020年，岳阳县委党史研究室全面贯彻落实《全国地方志事业发展规划纲要（2015—2020年）》和党史工作“一突出，两跟进”的总要求，克服疫情带来的不利影响，明确目标，主动谋划，强化责任，求实创新，各项工作有力、有序、有效推进，完成《岳阳县年鉴（2020）》《张谷英镇志》《岳阳县委工作大事记（2020）》的编纂工作，推进《红色家谱——岳阳县革命斗争史（1921—1949）》编修工作，启动《中国共产党岳阳县历史简明读本》编纂工作，出版《古今巴陵》6期，党史和地方志工作取得新进展。

【志鉴编修工作】 《岳阳县年鉴（2020）》编纂工作。2019年12月，《岳阳县年鉴（2020）》启动编纂工作。3月底，各供稿单位完成基础资料报送。9月底，该书由团结出版社出版发行。全书580千字，包括特载、巴陵论坛、大事记、人物等27个类目，为社会各界全面了解岳阳县、研究岳阳县提供了丰富的地情资料。《红色家谱——岳阳县革命斗争史（1921—1949）》编纂工作。2019年春节期间，编纂人员严格按照修改意见对该书进行了调整，完成了初稿修改。10月底，书稿交出版社进行终审。《张谷英镇志》出版发行。2019年2月，编纂人员克服疫情期间物流停运的困难，通过与方志出版社的编辑微信沟通，完成全书33.3万字的稿件和图片修改工作。4月，《张谷英镇志》正式列入中国名镇志文化工程，进入出版流程。11月，完成最后终审。12月15日，中国名镇志丛书《张谷英镇志》在第五届全国名镇论坛暨第四届全国名村论坛首发，县委党史研究室作编纂经验交流，获得与会专家的高度评价。这是迄今为止全市唯一入选“中国名镇志”系统丛书出版计划的志书。《古今巴陵》完成6期的编纂。年初，县委党史研究室决定从2020年起，每逢双月出刊。年底，《古今巴陵》完成6期（约35万字）的编纂出版工作。刊物紧跟时政，如充分挖掘医务工作人员的抗疫先进事迹，展示党史人的责任担当。《岳阳县委工作大事记（2020）》编纂工作。12月底，完成全年资料的收集工作。

【启动《中国共产党岳阳县历史简明读本》编纂】 为更好地宣传1921—2021年中国共产党岳阳县的百年历史，县委党史研究室决定启动中国共产党岳阳县历史简明读本的编纂工作。该书计划2021年6月出版，作为庆祝中国共产党诞生100周年的献礼，同时，作为党员干部的培训教材进党校，作为中小学生爱党爱国爱家乡的读本进校园。

【开展毛致用党史资料征集工作】 为抓好存史、资政、育人工作，报请县委主要领导同意，决定成立征集“回忆和纪念毛致用同志”党史资料组织机构和编纂委员会，办公室设中共岳阳县委党史研究室，征集回忆中国人民政治协商会议第九届全国委员会副主席毛致用的党史资料、文献资料和口述史资料。

【开讲“党史文化讲坛”】 2020年，县委党史研究室先后派出2

人组成党史文化宣讲组，在全县35个贫困村开设党史专题讲座，主要讲述岳阳县地方党史上的重要人物在湘鄂赣地区参加党的革命活动的生动事迹，深刻缅怀他们为岳阳县的解放事业做出的历史贡献，旨在提升基层党员党性修养，加强基层党组织建设，为精准扶贫补足“精神之钙”。1人为“县委宣讲团”成员，集中宣讲20场次，将中共岳阳县历史融入“党史、新中国史”宣讲中，在全县产生良好的反响。

（费淑荷）

档案工作

【概况】 2020年，县档案馆在县委办公室的坚强领导下，聚焦主责主业，围绕档案管理、服务发展大局，坚持工作高标准、干事严要求，认真履行工作职责，各项工作进展圆满完成。

【档案管理】 2020年，县档案馆健全完善学习、考勤、卫生、安全、值班、保密等制度，加强内部管理，规范工作行为，提高办事效率，促进干部职工思想作风建设。落实值班值日制度，值班人员24小时负责不间断。落实档案馆大楼安全工作制度，增强安全意识，严格安全用电、用水、用锁。库房管理实行双人出入库制度，规范查档接待，制订档案查阅利用制度，建立了工作台账。明确档案查阅利用接待是库房钥匙唯一管理者，不转手，不外传，档案查阅利用工作井然有序。组织开展消防培训，邀请岳阳市驻站消防教官现场演示灭火器等消防设施的安全操作方法，提高了消防安全意识，提升了应急处置能力。

【档案业务建设】 2020年，县档案馆推进档案业务建设，认真贯彻落实湘档发〔2020〕4号、5号文件精神，根据《档案工作规范化建设评价规范》，切实把自查自评工作作为推动业务建设的重要抓手，着力补短板、强弱项、促提升。强化工作实践能力，为提高业务水平、工作能力，从档案的分门别类、编页码、编目录、拆钉子、目录数据化、装卷装盒等基础工作入手，实践操作整理档案。加强非遗档案保护，在县文化馆调研非遗档案管理情况，探讨全县非遗档案保护与传承新思路。迎接省馆领导检查、调研工作两次，迎接市馆领导检查工作两次，承办岳阳市档案学会常务理事（扩大）会议。做好到期档案依法移交，严格按照《岳阳县档案接收的标准和要求》，接收县委办、县委组织部、县巡察办、县统计局、县文旅广电局等单位5000多卷档案；按湘农联〔2015〕251号文件要求，全县30万卷土地确权档案移交进馆；采购验收了高质量的档案专用设备（包括密集架、消毒柜、电脑等），确保确权档案按时移交；接收全县13家国有企业退休档案1700份，并按要求进行信息化整理。

【档案服务】 2020年，县档案馆严格执行《档案查阅利用制度》，提档升级查档利用环境，增添便民服务措施，为广大干部职工群众提供最原始最可靠的证明资料，在维护群众政策落实、社会保障、工作参考、编史修志、民生服务等方面起到积极作用。全面倒架清理二楼库房档案资料，并科学分类，排列有序，进行电子目录录入；开展年久档案抢救与保护工作，裱糊修复破旧档案2000卷。完成高规格的档案工作会议，完成县档案学会换届选举，按章程选举出新一任名誉理事长、理事长、监事长和秘书长，重新做好会员的登记工作；配合开展为期两周的档案行政执法检查工作。

【档案宣传】 2020年，县档案馆坚持以宣传促学习、以指导促落实、以督查促整改，严格贯彻档案工作法规法令。利用档案员培训班机会，邀请档案专家讲授档案法律法规宣传课，课程采取以案说法的形式，对全县档案工作人员进行一次档案普法教育。围绕“6·9”国际档案日，在东方盛世商业广场开展“档案见证小康路、聚焦扶贫决胜期”宣传活动，发放《档案法律法规选编》等资料，设立了咨询台解答查阅利用档案的相关问题；组织单位档案员佩带档案行业徽章，学习档案法律法规文件，部分单位利用电子屏流动播放档案法规，进一步推进档案学法普法工作。

【档案信息化建设】 2020年，县档案馆加强档案数字化建设，档案馆全宗内所有进馆档案的案卷目录、文件级目录都按要求必须形成目录数据库；所有电子档案都应当通过符合安全管理要求的存储介质移交；移交单位应当按照《岳阳县档案接收标准与要求》，对档案规范化整理和数字化扫描后，向县档案馆提交移交进馆申请。各乡镇各部门积极创造条件，将档案信息化工作纳入档案工作重点。全年接收单位档案数字化目录1万条，扫描10万页。

（张爽云）

组织工作

【概况】 2020年，岳阳县委组织部坚持以习近平新时代中国特色社会主义思想为指导，全面贯彻中共十九大和十九届二中、三中、四中、五中全会精神，深入贯彻新时代党的建设总要求和新时代党的组织路线，认真落实中央、省委、市委关于组织工作的决策部署和县委关于组织工作的要求，坚持以党的政治建设为统领，抓重点带全局、抓基层夯基础、抓制度促长效、抓创新提质量、抓素质强自身，高标准高质量推进党的建设和党员干部、人才队伍建设，为打赢疫情防控人民战争、总体战、狙击战，决战脱贫攻坚、决胜全面小康，建设富饶美丽幸福岳阳县提供坚强组织保证。

【全力打好防疫防汛保卫战】 2020年，县委组织部深入开展“党旗飘扬、党徽闪亮”行动，助力防疫防汛。在疫情防控中，县委组织部动员党员1.3万名，发动党组织653个，建立临时党支部63个，建立党员责任区656个，设立党员示范岗1653个，成立党员突击队235个，组建党员宣讲队165个，疫情防控取得重大战果。引导鼓励党员支持疫情防控自愿捐款，31555名党员捐款金额328万元，党员捐款率达100%；选派驻企防疫联络员（组）267人，助力企业复工复产，复工复产率达100%。在防汛抗灾中，建立“领导在一线指挥、干部在一线抗灾、党员在一线处险、部门在一线服务”工作机制，全县234个党组织，38名县级领导，8200多名党员干部参与防汛抗灾工作，成立临时党支部69个，组建党员突击队121个、党员先锋队217个，设立党员示范岗315、党员责任区252个，筑牢了人民群众生命财产安全防线。

【实现“一门式”服务全覆盖】 2020年，县委组织部坚持从人民群众需求出发，着力打通联系群众、服务群众的“最后一公里”。全县15个乡镇（办事处）、193个村（社区）全面建成乡镇便民服务中心和村（居）民服务中心。选拔193名35岁以下、大

7月28日，湖南省妇联主席姜欣（中）在新墙堤垸慰问防汛工作人员

专文化以上、懂电脑的优秀村（社区）一门式村级代办员。每村增加运转经费1万元，统一标准、统一设计、统一制作一门式服务宣传窗、标识牌。与巴陵农商行建立三方合作，由巴陵农商行统一采购高拍仪、视频、打印机配送到村（社区）。智慧党建平台、手机APP端、智能自助服务端、村视频会议系统全面贯通，116项服务事项全部被录入省一体化平台，在全市率先实现“就近办、随时办、掌上办”。

【党建引领示范创建工作】 2020年，县委组织部结合“三表率一模范”机关创建工作，开展“亮身份、强引领、出实效”示范创建活动，各乡镇选择1个村（社区）党组织，县直各单位选择1个党（总）支部、两新工委选择3个党支部，列为2020年党建示范点，其中县检察院被确定为全省基层党建工作示范点，获评全国先进基层检察院。实施两新党建标杆计划，重点构建“1+3+20”工作格局，各级建立党建联系点123个，培育丹枫家园、民康医药等一批高端样板点，在全市获得好评。

【选人用人】 2020年，县委组织部坚持重担当、重实干、重基层，大力选拔敢于负责、勇于担当、善于作为、实绩突出的干部。根据《中共湖南省委关于全面加强基层建设的若干意见》等文件精神，结合2019年岳阳县制定的《岳阳县拓展基层干部晋升通道实施细则》，坚持落实基层干部晋升渠道具体措施，重点提拔使用一批在疫情防控、三大攻坚战等重大任务中真抓实干、实绩突出的干部。2020年，县委集中研究调整8批干部，共计224人。其中，提拔重用44人，交流32人，免职8人，职级晋升119人，挂任2人，挂牌机构主职明确18人，军转安置1人。

【配合完成省脱贫攻坚干部考察工作】 根据省委和省委组织部安排，县委组织部配合省委脱贫攻坚干部考察组第19组于5月19日—6月18日，通过查阅资料、“四不两直”深入一线考察了解、个别访谈听取意见，聚焦政治素质、工作业绩、担当作为、为民情怀四个方面的重要内容，深入岳阳县15个乡镇（街道）、46个贫困村、部分重点帮扶村实地走访，与398名镇村干部、驻村第一书记进行开放式个别访谈，现场察看脱贫攻坚项目建设和产业发展，经进一步深入考察了解，综合分析研判，反复比选择优，初步识别发现了一批优秀干部，为广大干部带去了省委和省委组织部的关心关爱之情。

【政治建设考察】 2020年，岳阳县制定《关于做好2020年县管领导班子和领导干部政治建设考察暨年度考核工作的通知》，坚持全面对标中央、省委和市委有关深化政治建设考察和完善干部考核评价机制的要求，以领导班子和领导干部树牢“四个意识”，坚定“四个自信”，做到“两个维护”，落实管党治党责任，坚决贯彻执行中央、省委、市委和县委决策部署等方面的情况为主要内容，重点突出对领导班子把握政治方向、加强政治领导、夯实政治根基、涵养政治生态、防范政治风险、永葆政治本色、提高政治能力七个方面的情况进行考察；对领导班子成员铸牢政治忠诚、保持政治定力、强化政治担当、提升政治能力、严格政治自律五个方面的情况进行考察。

【开展职务与职级并行工作】 2020年，县委组织部结合《湖南省公务员职务与职级并行制度实施方案》和省、市相关答复意见，在充分考虑各层级占比、各年龄段分布、个人晋升频次以及临近退休人员情况等具体因素基础上，岳阳县制定《岳阳县职务与职级并行制度首次晋升实施方案》，通过预留职数，择优晋升，向乡镇（街道）倾斜等原则，进一步激励干部主动干事创业、担当作为。全县晋升三级调研员25人，晋升四级调研员11人，晋升一级主任科员81人，二级主任科员1人，三级主任科员85人，四级主任科员3人。

【驻村帮扶工作】 2020年，岳

12月9日，岳阳县委常委、组织部部长姜其胜（右二）在新墙镇清水村走访慰问贫困户

阳县选派364名干部组成153个驻村工作队，在全县46个贫困村、107个扶贫任务较重的非贫困村脱产帮扶。大力宣传推介彭庆文驻村事迹，先后获评“百名最美扶贫人物”“湖南好人”“省市县优秀共产党员”“2020年度法治人物”等称号。全力推动消费扶贫。积极筹备参加岳阳市第二届驻村帮扶成果展暨消费扶贫网购节活动，联合相关部门组织17家扶贫企业入馆参展，设立“贫困户农副产品专区”，安排第一书记代销扶贫产品，受到市委组织部的高度肯定，在全市通报表扬。

（胡朋　毛宇）

机构编制工作

【概况】　2020年，县委编办认真贯彻落实《中国共产党机构编制工作条例》，坚持党管机构编制，坚持优化协同高效，稳步推进各项机构改革，紧紧围绕全县发展大局，大力开展机构编制资源创新挖潜，完善机构设置，优化职能配置，提高效率效能，为县域经济高质量发展提供有力制度和组织保障，被县委、县政府评为2020年度综合绩效考评优胜单位。

【乡镇机构改革】　2020年，县委编办在乡镇机构改革方面深入开展“三项调研”。事前摸底，深入全县各乡镇广泛征集意见，经充分讨论后将其中合理建议纳入改革草案，按程序报审；事中指导，组织开展调研座谈，因地制宜指导吃透改革精神，针对代表性、典型性问题出台统一实施意见；事后督查，实地查看各乡镇改革落实情况，及时反馈问题，明确整改时限。适时出台“三份文件”。3月，印发《岳阳县深化乡镇机构改革方案》，并制定各乡镇“三定”文件，明确改革任务和方向；5月，印发《关于加快推进乡镇机构改革的通知》，就厘清机构职能、规范编制管理、科学配备人员等方面提出具体要求和实施意见；6月，印发《关于对乡镇机构改革“三定”规定执行情况开展督查评估验收的通知》，牵头组成联合督查组下至各乡镇明察暗访，以全面掌握机构改革进展情况。严格执行“三个统一”。统一机构名称，严格规范乡镇内设机构、所属事业单位、综合行政执法机构名称，要求内设机构加挂牌子不得超过5个；统一公章备案，新设机构公章统一报政务中心制作并报编办备案，已撤销的原有站所机构公章统一收存并集中销毁；统一法人登记，新设机构在规定时间内统一到编办登记管理室办理法人登记，实时完成机构编制实名制系统数据动态更新。

【综合行政执法改革】　2020年，县委编办组织涉改部门召开座谈会，摸清改革意愿和重点难点，摸清当前现状和主要矛盾，摸清职能职责和人员编制，摸清运行机制和突出问题。积极动作，落实改革方案。印发五大领域（交通、市场、文化、农业、城管）综合行政执法改革实施方案，综合行政执法机构与局机关统一实行“局队合一”体制，乡镇除市场监管领域外统一设置一支综合性执法队伍，市场监管领域设置统一的市场监管所承担一线执法工作。全面梳理，组建执法队伍。逐一核实涉改单位机构性质、隶属部门、机构级别、编制形式、编制数和实有人数等基础情况，全面梳理全县涉及五大领域综合行政执法改革队伍的人员编制、执法事项、执法办案数量、执法岗位人员等基础数据，完成五大领域综合执法队伍组建，人员转隶工作稳妥有序推进。

【生产经营类事业单位改革】2020年，岳阳县有6家生产经营类事业单位在省备案需进行改革，其中，岳阳县农村电视网络中心于2017年12月撤销，岳阳县城市建设投资管理中心于2019年12月转企改制；其余4家，岳阳县委招待所、岳阳县建设规划勘测设计院、岳阳县水利水电勘测设计院和岳阳县有线数字电视网络中心，于2020年9月全部撤销，转隶涉及在编人员99人，均全部改革到位。

【创新挖潜编制资源】 2020年，市委编办建立事业单位“人才编制池”。在全县县直事业单位编制总量内，调剂60名事业编制建立人才编制管理专户，专项用于县直事业单位引进符合条件的急需紧缺人才，出台《关于县直事业单位人才编制专户管理的意见》，对“人才编制池”的使用、管理、调整作出明确规定，根据用人单位需求，开通引才“绿色通道”。试行行政编制周转使用办法。将22名节余乡镇行政编制作为全县周转基数，建立“集中管理、动态调整、周转使用”制度，用于县直重点领域工作力量保障及紧缺急需专业人才引进保障，周转编制根据职能与人员变化进行动态调整，期满收回。优先保障民生发展用编需求。编制使用重点向民生领域倾斜，优先保障乡镇机关、学校、公立医院引进人才的用编需求。全年拟定全县用编计划计591名。其中，公务员招录计划55名，教育系统学校招聘计划272名，卫生系统招聘计划67名，其他事业单位招聘计划132名，人才引进计划25名，政策性安置用编计划40名。

【服务教育均衡发展】 2020年，县编办在严控总量方面，统筹配备教师编制。坚持实行城乡统一的中小学教职工编制配备标准，在确保编制数不突破核定总数的前提下，根据学校生源变化，人员进出，及时进行动态调整，做到缺编即补；对有空编且有合理用人需求的中小学，足额安排用编进人计划，做到有编就补。盘活存量，统筹优化人员结构。对辞职、调出的教职工，督促及时销编；对混岗、借用的教职工，督促限期返岗；对请病产假的教职工，核实情况，规范请假期限；对于专业技术教师紧缺而又满编单位，采用带编设岗招考方式。用好增量，统筹资源重点倾斜。新增师资力量重点向农村边远乡镇学校，尤其是学生规模较

岳阳县委编办主任谢雨星在全县组工干部培训会上组织学习《中国共产党机构编制工作条例》

小的村小、教学点倾斜，确保基本开齐开足国家规定课程；大力支持公办普惠幼儿园建设，对通过改扩建、新建已具备开园招生条件的公办中心幼儿园，依据办园规模采用内部挖潜的办法调整下达编制，对在建幼儿园，建成一所，编制核定一所。

【事业单位登记管理】 2020年，县委编办主动联系各单位人事干部开展业务在线答疑，认真梳理出新组建、变更和撤销机构名单，预约指导完成登记工作。“线上”登记。事业单位年度报告全部“线上”办理，网站后台审核，实现“一次不跑”；事业单位登记全部网上提交资料，线下交齐规定报送的纸质材料，实现“最多跑一次”。全程监管。开展登记前，对申请单位资格先进行初步预审，重点核查其登记信息的真实性和合法性，采用“双随机一公开”方式，全年不定期开展《事业单位登记管理暂行条例》及其实施细则落实情况监督检查。

【机构编制监督检查】 2020年5月，县委编办召开开展超审批权限设置机构等问题自查自纠工作专题部署会，9月下发机构编制核查方案，10月传达县委编委关于在全县开展机构编制现场核查工作的会议精神。全面细致核查。9月下旬至10月，全县各行政事业单位开展为期1个月的自查，10月下旬至11月，县委编办牵头，组成3个联合检查组，深入各单位进行现场调研，全方位开展督查。分类进行整改。针对全县主要存在的机构编制管理方面问题，县委编办依据相关政策法规向县委提出分类整改建议。

【机构编制工作调研】 2020年，根据省委、市委编办关于加强机构编制调研信息工作的意见，县委编办研究制定调研信息制度，量化到岗，责任到人，制定措施，挂钩评先，强化激励引导，确保信息报送的数量和质量。向上级编办报送机构编制调研信息文章15篇，其中被中央机构编制网采用3篇、省机构编制网采用2篇、市机构编制网采用2篇(各级未重复计算)。调研信息工作在全市各县（市、区）委编办中名列第一。

（李永华）

党校工作

【概况】 2020年，县委党校坚持以习近平新时代中国特色社会主义思想为指引，认真贯彻落实全国、省、市党校工作会议精神，坚持“政治立校、从严治校、创新兴校”的办学理念，充分发挥岳阳县党员干部教育培训主渠道、主阵地作用，已具备200人的办学规模，办学综合水平显著提升。

【干部培训】 2020年，县委党校全面贯彻、认真落实岳阳县《2020年干部教育培训计划》要求，规范办班程序，严肃办班纪律。全年举办培训班25期，培训学员5623人次。其中计划内办班8期，举办中青年干部培训班和科级干部进修班2期主体班，新发展党员培训班2期，入党积极分子培训班4期。进一步规范部门办班管理，全年部门办班17期，培训3853人次，形成村（社区）干部培训班、党建业务培训班、事业单位人员培训班和公安辅警培训班等专题特色部门培训班次。

为了增强干部教育针对性和有效性，县委党校不断创新培训形式，开展现场体验教学，组织学员到县检察院廉政教育基地、县抗战纪念馆、新农村建设示范点、农村环境整治示范村等参观学习；开展互动教学，开设学员课前分享，交流心得体会；开展研讨教学，将学员分组围绕主题，深入机关、乡镇、企业进行调研，形成高质量的调研报告。通过丰富多彩、形式多样的培训，深化学员对理论的理解，加深了对县情县策的认识。

【教学科研咨政】 2020年，县委党校积极打造名师、名课，备课质量、授课水平、社会评价全面提升。着力课题生成，把好

“质量立校”关键一招。全年在26个培训班上授课88堂次，生成新课题45个。把关教学内容，坚持做到“重大节点有声音、重大问题亮观点、重大时段搭平台”，全面开设理论教育、党性教育、能力教育专题，凸显“党校姓党”的政治标识，彰显“党校教育”政治本色。

县委党校以深入推进“县域经济发展课题研究”工程为契机，着力拔高科研课题研究档次。发挥系统优势，全力攻关省级课题《新时代传播中国抗战文化的模式研究——新墙河抗战精神的传承与发展》，经过科学论证、广泛调查、集体研究，已成功结项；发挥平台作用，积极争取市委党校重视关心，《精准扶贫在巴陵——岳阳县决战脱贫攻坚的成效、做法和建议》《守护好一江碧水——岳阳县的调查研究》《生态观光农业发展现状及技术措施探究》3个市级课题完成立、结项；发挥实践功能，立足县委、县政府工作部署深入调查研究，《提质生态休闲农业助推文旅融合发展》《岳阳县文化惠民工作调查研究》2个县级课题得到县领导认可。撰写理论文章、调研报告和经验材料共36篇，通过理论研讨会、学报、专刊、网站、简报、建言等多种途径获奖24篇，研究角度、立意层次、运用领域进行了全方位创新。

“咨政”功能凸显，与县委政策研究中心、县政府经济研究中心联合创办县委机关刊物《岳阳县工作》，全年刊发各类文章7篇。“打造新墙河旅游观光带”“提炼岳阳县精神”等4篇咨政建言写入岳阳县“十四五”规划；《强基础、树品牌，大力发展红色研学旅游》《擦亮“孝廉家风”民俗文化名片》2篇咨政建言荣获政协岳阳县第十三届委员会第五次全会“十大优质建言”；全年以新墙河抗战文化特色重点课题研究为契机，形成了3篇高质量调查报告，为县委、县政府科学决策提供学理支撑。

【校园建设】 2020年，县委党校创建全省综合性示范县级党校、岳阳市市级文明单位创建，大力加强校园硬件建设和校园文化建设。按照“打造党性熔炉，建设红色校园”的建设要求，开展党建阵地标准化建设，办公楼一楼、二楼打造党性教育专栏，校园建成“不忘初心、牢记使命”主题文化宣传栏，建成规范的支部党员学习讨论室。投资32万元对培训楼厕所、厨房餐厅和部分围墙等基础设施进行维修改造，改善培训条件，增强培训效果。

【服务中心工作】 2020年，县委党校契合岳阳县精准扶贫、乡村振兴、文明创建、党建工作等重点工作，组织6批次党校科研人员深入农村、企业、社区开展各类专题调研活动，宣传县委重大战略和县政府重点工作，解疑释惑，凝心聚识，先后开展4场专题调研活动。承担县委理论宣讲团的主力军角色，选派8名骨干教师承担参“县委理论宣讲团”集中宣讲任务，全方位深入各乡镇、村（居）委会和县直部门，认真宣传十九届四中、五中全会精神，参与全县“扬清风正

岳阳县2020年科级干部进修班开班式

气·传孝廉家风”廉政教育活动，先后赴张谷英镇开设专题讲座90多堂次，社会反响很好，展现了党校理论宣传的“喉舌”形象。

充分利用党校基础设施条件，优质服务全县重要会务及大型活动。全年党校报告厅承办岳阳县各类型会议160余次，担负起全县绝大部分重要会务的工作量，会务工作获得举办方和与会人员的一致好评。

（汤建新）

宣传思想工作

【概况】 2020年，中共岳阳县委宣传部围绕疫情防控，聚焦决胜全面建成小康社会、决战脱贫攻坚，认真做好宣传思想各项工作，为建设富饶美丽幸福岳阳县提供了思想保证、舆论支持、精神动力和文化支撑。

【意识形态】 2020年，县委宣传部认真抓好意识形态工作，率全市之先，成立由县委书记任组长的县委宣传思想工作暨意识形态工作领导小组，明确17个成员单位的工作职责。推动意识形态工作责任制落实落地，提请县委常委会召开2次专题会，组织召开1次联席会，定期分析研判和安排部署意识形态工作。积极配合县委巡察工作，对26个单位落实意识形态工作责任制进行了检查。组织现场述职，开展专项督查，抓好问题整改，推动“三个纳入”“四个一同”落到实处。深入推进“扫黄打非”进基层，实现基层站点全覆盖，申报创建省级示范点1个，市级示范点2个。

【理论宣讲】 2020年，县委宣传部坚持把深入学习习近平新时代中国特色社会主义思想、习近平在湖南考察时的重要讲话精神和中共十九届五中全会精神作为重中之重，明确专题学习重点内容进行周密部署，组织县委理论学习中心组学习12次，开展《习近平谈治国理政（第三卷）》学习使用工作。同时，深化“学习强国”平台使用，全县日参与度、日人均积分和上稿数大幅度提升，“学习强国”使用工作位居全市前列，县委宣传部获评全市唯一的省“学习强国”推广使用先进单位。开展理论宣讲工作，线上利用岳阳县新闻网、“微巴陵”微信公众号、手机报等媒体平台，开辟理论专题专栏。线下充分发挥县委理论宣讲团作用，深入机关、企业、学校、社区、乡村，面对面宣讲，零距离交流。同时，利用“村村响”平台，播放音频文件，让党的理论入耳入心。举办“千名书记讲党课”活动，全县各级党组织书记身体力行、带头上课，完成党课近200场。开展微宣讲活动，完成全国“两会”精神、“战疫密码：中国之治”等主题宣讲1000多场。

【新闻宣传】 2020年，县委宣传部认真把握决战决胜重大主题，紧扣“十三五”规划收官，统筹资源和力量，丰富宣传手段，精心策划各种宣传活动。组织县内媒体开辟“决胜脱贫攻坚”“守护好一江碧水”“我心向党”等各类专题专栏82个，采发新闻稿件7600多条，达到凝聚力量、振奋精神的效果。充分利用《岳阳日报》岳阳县专版，集中报道各单位工作的生动实践，刊发《岳阳日报》头版头条5条，专版22期。主动与上级媒体对接，在市级以上主流媒体发稿835条、中央级媒体24条、省级媒体20条，其中《基层减负年，岳阳县在行动》被中央一台《焦点访谈》栏目、《人民日报》推介。大力宣传“全省百名最美扶贫人物”彭庆文。开展抗疫宣传，第一时间组建工作专班，迅速入驻县应急指挥部，开展新闻宣传、舆论引导工作，唱响战“疫”最强音，展示了宣传思想干部的责任担当。县融媒体中心建设通过省级测评验收，新湖南岳阳县频道活力指数跃居全省前10强，“微巴陵”微信公众号跻身全省县级政务微信排行榜前8位。

【精神文明】 2020年，县委宣传部坚持以社会主义核心价值观为引领，以全国文明城市创建为龙头，不断深化各项文明创建，弘扬文明新风。深入实施路长负责制，县级领导身体力行、带头示范，当好“路长”，组织牵头单位和职能部门深入责任路段开展巡查，解决了一批“老大难”问题，进一步巩固了创建成果，岳阳县连续3次获全国文明城市提名城市称号。推进文明系列单位创建，成功创建国家级文明单位2个（县税务局、三一一大队），新申报创建省级系列文明单位2个（县教体局、县水利局）、市级系列文明单位21个、县级系列文明单位31个。全面贯彻落实《新时代公民道德建设实施纲要》《新时代爱国主义教育实施纲要》，开展“文明用餐”“文明出行”等活动。加强典型人物培树力度，获评“湖南好人”1人，入选“中国好人”候选人名单1人，全县志愿者注册人数达9万多人。坚持教育引导，突出示范引领，加强督查通报力度，充分发挥“一约四会一队”作用，不断完善乡村调解、道德评议、文明评比、考核办法等机制，禁炮限塑成果得到巩固，“婚事新办、丧事简办、余事不办”风气逐渐形成。严格按照中央和省、市、县要求，切实抓好县新时代文明实践中心建设，高标准建成集理论宣讲、志愿服务、文化惠民等八大功能于一体的县新时代文明实践中心，并以点带面完成试点乡镇、村（社区）的新时代文明实践所、站建设36个。

【网络舆情】　2020年，县委宣传部扎实做好网络舆情管控工作，制订出台网评员管理办法、网络舆情应急处置操作规程，实施网络舆情台账登记管理和月通报制度、重点舆情周报制度，及时向县委、县政府主要领导报告涉县重点舆情，督促涉事单位加大重点舆情的处置力度。开展网络安全宣传活动，共约谈微信公众号运营者25人次，处置涉县网络舆情1200余条，发放宣传资料1.5万余份，向省网信办舆情报送系统上报信息9万多条。

【文化强县】　2020年，县委宣传部推动文化文艺高质量发展，举办“巴陵韵墨”“品读经典·引领进步”“爱心阅读·书香巴陵”等多个主题活动，向党员群众推荐了一批必读和选读书目，捐赠爱心图书款30万元，完成送戏送文化下乡3500多场次，县图书馆、美术馆等“四馆”免费开放，服务群众超过20万人次。扎实开展文艺创作，以张谷英孝廉民俗文化为背景，组织文艺工作者创排大型现代花鼓戏《亲家相遇张谷英》，打破岳阳县近20年无大剧新剧的局面。快板《扫黄打非扬正气》得到全国“扫黄打非”办媒体平台推介。在岳阳市第四届文化艺术节上，全县有8个项目获奖。

（卢将胜）

统战工作

【概况】　2020年，县委统战部在市委统战部的正确指导和县委的坚强领导下，坚持围绕中心、服务大局，着力强化思想引领，有效发挥特色优势，大力突破重点难点，全面加强自身建设，统一战线各领域工作呈现出齐头并进，多点开花的良好局面。统一战线助力消费扶贫行动被市委办《领导参阅》推介。岳阳县青年企业家商会被省工商联评为全省“四好”商会，“乡镇下单、‘同心’行动分队接单”帮扶机制和宗教工作“四联”机制被省委统战部在全省进行推介，《基层统一战线应对突发事件力量发挥之研究》被评为全省统战理论政策研究创新成果优秀奖，《推进“五同联创”，助力乡村振兴》被评为全省统战工作实践创新成果。岳阳县张谷英村被评为“中国华侨国际文化交流基地”，岳阳县“侨胞之家”被评为“全国先进侨胞之家”。

【统一战线工作会议】　2020年3月18日，岳阳县统战工作会议召开，统一战线工作相关单位负责人和统战系统全体干部等80余人参加。县委常委、统战部部长苏红琳出席会议并讲话，会议表彰了2019年度全县统战工作先进单位和先进个人，传达了中央、省、市统战工作会议、民族宗教工作会议精神，对2019年民族宗教工作进行总结，安排部署2020年全县民族宗教工作。苏红琳指出，新冠肺炎疫情防控，充分展现了全县统一战线的磅礴力量，充分彰显了统一战线凝聚人心、凝聚力量的独特优势。苏红琳强调，2020年是“十三五”规划的收官之年，也是全面建成小康社会的决胜攻坚之年。全县统一战线要深入学习贯彻习近平关于加强和改进统一战线工作的重要思想，认真落实中共中央关于新时代统战工作重大决策部署和全省、全市统战部长会议精神，为加快建设富饶美丽幸福岳阳县凝聚广泛力量。

【调研民营企业】 为准确掌握全县民营企业在疫情影响下的经营状况及面临的困难，科学有序推动复工复产，实现“六稳”“六保”的发展目标，从2020年3月底开始，县委统战部组织系统各单位，分6个组开展“民企大走访、同心促发展”主题调研活动。通过实地走访、集中座谈、发放问卷及委托调查等方式，调查2个园区、15个乡镇、3个商协会，涉及农业、建材、旅游、餐饮、食品加工、机械制造、生物医药、教育培训和电商物流等行业的206家企业，座谈150多人次，收集问题及意见建议90多条，帮助企业解决具体问题20多个，《优化资源配置力推产业复苏——岳阳县“民企大走访”调研报告》被《岳阳县工作》采用。

【助力消费扶贫】 2020年5月16日，岳阳县新的社会阶层人士联合会与县农业企业协会策划组织的“凝心聚力、脱贫攻坚”直播带货系列活动在湖南天裕生态农业发展有限公司开播。县工商联主席李赐柚为百年老字号品牌、中国地理标志产品“岳阳兰花萝卜”代言。在2个小时的直播期间内，益农信息网、微信小程序、抖音、腾讯、淘宝等多个直播平台共吸引18万人次围观、20多万次点赞，共销售岳阳兰花萝卜等特色食品3000余件，金额10万余元。

【服务非公企业发展】 为优化营商发展环境，助推民营经济健康发展，2020年6月，岳阳县“政企直通车”平台正式运行。面向全县基层商协（会）、民营企业搭建的“政企直通车”工作平台，以“使企业办事能够‘找到门’、发展能够‘找到路’、解困能够‘找到家’”为宗旨，成立“政企直通车”工作协调领导小组，县政府常务副县长任组长，领导小组办公室设县工商联，企业可以通过平台直接反映生产经营中遇到的困难和问题，领导小组各成员单位将全方位为企业搞好服务，真正实现政府与企业从线下到线上面对面零距离互动对接，进一步提升政府服务效能，为企业发展营造良好的政务环境，激发企业创新创业热情。平台运行以来，通过协调、交办等方式，帮助企业解决用工、资金、产业链、物流运输、惠企政策落实等具体问题17个。召开现场座谈会，举办银企洽谈会，持续推进金融“暖春行动”，协调驻县金融机构与民营企业面对面沟通合作，发放贷款30笔，共3.89亿元。

【党外代表人士暑期谈心会】 2020年8月27日，县委统战部组织召开全县党外代表人士“看巨变、凝共识、谋发展”暑期谈心会，全县党外干部代表、党外知识分子代表、民营经济人士代表、新的社会阶层人士代表、宗教界人士代表、侨联组织代表和统战系统全体干部参加，县委书记田文静出席会议并讲话。会议通报了全县2020年上半年度经济社会发展情况、党风廉政建设和法检两院工作情况，6名党外代表作了交流发言。田文静指出，培育和使用党外代表人士，是党的一贯政策，要在有效整合资源、突出工作重点、注重统筹协调上下功夫，努力培养造就一支政治素质高、业务能力精、创新意识强的党外代表人士队伍。田文静强调，广大党外代表人士要坚持聚识聚在心坎里，奋斗奋在新时代，将个人成长与事业发展有机融合，把“同心思想”嵌入到经济社会发展各个环节中去，始终与党保持思想同心、目标同向、行动同步、执行同力，始终和党同频共振，为全县经济社会发展凝聚共识、凝聚人心，贡献智慧、贡献力量。

【民营经济代表人士综合评价工作会】 2020年9月22日，岳阳县召开全县民营经济代表人士综合评价工作会。县委组织部、县工商联、县人民法院、县人民检察院、县工业和信息化局、县公安局、县人力资源和社会保障局、市生态环境局岳阳县分局、县卫生健康局、县应急管理局、县税务局、县市场监督管理局、县总工会13家分管负责人参加。会议组织学习《关于加强和改进民营经济代表人士综合评价工作的意见》，对如何进行民营经济代表人士评价工作进行了具体解读。

【新阶联工作】 2020年6月30日，县委统战部组织全县新的社会阶层人士成立扶贫助学、健康义诊、文艺会演、法律金融服务、脱贫攻坚调研和消费扶贫6支行动分队，深入张谷英镇芭蕉村开展“同心聚力·脱贫攻坚”活动，慰问困难群众、贫困学生20户，免费义务接诊村民70余人次，线上线下推销特色农产品6万余元，筹集爱心助学资金10万余元。岳阳县新阶联根据成员行业特点和个人意愿，引导全县新的社会阶层人积极参与脱攻坚，成立扶贫助学、健康义诊、文艺会演、法律金融服务、脱贫攻坚调研和消费扶贫6个行动分队，动态对接全县14个乡镇，大力推行“乡镇下单，行动分队接单”的帮扶机制，使帮扶更加精准、多元、有效。

【宗教工作】 2020年，县委统战部为进一步强化三级宗教工作网络和乡村两级责任制，建立起由县级领导联宗教团体、统战部班子成员联宗教代表人士、乡镇班子成员联宗教活动场所、村级责任人联主要信教群众的“四联机制”，实现宗教领域领导干部联点联系全覆盖。全年组织谈心谈话300余人次，举办县、乡各类宗教政策培训30多场次，推进“五进五好”行动，全县70处宗教场所配备了宣传窗，47处宗教场所修建了国旗台，解决宗教团体、宗教界人士实际困难20多个。广大教职人员和信教群众对党的宗教方针政策的理解度、依法开展宗教活动的自觉性、服务社会的凝聚力显著增强，在抗击疫情和防汛抢险中，岳阳县宗教界捐赠现金和各类物资14万元。

【服务侨胞工作】 2020年，岳阳县归国华侨联合会加强侨界联谊平台搭建，加大与海内外侨胞的沟通联络，积极掌握侨情、发展侨企、维护侨益、汇聚侨智。参加县新冠肺炎疫情联防联控机制领导小组外事工作组，宣讲疫情防控政策，并发放《致海外岳阳籍同胞及其亲友的一封信》，开展心理疏导和走访慰问部分归国人员。动员全县归侨侨眷、归国留学生为抗击疫情捐款捐物一万余元，积极争取省、市侨联和海外华人华侨、港澳同胞和海外留学生为岳阳县抗击疫情共捐赠8批物资。深入全县6家港澳台侨企进行走访调研，形成《关于落实支持政策，助推岳阳县港澳台侨企高质量发展》的调研报告。为助力岳阳县侨企复工复产，主动与县建设银行对接，实地走访企业，通过座谈交流，现场签订3500万元意向性融资贷款协议。12月9日，接待来自美国、法国、意大利等40多个国家和地区的120余名海外侨胞走进张谷英镇，成功举办2020年“湖南海外侨胞故乡行——走进岳阳县”活动。

（易吕飞）

中共岳阳县纪律检查委员会

中共岳阳县纪律检查委员会

【概况】 2020年，在市纪委监委和县委的坚强领导下，县纪委监委强化政治监督，充分发挥监督保障执行、促进完善发展作用，全县政治生态持续好转，纪检监察工作质量稳步提升。获得2020年度扫黑除恶工作先进单位、疫情防控攻坚工作先进单位、联手帮扶企业工作先进单位、脱贫攻坚工作先进单位等荣誉。

【县纪委十二届五次全会】 2020年3月10日，中共岳阳县第十二届纪律检查委员会第五次全体会议召开，主会场出席全会的县纪委委员21人，列席167人。15个乡镇（办事处）设立分会场。县委书记田文静出席全会并讲话，县委副书记、县长曾平原主持会议，县委常委、县人大常委会、县政府、县政协等有关领导出席会议。县委常委、纪委书记、监委主任陈绍东代表县纪委常委会作工作报告，会议还通报了2019年查办的典型案例，主会场与会人员观看了《失守的初心》警示片。

【政治建设】 2020年，县纪委监委紧扣纪检监察职责使命，以纪检监察系统“政治建设年”活动为契机，牢牢把握新时代纪检监察工作的政治方向。坚持第一时间传达、学习、市纪委书记林彰良在政治建设年活动上的党课，利用县纪委常委会、机关党委工作例会、各支部党员大会开展以“忠心向党、贴心为民、清心律己”为主题的学习教育和讨论活动，订购相关学习书籍1000余册，确保全县纪检监察干部人手一册，让全体干部入耳、入脑、入心；组织举办历时4天的岳阳县纪委监委第一届“清风杯”篮球赛，并选派优秀选手参加市纪委篮球赛；举办“一颗红心向党，忠诚干净担当”演讲比赛；组织全县84个单位开展“扬清风正气，传孝廉家风”廉政教育“六个一”系列活动，即参观一次教育展厅、观看一部警示教育片、聆听一堂专题党课、品尝一餐“忆苦”饭、体验一项农家活、书写一篇感悟心得。

【疫情防控督查】 2020年，县纪委监委聚焦常态化疫情防控开展监督，出台疫情防控监督执纪问责工作方案，疫情防控期间联合县委办、县政府办督查室开展了9轮督查，发现问题线索239条，立案9起10人，对3人进行诫勉谈话，通报批评24人，下发督查通报9期。派出3个督查小组对全县所有复工复产企业、建筑工地进行全面督查，确保全县252家规模以上企业全部复工，所有中小学复课复学，全县经济社会平稳发展。

【落实“两个责任”】 2020年，县纪委监委积极为县委履行全面从严治党主体责任提供有效载体、当好参谋助手。协助县委开展各级党组织书记述责述廉，对各地各部门政治生态整体把握、动态研判。针对“洞庭清波”专项行动存在的突出问题开展监督检查，定期调度、督导，挂牌督促整改落实，推动上级交办洞庭湖生态环境突出问题清单全面销号。着力优化营商环境，对县直职能部门重要岗位实行效能监察，督促各单位落实股级干部轮岗制度。严肃村（社区）“两委”换届选举工作纪律，对违反换届工作纪律的行为“零容忍”，通报曝光。严查国家公职人员参与违法建设行为，督促各单位开展自清自查。全力推进工程建设招投标专项治理，立案查处11人。

2020年10月22日，岳阳县开展落实中央八项规定精神警示教育活动

【审查调查】 2020年，县纪委监委保持惩治腐败高压态势，严肃查处了一批典型案件。全年处置问题线索929件，立案298件(其中科级干部24件)，给予党纪政务处分307人，移送司法机关15人，收缴违纪资金1700余万元。“四种形态”分别占比70.3%、21.5%、3.7%、4.5%，结构日趋合理，有效管住了“大多数”。推进监督服务微信群建设，完成全县“群情通”架构搭建，16万名家庭代表入群，打通了人民群众直接参与监督的“最后一公里”。紧绷执纪审查安全之弦，开展专项监督检查，召开座谈会和讲评会，强化办案安全工作红线意识和底线思维，实现审查调查零事故、零违纪。

【作风建设督查】 2020年，县纪委监委加强对落实中央八项规定精神的监督检查，迅速查办“6·18”彭某醉驾交通肇事案，“双开”彭某，10名有关公职人员受到严肃处理；组织开展违反中央八项规定突出问题专项整治，召开警示教育大会，督促各单位开展自查自纠；深入开展以作风建设为主题的支部党日活动；开展以“远离‘四风’陋习，争做‘四铁’干部”为主题的征文活动；组织全县副科级以上领导干部参加中央八项规定精神知识测试；加强对节日期间落实中央八项规定及其实施细则精神情况的监督检查，在全县形成了有力震慑。

【脱贫攻坚督查】 2020年，县纪委监委全面整治群众反映强烈的突出问题，县纪委监委机关按照“一人一村”的原则入驻28个贫困村，采取“四不两直”方式，开展扶贫领域腐败和作风问题入村督查走访。开展“一季一专题”专项治理“回头看”，查处55人，组织处理20人，收回、退回资金56.77万元。2020年度，全省扶贫领域腐败和作风问题专项治理考核，岳阳县由2019年的非贫困县二类地区倒数第一晋升为一类地区中等名次。深入开展“开门接访、进门约访、登门走访、上门回访”活动，着力把矛盾化解在基层，截至年底，实现了近五年来四级信访首次同步下降。组织开展村级财务专项整治，协调成立县村级财务管理工作协调领导小组，完善村级财务管理制度，规范村级工程项目建设。利用“互联网+监督”平台助力扶贫资金监督的经验在《中国纪检监察》杂志予以推介。

【体制改革】 2020年，县纪委监委充分发挥派驻监督“前哨”作用；推动监察职能向基层延伸，加强对基层公权力的运行监督，设立15个县监委派出乡镇（办事处）监察办公室，实现了监察全覆盖；选聘 10 名县监委特约监察员，推动监察机关依法接受民主监督、社会监督、舆论监督；强化信息化保障体系，完成“监务通”移动平台建设，高标准建好纪检监察系统检举举报平台。

【业务能力建设】 2020 年，县纪委监委统筹推进纪检监察干部核心业务能力建设，以“精准建档，分类指导”为原则，制定干部能力达标标准，建立核心业务能力档案，通过岗位锻炼、集中培训、“以战代训”的方式，不断提升干部执纪执法水平和业务能力。印发《关于加强派驻纪检监察组有关工作的通知》，制定派驻纪检监察组管理制度，不断强化派驻机构队伍建设。开展分期分批轮训、跟班学习，通过实战锻炼、以案代训等方式进一步加强乡镇、县直单位纪检监察干部队伍建设。严把“廉政关”，建立全县 213 名纪检监察干部廉政档案。落实廉政谈话制度，对新入职纪检监察干部进行廉政谈话。坚持“刀刃向内”，对纪检监察干部的违纪违规问题实行零容忍，立案查处 10 名纪检监察干部。

（宋子帅）

巡视巡察

【概况】 2020 年，岳阳县委巡察办认真贯彻落实中央、省委、市委关于巡视巡察工作指示精神，坚持“发现问题、形成震慑，推动改革、促进发展”方针，认真履行“统筹协调、指导督导、服务保障”职能，着力抓学习、强队伍、作表率，巡察工作取得明显成效，圆满完成十二届县委巡察全覆盖任务。2020 年完成 3 轮次 36 个党委（党组）的常规巡察和 1 轮次 30 个党委（党组）的优化营商环境专项巡察工作，发现问题 925 个，移交问题线索 64 条。

【规范队伍管理】 2020 年，县委按照“一正两副”配齐了巡察办班子，研究制定了《岳阳县巡察人员管理实施细则》，从组织、生活、工作、廉洁、保密纪律 5 个方面对巡察人员的行为进行具体明确。县委巡察工作领导小组研究制定《中共岳阳县委巡察组工作绩效考核办法（试行）》，切实加强县委巡察组管理，压实巡察工作责任。

【提升履职能力】 2020 年，县委巡察办坚持个人自学、集中学习、以巡代训等方式提升巡察人员理论和业务水平，主动学习十九届五中全会和中央、省委、市委关于巡视巡察工作的新精神新要求、习近平考察湖南重要讲话精神、《党委（党组）落实全面从严治党主体责任规定》和省委巡视办指导处处长王继东《强化政治监督，推动市县巡察工作高质量发展》业务课程等。5—7 月，巡察办主任被中央巡视办抽调参加十九届中央第五轮巡视工作，9—10 月，参与湖南省委巡

2020 年 12 月 29 日，岳阳县委书记田文静听取并审议第九轮巡察综合报告，审议《关于落实省委巡视办巡察指导督导组反馈意见的建议》

视办对湖南郴洲汝城县、邵阳隆回县的巡察工作指导督导工作；巡察办1名副主任带队开展全县优化营商环境专项巡察，4名巡察办干部分别参与全县3轮巡察和村级巡察工作；1名巡察组副组长参加省委巡视巡察业务培训班。

【接受指导督导】 2020年10月28日至11月5日，省委巡视办巡察工作指导督导组对岳阳县委巡察工作开展现场指导督导。11月5日，省委巡视办巡察工作指导督导组向岳阳县反馈指导督导情况，指出岳阳县巡察工作在组织领导、巡察工作质量、巡察问题线索、巡察整改、干部队伍建设五个方面23个具体问题，已经整改到位的有19个问题，4个问题基本整改到位。

【常规巡察】 2020年4月26—28日、6月8日至7月22日、8月12日至9月22日、10月30至12月10日，县委巡察办对县委宣传部、县市场监督管理局等36个单位开展县委第七轮、八轮、九轮常规巡察。至此，十二届县委巡察全覆盖全面完成。巡察期间，开展个别谈话995人次，查阅资料9800份，开展明察暗访147次，立行立改问题80个，发现一般性问题859个，问题线索53条。

【专项巡察】 2020年8月12日至9月22日，县委巡察办对30个单位开展为期30个工作日的深化“最多跑一次”改革、优化营商环境专项巡察。巡察中发放调查问卷38份，走访企业21家，开展个别谈话127人次，调阅行政审批、执法案卷105卷。通过专项巡察，发现一般性问题66个，向县纪委监委机关移交问题线索11条，其中巡中移交8条、巡后移交3条。

（罗文淑）

岳阳县人民代表大会常务委员会

岳阳县人民代表大会常务委员会

【概况】 2020年，县人大常委深入学习贯彻中共十九届四中、五中全会及习近平考察湖南重要讲话指示精神，围绕“全面建成小康社会”“建设富饶美丽幸福岳阳县”目标，依法履职，主动作为，迈出了人大工作高质量发展的坚实步伐。全年举行常委会会议7次，主任会议12次，开展执法检查、调研35次，听取和审议“一府一委两院”专项工作报告42项，作出决议决定14项，提出审议意见18条，依法任免国家机关工作人员35人次。

县人大常委会行权履职不断创新进步，自身建设迈上新台阶，为岳阳县经济社会发展和民主法治建设做出贡献。

重要会议

【县第十七届人民代表大会第五次会议】 2020年12月25—28日，县十七届人大五次会议在县城召开。大会应到代表254名，实到240名，符合法定人数。

12月26日，会议在县花鼓戏传承剧院开幕并举行第一次全体会议。会上，县委副书记、县长肖湘晖代表县人民政府向大会作工作报告。报告回顾总结了过去五年的工作成绩。并提出2021年的工作思路，谋划部署2021年的工作目标任务。大会举手表决了大会议案审查委员会名单和大会补选办法草案；大会向全体代表书面报告岳阳县“十四五”规划纲要（草案），岳阳县2020年国民经济和社会发展计划执行情况及2021年计划（草案），岳阳县2020年财政预算执行情况及2021年财政预算（草案）。

12月27日，县第十七届人大五次会议召开第二次全体会议。县人大常委会主任汤小娥受县第十七届人民代表大会常务委员会委托，向大会作人大常委会工作报告。会议还听取县人民法院院长许辉作的县人民法院工作报告和县人民检察院检察长钟沁所作的县人民检察院工作报告。12月28日上午，县第十七届人大会五次会议召开第三次全体会议。会议依法补选肖湘晖为县人民政府县长，陈晓军、吴承棉为县人大常委会副主任，杨革新为县监察委员会主任。新当选人员集体向宪法进行了庄严宣誓。会议听取代表议案处理情况的报告；表决通过岳阳县人民政府工作报告的决议（草案）、岳阳县“十四五”规划纲要的决议（草案）、岳阳县2020年国民经济和社会发展计划执行情况和2021年计划的决议（草案）、岳阳县2020年财政预算执行情况和2021年财政预算的决议（草案）、岳阳县人大常委会工作报告的决议（草案）、岳阳县人民法院工作报告的决议（草案）、岳阳县人民检察院工作报告的决议（草案）；表彰了一批2020年度先进乡镇人大主席团、优秀人大代表、先进人大工作者，2020年度人民满意法官、人民满意检察官。县委书记田文静在闭幕式上讲话。就如何做好2021年人大工作，田文静强调，要坚定政治站位；服务全县大局；坚持依法履职；恪守为民情怀；打造过硬作风。

【县十七届人大常委会第二十五次会议】 2020年4月24日，县十七届人大常委会第二十五次会议召开。

会议听取县人民政府关于岳阳县2019年项目实施情况及2020年国民经济和社会发展计划（草案）的报告、关于岳阳县2020年县本级财政预算（草案）的报告，决定批准岳阳县2020年国民经济和社会发展计划、2020年县级财政预算。会议还听取县人民政府关于疾病预防控制情况暨岳阳市中医医院荣家湾新冠肺炎集中收治病区建设运行情况的报告、关于东洞庭湖水域禁捕退捕工作情况的报告，表决通过《县人大常委会关于对县人民政府相关部门进行工作评议的决定》《县人大常委会关于听取县人民政府、县人民法院专项工作报告的决定》和《县人大常委会关于组织部分市八届人大代表述职的决定》。

【县十七届人大常委会第二十六次会议】 2020年5月28日，县十七届人大常委会召开第二十六次会议。

会议听取2018年度县本级预算执行及其他财政收支审计和2019年度被评议单位审计查出问题整改情况、《中华人民共和国动物防疫法》执法检查审议意见落实情况、野生动物保护工作情况、公共文化服务体系建设情况等报告。会议听取和审议县人民政府关于公安局"看守所、拘留所、戒毒所"和司法局收治中心建设情况的报告，针对"三所一中心"建设管理中存在的困难和问题，常委会要求县人民政府进一步优化警力配备、强化预算保障、完善配套设施、细化精准监管。会议听取2019年度被评议单位评议意见整改落实情况的报告，并就整改落实情况进行满意度测评。会议还通过了相关人事任免事项。

【县十七届人大常委会第二十七次会议】 2020年8月9日，县十七届人大常委会第二十七次会议召开。

会议审议通过《县人大常委会主任会议关于提请许可岳阳县公安局对岳阳县第十七届人民代表大会代表彭向明采取刑事强制措施的议案》，决定许可岳阳县公安局对岳阳县第十七届人民代表大会代表彭向明采取刑事强制措施。

【县十七届人大常委会第二十八次会议】 2020年8月28日，县十七届人大常委会第二十八次会议召开。

会议听取和审议县人民政府关于岳阳县2020年上半年国民经济和社会发展计划执行情况、2019年县级财政决算（草案）和2020年上半年财政预算执行情况的报告及2019年县级预算执行和其他财政收支情况的审计报告。会议决定，批准2019年县级财政决算。会议还听取和审议县人民政府关于特种设备安全监管情况、县城道路静态交通秩序情况的报告，听取县人民政府关于城乡低保工作情况、台湾农民创业园发展情况的报告。会议决定陈绍东辞去岳阳县监察委员会主任职务，报县十七届人大五次会议备案；任命杨革新为岳阳县监察委员会副主任，决定杨革新为县监察委员会代理主任。会议还通过了其他人事任免事项。

【县十七届人大常委会第二十九次会议】 2020年9月24—25日，县十七届人大常委会召开第二十九次会议。

会议接受曾平原辞去岳阳县人民政府县长职务，报岳阳县第十七届人民代表大会第五次会议备案。会议决定任命肖湘晖为岳阳县人民政府副县长，决定肖湘晖为岳阳县人民政府代理县长。

会议对县自然资源局、县东洞庭湖管理委员会办公室、县卫生健康局、县农业农村局、县市场监督管理局、县交通运输局、岳阳高新技术产业园、县人力资源和社会保障局、县民政局9个单位进行了工作评议。汤小娥在工作评议后发表讲话强调，开展工作评议是法律赋予人大的法定职权，是促进县人民政府及各部门认真履职、依法行政的有效手段。汤小娥要求，县人民政府和各部门要增强人大意识，自觉接受评议监督；要提高认识，正确对待评议意见；要明确任务，认真抓好整改落实。

会议还听取和审议县人民政府关于道路交通安全管理与执法执收情况的报告，听取县人民政府关于残疾人权益保障工作的报告、关于“一县一特”产业发展实施情况的报告、关于《城乡规划法》执行与村庄规划审议意见落实情况的报告以及关于水、气、车票等价格制定情况的报告，通过了代表辞职事项。

【县十七届人大常委会第三十次会议】 2020年12月3日，县十七届人大常委会召开第三十次会议。

会议听取和审议县人民政府关于“十四五”规划编制情况的报告。会议要求，县人民政府要突出重点体现项目支撑，将全局性、战略性、基础性重大项目摆在突出位置，争取更多重大项目列入国家、省一级层面规划；要统筹协调加强上下衔接，做好总体规划、重点专项规划、区域规划三者的相互衔接，加强与国家、省、市“十四五”总体规划和专项规划的衔接。会议听取和审议了县人民政府关于《岳阳县2020年中央财政直达资金和债券资金安排方案（草案）》的报告，决定批准2020年中央财政直达资金和债券资金安排方案。会议听取和审议了县人民政府关于全县行政事业单位经营性资产管理情况的报告，会议要求县人民政府健全国有资产管理体制，加强部门单位联动协作，提高国有资产使用效益。会议听取了县人民政府关于《政府工作报告》完成情况的报告、关于医保基金监管情况的报告、关于加强音体美教学全面提升学生综合素质审议意见落实情况的报告，关于代表建议办理情况的报告和关于县十七届人大四次会议《关于城乡供水一体化议案》《关于促进民营经济高质量发展议案》两个议案决议的落实情况报告。

会议还听取县人民政府副县长杨前进、张奕2020年分管工作情况的报告，听取了县人民法院副院长戴清波任期内分管工作情况的报告，书面听取了6位市八届人大代表履职情况的报告。

会议通过《县人大常委会关于召开县十七届人民代表大会第五次会议的决定》。

【县十七届人大常委会第三十一次会议】 2020年12月22日，县十七届人大常委会召开第三十一次会议。

会议听取和审议县人民政府关于岳阳县2020年财政预算调整（草案）的报告，听取县人民法院、县人民检察院关于“两官”评议情况的汇报，审议县人民政府《关于提请审议岳阳县乡镇污水处理厂及配套管网建设PPP项目签订补充协议和拨付财政专项资金方案的议案》、县人大常委会主任会议《关于提请授予周旺兴、邹伍定“2020年度人民满意法官”、陈兴满“2020年度人民满意检察官”荣誉称号的议案》《县人大常委会工作报告（讨论稿）》，就《政府工作报告》征求了意见。

会议接受刘小良、张艳生辞去县人大常委会副主任职务。会议还通过了其他人事任免事项。

【县十七届人大常委会第三十二次会议】 2020年12月28日，县十七届人大常委会召开第三十二次会议。

会议补选肖湘晖为岳阳市第八届人民代表大会代表。

重要活动

【民生实事项目人大代表票决制工作调研】 2020年3月24日，市人大常委会联工委主任方平波一行到步仙镇调研民生实事项目人大代表票决制工作，听取步仙镇人大主席团的工作汇报，高度肯定该镇民生实事项目人大代表票决制工作经验。方平波一行详细了解征集群众建议、确定候选项目、人大代表投票表决、监督票决项目实施等情况。

【赵岳平到筻口镇、公田镇调研】 2020年3月26日，市人大常委会副主任赵岳平带领市人大农业委一行，到筻口镇调研春耕生产和养殖业发展情况。赵岳平一行在丰瑞农机详细了解了现代农业模式，到潼溪村进行早稻生产情况实地调研，随后在峰岭菁华考察能繁母猪场建设情况。筻口镇作为市人大农业委重点联系乡镇，农业生产始终走在全市前列。该镇一手抓疫情防控不放手，一手抓农业生产不放松，生猪复养保供和粮食春耕生产工作得到赵岳平的肯定。5 月 8 日，赵岳平一行赴公田镇开展《岳阳市铁山水库饮用水水源保护条例》立法和打造农村人居环境升级版调研。调研组实地察看铁山水库取水口、引水渠和港口村打造农村人居环境整治升级版工作情况。赵岳平强调，铁山水库是岳阳市人民的大水缸，是岳阳人民的后花园，一定要把铁山水资源保护工作抓细落实。

2020 年 11 月 11 日，岳阳县人大常委会主任汤小娥率县人大常委会视察组视察政府工作

【刘宗林到岳阳县调研】 2020 年 5 月 12 日，省人大农业与农村委员会主任刘宗林到岳阳县调研农村安全饮水情况。市人大常委会副主任赵岳平、县人大常委会主任汤小娥、县人大常委会副主任易治国、副县长张奕参加。在新墙水厂，刘宗林仔细询问水厂的供水量、供应人口、水源、水质以及运行模式，并深入水厂察看自来水过滤、沉淀、消毒等环节。在新墙水库实地察看，详细了解岳阳县农村安全饮水相关情况后，刘宗林肯定了岳阳县农村安全饮水工程建设工作。他指出，农村安全饮水工程是一项重大民生工程，事关乡村振兴、脱贫攻坚和农村环境治理，要提高政治站位，坚持以人民为中心的理念，因地制宜抓好农村安全饮水，推进城乡供水一体化。

【常德市人大常委会考察组到岳阳县交流学习】 2020 年 5 月 13 日，常德市人大常委会考察组到岳阳县考察农村居民住房建设管理等工作，县人大常委会副主任张艳生参加。考察组实地察看了黄沙街镇荷塘村居民集中建房点、三和村再茂屋场污水处理点，详细了解村民住房建设管理、保留乡村特色等方面的情况，并就宅基地退出、土地流转、房型设计、生活设施配套、污水处理等问题与当地镇、村干部深入交流探讨。考察组对岳阳县因地制宜实施农村居民住房建设管理规划的好经验和好做法给予高度评价，并表示将学习借鉴在常德市推广，同时希望两地能进一步沟通交流，互相学习，共同提升。

【岳阳县人大常委会预算联网监督系统正式运行】 2020 年 6 月 28 日，岳阳县人大预算联网监督系统正式运行。县人大常委会主任汤小娥，副主任刘小良、张艳生、胡海平、易治国、许吉程出席启动仪式。县人大预算联网监督系统立足人大监督视角，以查询、分析、预警、服务为核心，设计了预决算审查、意见管理、执行监督、预警管理等八大模块，旨在通过建立数据查询分析模型，对财政预算收支、部门预算、审计监督等情况进行分析对比，设置科学合理的预警指标，及时发现预算管理和执行中存在的问题，并作出警示。汤小娥强调，要加强学习培训，提高业务能力，切实发挥预算联网监督作用；要加强联网系统的管理和应用，采取定期分析评估，对发现的问题及时向有关部门进行反馈；要规范系统管理使用，强化预算联网监督保障措施，推动联网监督工作高质量发展。

【赵岳平到岳阳县调研脱贫攻坚工作】 2020年7月2日，市人大常委会副主任赵岳平到岳阳县调研脱贫攻坚工作。县人大常委会副主任易治国，副县长杨前进及市县相关部门负责人参加。赵岳平一行先后察看毛田镇南冲村八斗易地搬迁安置点、亭上艾叶种植基地及艾叶加工生产车间。在亭上艾叶扶贫车间，赵岳平全面了解了扶贫车间生产规模、运行状况及安排贫困劳动力就业等情况。赵岳平指出，就业扶贫车间建设是实现群众脱贫致富的有力抓手，各相关部门要按照一村一品、因地制宜的基本要求建立标准化就业扶贫车间，实现“公司+合作+基地+农户”共赢的良好局面。同时相关企业要结合扶贫车间项目建设要求，打造自身品牌特色，增强市场竞争力，确保让贫困群众得到实惠，早日实现脱贫致富。

【张亦贤到岳阳县调研农业生产工作】 2020年7月3日，省人大常委会委员、省人大财政经济委员会主任委员张亦贤到岳阳县调研农业生产工作。市人大常委会党组副书记、副主任、市总工会主席彭先政，县人大常委会主任汤小娥、副主任刘小良参加。张亦贤一行深入丰瑞农机专业合作社生产车间里，详细了解合作社农机设施设备配备、早稻收购及仓容准备等情况。座谈会上，张亦贤对丰瑞农机专业合作社走农业发展现代化道路，开展农业社会化服务、有效联结和服务农户的做法给予高度肯定。如何做好农业生产工作，张亦贤指出，要增强机遇意识和创新意识，切实承担起维护粮食安全和人民群众舌尖安全的重任；要大力发展粮油产业经济，促进第一、二、三产业融合发展和乡村振兴；要毫不放松抓好粮食生产，有效扩大种植面积，促进农业生产机械化，加强农业科技服务，支持基层供销合作社发展农业生产服务，开展高标准农田建设，确保稳定耕地面积和粮食产量。

【省人大常委会调研组到岳阳县调研公益诉讼工作】 2020年7月30日，省人大常委会调研组到岳阳县调研公益诉讼工作，县人大常委会副主任胡海平参加。座谈会上，各职能部门负责人汇报了参与公益诉讼工作的相关情况。调研组对岳阳县公益诉讼工作取得的成效给予肯定，同时要求，相关部门要进一步统一思想认识、提高站位，增强做好公益诉讼工作的责任感和使命感；要坚持问题导向，进一步加强协作配合、形成合力、齐抓共管，推动公益诉讼实现双赢、多赢、共赢；要进一步认真对待、积极履职，构建共治共享格局；要进一步突出重点、补齐短板，推动公益诉讼工作深入健康发展。

【县人大常委会组成人员分组视察政府工作报告完成情况】 2020年11月10—12日，县人大常委会对政府工作报告目标任务完成情况开展分组视察。5个视察组分别由常委会副主任带队，深入园区、库区、荣湾国际汽贸城、长丰北路拓改项目、亿丰时代广场、乡镇污水处理厂建设、农业及农副产品开发建设、步仙蒙华铁路货运站，岳阳县文化旅游开发等具有代表性的项目现场，看实情、查资料、听汇报，全面了解各项目标任务完成情况。

11月下旬，常委会会议专题听取县政府关于政府工作报告落实情况的报告，常委会视察组报告视察结果，既肯定成绩，也暴露问题。审议环节，常委会组成人员直言不讳，结合监督过程中发现的问题提出建议，“加快推进项目建设进程”“全力推进土地征拆和收储出让”“重视解决失地农民、退捕渔民生活出路问题”“加强人才培养引进力度”

"提升县城精细化治理水平""高标准编制好'十四五'规划"。县长肖湘晖承诺，县政府将认真研究人大常委会提出的建议，以评促改、以评促管，努力推动各项工作再上台阶。

【胡伯俊到岳阳县调研】 2020年11月12日，省人大常委会秘书长胡伯俊到岳阳县调研洞庭湖沿线生态治理、非法砂石开采整治、农村人居环境整治及村民规范建房等工作，市人大常委会党组书记、常务副主任向伟雄，市人大常委会秘书长骆岳梨，县委书记田文静，县人大常委会主任汤小娥及相关部门负责人陪同调研。

在鹿角码头，胡伯俊详细了解东洞庭湖水质、排污、通航能力和打击非法采砂工作等情况。胡伯俊充分肯定岳阳县洞庭湖沿线生态修复取得的成效，并希望岳阳县要以"绿水青山就是金山银山"的理念提高治理标准，进一步夯实基础工作，守护好一江碧水，全力推动洞庭湖沿线生态修复落到实处。在黄沙街镇荷塘村荷塘月色集中建房点、三和村再茂屋场和黄秀农耕园，胡伯俊听取相关工作汇报。荷塘建房点总面积3.16公顷，规划建房25栋50户，该建房点充分利用了现状地形及用地条件，合理功能布局和空间利用，创造了人性化的居住小区。三和村再茂屋场是省级美丽乡村建设示范村，胡伯俊走村入户、与村民们亲切交

11月12日，湖南省人大常委会秘书长胡伯俊（中）到岳阳县调研洞庭湖沿线生态治理

谈，询问有关人居环境整治的意见和建议，胡伯俊希望岳阳县进一步发挥各级各部门的主导作用，加快补齐农村人居环境的短板；进一步健全抓农村人居环境整治的各项制度，不断创新农村人居环境整治科学引导机制，要充分发挥群众的主体作用，引导群众投身人居环境整治工作，扎扎实实把农村人居环境整治提高到新的更高水平，不断增强群众的幸福感和获得感。

重要决定、决议

【关于许可岳阳县公安局《对岳阳县第十七届人民代表大会代表彭向明采取刑事强制措施的决定》】 岳阳县第十七届人民代表大会常务委员会第27次会议听取和审议了县人大常委会主任会议《关于提请许可对岳阳县第十七届人民代表大会代表彭向明采取刑事强制措施的议案》，根据《中华人民共和国全国人民代表大会和地方各级人民代表大会代表法》的相关规定，决定许可岳阳县公安局对县第十七届人民代表大会代表彭向明采取刑事强制措施。

【关于接受陈绍东辞去岳阳县监察委员会主任职务的决定】 2020年8月28日，岳阳县第十七届人民代表大会常务委员会第二十八次会议决定：接受陈绍东辞去岳阳县监察委员会主任职务，报岳阳县第十七届人民代表大会第五次会议备案。

【关于杨革新副主任为岳阳县监

察委员会代理主任的决定】 根据《湖南省人大常委会人事任免办法》的相关规定，2020年8月28日，岳阳县第十七届人民代表大会常务委员会第二十八次会议决定：杨革新副主任为岳阳县监察委员会代理主任。

【关于批准2019年县级财政决算的决议】 2020年8月20日，岳阳县第十七届人民代表大会常务委员会第二十八次会议听取和审议了县财政局局长刘卫兵受县人民政府委托所作的《关于2019年县级财政决算（草案）和2020年上半年财政预算执行情况的报告》，根据县人大财经委的初审报告，会议决定：批准2019年县级财政决算。

【关于接受曾平原辞去岳阳县人民政府县长职务的决定】 2020年9月25日，岳阳县第十七届人民代表大会常务委员会第29次会议决定：接受曾平原辞去岳阳县人民政府县长职务，报岳阳县第十七届人民代表大会第五次会议备案。

【关于肖湘晖副县长为岳阳县人民政府代理县长的决定】 2020年9月25日，岳阳县第十七届人民代表大会常务委员会第二十九次会议决定：肖湘晖副县长为岳阳县人民政府代理县长。

【关于批准岳阳县2020年中央财政直达资金和债券资金安排方案的决议】 2020年12月3日，岳阳县第十七届人大常委会第三十次会议审查了县财政局局长刘卫兵受县人民政府委托所作的《关于岳阳县2020年中央财政直达资金和债券资金安排方案（草案）的报告》，同意县人大财政经济委员会在审查报告中提出的建议，决定批准岳阳县2020年中央财政直达资金和债券资金安排方案。

【关于批准2020年县级财政预算调整的决议】 岳阳县十七届人大常委会第三十一次会议听取和审议了县财政局局长刘卫兵受县人民政府委托所作的《关于岳阳县2020年财政预算调整方案的报告》，根据县人大财经委《关于岳阳县2020年财政预算调整情况的审查报告》，会议决定：通过《关于岳阳县2020年财政预算调整方案的报告》，同意人大财经委的审查意见，批准2020年县级财政预算调整方案。

【关于批准《岳阳县乡镇污水处理厂及配套管网PPP项目签订补充协议和拨付专项资金的议案》的决议】 岳阳县第十七届人大常委会第三十一次会议听取和审议县人民政府《关于提请审议岳阳县乡镇污水处理厂及配套管网建设PPP项目签订补充协议和拨付专项资金方案的议案》，决定批准该议案。

【关于授予“人民满意法官”、“人民满意检察官”荣誉称号的决定】 根据县第十七届人大常委会第二十次会议通过的《关于对法官、检察官开展年度全员履职评议的工作方案》和2020年度“两官”全员履职评议结果，决定：授予周旺兴、邹伍定“2020年度人民满意法官”荣誉称号；授予陈兴满“2020年度人民满意检察官”荣誉称号。

【关于接受刘小良、张艳生辞去岳阳县第十七届人民代表大会常务委员会副主任职务的决定】 2020年12月22日，岳阳县第十七届人民代表大会常务委员会第三十一次会议决定：接受刘小良、张艳生辞去岳阳县第十七届人民代表大会常务委员会副主任职务，报岳阳县第十七届人民代表大会第五次会议备案。

【关于政府工作报告的决议】 2020年12月26日，岳阳县第十七届人民代表大会第五次会议听取和审议了县人民政府代理县长肖湘晖所作的政府工作报告。会议充分肯定县人民政府“十三五”时期和2020年的工作，同意报告提出的“十四五”时期指导思想、主要目标、重点任务和2021年工作安排，决定批准该报告。

会议号召，全县人民要更加紧密团结在以习近平为核心的中共中央周围，坚持以习近平新时代中国特色社会主义思想为指导，全面贯彻中共十九大和十九届二中、三中、四中、五中全会精神和县委决策部署，牢固树立以人民为中心的发展思想，积极践行新发展理念，坚持做好“六稳”“六保”工作，强力推进产业转型升级、乡村振兴、城乡融合发展、生态环境保护、全面深化改革和民生福祉保障各项工作，全力推动高质量发展，为“十四五”开好局、共创岳阳县更加辉煌灿烂的明天努力奋斗。

【关于岳阳县国民经济和社会发展第十四个五年规划纲要的决议】 2020年12月28日，岳阳县第十七届人民代表大会第五次会议审查县人民政府提出的《岳阳县国民经济和社会发展第十四个五年规划纲要（草案）》，同意县人大财政经济委员会的审查结果报告，决定批准该规划纲要。会议认为，岳阳县“十四五”规划纲要全面贯彻了党的十九届五中全会精神，提出的“十四五”时期经济社会的主要目标、重点任务和重大举措，符合岳阳县县情和实际，顺应了全县人民的共同意愿，反映了经济发展新常态的要求，经过努力是可以实现的。会议要求，全县上下要在中共岳阳县委的正确领导下，以高质量发展为主题，以稳中求进为总基调，坚持“创新引领，开放崛起”发展战略，做大新型工业，做强现代农业，做活生态旅游，做旺商贸物流，做美县城集镇，努力建设富饶美丽幸福岳阳县，为全面完成岳阳县“十四五”规划的目标任务而奋斗。

【关于岳阳县2020年国民经济和社会发展计划执行情况及2021年计划的决议】 2020年12月28日，岳阳县第十七届人民代表大会第五次会议认真审查了县人民政府《关于岳阳县2020年国民经济和社会发展计划执行情况及2021年计划（草案）的报告》，同意县人大财政经济委员会的审查结果报告，决定批准该报告，批准2021年国民经济和社会发展计划，并委托县人大常委会作进一步审查。

【关于岳阳县2020年财政预算执行情况和2021年财政预算的决议】 2020年12月28日，岳阳县第十七届人民代表大会第五次会议认真审查了县人民政府《关于岳阳县2020年财政预算执行情况和2021年财政预算（草案）的报告》，同意县人大财政经济委员会的审查结果报告，决定批准该报告，批准2021年县级财政预算草案，并委托县人大常委会作进一步审查。

（余　碧）

岳阳县人民政府

岳阳县人民政府

重要会议

【春耕生产部署会】 2020 年 2 月 25 日，岳阳县召开全县春耕生产部署会。会议指出，疫情防控已进入最吃劲的关键阶段，全县上下要进一步统一思想，认清形势，真抓实干，全身心投入春季农业生产工作中。会议要求，与会人员要自觉提高政治站位，保持战斗状态，加强统一领导、统一部署、统一行动，支持集中育秧中心建设，加强农耕技术指导，鼓励机插和集中育秧；推进水利冬春修，周密部署临江临湖临河的电排机埠和病险水库处险，做好防汛备汛工作；鼓励引导农民开展春耕生产，提前做好春防准备；稳定生猪生产能力，大力抓好畜禽生产，加强技术指导，做好科学防灾减灾，发挥联防联控机制作用，强化野生动物疫病防控，确保防疫生产两不误。

【“守护好一江碧水”暨生态环境保护工作会议】 2020 年 3 月 24 日，岳阳县“守护好一江碧水”暨生态环境保护工作会议召开。县委常委、纪委书记、监委主任陈绍东就“洞庭清波”行动方案进行部署；副县长胡秉阳总结 2019 年生态环境工作，安排部署了 2020 年工作；岳阳市生态环境局岳阳县分局、县住建局、县水利局、县铁山水资源保护中心、荣家湾镇、中洲乡负责人作了表态发言。县委书记田文静指出，要牢记总书记“守护好一江碧水”的殷殷嘱托，要动员全县上下统一思想、凝聚共识，扎实做好全县生态环保各项工作，坚决打赢污染防治攻坚战，决战决胜全面小康，为建设富饶美丽幸福岳阳县提供良好的生态保障。曾平原在会上要求，要坚定不移的贯彻习近平生态文明思想，持之以恒的打好污染防治攻坚战，做到：明确工作重点，打好蓝天碧水净土保卫战；明确十大任务清单，齐抓共管，抓好落实；明确工作责任，职能负责、属地负责，做到守土有责守土尽责。

【脱贫攻坚讲评与加强粮食生产工作推进会】 2020 年 5 月 12 日，岳阳县召开脱贫攻坚讲评暨“回头看”问题整改与加强粮食生产、防止耕地抛荒工作推进会，县委副书记、县长曾平原出席并讲话，县委副书记王保林主持会议，副县长杨前进及县法院院长许辉、县检察院检察长钟沁和相关单位负责人参加。曾平原指出，脱贫攻坚已进入决战决胜的冲刺期，从决定性成就到全面胜利，面临的困难和挑战依然艰巨。要坚定不移贯彻中央决策部署、坚决打赢脱贫攻坚战。要摸清底数，完善方案，准确把握贫困人口需求，制定有针对性的帮扶措施，聚焦问题清零“补短板”，逐村逐户逐项梳理问题短板，一项一项整改清零，一户一户对账销号。要坚定不移落实各项惠农政策、全力以赴抓好粮食生产工作，做到严格兑现政策、严惩耕地抛荒，鼓励复耕复垦、推进粮食生产，加强土地流转、推进大户种植。

【安全生产专项整治三年行动暨交通问题顽瘴痼疾集中整治工作推进会】 2020年9月25日，岳阳县召开安全生产专项整治三年行动暨交通问题顽瘴痼疾集中整治工作推进会。县委副书记、代县长肖湘晖，县领导吴光文、张奕、甘柏旺、余望新出席会议。肖湘晖提出，要牢固树立底线思维、守住安全红线、严明政治底线、对标考核底线、坚守责任底线；要坚持问题导向，突出深学笃行，解决安全发展理念不牢等问题；要真正做到实干担当，坚持专班推进、形成合力、依法打击、严格考核，从根本上消除事故隐患，为全县高质量发展营造更加良好的安全环境。

重要活动

【重大项目集中开工仪式暨财纳福诺石晶地板产业链项目（二期）奠基仪式】 2020年6月11日，岳阳县举行2020年重大项目集中开工仪式暨财纳福诺石晶地板产业链项目（二期）奠基仪式。该次集中开工的10个重点项目，总投资额71.1亿元，其中5亿元以上项目4个，涉及现代生物医药、智能制造、新型材料等多个领域。其中，财纳福诺石晶地板产业链项目，总投资达35亿元，

2020年11月16日，岳阳县金融工作暨政银企业洽谈会召开

已纳入2020年湖南省“五个100”重大产业建设项目。市委常委、宣传部部长马娜，县委书记田文静，县领导汤小娥、袁陆保、吴光文、易新岳、王卫兵、胡秉阳、张奕、余望新出席活动。

【第二届全国石木塑全产业链峰会暨2020年年会】 2020年11月25日，石木塑第二届全产业链峰会暨2020年年会在岳阳县举行。该次峰会由中国林产工业协会、岳阳县人民政府联合主办。来自国家、省、市、县有关部门单位及150余家行业及关联企业代表出席。峰会旨在研判形势，探讨行业创新发展新模式，搭建信息沟通共享平台，共同推动石木塑产业行稳致远。县委书记田文静表示要以该次峰会为契机，积极打造华中地区最大的石木塑环保材料产业园。县委副书记、代县长肖湘晖进行了专题招商推介致辞。峰会还邀请相关权威人士就行业发展有关问题作主旨报告，并开展精英对话。

（鲁宇龙）

县政府办公室工作

【概况】 2020年，岳阳县人民政府办公室紧扣全县中心工作和发展大局，充分发挥综合协调、督办落实、参政设谋作用，强协调推发展，强管理促规范，强党建优服务，全力推动全县改革提速、发展提质、工作提效。

【文秘工作】 2020年，县政府办文秘工作全面落实中央集中整治形式主义、官僚主义精神，有效治理“文山会海”，严格做到发文办会相比2019年有减无增。严格执行“八个一律不发”，严把公文制发关、内容关、格式

关、运转关和签批关“五道关口”。全年承办全县性会议5次，下发会议通知500余次，起草、审核、印发县人民政府及其办公室各类公文、函件495篇，收转各类文件、电报、传真400余件，有效地保障了政令通畅。

【督查工作】 2020年，县政府办认真贯彻“把握中心、围绕大局、突出重点、抓住关键”的工作思路，坚持明察与暗访相结合，扎实推进“四不两直”常态化督查方式，做好项目建设、民生实事、《政府工作报告》任务落实、领导批示件等工作督查。全年开展各类督查29次，撰写《情况汇报》9篇，下发《督查通报》7期，上报省市民生实事项目进展情况12次，重点项目进展12次，完成县领导批办件8件，市领导批办件3件，按时办结率达100%。

【金融服务监管工作】 2020年，县政府办金融服务监管工作认真落实金融支持实体经济发展各项政策措施，切实解决企业融资难、融资贵问题。全县贷款规模达到147.21亿元，增长17.08%，疫情防控期间，全县各金融机构发放各类贷款12.29亿元。全年为65家企业提供贷款担保，贷款余额2.06亿元。完成保费收入4.45亿元。非法集资风险隐患排查化解工作在全市通报表扬，省级金融安全区创建经验在全市作典型推介。

【公共机构节能工作】 2020年，县政府办公共机构节能工作大力开展节能宣传，积极创建节约型示范单位，被评为全市公共机构节能工作管理先进单位，县一中成功创建国家级“节约型公共机构”示范单位。

【建议提案工作】 2020年，县政府办建议提案工作严把交办、办理、办结“三关”，建立领导批示登记、部门联动办理、沟通回访督办制度，办复结果全部在政府门户网站公开。全年承办各级人大代表建议、政协委员提案169件，其中建议83件、议案2件，提案78件（6件重点提案、4件转为社情民意），实现见面率、办结率、满意率三个100%，获评全市建议办理工作先进单位。

【公车服务工作】 2020年，县政府办公车服务工作全面启动“全省一张网”建设，公车运行实现数字化、智能化、精细化管理，服务能力和保障水平进一步提升。全年派车1.4万余次，安全行驶142万多千米，没有发生一起安全事故，为疫情防控、防汛救灾、项目建设等重点工作提供了有效保障。

（鲁宇龙）

经济研究工作

【概况】 2020年，县经济研究中心始终围绕县政府中心工作，加强调查研究、文稿综合和信息报送，为县域经济社会发展发挥了参政设谋作用。

【综合工作】 2020年，县经济研究中心坚持高标准、严要求，切实把好文稿政治关、政策关、

公车驾驶员整装待发，随时保障公车服务

语言文字关，不断提高文稿服务新境界。全年撰写各类讲话材料223篇、综合材料236篇、汇报材料153篇，总字数达320万。同时，编印《政府通报》2期，在《中国建设报》《秘书之友》《湖南日报》等省级以上官方刊物上发表文章4篇。参与了《岳阳县工作》的编辑工作，发表领导署名文章12篇，客观、科学推介了岳阳县的工作。

【调研工作】 2020年，县经济研究中心围绕“十四五”规划、疫情后复工复产、乡村振兴、环境保护等全县经济社会发展的重点领域开展调研。确定《岳阳县十四五经济社会研究》等重大调研课题6个，全年开展专题调研18次，召开部门、乡镇座谈会30次，编印《调查与研究》2期，为岳阳县经济社会的发展提出了许多合理化建议。赴湖北、四川等地开展对接自由贸易试验区专题调研。形成调研报告《对接岳阳自贸片区 打造协同发展高地》，被岳阳市政府主要领导批示并全市传阅。

【信息工作】 2020年，县经济研究中心围绕岳阳县重点难点热点工作，把握各项方针政策执行关键节点，及时收集、报送信息，为领导了解实情掌握实情提供载体和渠道。全年向省、市报送各类工作信息173条，及时宣传了岳阳县的工作动态和典型经验。

（鲁宇龙）

民政工作

【概况】 2020年，岳阳县民政局坚持“以民为本、为民解困、为民服务”宗旨，聚焦特殊群体，强化基本民生保障；聚焦群众关切，优化基本社会服务；聚焦大局稳定，深化基层社会治理。全县兜底保障坚强有力，社会救助精准公平，养老服务提质增效，儿童福利显著加强，殡葬改革稳步推进，婚姻登记创新发展，基层治理稳步提升。在全县综合绩效考核中取得良好名次，党风廉政建设、疫情防控、脱贫攻坚、信访、禁毒等工作获评先进。

【社会救助】 2020年，岳阳县城乡低保标准分别提高至月人均575元、350元，月人均补差分别提高至374元、226元，全县保障城乡低保对象9895户16890人（其中兜底对象618户1318人），发放低保资金5793.1万元；集中供养、分散供养标准提高到748元/月、455元/月，为5783位特困供养人员发放供养资金3486万元。完善信息核对机制，核对家庭经济信息19628条，将2436人次不符合条件救助对象拒之门外。深化城乡低保专项整治，清理清退城乡低保对象982户3614人，新增326户717人。

【慈善与福彩】 2020年，全县民政部门开展“慈善天天一元捐”“巴陵两新”疫情防控、微基金和定向捐赠等活动，募集善款370.9万元和30多万元防控物资。开展“爱心改变命运”“关爱抗战老兵”“慈善慰问暖人心”活动，资助、救助困难人士200余人。截至年底，岳阳县福彩投注站增加到38家，乡镇覆盖率达100%，有4个省级旗舰店、12个市级示范店。全年福彩销量1128万元，其中电脑彩票在疫情影响下实现正增长，增幅排名全市第一。端午、中秋、春节期间，组织对困难户、敬老院的慰问活动，彰显了福彩公益品牌形象。

【基层政权建设】 2020年，县民政局加强民政工作人员业务培训，选派业务骨干配合县委组织部，指导岳阳县村（居）委会换届选举工作，推进村（居）书记、主任“一肩挑”工作。开展村（社区）财务清查和村（社区）组织成员任期经济责任审计工作，促进财务管理规范化。配合县委组织部推进基层公共服务（一门式）全覆盖，打造便民服务阵地。加强对村规民约和居民公约修订的业务指导，探索建立自治、法治、德治相结合的基层治理体系。及时完成2021年换届选举后村（居）委员会统一社会信用代码赋码工作。

【养老服务】 2020年，县民政

建设中的月田敬老院

局落实养老机构服务体质升级计划，为柏祥、毛田敬老院新增220张床位，对岳阳县24名敬老院长和98名养老护理人员进行全员培训，聘请第三方机构对岳阳县5780余名特困供养人员进行生活自理能力评估，将失能、半失能特困人员全面纳入机构供养范围。为35名百岁老人实行每人每月400元的长寿补贴，新建2所中心敬老院，进一步完善养老服务体系。

【儿童福利】 2020年，县民政局牵头与18个部门共同建立留守儿童和困境儿童关爱保护工作联席会议制度，出台相关政策文件。在重大节日和寒暑假，联合开展走访慰问、知识讲座、亲情帮扶活动。建立完善农村留守儿童和困境儿童信息管理系统，指导乡镇建立详实完备的信息台账。在全县范围建立城乡社区“儿童之家”和“农村留守儿童活动室”194个，新墙镇老街居委会等2个儿童之家获评“省级示范儿童之家”。发放孤儿、困境儿童生活费94.2万元；事实无人抚养儿童基本生活补贴91.73万元；依法办理收养登记7例。为全县250名孤儿、事实无人抚养儿童购买意外事故伤亡和医疗保险。

【残疾人补贴发放】 2020年，岳阳县残疾人“两项补贴”标准提高至每人每月65元。全年为232165人次发放重度残疾人护理补贴、生活补贴1509.0725万元，并清退1935名已死亡或者不符合条件的对象。

【社会组织管理】 2020年，岳阳县注册登记的社会组织328家，完成年检169家，建立社会组织党支部52个，发展新党员7名，培养入党积极分子10名。新冠疫情期间，引导社会组织“听党话、感党恩、跟党走”，各社会组织捐赠58万余元资金和物资，发动3000余名志愿者，支持疫情防控；投入500余万元参与脱贫攻坚，帮助1000多名贫困户就业。

【流浪乞讨人员救助】 2020年，县民政局认真抓好对流浪乞讨人员的求助接待、管理服务、宣传教育、护送返乡、主动救助等工作，接待和劝导救助人员789人次，受助人员都得到了妥善安置，救助率达100%。投入200余万元对救助站设施、设备进行改造，提升流浪乞讨人员救助能力。

【区划地名】 2020年5—10月，对岳阳县和华容县的界线进行了一次全面检查，完成两县33.8公里界线联检任务，经市民政局、省民政厅验收合格；完成地名普查工作，正着手编纂出版岳阳县地名图集、标准地名录、地名词典、地名志；对县城纳入文明创建范围的道路标志牌进行全面检查维护。

（赵　星）

退役军人事务

【概况】 2020年，岳阳县退役军人事务局以构建“基层基础基本年”“思想政治工作年”和

“矛盾攻坚化解年”为主线，以坚持“四个聚焦”为重点，立足解决当前存在的突出问题，着眼长远夯实基层基础，不断提升服务保障的规范化、精准化水平，退役军人的获得感、幸福感、荣誉感进一步增强，为县域经济发展和社会稳定大局做出贡献。被市政府评为岳阳市稳定工作先进单位。

【夯实基层基础】 2020年，县退役军人事务局将退役军人工作作为“三级书记”工程摆在突出位置。县乡二级均成立以书记为组长的党委退役军人事务工作领导小组，全面统筹推进退役军人事务工作。在工作机制上，严格落实上级“五有”“全覆盖”要求，稳步推进退役军人服务保障体系建设，退役军人服务体系从无到有、从有到优，15个乡镇（办事处）、195个村（社区）退役军人服务站织起一张服务保障网，为全县退役军人和其他优抚对象提供帮扶解困、就业创业扶持、权益维护等服务，夯实了关心关爱基础。

【思想政治工作】 2020年，县退役军人事务局举办退伍军人返乡欢迎仪式，为立功受奖退役士兵上门送去喜报，为老兵上门颁发抗美援朝70周年纪念章。设立退役军人荣誉室，将退役军人的荣誉物品陈列在柜，荣立一、二等功以及县级以上“最美退役军人”的事迹全部上墙展示。荣立二等功以上功臣模范事迹全部被载入岳阳县地方志书。新冠疫情发生后，全县退役军人踊跃响应号召，涌现了吴伍生、王旭军等一大批退役军人义务守卡、管制交通、自发捐款、最美逆行的先进事迹，得到社会各界赞誉。防汛期间，组织退役士官组建起岳阳县第一支退役士官防汛突击队，挖沟渠、装砂石、运物资、配合挖掘机打桩作业，保护了人民群众生命财产安全。

开展张谷英芭蕉烈士塔等重点烈士纪念设施的提质改造，创新开展“清明祭英烈”网上祭扫活动，举办“9·30”烈士公祭日活动，表达了对英烈的崇敬精神，传承了爱国主义情感。

【帮扶就业创业】 2020年，县退役军人事务局首次采取阳光安置的方式，高质量完成退役士官的安置工作，发放待安置期间生活费和自主就业退役士兵一次性经济补助。开展2020年退伍老兵返乡欢迎仪式暨适应性培训，帮助退役士兵更好完成角色转变、促进自主就业。组织线上线下退役军人招聘会5次，帮助退役军人在家门口找到合适的就业岗位；为退役士兵开展免费职业技能培训；与有关部门对接，在公务员和事业单位招考中设置5个退役士兵专岗，面向退役军人群体招录，通过多渠道、多方式扩大了退役军人就业创业的路子，获得了退役军人事务部的官方推介。

【优待抚恤政策】 2020年，县退役军人事务局全面落实优待抚恤政策，为504名重点优抚对象住院报销补助302.7万元，为30名困难对象开展特困帮扶援助，重点优抚对象定恤定补资金3627.8万元及时准确打卡发放。受理社保补缴申请3092人次，办结1598人次，筑牢了稳定的根基。

（邹　文）

政务服务

【概况】 2020年，县政务服务中心在全市率先推行“一窗受理，集成服务”改革，采取“综合窗口+服务专区”运行模式，设有2个综合受理区和不动产登记、商事登记、建设工程项目联审联批、人口与出入境、交警处罚中心、婚姻登记和人社医保7个专区，有113个办事服务窗口，包含进驻单位38个，进驻事项1203项。

县政务服务中心始终以“让群众满意”作为第一标准，坚持抓业务改革和抓争先创优两不误，不断强化内部管理，曾先后获得省级文明窗口单位、市级文明窗口单位、市委先进基层党组织、2019年度市县“三八红旗集体”荣誉称号等称号。所负责的县政府门户网从2014年起，连续5年被全国优秀政务平台推荐及综合影响力评估组评为全国县市区优秀政务网站。2020年，中心被县委确定为基层党组织示范点建设单位，被省妇联确定为全省“巾帼文明岗”。

【基层公共服务（一门式）全覆盖工作】 2020年，县政务服务中心下放的至村级受理基层公共服务事项45项，乡镇受理基层公共服务事项71项，全部录入省一体化平台，乡镇和村级高频事项服务指南和一次性告知单已制作到位；15个乡镇和193个村（社区）的云视讯系统全面开通，“全域通办”软硬件建设全面完成。9月27日，在县委党校开展了基层公共服务（一门式）全覆盖乡（镇）村受办员岗前培训，313人参加。

【新生儿“一件事一次办”】 2020年7月1日，岳阳县新生儿出生“一件事一次办”系统在县人民医院正式运行并颁发首证，实现新生儿出生医学证明、户口登记、医疗保险登记、预防接种证和儿童保健手册五件事情实行“出生就办、一次办好”，岳阳县具备接生资质的医疗机构有6家，已全部设置专窗、安排专人、建好专线。

【“跨省通办”】 2020年11月21日，岳阳县与湖北通城签订了“跨省通办”的协议，首推含城乡居民基本医疗保险参保登记在内的58个高频、高需求的政务服务事项进行跨省通办。两地除明确了在县级服务大厅增设“跨省通办”的窗口外，在岳阳县月田镇、毛田镇，通城县北港镇、马港镇便民中心也互设办事窗口，通过互相授权，互通系统，线下受理，线上流转，快递到家等方式，为“两田两港”经商和务工人员“就近办”“跨省办”提供高速便捷通道。

【专项改革】 2020年，县政务服务中心商事登记“110”改革完成，建立健全了“零见面”企业登记工作机制，企业开办时间压减至1个工作日内，设立登记4小时办结，33项市场监管领域行政审批事项推行“容缺受理”；不动产登记“160”改革目标已完成，自然资源、住建、税务“三窗合一”，与公安、民政、法院、市场、银行等部门实现信息共享；“170”改革成效明显，“多规合一”平台正式启动，立项用地规划许可、工程建设许可、施工许可阶段均实现全程网办，国土、规划、房产测绘“三测合一”已实现一窗式受理出件；区域评估必做项已完成4项。

【一件事一次办】 2020年，岳阳县编制《岳阳县“一件事一次办”目录清单》，逐项编制标准化办事指南，实行“一次告知、一次表单、一次联办、一次办好”的要求，形成了新的办理流程，并在县政府门户网开辟专栏实时公布。共发布第一批“一件事一次办”清单112项，其中套餐事项63项、单个事项49项，申请材料精减40%以上，套餐事项平均办理时限从16天压缩至8天。

【服务“就近办”】 2020年，岳阳县15个乡镇（办事处）和193个村和社区都建设了环境较好的办事服务大厅，政务外网网络已开通到位，同时将与村（居）民密切相关的个人事项下放到乡镇、村，让老百姓足不出村就能享受办证带来的便利。完成下放到乡镇、村（社区）的181项办理事项已完成对接工作。

【“全域通办”工作】 2020年，县政务服务中心在大厅设立了“全域通办”统一服务窗口。召集相关部门开展该项工作部署和业务培训会议，并成功接受了市人大、市政府、市政协领导的远程在线业务指导，具备远程协同办理能力。

【“三清单一目录”工作】 2020年，县政务服务中心根据机构改革职能的调整，对“三清单一目录”进行梳理。累计梳理权力清单3890项、责任清单1328项。

（刘伟刚　李岳花）

信访工作

【概况】 2020年，岳阳县信访工作以“三无”单位创建为目标，以“三到位一处理”为抓手，强基础、抓重点、优服务、促提升，大力推进信访工作责任落实，着力推进矛盾纠纷有序化解，全力推进重点信访问题集中攻坚，信访工作取得一定成效。岳阳县获“全市信访工作先进单位”荣誉称号，县信访局获评岳阳县平安建设先进单位、脱贫攻坚工作先进单位。

【全国“两会”特护期实现“零上访”目标】 2020年全国“两会”在特殊时期召开。特护期间，县委书记田文静亲自调度，县委常委、政法委书记余泽世带队驻守，县委常委、常务副县长吴光文，副县长兼公安局长付学文坐镇指挥，构建“党政领导、信访牵头、政法主力、属地主责、部门联动”的高效运行机制，实现全国“两会”特护期“零上访”目标。

【信访基础工作】 2020年，扎实推进“重点信访问题集中攻坚年、信访工作业务提升年、信访工作管理规范年”三项活动，出台重复信访事项办理提质增效奖惩办法，全县信访事项受理率达到99%以上，办结率达到99.8%，满意率达到98%以上，参评率达到49%以上，网信占比率达到68%以上，回访成功率达到77%以上，回访总满意率达到82%以上，国家、省级重复信访网总百分比在39%以下，信访事项一个月内办结比率达到70%以上，信访工作进入全市先进行列。张谷英镇、筻口镇、柏祥镇、毛田镇、步仙镇、中洲乡、杨林街镇、新开镇、月田镇、麻塘办事处10个乡镇（办事处）获评市级信访工作“三无”乡镇，创建率达66%以上；开展“人民满意窗口”创建，麻塘办事处、公田镇等5个乡镇和县退役军人事务局、县教体局等6个县直部门全力创建示范窗口。

【信访突出问题化解】 2020年，受疫情和市场影响，房地产办证、房地产开发、东洞庭湖禁捕退捕、造纸企业退出等信访问题突出，通过集中攻坚一批、帮扶稳控一批、真情救助一批、依法处置一批，确保信访突出问题“销号销案”，取得明显实效。开展集中治理重复信访、化解信访积案专项工作，58个信访积案全部实行县级领导包案、对责任单位进行交办，10件信访积案得到全面化解。

【信访秩序持续好转】 2020年，全县组织开展《信访条例》实施15周年集中宣传活动。着力维护信访秩序，加大重点信访人员和群体集访挑头人员涉访违法行为的依法处置力度，采取县领导对话和政法、信访、公安、退役军人事务等部门约谈方式，对奥园誉湖湾组织非法集访的2名挑头人员依法处理，依法处置王某某、李某某、蒋某某等涉访违法行为8人次，在全县进行宣传、通报，起到良好的教育警示作用，信访秩序持续好转。

【配合中心工作】 2020年，县信访局脱贫攻坚成效显著，8名干部在公田镇横铺村结对11户扶贫户，争取资金10万多元，坚持每月入户走访、每季度消费扶贫、每半年工作讲评，积极推进产业扶贫和扶贫助学活动，脱贫攻坚工作获评全县先进单位。“双联”工作积极推进，积极帮助苇业公司月山社区筹措资金3万余元，开展走访慰问和节日慰问活动，帮助社区解决实际问题，维护社区和谐稳定。积极开展“联手帮扶企业”行动，帮扶湖南湘之渔食品有限公司化解发展难题，推动企业整体迁入县高新园，为企业解决周边稳定协调经费1.5万元。积极参与防汛，接到县防汛反映令后，全局干部职工迅速接受新墙镇燎原垸1.75千米的大堤防汛任务，顶酷暑、战高温，实行24小时派人轮流值守，历时40多天完成防汛任务。

【岳阳县信访工作被《湖南日报》报道】 2020年，岳阳县围绕

"最多访一次"改革，以民生为重化解信访问题，积极推进"清初访、减重访、化积案、净环境"，快速化解信访矛盾，实现"信访总量下降、越级上访下降、网信占比提升、办理质量提升"目标，群众满意率从60%以下提升到85%以上。《湖南日报》市州新闻板块分别于2020年12月5日刊发《构建基层信访处置"快车道"》、2020年12月28日刊发《岳阳县："四轮驱动"解民难》2篇文章，报道了岳阳县信访局的措施和经验。

荣湾湖建设开发

【概况】 荣湾湖位于岳阳县城西北方向，紧邻城区，为岳阳县城的北大门，是在城南河出口拦坝修建的一座兼有灌溉、防洪和养殖功能的小（1）型水库，水库集雨面积21.3平方千米，正常蓄水位30.5米，正常库容309.6万立方米，正常蓄水面积105.07公顷。

荣湾湖综合治理工程本着"生态、休闲、文化"的设计理念，将对荣湾湖进行生态、防洪、景观改造，用5~8年的时间将荣湾湖打造成集城市公园、水上公园、森林公园于一体的县城新亮点，并建成面积7平方千米的新荣城。2011年，苏州园林设计院编制了荣湾湖修建性详细规划，把公园分5个功能区：城市广场景观区、商业水街景观区、湿地公园景观区、城市森林公园景观区、滨水健身体育休闲景观区。项目总投资约15亿元，主要工程有环湖快速通道、桥梁、城市广场、排涝泵站、岸线、给排水、绿化亮化等工程。

【东方路至沿河路连接段道路建设】 该项工程位于县城区城南河北侧城市支路，北起东方路南接沿河路，全长196米，宽15米，设计为沥青路面，雨、污水分流，定位城市次干路。建设内容包括路基、雨污水管道、路面、绿化、交通及亮化工程等，投资约260万元。项目于2020年9月8日开工建设，12月1日竣工通车。

【滨水东路（荣湖大酒店段）道路工程】 该项工程位于荣湖大酒店西侧，全长580米，宽22.5米（从东往西分幅为2.5米人行道+10米车行道+3米绿化带+7米车行道）。工程内容包括路面工程、路基土石方及基础处理工程、排水工程、交通工程等及相关附属工程，建设投资约908万元。

【荣湾湖渡改桥（虎形山桥）建设项目】 该项工程的设计、招投标工作完成。荣湾湖渡改桥（虎形山桥）建设项目位于富荣西路西端，荣湖大酒店西，为连接南北向道路G240、G240绕城线及麻黄线道路的控制性工程，宽32米，总长415米，其中桥长210米，引线道路长205米（东63米、西142米），总投资约6300万元，其中工程直接费5700万元，监理、检测等管理费600万元。计划于2021年2月开工建设。

【乐祥路改造工程】 该项工程位于县城北部，南起兴无路，北

城南河公园

至环湖路支路，道路长298米，宽20米，建设内容包括路基、雨污水管道、路面、绿化、交通、电力及通信工程等，投资约530万元。项目于2020年6月8日开工建设，9月1日竣工。

【新墙河路及沿河风光带工程】该项工程2020年开工建设，工程位于岳阳县城区北部樟树潭地块东侧，北起长丰路，南至环湖路，是荣湾湖片区规划中的一条城市支路，大致呈南北走向，全长1175.061米，道路宽20米，规划沿线与长丰路、兴乐路、规划二路及环湖路相交。工程包括新墙河路道路工程及沿新墙河道路的岸线护坡工程两部分。建设内容：路基工程、路面工程、交通工程、给排水工程、岸线工程、游路工程、绿化工程及照明工程等。工程造价约5389万元，项目于2020年10月8日开工建设，预计2021年5月1日完工。

（何　亮）

扶贫开发

【概况】　2020年是脱贫攻坚收官之年，面对新冠肺炎疫情影响和经济下行压力的“双重考验”，岳阳县扶贫办深入学习贯彻习近平关于扶贫工作的重要论述，聚焦解决“两不愁三保障”突出问题，全力抓好疫情防控、稳岗就业、消费扶贫、易地扶贫搬迁后续帮扶、返贫监测和帮扶机制等工作，1123户2683人减贫任务全面高质量完成，顺利通过省、市脱贫攻坚考核验收，全县脱贫攻坚工作取得决定性进展和历史性成就。县扶贫办获“湖南省2019年度扶贫宣传信息工作先进单位”“湖南省2019年度‘互联网+’社会扶贫工作先进单位”“2020年全国脱贫攻坚先进集体”“2020年度全县综合绩效考评先进单位”。

【行业扶贫】　2020年，岳阳县全面落实县乡村“三级书记抓扶贫”责任制，县委、县政府主要领导定期研究、定期调度，遍访46个贫困村和10个重点帮扶村；创新开展“脱贫感党恩·走向新生活”主题恳谈活动，组织近万名贫困户召开恳谈会158次，解决贫困群众反馈问题476个，该活动得到省市领导肯定，升华为全省“知党恩　感党恩　听党话　跟党走”主题活动。坚持投入力度不减。县财政在极力压缩非刚性开支情况下，保持脱贫攻坚投入只增不减，拨付专项扶贫资金3973.41万元，筹集各类帮扶资金4900万元，全部用于扶贫一线。坚持帮扶力量不退。继续保持第一书记、驻村工作队员、帮扶责任人不轮换、不变动。100家后盾帮扶单位加大帮扶力度，贫困群众增收稳定。县级领导牵头帮扶10个省级重点帮扶村和3个市级重点帮扶乡镇，确保贫困群众稳定脱贫，成效巩固。

【产业扶贫】　2020年，县扶贫办坚持“四跟四走”，强化“百千万”产业扶贫举措，确保有产业意愿贫困户利益联结全覆盖。月田镇邓谷红薯实施连片种植项目133.33公顷，与1237名贫困人口签订产业扶贫协议，实现户均年增收1200元左右；麻塘办事处灵雾山油菜种植专业合作社，流转土地种植油菜约310公顷，直接或委托帮扶贫困户397户。强化扶贫小额信贷支撑，新增放贷3456万元，确保发展产业项目且有贷款需求贫困户“应贷尽贷”。支持贫困户抢抓农时恢复生产，按政策妥善安置涉及禁捕退捕的贫困户、边缘户12户34人转产转业，已补偿50.67万元。

【就业扶贫】　2020年，县扶贫办举办5场现场招聘会、3场网络招聘会，为贫困劳动力推送就业招聘信息1.4万余条，发布8批1.2万余个招聘岗位信息，推荐贫困户、边缘户外出务工就业10449人；加强与上海、武汉、珠江三角洲地区的劳务协作，开通复工专车，组织返乡务工人员直达省外工厂返岗复产，被省人社厅评为“全省复工复产工作先进县”。建立贫困劳动力动态更新机制，实行跟踪管理，开展两轮贫困劳动力信息采集，10449条就业信息及时录入省劳务协作脱贫综合信息服务平台，开展常态化信息比对，确保数据精准有效。兑现一次性求职创业补贴150人4.5万元，交通费1960人37.89万元，贫困劳动力技能培训补贴40.5万元，贫困家庭“两后生”技能培训补贴22万元，以工代训补贴19.35万元，岗位补贴25人、2.5万元。

【消费扶贫】　2020年，县扶贫办组织开展“战疫情、帮产销”“疫期助农计划”“百户卖货、千元增收”等系列活动，累计销售贫困户农产品1525.2万元。开展“消费扶贫、关爱到家”消费扶贫月主题活动，着力推进政府搭台承销、预算单位购销、帮扶单位助销、龙头企业订销、“三专一平台”直销、电子商务营销、社会力量带销等七大消费扶贫行动，1个县消费扶贫馆、3个消费扶贫专区相继建成运营，180个消费扶贫专柜建设稳步推进。全县认证扶贫企业29家，扶贫产品68种，销售扶贫产品1.2亿元；各乡镇组织开展“消费扶贫贫困户农产品展销对接会”，销售额达1134万元；岳阳市第二届驻村帮扶成果展示会暨消费扶贫网购节中，岳阳县消费扶贫展馆3天销售扶贫产品651.76万元。

【强化政策保障】　2020年，县扶贫办教育保障方面，向5504名建档立卡等四类学生发放助学金651.85万元，其中建档立卡贫困家庭学生4501人588.24万元。健康保障方面，贫困人口参保率、慢病签约服务率达100%，大病救治进展率达100%，“先诊疗后付费”“一站式”结算服务实现全覆盖，贫困患者县外住院报销比例达80.89%，县域内住院报销比例达85.22%。住房保障方面，完成危房改造172户，发放危改资金338万元，住房信息录入率100%，“住房安全有保障”核验完成率100%；1200户3953名易地扶贫搬迁任务全面完成，入住率、后扶率100%。饮水安全方面，9727户贫困户通过管网延伸、新建集中供水、打井、安装净水机等多种形式全部保障到位。兜底保障方面，严格落实医疗保障、养老保险、临时救助等兜底保障政策，低保兜底保障标准提高到每人每年4200元。对出行困难的特殊贫困残疾人开展上门办证服务，重度残疾人护理补贴、残疾人生活补贴每月提高到65元/人。

【清零突出问题】　2020年，县扶贫办出台《岳阳县脱贫攻坚村级基础台账工作指南》，印发至各乡镇、村，对必要的资料台账进行规范整理；开展“50”清零行动，“回头看”问题整改情况“一周一报送、一周一研究、一周一调度”，核查整改疑似问题2502个。出台《脱贫质量全面核查工作方案》，对全县9745户建档立卡贫困户进行全覆盖交叉核查，全面梳理整改当前政策落实、工作落实、责任落实方面存在的问题，实行清单交办，限期整改，确保补齐短板。

【防控涉贫风险】　2020年，县

岳阳县2020年第三场就业扶贫专场招聘会现场

扶贫办出台《岳阳县防止返贫致贫监测和帮扶工作实施方案》，按照“村组日常监测→乡镇研判预警→部门联动监测→县级调度帮扶”四道程序，以村为单位，对符合条件的372户脱贫监测户、297户边缘易致贫户及时纳入扶贫系统，动态监测家庭收支和生活情况、“三保障”和安全饮水情况，进一步强化产业帮扶、就业帮扶、小额信贷、社会帮扶、综合保障等帮扶措施，确保返贫致贫风险全部消除。出台《岳阳县扶贫资产管理工作实施方案》，对扶贫项目资产进行全面清查登记，分类建立后续管护制度，确保项目资产正常使用、达到约定收益。出台《岳阳县贫困村债务化解实施方案》，按照“摸清旧债、控制新债、落实责任、分类处理、全面化解”的总体思路，以及“先清理后化解、先偿债后奖补”的基本要求，对46个贫困村债务进行全面审计，锁定债务4395.11万元，通过清收有效债权、闲置资产处置变现、土地流转、部门支持、财政奖补等有效举措，全力化解贫困村债务。出台《脱贫攻坚信访问题处置办法》，开通“决战决胜脱贫攻坚”热线电话，3000份公告全覆盖张贴到村到户，热线电话接访实行3日办结，网络舆情要求2个工作日内处置回复，共受理省市交办件12件，热线电话信访件249件，县级来访件154件，全部及时处置到位，群众反映良好。

（刘必武）

移民服务

【概况】 2020年，岳阳县库区移民服务中心全力配合县委、县政府中心工作的开展，提前将2021年度移民重点村张谷英芭蕉村、麻塘洞庭村整村推进工作落实完成，每个村安排210万元，共投入420万元，用于开展重点村基础设施建设、产业开发及人居环境整治工作；在“十四五”规划编制中将安排3000万元用于重点产业、厕所改造、环境整治等县委、县政府中心工作。特别是中洲乡重金属污染需要开展的产业转型升级，列入产业发展工作的重中之重；配合全县厕所革命工作，按2000元/个的标准，完成移民户厕所无害化改造3000个，科学合理地将移民厕所粪污无害化处理或资源化利用率普及提高，真正实惠于移民，造福于移民。

【移民重点村建设】 2020年，县库区移民服务中心在步仙镇步仙湖村、公田镇大塅村、毛田镇芭蕉村、月田镇黄岸村、张谷英镇天龙村共5个村，按每个村投入210万元（共1010万元），开展移民美丽家园整村推进建设。为配合发展县域经济，将张谷英镇芭蕉村、麻塘洞庭村作为2021年度移民重点村整村推进，投入420万元，整体工作基本完成。重点村整村推进着重移民产业开发，配套基础设施建设及人居环境整治工作。通过移民美丽家园整村推进建设，大幅度提升了重点村的基础设施水平，加快了移民产业开发，极大地改善了移民人居环境状况，真正实惠移民，

2020年大中型水库移民电子信息采集培训会

造福移民。

【移民人口集中清理核减工作】 2020年，县库区移民服务中心在2019年集中清理核减的基础上，按照移民人口清查核减工作方案，全年核减死亡人口564名，减少直补资金发放33.84万元，因暂时无法查找到人的原因，统一暂停发放直补人口801人，涉及资金48.06万元。

【国家重点投入项目】 2020年，县库区移民服务中心按年初预定的争取国家重点投入项目计划：大中型水库库区和移民安置区规划项目，主要是岳阳县中洲乡、毛田镇月田镇、麻塘办事处等移民村大中型水库库区和移民安置区社会事业基础设施，生产、生活设施建设项目，通过向省市移民事务中心的努力争取工作，超目标值1400万元，全县投入资金7400万元。

【移民培训】 2020年，县库区移民服务中心投入移民资金170万元，完成移民实用技术、职业技能培训1090人。真正培训移民到户到人，解决移民技术、技能荒的问题，让移民能学以致用、致富。

【移民改厕】 2020年，县库区移民服务中心配合全县改厕工作，结合精准扶持移民重点村建设工作，按无害化厕所改造标准和规范要求，全年完成移民无害化厕所改造3000个，投入改厕资金600万元，逐步实现所有移民用上无害化卫生厕所目标。

【移民资金监管】 2020年，县库区移民服务中心接受省、市移民事务中心年度内审、监测评估和绩效评价工作，圆满完成工作任务。2020年，岳阳县移民后扶工作得到省中心高度肯定和认可，特别是移民信息采集工作突出，奖励移民后扶项目资金140万元，在全市排名第一。

（胡　云）

政协岳阳县委员会

政协岳阳县委员会

【概况】 2020年，县政协坚持以习近平新时代中国特色社会主义思想为指导，深入学习贯彻中共十九大、十九届二中、三中、四中、五中全会和习近平考察湖南重要讲话精神，把“懂政协、会协商、善议政”贯穿于政协工作全过程，充分发挥协商民主和专门协商机构作用，紧扣县委决策部署，在建言资政和凝聚共识上双向发力，凝心聚力。全年召开常委会议6次、党组会议6次、主席会议9次，集中视察活动5次，专题调研活动17次，为助推全县经济社会高质量发展贡献了政协智慧和力量。

重要会议

【政协岳阳县十三届五次会议】 2020年12月24—27日在县城召开。县委书记田文静在开幕式上讲话。会议听取和审议了县政协主席袁陆保所作的《常务委员会工作报告》和副主席刘岳所作的《关于十三届四次会议以来提案工作情况的报告》。会议就《整合资源，汇聚力量，纵深推进我县陶瓷产业转型升级健康发展》进行大会口头建言和印发6份书面建言。列席县人大十七届五次会议，听取和讨论县政府工作报告、县法检两院工作报告、计划和财政报告以及岳阳县国民经济和社会发展第十四个五年规划纲要（草案）。会议协商了县人大、县监委重要人事安排。表彰2020年度先进联络办（组）、优秀政协委员和优秀提案。通报全县各政协联络办（组）和政协委员政协云活跃度情况。通过大会政治决议和其他决议。

【政协岳阳县十三届十九次常委（扩大）会议】 2020年3月27日在县委党校召开。各乡镇、县直联络办主任（组长），县政协机关各办委副主任列席会议。主要议程有：协商审议县政协2020年度工作要点；听取十三届四次会议提案征集和审查情况汇报；听取“双助双行动”工作方案解读。

【政协岳阳县十三届二十次常委会议】 2020年4月9日召开。县政协主席袁陆保，副主席袁文琪、甘柏旺、彭荣欣、刘岳，秘书长毛世红出席会议。会议专题协商全县2020年度财政预算草案编制情况。

【政协岳阳县十三届二十一次常委（扩大）会议】 2020年8月31日，十三届二十一次常委（扩大）暨“最多跑一次”改革委员视察活动座谈会在荣湖大酒店召开。县政协主席袁陆保，副主席袁文琪、甘柏旺、彭荣欣、余望新、刘岳，秘书长毛世红参加会议。县委常委、组织部部长姜其胜、县政务公开中心负责人应邀参加。会前，视察了政务服务中心大厅，听取了情况介绍。座谈会议程有：观看县政务服务中心履职专题片；政协常委就有关问题提问，县政务服务中心相关负责人解释回答。

【政协岳阳县十三届二十二次常委会议】 2020年11月26日在

县委党校召开。县政协主席袁陆保，副主席袁文琪、甘柏旺、彭荣欣、刘岳，秘书长毛世红出席。会议议程有：县发改局负责人汇报“十四五”规划工作开展情况及下步工作打算；政协常委就规划编制情况提出意见建议。袁陆保对岳阳县“十四五”规划基本思路给予高度肯定并指出，编制好“十四五”规划，是县委、县政府的一项重要工作，对全县上下统一思想、凝聚共识，形成共同目标，更好推动发展具有重大意义。

【政协岳阳县十三届二十三次常委（扩大）会议】 2020年12月1日在县委党校多功能厅召开。县政协主席袁陆保，副主席甘柏旺、彭荣欣、余望新、刘岳、秘书长毛世红出席，副主席袁文琪主持会议。县委常委、常务副县长吴光文，岳阳高新技术产业园区、县科技局、县财政局、县税务局等单位负责人应邀参加。乡镇政协联络办主任、县直界别联络组组长、各专委副主任列席会议。

【政协岳阳县十三届二十四次常委（扩大）会议】 2020年12月24日在县城富雅大酒店召开。县政协主席袁陆保主持会议，副主席袁文琪、甘柏旺、彭荣欣、余望新、刘岳，秘书长毛世红出席会议。各乡镇（办事处）联络办主任、县直界别组组长列席会议。会议表决通过县政协十三届五次会议议程日程安排（草案）；辞免和补选十三届政协委员；协商通过大会讨论委员分组安排及其他事项；通报各联络办、界别组提案收集情况；宣读县纪委监委关于在县“两会”期间严明大会纪律，加强监督检查工作的通知。

【政协岳阳县十三届二十五次常委（扩大）会议】 2020年12月26日在县城富雅大酒店召开。县政协常委会组成人员参加会议，各乡镇（办事处）联络办主任、县直界别组组长列席会议。县委常委、常务副县长吴光文，县委常委、县委组织部部长姜期胜应邀列席会议。县政协第十三届第五次会议各讨论组组长汇报了委员们对政协常委会工作报告、提案工作报告和政府工作报告及其他报告的讨论情况。姜期胜就有关人事安排作了说明。会议通过了政治决议（草案）。

【政协岳阳县十九次主席（扩大）会议】 2020年3月18日，县政协主席袁陆保主持召开第十九次主席（扩大）会议。会议研究2020年工作要点和机关管理制度，对机关学习制度、工作制度、财务管理、食堂管理、党组织生活、党风廉政建设、印鉴使用管理、关于从严控制会议活动、关于加强财务管理“八个严禁”规定、关于进一步严格禁酒令和下村工作纪律等制度进行修订和完善。

【政协岳阳县十三届二十次主席会议】 2020年3月25日，县政协主席袁陆保主持召开第二十次主席会议。县政协主席会议成员、党组成员参加。会议研究2020年度政协领导工作分工、机关干部职工工作分工和机关经费管理等。

【政协岳阳县十三届二十一次主席（扩大）会议】 2020年6月12日，县政协主席袁陆保主持召开第二十一次主席（扩大）会议。县政协副主席袁文琪、甘柏旺、彭荣欣、余望新、刘岳，秘书长毛世红出席会议，各专委主任列席会议。会议对机关智慧政协建设、《岳阳县政协志（1983—2020）》编纂、庆祝建党99周年系列活动等工作进行了研究。

【政协岳阳县十三届二十三次主席（扩大）会议】 2020年11月19日，县政协十三届第二十三次主席（扩大）会议召开。县政协主席袁陆保、副主席袁文琪、甘柏旺、彭荣欣、余望新、刘岳，秘书长毛世红参加会议。县纪委派驻县政协纪检组负责人、各办委正副主任列席会议。会议研究县政协十三届五次会议相关筹备工作，听取县委第八轮巡察整改情况及整改方案，并对县政协机关绩效考核、机关工会换届选举等工作进行安排部署。

【政协岳阳县十三届二十四次主

席（扩大）会议】 2020年12月14日，县政协十三届第二十四次主席（扩大）会议召开。专题讨论县政协十三届五次会议相关工作。县政协主席袁陆保，副主席袁文琪、甘柏旺、彭荣欣、余望新、刘岳，秘书长毛世红出席。会议研究讨论县政协常委会工作报告和提案工作报告、《县政协十三届四次会议优秀提案建议名单》、优秀政协委员推荐名单。

【提案工作】 2020年，县政协受理交办提案74件，办结74件。办理情况：已经解决或基本解决的（A类）39件，占52.7%；正在解决或列入计划逐步解决的（B类）24件，占32.4%；所提问题因条件限制或其他原因待以后解决的（C类）11件，占14.9%。牵头分3次对74件提案的第一提案人进行回访，掌握承办单位与提案人的互动交流情况，了解提案人对承办单位办理情况的满意度，并在回访后进行通报，督促各承办单位对提案办理工作进行“回头看”。对重点提案实行专题协商，针对《发展生物医药，做强主导产业》提案，组织高新园区管委会、县财政局、县税务局、县自然资源局等单位进行对口协商，并于12月1日组织全体政协常委先视察、后协商，推动了提案所反映问题的落实落地。对重点承办单位实行跟踪问效，联合县政府办，深入县农业农村局、县城管局、县卫健局、县交通运输局等重点承办单位，进行了面对面的沟通交流，实时掌握提案办理进度。县政协工商企联络组提出《大力优化营商环境，助推民营企业高质量发展“加速跑”》的提案，县委、县政府高度重视，推行县级领导包产业包企业、县直部门联手帮扶的工作责任制，全程为企业提供“保姆式”服务；新冠肺炎疫情期间，县政府还出台了促进中小企业平稳健康发展政策措施。为传承好张谷英“孝友家风”，委员吴焕青提出《擦亮“孝友家风”民俗文化名片》的提案，县委决定在全县实施“扬清风正气，传孝廉家风”廉政教育系列活动，组织全县党员干部分批次在张谷英家风传承馆观看警示教育片、听取专题党课。

【专题调研】 2020年，县政协围绕农业特色产业、农村干部队伍、农民生产生活等涉及乡村振兴的短板和问题，开展专题调研9次，形成调研报告11篇，提出意见建议21条，为县委、县政府决策提供了依据。针对2019年非洲猪瘟对生猪养殖的影响，组织调研组，走村入户，召开养殖大户、散养户、饲料供应商座谈会，了解生猪稳产保供情况，形成了《促进生猪稳产保供，助推乡村振兴的调研报告》。针对农村基层干部人才老化，结合村级换届选举，组织调研组，先后走访5个乡镇、17个村（居）、148名党员和群众，形成《乡村干部人才队伍情况的调研报告》，得到市政协高度肯定。针对群众关心的农村改厕工作，深入一线调研，形成了《岳阳县“厕所革命”实施情况的调研报告》。围绕砂石资源利用，成立“东洞庭湖砂石有序开采”调研组，深入洞庭湖区、建筑市场、建工企业、县直部门广泛进行座谈，在市政协专题议政性常委会上，提出“关于支持岳阳县东洞庭湖区砂石有序开采进入岳阳市‘十四五’规划”的建议，得到了市政协和市直相关部门回应。

【视察评议】 2020年，为助力陶瓷企业加快转型升级，县政协主席会议成员、政协各专委主任到一线专题视察，召开职能部门、陶瓷企业负责人座谈会，提出“依法开采瓷泥瓷砂，保证原材料持续稳定供应；依法破产停产企业，盘活陶瓷行业不良资产；公允评价陶瓷企业，促进银企合作双赢；规划专业填埋场，实现固体废弃物集中填埋”的建议。8月，组织召开第十三届第二十一次常委（扩大）会议暨“最多跑一次”改革委员视察活动座谈会，全体常委视察了政务服务中心大厅。12月，组织召开第十三届第二十三次常委（扩大）会议。会议召开前，全体常委参观湖南科伦制药有限公司、民康医用材料有限公司，听取了企业有关生产经营方面情况介绍。

重要决议

【政协岳阳县十三届五次会议政治决议】（2020年12月27日政协岳阳县第十三届委员会第五次会议通过）

中国人民政治协商会议岳阳县第十三届委员会第五次会议于2020年12月24—27日在县城举行。

会议是在深入学习贯彻习近平新时代中国特色社会主义思想和中共十九大，十九届二中、三中、四中、五中全会，习近平考察湖南重要讲话精神的重要时刻召开的。会议审议批准县政协主席袁陆保代表县政协十三届委员会常务委员会所作的工作报告，审议批准县政协副主席刘岳代表县政协十三届委员会常务委员会所作的提案工作报告，听取和印发7个大会建言，听取县委书记田文静的重要讲话；列席县人大十七届五次会议，听取并讨论县人民政府代县长肖湘晖所作的政府工作报告，协商并讨论县“十四五”规划纲要（草案）、县人民法院工作报告、县人民检察院工作报告和计划、财政工作报告，协商重要人事安排。会议期间，全体委员以高度的政治自觉，认真的参政态度，饱满的为民情怀，通过大会协商发言、委员分组讨论、提交建议提案、反映社情民意等多种形式，深入协商议政，积极建言献策，生动践行了社会主义协商民主，充分展示了新时代政协委员“懂政协、会协商、善议政”“守纪律、讲规矩、重品行”的良好形象。会议务实高效、风清气正，充分展现了社会主义协商民主的独特优势和生机活力，是一次承前启后、继往开来的大会，是一次民主团结、求实奋进的大会。

会议认为，县委对县政协一年来围绕“做大新型工业、做强现代农业、做活生态旅游、做旺商贸物流、做美县城集镇”的发展战略，切实履行政治协商、民主监督、参政议政职能，不断深化队伍自身建设等方面工作，给予了充分肯定，对县政协和广大政协委员寄予了殷切厚望。一年来，政协岳阳县十三届常委会在中共岳阳县委的坚强领导下，强化政治引领，坚定正确方向；突出履职尽责，助力社会发展；聚焦服务中心，彰显政协担当；着眼自身建设，夯实基层基础，为助推县域经济高质量发展凝聚了共识、贡献了智慧，“党委重视、政府支持、政协主动、社会参与”的政协工作局面得到进一步巩固和加强。

会议认为，县人民政府代县长肖湘晖所作的政府工作报告，总结“十三五”时期以及2020年的工作实事求是，谋划未来五年以及安排2021年的工作科学合理。过去五年来，面对经济下行压力持续加大、改革发展任务艰巨繁重的局面，特别是面对突如其来的新冠肺炎疫情，县委、县政府紧紧依靠全县人民，调结构，转方式，三次产业协调发展；筑平台，建项目，发展动能更加充足；补短板，强体系，基础设施日益完善；勇担当，破难题，三大攻坚成效显著；抓融合，优品质，城乡面貌日新月异；惠民生，促均衡，人民生活持续改善；改作风，提效能，自身建设不断加强，较好地完成了“十三五”规划确定的目标任务，谱写了高质量发展的崭新篇章。大会建议2021年县政府围绕县委建设富饶美丽幸福岳阳县目标，强力推进实体经济发展，强力推进乡村振兴战略，强力推进城乡融合发展，强力推进生态环境保护，强力推进全面深化改革，强力推进民生福祉保障，努力建设人民满意政府，为“十四五”建设开好局、起好步，进一步提升全县人民的获得感、幸福感、安全感。

会议要求，2021年政协工作要认真贯彻落实中央、省委、市委经济工作和政协工作会议精神，围绕打造“三个高地”，担当“四新”使命，紧扣县委决策部署，坚持政治引领，在凝聚人心和团结奋斗上更显担当；围绕中心大局，在服从服务和参政议政上更有作为；聚焦主责主业，在资政建言和双向发力上更有力度；深化自身建设，在忠诚干净和守正创新上更有成效。

会议号召，2021年是中国共

产党成立100周年的大庆之年，也是实施“十四五”规划的开局之年。全体政协委员和社会各界人士要更加紧密地团结在以习近平为核心的中共中央周围，高举习近平新时代中国特色社会主义思想伟大旗帜，在中共岳阳县委的坚强领导下，坚定方向，同心同德，不忘初心再出发，为建设富饶美丽幸福岳阳县贡献政协智慧和力量！

重要活动

1月14日　县政协机关召开“不忘初心、牢记使命”主题教育总结会。县政协副主席袁文琪、刘岳参加，副主席彭荣欣列席，县委主题教育第三指导组到会指导。

2月25—26日　县政协主席袁陆保、副主席袁文琪、甘柏旺、彭荣欣、余望新、刘岳、秘书长毛世红分别到县城贺坪路、天鹅北路、德政街、东方圣世、广场路、富源商业步行街督导新冠病毒防疫工作。

3月5日　为抗击新冠肺炎疫情，县政协机关组织募捐，县政协主席袁陆保和班子成员带头参加并捐款，政协机关43名党员全部参与，共募得善款20700元。

3月16日　县政协召开提案委员会会议，邀请县委编办、县政府建议提案办有关负责人与会，专题协商十三届四次会议以来所收集提案的分办建议，提出重点提案建议名单。经精准审查后，撰写了《政协岳阳县第十三届第四次会议提案征集和审查情况的报告》。3月27日，在十三届十九次常委（扩大）会上向全体常委进行了报告。

6月4日　省政协港澳台侨和外事委员会驻会副主任李国雄到岳阳县就“落实支持政策，助推港澳台侨企业高质量发展”课题开展监督调研，考察了中粮米业（岳阳）有限公司、台创园、岳盛新型材料有限公司。市政协副主席黎四清，县政协主席袁陆保，副主席袁文琪、余望新陪同考察。

7月6日　全县启动防汛三级应急响应后，根据联点县级领导要严格落实领导带班24小时值班制度、一线责任人24小时不间断巡查值守制度，坐镇一线督导防汛抗灾工作的要求。县政协主席袁陆保驻守中洲垸防汛抗灾工作；副主席袁文琪驻守新开万福垸、七星垸指挥防汛抗灾工作；副主席甘柏旺驻守步仙镇岳坊水库指挥防汛抗灾工作；副主席刘岳驻守中洲坪费垸指挥防汛工作。

9月21日　全国政协常委、农业和农村委员会副主任、民建中央副主席吴晓青到岳阳县调研新开钒矿区重金属污染场地修复项目，全国政协委员、省政协副主席、民建省委主委赖明勇，市县领导方争奇、田文静、肖湘晖、袁陆保、胡秉阳参加。

9月27日　县政协主席袁陆保主持召开“书香政协”集中（扩大）学习会，副主席袁文琪、甘柏旺、彭荣欣、余望新、刘岳参加。会上，市直属机关工委书记、教授李桂华就《中共中央关于加强党的政治建设的意见》的出台背景、重大意义、主要内容、基本精神等方面作了详细解读。

11月2日　市政协主席、市脱贫攻坚大会战指挥长徐新楚到岳阳县督导脱贫攻坚工作。县委书记田文静，县领导袁陆保、马长林、杨前进参加。

11月16—18日　县政协副主席刘岳率队赴江西省万载县参加以“挖掘非遗文化，促进文旅融合”为主题的湘鄂赣边境毗邻县（市、区）政协工作研讨会第四十九次会议。县政协以《推进文旅融合发展，打造全域旅游名县》为题在会上作经验交流发言。

12月24日　县政协主席袁陆保主持召开十三届二十四次常委（扩大）会。会议协商通过十三届五次会议议程和日程；辞免政协委员3名，补选政协委员3名；协商通过大会分组安排；其他事项。县政协副主席袁文琪、甘柏旺、彭荣欣、余望新、刘岳，秘书长毛世红出席。各乡镇、县直联络办主任（组长）列席会议。

12月24—27日　政协岳阳县第十三届委员会第五次会议在县委党校召开。

（李涌华）

军　事

军 事

县人民武装部

【概况】 2020年，岳阳县人武部认真贯彻落实上级指示要求，紧紧围绕“争创省军区一流人武部”的建设目标，团结奋进，扎实工作，圆满完成了各项工作任务。宣传报道成绩显著：中央级媒体上稿17篇，省级媒体上稿79篇，市县级媒体上稿180余篇，省军区综合要讯上稿6篇。军事训练成绩突出，完成基干民兵训练任务。积极响应军分区号召，开展群众性练兵比武，参加省军区基干民兵大比武，基干民兵张福勇夺无线电通信专业第一名。正规化建设走在军分区前列。对营院办公楼、民兵训练基地、档案室等进行维修改造，设置了军综网学习室和互联网学习室。坚持把国防教育纳入各级党委（党组）中心组理论学习、党校培训及中小学校教学的重要内容，启动爱国主义教育示范基地申报工作，新墙河抗战史实陈列馆获评省级爱国主义教育示范基地，积极依托国家安全教育日、民兵活动日、全民国防教育日和烈士公祭日等载体，开展了“传承红色基因、争当优秀民兵”“奋进新时代、聚力强军梦”“爱我国防”主题演讲比赛等国防教育活动，全民国防意识不断增强。持续开展“双带双促”活动，“退役军人之家”实现乡镇全覆盖，培育了致富带头人罗拥军、刘冬平、廖红勇等一批退伍军人科技致富典型。

【首个“民兵活动日”活动】 2020年6月17日，县人武部组织主题为“传承红色基因、争当优秀民兵”的首个“民兵活动日”活动。组织全县民兵开展宣誓，选派优秀民兵谈体会，参观新墙河抗战史实陈列馆和国防教育展板，为全县2019年度7个县直机关事业单位、5个企业单位、4个乡镇“民兵工作先进单位”、12名“优秀民兵干部”、25名“优秀民兵”现场组织颁奖。

【征兵工作】 2020年夏秋季征兵工作，县征兵办贯彻落实军委国防动员部、省军区和军分区关于征兵工作一系列文件精神，坚持早筹划、早部署，制定了详细规范的征兵工作计划，扎实开展征兵动员宣传、摸底调查和廉洁征兵工作，圆满完成了夏秋季征兵任务。男兵、女兵体检政考双合格人数、大学生比例均达到限定目标。从2020年开始，实施择优定兵辅助系统网上打分排名。身体条件以县征兵体检站审定的结论进行评分，学历层次评分以县教体局学历审核公示情况进行评分；役前训练分值，根据本人基本素养、作风纪律、队列训练、内务秩序、遵规守纪以及体能测试的情况，现场考核评分；由本人签字确认，同时明确：在役前训练期间，凡发现不假外出、不服从管理、打牌赌博、打架斗殴和夜不归宿等情况，实行一票否决。预定新兵能否走兵由自己的综合素质考评打分决定，辅助定兵系统择优选择定兵方向，杜绝人为干预和暗箱操作，确保公开、公平、公正。

【“全民国防教育日”活动】 2020年9月18日，县人武部在县三中举办第20个“全民国防教育日”宣传活动，县委常委、县人武部政委马长林出席，高一、高二1300多名师生参加活动。现场举行了升国旗、奏国歌，学生代表国旗下讲话，集体签名，阅读宣传手册的活动，让学生切身感受到国防教育的重要性，激发了学生的爱国热情和强国志气。活动期间，发放宣传册1000余份。

【“七一”主题党日活动】 2020年7月1日，县人武部开展“七一”主题党日活动。县委常委、县人武部政委马长林讲授题为《不忘初心、担当实干，做合格党员》的党课。他强调，全体党员要牢记初心、想干事、敢干事、能干事、干成事、不出事，敬畏组织、敬畏权力、敬畏人民、敬畏法纪。通过参加党课辅导、重温入党誓词、党员代表发言、聆听老党员心声等多形式活动，党员干部坚定了对党忠诚的决心意志，强化责任担当。

【防汛抗灾阻击战】 2020年7月7日8时至8日8时，全县普降暴雨到大暴雨，最强降雨量达到300毫米，防汛形势异常严峻。县人武部接到县防指指令后迅进入防汛战备状态，县委常委、人武部政委马长林于7月7日22:30前赶到柏祥镇防汛值守。7月8日8时，组织召开柏祥镇防汛调度会，带领乡镇负责人、相关单位负责人到桂林水库和天龙水库等地现场指挥调度水库漫堤抢险工作。7月8日上午，接到岳阳军分区《关于做好防汛抢险工作的紧急通知》后，人武部安排干部到辖区重点地段中洲大堤进行巡堤，随后，紧急召开干部职工和县民兵应急连干部防汛抗灾动员部署会，安排部署任务。会后，人武部领导带领部本级、麻塘办事处武装部和县民兵应急连展开防汛物资器材准备工作，随时待命。

（肖　恒）

【张海波任岳阳县人武部部长】 2020年10月10日，县人武部召开中央军委国防动员部宣布命令大会。市委常委、岳阳军分区政委吴晓波，县委书记、县人武部党委第一书记田文静，县委常委、常务副县长吴光文，县委常委、县人武部政委马长林出席。会上，吴晓波宣读了中央军委国防动员部命令，宣布了岳阳军分区党内任职通知，张海波被任命为岳阳县人武部部长。田文静代表县委、县政府对张海波的到任表示祝贺，希望县人武部新一届领导班子高举旗帜，坚决听从中共中央和军委主席习近平的指挥，确保信念坚定、政治过硬，提升能力，抓好应急、专业、特殊的战备训练落实，确保稳定，牢固树立“稳字当头、稳中求进、稳中谋创新、稳中求发展”的发展观念，促进全县经济社会平稳发展。张海波表示将不忘初心，以全新的精神状态投身到工作中，为全面提升岳阳县人武部各项工作而努力奋斗。

【基干民兵干部集训】 2020年11月16—17日，县人武部组织全县基干民兵干部进行为期两天的业务集训，县委常委、县人武部政委马长林，县人武部部长张海波出席动员大会和总结大会。培训期间，县人武部对学员进行了深化民兵调整改革授课辅导，组织学员观摩了县民兵应急连党支部会议，围绕“森林防火”课题组织召开民兵连作战会议，组织队列训练和体能训练。通过集训，进一步增强了基干民兵干部组织指挥能力。

【许凤元为新墙河抗战史实陈列馆授牌】 2020年12月10日，湖南省军区副政委、省国教委副主任许凤元为新墙河抗战史实陈列馆授牌。新墙河抗战史实陈列馆是湖南省第六批全民国防教育基地。岳阳军分区司令员周隽等出席授牌仪式。授牌后，许凤元一行参观了新墙河抗战史实陈列馆，观看了抗战历史记录片，观摩了岳阳典型抗日战场地形图、抗战遗物、新墙河抗战遗址图片、历史图片，听取了相关讲解。同时，还听取了县委常委、人武部政委马长林国防教育工作汇报。他要求，在今后的工作中要继续以弘扬爱国主义为核心，进一步拓展国防教育基地的功能和内涵，全方位、多层次地宣传红色故事，为群众提供一个理想的国防教育场所。县委常委、宣传部部长、县国教委主任王卫兵表示，岳阳县将以此为契机，充分发挥新墙河抗战这片红色热土，履行国防教育职责，进一步充实国防教育内容，增强社会教育效果，为大力推进新时代全民国防教育做出更大贡献。

【县委常委议军会】 12 月 17 日，岳阳县召开 2020 年县委常委议军会。县委书记田文静主持会议，县委副书记、代县长肖湘晖，县领导袁陆保、王卫兵、马长林出席会议。田文静会上强调，认清形势任务，切实增强党管武装工作的责任意识，强化抓武装谋大局的国家安全意识，不断提高党管武装工作的质量效益；突出工作重点，不断提高应急能力建设水平，提高民兵预备役应急能力，发挥基层民兵在应对急难险重任务和维护社会稳定中的作用，扎实抓好应急分队建设；加强组织领导，努力推动党管武装工作创新发展，坚持军民融合发展，严格落实各项制度，切实解决部队实际困难，努力把岳阳县国防和国防后备力量建设提升到一个新水平。

【民兵正规化建设】 2020 年，县人武部投入 30 万元在营院办公楼设置“不忘初心、牢记使命”球形字，在民兵训练基地楼顶设置“召之即来、来之能战、战之必胜”宣传大字；对档案室、文印室和接待室进行维修改造，按要求设置军综网学习室和互联网学习室；对民兵训练基地进行墙面修补、更换灯具、纱窗和衣架，购置指挥、应急和训练教器材。11 月，通过军分区工作组检查验收，正规化建设走在军分区前列。

（肖恒　周楠）

武装警察

【概况】 2020 年，武警岳阳县中队以《军队基层建设纲要》和《基层正规化管理规定》为依据，以建设一支听党指挥、能打胜仗、作风优良的现代化武装警察力量为目标，始终坚持依法治军、从严治军方针。全体官兵始终牢记军队的性质宗旨和使命，发扬全军的优良传统和作风，坚持把思想政治建设摆在首位，严格管理，严格训练，科学建队，圆满完成了以执勤和处置突发事件为中心的各项任务。通过全体官兵的不懈努力，中队安全稳定，管理秩序正规，内外部关系和谐；官兵士气高昂、作风严谨、奉献和进取的意识强；中队全面建设得到全面提高，经受住了重重困难和考验，出色完成上级交给的各项工作任务，为确保岳阳县社会治安稳定和人民生活安居乐业做出了应有的贡献。中队参加岳阳县抗洪抢险，3 人受到支队嘉奖表扬；全年建设稳步推进，有 9 人被支队评为优秀士兵、12 人受到支队嘉奖；中队看守目标全年安全无事故，受到了总队、支队党委的表彰和县委、县政府高度肯定。

【思想政治建设】 2020 年，武警岳阳县中队大力加强党的创新理论武装，持续抓好中共十九大和习近平系列重要讲话精神学习，官兵“三个绝对”的思想根基更加牢固。扎实开展“不忘初心，牢记使命”主题教育活动，有效整合教育内容，积极参加上级组织的网络授课、优质课评比和演讲比赛，配合开展“扫除和平积弊，聚力练兵备战”大讨论，教育的“一感三性”不断提升。扎实做好经常性思想工作，充分发挥“三互”“双四一”“五个过一遍”等载体作用，持续深入开展“深知兵、真爱兵”和法律、心理服务工作，真诚帮助战士解决家庭涉法等困难，确保了官兵思想稳定。

【执勤战备】 2020 年，武警岳阳县中队深入学习贯彻执勤各项规定，严格落实执勤八项制度，积极开展“三共”“三个一遍”活动，大抓执勤隐患治理，看守目标实现全年安全无事故。强力推进“智慧磐石”建设，投入购买配置反恐装备，大力加强人装结合训练，反恐应急力量建设效果明显。严格落实战备制度，坚持每周开展拉动演练，始终保持了“箭在弦上、引而待发”的高度戒备态势。中队在县委、县政府和县公安局的帮助下完成了“智慧磐石”工程建设，执勤设施焕然一新，缓解了执勤站岗的压力；中队出色完城市武装巡逻、执勤安保、武装押解等各类临时勤务多起，受到县委、县政府充分肯定和人民群众的高度赞扬。

【军事训练】 2020年，武警岳阳县中队严格按照“能打仗、打胜仗”要求，狠抓军事训练，在指挥手段、人装结合、战法研究、指挥效能上下功夫，提高任教组训能力和应对复杂局面能力。积极探索保障模式，加强小场地以及教材、器材等设施配套建设与管理，实现资源的优化配置和高效利用。抓好官兵基础体能、教练员和特战骨干训练立足实际需求，官兵素质较之以往有了明显提高。扎实做好第二批新兵教育训练，部队整体训练水平得到提升。

【行政管理】 2020年，武警岳阳县中队认真学习贯彻军委主席习近平依法治军、从严治军指示精神，坚持抓军官带部队，抓规范促养成。严格依据两个《正规化管理规定》，从严规范部队“四个秩序”，坚持每周不少于2次对正规化管理工作进行突击检查，进一步提高了部队正规化水平。扎实开展“条令学习年”活动，突出抓好干部、士官和公勤人员管控，从严治理涉法、涉密、涉网问题，建立“挂账销号”“五个一遍”工作机制，不断深化治理“五个重点问题”，深入开展4个波次的安全大检查活动，排查隐患、整改提高，确保了部队安全系数。对重点关注人员实行三级联包、挂号督办、跟踪问责，全时全程跟踪防控，构筑了运用制度抓安全、保安全的防护网络。

【警民共建】 2020年，武警岳阳县中队官兵“视驻地为故乡，视人民为父母”，认真做好拥政爱民工作，大力开展义务植树、上街除雪、无偿献血和捐资助学、扶贫帮困等活动，先后出动政治思想强、军事技术精的优秀骨干人员60余人次；中队官兵为鹿角镇敬老院孤寡老人常年为挑水、洗衣服、看病、打扫卫生等事迹先后被“湖南武警”公众号、《解放军报》等多家媒体报道，赢得了县委、县政府和人民群众的高度称赞。

【后勤建设】 2020年，武警岳阳县中队以习近平强军思想为根本指导，以中共中央、中央军委关于全面从严治党，依法从严治军系列重要指示为遵循，落实军委和武警部队党委严明法纪、严整作风、严管经费、严格后勤的各项决策指示，依据总部《关于进一步加强后勤领域重点管控的通知》精神要求，结合中队实际在全中队开展后勤领域重点问题“清仓归零”整治活动，重点对经费物资、军粮军油、等行业领域存在的4个方面突出问题进行彻底整治。同时广泛开展群众性节约活动，行政开支、公杂开支均有不同幅度地下降。因地制宜开展农副业生产，广泛开展“发展菜园经济，提高保障能力”活动，极大地丰富了官兵“菜篮子”。扎实开展岗位大练兵活动，每周组织开展卫生员、炊事员等后勤专业兵训练，后勤队伍素质得到加强。

（王　超）

法　治

法　　治

政法委及综治

【概况】　2020年，县委政法委坚持党对政法工作的绝对领导，坚持以人民为中心的发展思想，认真贯彻落实《中国共产党政法工作条例》，全面推进扫黑除恶专项斗争，切实维护社会安全稳定，着力提升基层社会治理水平，人民群众获得感、幸福感、安全感得到进一步提升。全县省级公众安全感民意调查得分91.78分，高于2019年0.73分。在2月4日召开的市委政法工作会议上，市委常委、市委政法委书记王小中对岳阳县“四无”村（社区）创建和信访工作给予高度肯定。

【扫黑除恶专项斗争】　2020年，全县扫黑除恶专项斗争开展以来，办理“7+11”类刑事案件325起，刑拘573人，成功侦办11个恶势力团伙、2个恶势力集团和1个黑社会性质犯罪组织。立案查处涉黑涉恶腐败和“保护伞”案件9件9人。整顿软弱涣散村党组织23个，调整不合格不胜任不称职村（社区）党组织书记11人。深入开展“六清”行动和十大重点行业领域集中整治行动，“线索清仓”“逃犯清零”“案件清结”“伞网清除”“黑财清底”“行业清源”取得新的成效。重点行业领域以扫黑除恶专项斗争为牵引，抓好日常监督管理，加强执法司法有效衔接，行业乱象得到整治，行业秩序更加规范。公安机关扎实开展“集打斗争”“云剑行动—2020”等社会治安专项整治行动，全年受理行政案件1471起，同比下降23%；行政案件办结920起，同比下降25%；刑事立案973起，同比下降5%；刑事破案341起。县砂管局联合水利、自然资源、公安、交通等有关部门加强东洞庭湖水域砂石监督管理，县交通运输局联合公安交警、市场监管等部门扎实开展交通问题顽瘴痼疾集中整治，取得了良好的效果。

【平安村（居）创建】　2020年，岳阳县出台《关于进一步加强“四无”村（社区）创建工作的意见》，全力抓好无非正常上访、无治安刑事案件、无新增吸毒人员、无诉讼的“四无”村（社区）工作，努力实现矛盾不上交、平安不出事。新墙镇清水村获评“全市平安村”，毛田镇八斗居委会被评为“全县平安示范村”。岳阳县成功创建“四无村（居）”71个，比2019年多14个，占全县行政村的36.79%。新墙镇清水村充分激发群众活力，县妇联推进婚姻家庭纠纷多元化解，在全市推进基层社会治理创建试点合格城市现场观摩会上作为先进典型推介。

【矛盾纠纷多元化解】　2020年6月5日，县委常委会议专题研究矛盾纠纷多元化解工作，7月2日，召开全县矛盾纠纷多元化解推进会议。同时，县委书记、县长在多个不同场合强调部署该项工作。成立岳阳县矛盾纠纷多元化解工作协调小组，建立矛盾

岳阳县委常委、政法委书记余泽世（右一）调研平安村居创建工作

纠纷多元化解联席会议制度。工作协调小组组长由县委常委、政法委书记担任，副组长由公检法“三长”担任，协调解决重大矛盾纠纷问题。认真落实重点信访案件县级领导包案制度，协调推动有关乡镇部门及时化解矛盾纠纷。坚持多措并举，着力化解矛盾。始终坚持“诉”“调”结合，做到诉中有调、调中有诉、边调边诉、边诉边调。充分发挥县人民法院诉调对接中心平台优势，全年诉前解纷1012件，一审民商事收案数实现首次下降，同比减少9.12%；诉中调解、撤诉结案1171件，占民商事案件结案总数的43.53%。加强乡镇、村（居）人民调解委员会建设，充分发挥人民调解在矛盾纠纷多元化解中的基础性作用，推动矛盾纠纷从源头上得到预防和化解。全县216个人民调解组织调处矛盾纠纷1087件，成功调处1082件。没有发生因无人调解或调解不当引发民转刑案件。督促各有关部门切实履行职责，推动形成矛盾纠纷化解合力。全县设立婚姻家庭、劳动争议、交通事故、医患、土房林、住房建设、消费者权益、电力8个专业性行业性调解委员会。特别是县妇联牵头成立的婚姻家庭调适服务中心运行半年以来，调解申请夫妻离婚纠纷1092起，调和468起，调和率42.86%，为各有关部门开展工作树立了榜样。按照“三到位一处理”工作要求，加大协调处理力度，把道理说清、把政策用足，用法治思维和法治方式推动解决群众有关诉求，坚持完善机制，强化工作保障。落实工作责任。乡镇部门分管领导和村（居）党支部书记积极履行第一责任人职责，加大工作经费、场地建设、人员配备等保障力度，保证了调解工作有序推进。完善考评考核。将矛盾纠纷多元化解工作纳入平安建设考评考核重要内容。由于县妇联表现突出，在年终考核时被评为“平安单位”，在工作经费上也给予了倾斜。加强队伍建设。抓好业务培训，落实以奖代补政策，县人民法院邀请人民陪审员、律师等特约调解员，乡镇部门邀请具有行业背景、热心调解事务的人员，村（居）邀请品行好、能力强、有威望的贤达人士，建设成一支由911人组成的人民调解队伍和63人组成的专业调解员队伍，打造了一批调解能手。

【网格化服务管理】 2020年，县委政法委深化“网格化+12345+110”联动融合，发动网格员参与平安创建，加强平安宣传，收集社情民意，及时排查和解决网格内社会治安、矛盾纠纷、安全隐患、环境卫生等群众诉求问题，方向对、步子稳、成效好。近年来，综治中心和网格化平台解决安全隐患、治安隐患、群众诉求等问题499件。其中，督促有关部门整治学校周边环境、码书码报、黄赌毒等治安隐患类问题45件；协调有关部门解决下水道井盖破损、马蜂窝、违章建设、电网故障等安全隐患类问题112件；排查发现并解决垃圾清理、路灯故障、生活污水处理等群众诉求类问题342件。

【铁路护路】 2020年，县委政法委抓属地管理，认真落实“谁主管，谁负责”的属地管理原则，沿线乡镇、村、组落实了领导机构，实行专人分管、专人负责，护路网络进一步完善，为铁路护路联防提供了有力的组织保障。同时，县平安办将铁路护路联防工作纳入平安建设年终考评，做到同部署、同落实、同考核。抓宣传教育。国家安全教育日组织荣家湾铁路派出所在9634社区举行了爱路护路宣传教育活动；5月20日，在筻口镇朱仑小学举行了全县“知路、护路、爱路”宣传月活动启动仪式；6月1—2日，利用宣传车在全县铁路沿线进行安全知识和《铁路法》宣传教育；9月，开展了防范无人机飞行影响铁路运行安全专项宣传。抓微信护路。2020年，全县典型事迹获省护路微信“二十佳”10条、一事一奖200多条，微信奖励及时发放到人，提高了护路工作者积极性，微信护路工作在铁路护路联防工作中发挥了重要作用。抓环境整治。扎实开展铁路安全环境整治，2020年整治普铁安全环境隐患82起，整治高铁安全环境隐患16起，整治浩吉铁路安全环境隐患8起。抓路地配合。积极主动和铁路各个部门联系，在“修、封、保”工作上得到工务部门的大力支持。全年修建人行天桥1座、封栅栏开口1处、正在修建的交通涵洞2处。

（李　川）

公　安

【概况】　2020年，县公安局始终围绕全县社会治安大局，全力维护政治社会安全稳定，全体公安民辅警奋力拼搏、倾情付出，公安工作取得了好成绩。一年来，全县疫情防控成效显著，严打整治强力推进，基础建设迈上台阶，政治建警取得实效，重大政治节点安全保卫工作圆满完成任务。县公安局获评全市公安机关绩效评估先进单位及8个专项成绩突出单位；获得全县绩效考评优秀单位及6个单项工作先进单位，有59个单位及个人被记功嘉奖或授予荣誉称号。

【抗击新冠疫情】　2020年年初，面对席卷而来的新冠疫情，县公安局全体民辅警听从命令、服从安排，自大年三十开始，全员无休，连续作战。在第一时间成立防疫、流调工作专班，参与全县11个监测管制点的全天候值守，快速处置各级查控指令1.2万余条，收集上报情报信息7000多条。对1起核酸检测复查阳性患者、7起疑似病例和48名密切接触人员开展了全方位的流调工作。向县应急指挥部通报高危漏管人员110人。森林警察深入防疫一线，在全县范围开展野生动物市场清查，封控隔离野生动物市场69处、野生动物人工繁育场所21家，发放“一封控四严禁”告知书400余份。县公安局高站位、高水准、高效率的工作为全县疫情防控提供了强有力的支撑，为赢得全县抗疫胜利做出了重要贡献。

【维护社会稳定】　2020年，县公安局配合有关疫情防控复工复产规定，对各内保单位、公共娱乐场所的治安防控及消防安全等进行了大清查、大整顿，排除隐患600余处。对全县涉爆、涉枪单位，烟花爆竹销售点进行了定期和不定期排查，整改隐患28处，完成了县城机修业、旅馆业的实名制登记联网工作，全年全县没有发生一起大的安全事故。按照“什么问题突出就整治什么问题”的原则，组织开展了“扫黄禁赌”“打击枪爆违法犯罪”等专项行动，部署了10余次清查行动，持续加强城区24小时专业巡逻，有效净化了社会风气，增强了群众安全感。

【打击违法犯罪】　2020年，县公安局接处警12732起，受理行政案件1298起，刑事立案844起，行政案件办结1177起，刑事破案375起，行政拘留978人，刑事拘留450人，逮捕直诉539人，打击处理数据居全市前列。“扫黑除恶”斗争以“六清”工作为牵引，办理“7+11”类现行刑事案件325起，刑拘573人、逮捕381人、移送起诉

599人，黑恶类线索全部办结，县公安局获得全市公安机关扫黑除恶专项斗争成绩突出单位。打击电信诈骗专项行动中，破获涉电诈刑事案件23起，捣毁诈骗窝点9个，刑拘电诈犯罪嫌疑人70名，止付、冻结涉案资金2500余万元。禁毒工作中，全年打掉3个特大贩毒团伙，其中2起为部督案件。网技破获省督“5·27贩卖公民个人信息案”，抓获主要犯罪嫌疑人3名，查封被盗公民个人信息12万余条，扣押涉案电脑、银行卡、手机若干。经侦破获张某某虚开增值税专用发票案，打击参与企业7家，对10名涉案嫌疑人采取强制措施，为国家挽回损失1000多万元。

【基层基础建设】 2020年，县公安局业务技术用房项目完成招标工作，已开展建设；强制隔离戒毒所通过省市验收，投入使用。全年更新一般执法执勤用车8辆，投资近3000万元新建了公田、月田、张谷英、工业园4个派出所，完成了筻口、柏祥、长湖、中洲、步仙、水上6个派出所的维修扩建。县公安局等级机要保密室及视频侦查技术实验室均通过省公安厅的评定验收。

【公安队伍建设】 2020年，县公安局掀起了“全警实战大练兵”热潮。全年开办基本体能、技能、规范执法培训20余场次，受训1000余人次；参与省厅、市局各类培训班28期，送训民警201人次。县公安局的3个主要练兵项目均通过省厅、市局的考核验收。在惠警工作中，除了做好慰问、体检等工作外，全力破解“职级晋升难”的问题，全年完成职级晋升320人。在执法水平提升上，法制部门在内网发布“办案提醒”90余期，下发案件催办通知书500余份，对所有案件实行“日考核”“月复核”，兑现办案积分奖金6万余元。

（潘小龙）

消防救援

【概况】 岳阳县消防救援大队是一支担负全县火灾扑救、抢险救援、消防监督管理工作的正规化、专业化、职业化的国家性综合性消防救援队伍。大队有消防执勤车8台，其中水罐车2台、16米高喷车1台、32米云梯车1台、抢险救援车1台、水罐泡沫车3台。2020年，大队全体指战员凝心聚力、和谐奋进、乘势而上，全力确保了辖区火灾形势持续平稳和队伍内部高度稳定，圆满完成了以防火和灭火救援工作为中心的各项任务。

【党委班子建设】 2020年，县消防救援大队党委坚持以政治坚定为首要标准，努力完善领导干部能力提升机制，增强干部的责任心、事业心和驾驭全局的工作能力，党委“一班人”从自身做起，带头讲政治、讲规矩、讲道德、讲奉献。带过硬队伍。大队以提升指战员能力素质为关键，全面推进理论武装、能力培训和知识更新，深化队伍纪律和作风建设，增强党员队伍模范表率作用，努力促进指战员综合素质和履职能力显著提升；争取人民满意。大队以人民群众满意为第一标准，从人民不满意的地方改起，从人民最期盼的事情做起，忠诚履职，竭诚服务，不断提升群众满意度和美誉度。大队将各级班子建成政治坚定、团结协作、精干高效、勤勉清廉的坚强领导集体，凡是涉及队伍建设和指战员利益的大事，都放到群众中去讨论，让党委的决议来源于群众，真正反映群众的意志，体现指战员的利益，杜绝“一言堂”和个人说了算的家长作风。大队党委班子成员积极参加组织生活，带头贯彻落实《党内政治生活准则》。全年召开党委会26次，党委委员提出合理化建议58条，议定35件事关全局、事关队伍的大事、要事，党委的集体领导作用有效发挥。班子成员之间相互信任、互相尊重，既分工明确，又紧密协作，形成了强大的凝聚力和感召力，指战员干事创业激情大大增强。

【思想政治建队】 2020年，县消防救援大队党委紧跟新时代发展步伐，始终坚持政治建队、从严治队，狠抓教育引领、制度落实、秩序正规，始终坚持“对党忠诚、纪律严明、赴汤蹈火、竭诚为民”的总要求，锻造队伍，锤炼素质，全面提升了队伍正规化建设水平。大队坚持围绕新时代主题，部署开展了“践行训词精神，担当神圣使命，坚持五个不动摇”教育实践活动、“强党性、明规矩”“强化学习周”“弘扬清风正气、凝聚奋进力量”等主题活动，第一时间组织全体指战员认真学习了《习近平谈治国理政》，全国“两会”、中共十九届五中全会重要讲话精神、习近平在湖南考察时的重要讲话等。

大队党委开展集体谈心谈话9次，一对一谈心谈话316次，开展党委集中学习12次，专题学习讨论12次，思想政治教育活动46次；常态化开展“每周一考”在线练兵活动，并集中购买下发政治学习书籍50余册。大队始终坚持政治建队、从严治队方针，以党的建设为龙头，以提升队伍战斗力为核心，以维护“两个稳定”为重点，改革创新，锐意进取，全面打造新时代消防火焰蓝精神，努力谱写岳阳县消防救援事业跨越发展的崭新篇章。

【消防救援站建设】 2020年，县消防救援大队围绕灭火救援主业，立足实战需求，狠抓实战化练兵，着力提升队伍灭火救援实战能力。开展各类演练48次，修订预案39份，完成抗洪抢险、森林火灾扑救、地质灾害事故处置等应急预案制作和演练，对市政消火栓全面排查并督促相关部门对损坏的消火栓进行维保；同时将公田、张谷英专职消防站纳入正常执勤战备序列，进一步提升临场处置效能。大队认真贯彻落实从严管酒治酒工作要求，严格执行“三项制度”，遵守“十个严禁”；坚持每月议训，干部带头参训，坚持“训练全员化、攻坚实战化、练兵科学化”的原则，以“每周一测、每月一考”的方式，深入推进冬训、夏训和全员岗位大练兵工作；不断加强技战术研讨，大力开展战评和复盘推演。

立足于“灭大火、打大仗、打胜仗”的需要，加强区域性、综合性实战演练，全面检验队伍在复杂条件下打赢制胜能力，大队获得了夏训考核全市第三名的成绩。截至年底，大队接警出动452次，其中火警206起，抢险救援63起，社会救助183起，出动车辆752台次，出动警力4235人次，抢救疏散被困人员200余人，抢救挽回财产损失2000余万元。圆满完成全国“两会”、中秋国庆、中华人民共和国成立71周年等重要会议、重大节日消防安保任务，处置7月全县特大雨灾带来的洪涝灾害抗洪抢险，成功转移群众332人，并多次参与管涌险情处置，赢得了各级党委、政府和社会群众的高度肯定和广泛赞誉。

【消防监督管理】 2020年，县消防救援大队将火灾防控作为服务保障民生的根本途径，以维护社会消防安全形势稳定为中心，

岳阳县消防救援大队联合县住房和城乡建设局开展消防安全培训及疏散演练活动

按照“全覆盖、零容忍、严执法、重实效”的安全要求进行火灾隐患排查，不断落实消防安全责任制、创新消防安全管理，积极开展消防宣传教育培训；坚持打防并举、重拳整治，依法从严查处火灾隐患和消防违法行为，积极推动部门树立“管行业必须管安全”的责任意识。2020年大队扎实推进消防安全专项整治三年行动，先后联合县民政局、住建局、应急管理局、文旅局、教体局等行业主管部门开展“打通生命通道”专项整治，人员密集场所、高层建筑、文物建筑、宗教活动场所、电气火灾、娱乐场等一系列专项整治活动，集中消除了一大批火灾隐患和消防安全违法行为。

大队对社区消防安全进行摸排检查，规范指导社会单位消防设施标准化管理和社区微型消防站建设，检查用电管理、日常防火巡查检查、社区内消防设施维护，同时对消防控制室是否严格落实24小时值班制度，在疏散通道、安全出口、楼梯间等为电动车充电等一系列火灾隐患进行逐一排查，确保社区居民群众消防安全。全年大队开展消防监督抽查单位718家，查处重大火灾隐患单位9家，发现火灾隐患或违法行为998处，督促整改火灾隐患或违法行为713处，临时查封25家，下发处罚决定书33份，关停9家，罚款32.43万元，使一大批火灾隐患得以消除、一些消防违法行为得到处罚，辖区的消防环境得到净化。

【党风廉政建设】 2020年，县消防救援大队以习近平新时代中国特色社会主义思想为统领，以习近平授旗训词精神为指导，紧紧围绕年初目标管理责任状要求，大队党委团结带领全体指战员顽强拼搏，开拓进取，务实苦干，消防工作和队伍建设呈现出全面协调发展、整体快速推进的良好态势，确保了社会面火灾形势和队伍内部“两个稳定”。大队着重建立健全惩治和预防腐败体系长效机制，实现“班子廉政、干部廉洁、队伍风正”的目标。同时大队强化纪检审计部门职能，全面加强对消防执法、选人用人、财物管理、作风建设四个重点领域的有效监督。

【消防宣传】 2020年，县消防救援大队贯彻落实消防安全宣传“七进”活动，联合司法、教育等部门将消防知识纳入普法、教育、培训及公益宣传范畴；选拔6人组建消防宣传服务队，进一步掀起了消防宣传热潮。通过宣传服务队走街串巷深入农村等不同方式全面开展消防安全宣传。同时，大队还利用基层公田专职消防站、张谷英专职消防站，大力开展农村消防安全宣传教育，多次深入偏远农村针对留守老人送上消防安全教育礼包；结合“3·15”“防灾减灾日”“安全生产月”“119消防宣传月”等活动，大队采用设立宣传点、展板宣传、上门入户、消防宣传车宣传等方式广泛开展宣传，形成了立体化消防大宣传格局。全年大队发送消防公益短信10万余条，培训重点单位及社区居民26000余人，发放消防宣传资料20000余份。

（张　敏）

交通警察

【概况】 2020年，岳阳县交警大队紧紧围绕“三个不发生，两个明显降低”的总体目标，紧紧围绕年度绩效评估工作目标、交警系统业务考评、平安建设等开展工作，持续开展交通安全保卫战。全年交通事故接处警8200起，致人死亡的交通事故85起，刑事拘留42人，报捕23人，起诉42人，办理一般程序850起，简易程序3.2万起，行政拘留90人，酒驾400人，无证驾驶450人，货车超载510起，违规载人850起，不按规定车道行驶1100起，电动车违法820起，未系安全带690起，缉查布控455起，交通违法处理本地2.7万余条，异地2.9万余条，互联网1.7万条，自助服务平台1100条。

【防疫保畅工作】 2020年1月23日，湖南省进入重大疫情突发公共卫生事件一级响应阶段，岳阳县毗邻湖北省，新冠肺炎防控工作繁重，责任重大。县交警大队以“疫情就是警情，防控就是责任”的工作热情，积极响应县防控指挥部指令，全员取消休假，全警上路执勤。

全力以赴，统筹安排。县交警大队成立新冠肺炎疫情防控领导小组，制订工作方案，每日安排两位大队领导在大队总调度，其他大队领导全部下到一线路面中队，抽调机关民警成立应急处置小组随时应对突发情况，并由内务中队对疫情防控工作、好人好事、经验做法进行宣传报道。

精心组织，卡口盘查。按照县新型冠状病毒感染的肺炎防控指挥部工作要求，交警大队分别在岳旺高速黄沙街出口、新墙河出口和岳阳南出口，京珠高速荣家湾出口，麻塘县界卡口，107县界卡口和新开县界卡口7处设置防控卡口，大年三十就进入了工作阵地，每个卡口每日安排3班，每班4人值守8小时，每日10时报送查验车辆数、查控人数、劝返车辆数和卡点送医数。

全力防控，不避风雨。接到疫情防控命令后，交警大队全体取消休假，民警辅警踊跃参战。查验过往车辆8000余台次，其中湖北籍车辆300余台次。查控人员1.2万余人，其中湖北籍800余人，卡点送医3人。

全力调配，后勤配套。除上级各部门督查外，交警大队每日对各个卡点警力调度，每日收集情况并对卡口反映的问题逐项解决。随着疫情的发展，口罩手套等防护物资稀缺，一罩难求。针对口罩手套等防护装备严重不足的问题，交警大队多方协调，多途径购买，确保防护装备及时发放到卡口值勤工作人员手中，并受到热心群众的帮助。

【高考执勤】 2020年7月7—8日，正值全国高考期间，岳阳县持续暴雨，城区一片汪洋，车辆通行缓慢。

7月5日，辖区中队警车开道，引导农村地区考生集中到县城住宿地，交警沿路护送考生熟悉考场。全城部署警力120人，设置岗点50个，明确工作职责与重点，严格上下岗时间和工作纪律，全力确保交通平安畅通。

【侦破肇事逃逸案】 2020年8月17日和8月20日，先后在岳阳县荣公公路和107国道岳阳县境内各发生一起致人死亡的交通肇事逃逸案，经岳阳县公安局交警大队122中队缜密侦查，两起案件相继告破，交通肇事驾驶人徐某某和张某均被刑事拘留。

【省调研组到岳阳县调研】 2020年7月2日，省政府副秘书长、省交通问题顽瘴痼疾整治办主任肖迪明，省交警总队政委、省整治办副主任杨能等省调研组领导在市县整治办陪同下，到岳阳县调研交通问题顽瘴痼疾整治情况。省调研组到铁山水库，实地察看了临水临涯路段以及防护栏；到月田镇“12·8”事故现场检查道路安全隐患整治情况；抵新开镇马店马路市场了解整改情况，新开镇党委、政府投入100万余元将马店集镇提质改造为休

2020年7月7日高考期间，在岳阳县城区天鹅路，交警冒雨推车

闲广场，彻底消除了马路市场的安全隐患；随后抵中粮米业有限公司调研超限超载源头企业，查看监控和称重设施，翻阅工作台账。肖迪明强调，各级党委政府要高度重视交通问题顽瘴痼疾整治工作，及时排查整治隐患，攻坚克难，要做到出实招见实效，抓铁有痕。

【应急救援演练】 2020 年 7 月 22 日，岳阳县应急管理局、交警大队、卫健、消防救援大队、平安施救中心等部门联合举行应急救援演练。演练模拟两台小车在县工业大道路段相撞，在总指挥交警大队副大队长唐宏国的指挥下开始。交警指挥中心接到报警，在县工业大道路段发生 1 起两辆小车相撞的交通事故，小车中有人被挤压在副驾驶座位上，车门无法打开，请求救援。交警、消防员和医务人员迅速赶赴现场，开展救援。交警设置锥形筒对现场警戒，消防员利用液压钳快速撬开变形的车门，救出伤员，医护人员将伤者及时处理并抬上救护车送去医院。交警对现场进行全面勘查和记录。1 小时后，演练圆满完成。演练中，各组成员快速响应，环环相扣，认真开展应急处置和救援工作，充分展示了岳阳县各部门道路交通事故救援应急能力，为今后高效合作打下了坚实的基础。

【公安部督导组到岳阳县检查工作】 2020 年 12 月 2 日 15 时许，公安部督导组一行到岳阳县 G240、岳阳县鹿角联合治超站、湘运客运公司实地检查秋冬季交通安全整治百日会战、道路交通事故预防“减量控大”等工作，岳阳市公安局交警支队副支队长晏国庆及相关部门负责人陪同。公安部督导组一行查阅了交警大队秋冬季交通安全整治百日会战专项工作资料，仔细查看基础台账和执法台账，听取交警大队负责人关于“减量控大”目标任务落实情况及近期工作的情况汇报，并对岳阳县鹿角联合治超站货运车辆超载治理工作进行实地检查，认为联合检查站设备齐全，场地规模大，交警大队和交通部门进行了联合整治行动，有效遏制了交通事故的发生，效果明显，给予高度肯定。随后督导组一行到岳阳县湘运公司对客运站场检查，发现客运站对乘客及车辆的进出站把关严，有监控，有人值守，工作井然有序。公安部督导组对岳阳县所做的工作表示肯定，并对道路交通事故预防、秋冬季交通安全整治百日会战等重点工作提出要求。

【交通安全宣传】 2020 年是公安交管部门“一盔一带”攻坚整治之年，交警大队深入分析辖区摩托车交通事故发生的特点和规律，针对驾乘摩托车未戴安全头盔的交通违法行为，收集了发生在群众身边的典型案例，制作 2 万余份宣传册，同时购买了 3000 顶安全头盔，到偏远山区、主干道旁村庄、交通拥堵集镇、人流密集区，与“乡村美丽行”巡回宣讲活动紧密结合，一边走村入户现场宣讲，一边发放农村交通安全宣传册。同时向摩托车车主免费赠送安全头盔，教他们如何使用头盔，叮嘱他们养成驾乘摩托车佩戴头盔的良好习惯。全年开展宣讲活动 15 场次，免费赠送安全头盔 3000 顶。

（王海波）

检 察

【概况】 2020 年，岳阳县人民检察院全体干警积极应对疫情影响，主动服务经济社会发展大局，全面履行法律监督职责，深入落实检察改革任务，不断加强检察队伍建设，先后获“全国先进基层检察院”“全国检察宣传工作先进单位”“全省基层党建工作示范点”等荣誉。

【内设机构改革】 2020 年 7 月，根据省检察院、市检察院统一安排部署，岳阳县检察院完成内设机构改革，按照“6+2”模式（6 个业务部门、2 个综合部门），设第一检察部（普通犯罪和未成年人检察）、第二检察部（职务犯罪和重大犯罪检察）、第三检察部（刑事执行检察和司法人员职务犯罪侦查）、第四检察部（民事行政检察）、第五检察部（公益诉讼检察）、第六检察部（控告申诉检察、案件管理）、办公室、政治部（司法警察大队），并保留1个派驻东洞庭湖检察室。通过机构调整，促进“捕诉一体”和“四大检察”全面协调充分发展，从组织结构、业务运行、人员配备等层面，解决原有机构的设置与新型办案机制之间的矛盾，实现检察工作新发展。

【审查逮捕和起诉】 2020年，受理审查逮捕案件250件341人，批准逮捕199件257人；受理审查起诉案件349件509人，起诉296件447人。依法保障疫情防控工作，办理涉疫案件6件9人，监督侦查机关立案1件。深入推进扫黑除恶专项斗争，认真贯彻落实中央、省市县委和上级院关于扫黑除恶专项斗争的部署、要求，紧扣三年为期总目标，落实中央“六清”工作要求，受理涉恶公诉案件28件102人，依法起诉涉恶案件17件65人，办理恶势力“保护伞”案件3件3人，做到所有线索全部清零，所有案件全部办结。

【诉讼监督】 2020年，县检察院强化刑事诉讼监督，充分发挥驻县公安局侦审指导办公室职能作用，派员额检察官每周进驻办公，实现监督关口前移，刑事案件繁简分流，办理监督立案18件，建议行政机关移送刑事案件2件，督促撤案5件，纠正漏捕4人，纠正漏罪6人，纠正同案漏犯5人，提出抗诉1件。强化刑事执行监督，加强对看守所执法和社区矫正的监督，书面纠正违法20件，提出检察建议1件，对不符合暂予监外执行条件的1名社区矫正人员建议收监执行。开展集中清理判处实刑罪犯未执行刑罚专项活动，发现应当收监患病罪犯12人，全部收监。强化民事审判监督，受理各类民事诉讼监督案件24件，办理民事执行活动监督案件11件，发出执行违法建议5份。强化行政诉讼监督，受理行政检察监督案件47件，其中办理行政非诉执行活动监督案件38件，发出执行违法检察建议22件，发出综合治理检察建议4件，纠正类型化执行问题15个；办理行政综合治理类案件8件，发出综合治理检察建议8份；化解行政争议案件1件，召开听证会1次。

【公益诉讼】 2020年，县检察院受理公益诉讼案件46件，开展英烈纪念设施保护专项行动，立案13件，发出诉前检察建议7件，终结审查6件。针对全县达到“千吨万人”规模的5个饮用水水源地（费家湖、立新水库、岳坊水库、明星水库、洞下塅水库）环境问题，办理行政公益诉讼案件19件，通过诉前程序督促履职，发现的问题已有效整改，保障了当地群众的饮水安全。开展东洞庭湖领域生态修复工作，办理6件非法捕捞水产品刑事附带民事公益诉讼案件，将判赔的18万元生态修复赔偿金购买鱼苗，开展人工增殖放流活动。

2020年7月21日，岳阳县人民检察院内设机构改革新组建部门启动暨授牌大会

【服务“三大攻坚”战】 2020年，县检察院围绕防范化解重大风险，严惩集资诈骗、网络传销等涉众型经济犯罪，依法起诉张某某等47人组织、领导传销活动案，与其他政法机关密切配合，追回国家经济损失12亿余元。围绕服务脱贫攻坚大局，为受到犯罪侵害的贫困群众申请司法救助金17万元，同时全力做好驻村帮扶、结对帮困等工作，助推黄沙街镇和谐村全面脱贫。围绕打好污染防治攻坚战，严惩非法采砂、滥伐林木、非法占用农用地等破坏生态环境资源领域犯罪，批捕19人，起诉71人。为忠诚践行习近平关于“守护好一江碧水”的嘱托，调整充实东洞庭湖检察室职责，集中办理东洞庭湖区及周边乡镇的刑事案件，办理非法捕捞水产品、非法狩猎野生动物案件14件31人。

【未成年人检察工作】 2020年，县检察院严厉惩治故意伤害、强奸、猥亵等侵害未成年人案件10件12人，办理未成年人实施盗窃、抢劫等犯罪案件20件21人。落实最高检“一号检察建议”，由检察长担任鹿角中心学校法治副校长，其他班子成员和员额检察官担任乡镇中小学法治副校长，开展“法治教育进课堂”15次；以“防范未成年人性侵”“防止校园暴力”为题线上授课，全县10万余名学生和家长收听观看。在县人民医院建设一站式询问室，在岳阳高新技术开发园设立未成年人观护基地，推动未成年检察工作深入开展。

【检察队伍建设】 2020年，县检察院深入学习贯彻习近平新时代中国特色社会主义思想，增强“四个意识”，坚定“四个自信”，坚决做到“两个维护”，自觉在思想上和行动上与中共中央保持一致，不断增强政治鉴别力和政治敏锐性。落实重大事项报告制度，抓好党建工作责任落实，将党建工作纳入党组重要议事日程，不断丰富党建活动载体，创新党建工作模式，加强党建阵地建设，建成“学习强国”党建书屋和有声图书室，被省委评为“省级基层党建示范点”。完善考核体系，紧紧围绕检察办案58项核心指标，制定考核细则，抓好责任落实，推动检察业务提升，多项业务指标处于全省前列。持续优化“案件比”，完善案件退回补充侦查机制，严格控制延长审查期限措施，办案流程更加高效，2020年“案件比”从2.3降至1.71，减少了500多个办案环节。召开员额检察官履职评议会，17名员额检察官接受县人大评议督导组和外界专业人士履职评议，主动接受代表委员的监督评议，提升履职能力。

（冯 敏）

法 院

【概况】 2020年，县人民法院认真落实习近平新时代中国特色社会主义思想，坚持“党建+文明创建+司法绩效+纪律作风”管理模式，充分发挥审判职能作用，主动服务全县中心工作，受案4857件，办结4700件，各项工作取得新成效。再次获“全国文明单位”荣誉；省高院院长田立文、市中院院长彭世理等领导先后到县人民法院调研，并对县院工作给予充分肯定。

【思想政治建设】 2020年，县人民法院始终把政治建设摆在首要位置，扎实开展“两个坚持”专题教育，组织党组理论中心组学习11次，向县委常委会专题报告党组工作，不断增强“四个意识”，坚定“四个自信”，做到“两个维护”。坚持抓党建带队建促审判，完成机关党委换届选举，组织开展“两优一先”评比、重温入党誓词、主题党日等活动，大力推进党建工作和审判工作深度融合。严格落实意识形态工作责任制，注重意识形态阵地管理，党组书记给全院干警上意识形态专题党课，旗帜鲜明开展司法领域意识形态斗争。

【刑事审判】 2020年，县人民法院依法认定并审结涉恶犯罪案件5件30人，全程网络直播被告人侯某某等26人恶势力犯罪集团案庭审，判处首犯侯某某有期徒刑15年。坚持“打伞破网”，判处充当恶势力犯罪团伙“保护伞”的平江县公安局原党委副书记、副局长谢某某有期徒刑4年3个月，罚金50万元。审结故意伤害、强奸、抢劫等严重暴力犯罪案件37件，对故意杀人未遂的被告人许某、强奸幼女的被告人王某，均判处有期徒刑6年6个月。深入推进反腐败斗争，审结职务犯罪案件5件5人，判处毛田镇原党建工作站站长付某有期徒刑1年。突出打击涉众型经济犯罪，审结了涉案金额33亿余元、会员达16万余名的张某某等47人特大网络传销案；对涉案金额3000余万元、受害超150人的集资诈骗案主犯万某判处有期徒刑15年，罚金50万元。审结盗窃、抢夺、诈骗等侵财犯罪案件66件，对以帮人修缮塘堤、路面硬化等为由骗取293.66万元的被告人吴某判处有期徒刑11年，罚金5万元。审结放火、非法持有枪支弹药、危险驾驶等危害公共安全犯罪案件59件66人，判处故意放火烧山的被告人余某有期徒刑3年；判处造成多人死伤的交通肇事案被告人刘某有期徒刑4年。坚决扫除毒黄赌等社会丑恶现象，审结毒黄赌案件70件91人，判处贩卖毒品犯殷某有期徒刑15年，并处没收财产2万元，剥夺政治权利2年；判处介绍卖淫犯易某有期徒刑1年6个月、罚金3000元；判处开设赌场犯刘某有期徒刑3年，缓刑3年，罚金2万元。坚持宽严相济刑事政策，落实认罪认罚从宽制度，对犯罪情节较轻、认罪认罚的240案367名被告人依法从轻、减轻处理。

【民商事审判】　2020年，县人民法院助力优化营商环境，平等保护各类市场主体合法权益，审结买卖合同、借款合同等合同类纠纷案件1349件，规范市场交易行为，营造诚实守信、公平竞争的法治化营商环境。办理的贝特公司买卖合同纠纷案，被选入湖南法院典型案例。服务供给侧结构性改革，审结破产清算案件5件，让“僵尸企业”依法退出市场。服务保障重点工程，妥善化解亿丰时代广场施工建设合同纠纷；成功调处“洞庭美域”系列案，让34名业主和开发商握手言和；对拒不自动履行搬迁义务的8户，依法裁定准予强制腾地，确保棚户区改造工作顺利推进。

【环资审判】　2020年，县人民法院切实守护青山绿水，与县环保分局建立生态环境司法保护联动协作机制，构建“打击犯罪+生态修复”审判模式，审结非法采矿、非法捕捞等破坏生态环境资源犯罪案件29件61人。对非法猎捕、杀害1只草鸮、36只斑鸠的被告人欧某判处有期徒刑8个月，罚金1.5万元，责令其在《岳阳日报》上赔礼道歉、采取替代性方式修复生态环境并赔偿国家资源损失费等3.21万元。办理涉环评不达标、违法建设等行政非诉审查、强制执行案件，依法支持行政机关履职。开展世界环境日普法宣传，联合相关部门向东洞庭湖水域增殖放流鱼苗1900万余尾，共同守护一江碧水。

6月23日，侯小东等26人涉恶势力犯罪集团案在县法院开庭审理

【执行工作】 2020年，县人民法院健全和完善长效机制，严厉打击拒不报告、转移财产等逃避执行行为，罚款7人，拘留23人，判刑2人。加大信用惩戒力度，将被执行人纳入失信黑名单589人，限制高消费1098人，向社会发布失信被执行人名单21期230人。加快涉案财产处置进程，充分运用淘宝网司法网络拍卖平台，拍卖86次，成交12件，成交额1174万余元，溢价率34.29%，为当事人节约佣金56.86万元。开展集中执行"冬雷"行动和强制腾房专项行动，组织20余名执行干警先后强制腾房3处；对拒不搬出租赁房屋又当面撕毁法律文书的当事人作出司法拘留及罚款的决定，促使其主动请求和解履行。全年执行到位标的19273万余元，最大限度兑现当事人权益。

【诉源治理】 2020年，县人民法院争取县委、县委政法委支持，县委常委会专题研究，县委政法委牵头召集相关部门领导召开会议，县平安建设领导小组出台实施意见，多元解纷机制进一步完善。在诉讼服务中心设立诉调对接中心，在荣家湾镇司法所、麻塘办事处、筻口镇西冲村设立3个诉源治理工作站，实现矛盾纠纷化解向源头防控延伸。加强与县妇联、县交警大队等单位专业人民调解委员会的对接和指导，成立婚姻家庭纠纷、交通事故纠纷、医患纠纷等8个专业调解工作室，促进矛盾纠纷在源头化解。通过诉前多元解纷1012件，一审民商事收案数首次下降，同比减少9.12%；诉中调解、撤诉结案1171件，占民商事案件结案总数的43.53%。

【审判改革】 2020年，县人民法院推进"分调裁审"改革，制定《民商事案件繁简分流和速裁工作办法》，以荣家湾法庭和东洞庭湖法庭为主体建立速裁团队，办理民商事速裁案件。继续开展"审判质量、效率和公信力提升年"活动，落实审判质效日通报、周调度、月讲评制度，对发回重审和改判、超审限以及引发重大信访、重大舆情、代表委员关注等案件做到每件必评，评查案件676件，对评查发现的问题公开讲评，多形式、多角度、全方位管控审判质效，倒逼司法能力提升。严格责任落实，制定《关于落实院庭长审判监督管理职责的实施细则》，建立专业法官会议制度，对"四类案件"全部纳入院庭长监督管理范畴，一律通过专业法官会议研究，把好裁判质量关。建立类案裁判标准，明确了危险驾驶罪等案件统一法律适用问题，防止类案不同判。

【司法为民】 2020年，县人民法院持续优化诉讼服务，升级改造诉讼服务中心，增设自助服务区，配置立案、风险评估、文书填写、自助阅卷等服务自助终端，运用网上法院、移动微法院，推进在线调解、自助立案、网上立案和跨域立案，开启集约高效、便民利民、开放互动、交融共享的智慧诉讼服务模式，全年网上立案318件、跨域立案44件、在线调解91件、电子送达6721人次。开展送法进校园进乡村活动，到岳雅等学校宣讲校园人身安全保护知识，邀请城南小学等师生走进法院，通过网站、微信等方式及时发布典型案例和法院动态，努力延伸审判触角。加快智慧法院建设，大力推进"网上办案"，实行电子卷宗随案同步生成，推行类案强制检索制度，以信息化服务法官办案、方便群众诉讼。全面推进审判公开，实现庭审直播、文书上传、审判流程公开常态化，网络直播庭审1203场，上网公开裁判文书4828份，更好地满足人民群众的知情权、参与权、监督权。

【作风建设】 县人民法院将2020年确定为"纪律作风整顿年"，扎实开展"三个以案"警示教育、防止干预司法"三个规定"专项整治和违反中央八项规定精神突出问题专项整治等活动，列举31条负面清单，每月印发纪律作风建设清单和学习资料。通过通报典型案件，对照违法违纪人员《忏悔书》组织专题研讨，组织到张谷英村开展廉政家风教育，观看《迷失的初心》

等警示教育片等方式，落实廉政谈话制度，常态化开展督促检查，从上下班考勤、会风会纪等抓起，从严治院、从严治警。院领导先后对395人次谈话提醒，下发通报5期，通报批评23人次，诫勉谈话1人次。

（李　莹）

司法行政

【概况】　2020年，县司法局以习近平新时代中国特色社会主义思想为指导，深入贯彻中共十九大，十九届二中、三中、四中、五中全会精神，全面落实中央全面依法治国工作会议精神，贯彻落实县委、县政府和上级司法行政机关各项决策部署，以推进国家治理体系和治理能力现代化为主线，持续强化“一个统筹、四大职能”布局，全面提升法治建设和司法行政工作现代化水平。

【疫情防控】　2020年，县司法局认真对接省厅、市、县文件精神，加强值班值守，每天安排2人（班子成员1名、一般干部1名）到县局指挥中心值班值守，值班值守坚持24小时到岗到位，每天及时向上反馈信息。局机关实行一张门进出管理，安排人员24小时值守，对工作人员和办事群众进行登记、体温检测，未佩戴口罩和体温超标人员严禁入内。同时，推进“疫情防控　法治同行”法治宣传活动。印制2万余份《疫情防控读本》和《“疫情防控法治同行”APP二维码》，发放到每个乡镇、社区、家庭，在全县城区、乡镇、村、社区广泛开展依法防控知识宣传，引导群众依法防控。

【创建市级文明标兵单位】　2020年，县司法局成功创建市级文明标兵单位。县司法局立足司法行政工作实际，抓队伍、强基础，抓业务、创业绩，抓文化、聚合力，形成“崇尚文明，和谐有序，爱岗敬业，奋发向上”的良好氛围，做到将文明创建内化于心、外化于行。局党组多次召开专题会议，学习市级文明标兵单位创建有关规定和要求，研究部署创建市级文明标兵单位工作遇到的难题。制定《岳阳县司法局创建市级文明标兵单位工作实施方案》，将创建责任落实到各股室和每一个人，做到有分工有协作，有责任有要求。将文明单位创建作为股室和个人年终考核的重要内容和评优评先的重要参数，强化对创建工作跟踪问效，确保了文明创建各项工作全面落到实处。

【法治文化公园】　岳阳县法治文化公园于2020年7月开始启动，12月初建成，对大众全面开放。岳阳县法治文化公园是一个集健身、休闲、学习于一体的法治文化平台，由宪法广场、法治主题文化公园、法治文化长廊、法治亭四大景观组成，内容涉及中国法律体系典籍、法治典故、法治名人、法治格言、法治楹联以及与市民生产生活密切相关的法律知识等内容，充分体现出弘扬法治精神、依从法治轨道的改革观念。

【法治建设】　2020年，县司法局召开年度法治政府建设推进与培训会，总结回顾全县“十三五”法治政府建设工作，对后段工作进行谋划部署，为全县“十四五”法治政府建设工作起好步、开好局，对后段工作进行了部署；全年审查党委政府“三定”文件19件、常务会议上会文件及重大行政决策50余起、政府合同15份、政府规范性文件30件；开展行政执法人员考试1次，参与人员201余人，120人通过行政执法考试；对公安、住建、市场、环保、城管、农业农村、自然资源等19个执法部门的68份执法案卷进行了评查；全年办理行政复议案件19件，办理行政应诉案件16件；代理县政府出庭应诉6次，指导、审核县政府部门承办县政府作被告（被申请人）的诉讼案件（答复案件）的答辩材料15份，办理领导交办的涉法事务32起。

【公共法律服务】　2020年，县司法局大力加强对16个乡镇公共法律服务站、196个村（社区）

公共法律服务点建设力度，完善工作机制，全面为民提供法律服务。全面完成省司法厅组织开展的“互联网+公共法律服务”暨如法网应用推广竞赛活动。开展了司法鉴定机构和鉴定人清理整顿专项行动和公证行业集中警示教育活动。开展“法援惠民生·扶贫奔小康”志愿服务活动，发放各类宣传资料1000余份；开展学习贯彻《保证农民工工资支付条例》宣传活动3次。努力提升法律援助成效，加大法律援助、公共法律服务宣传力度，全年受理法律援助案件229件，三大平台共接待群众法律咨询500余人次。岳阳县法援中心获“维护妇女儿童权益先进集体”荣誉称号。开展公证行业“群众满意服务窗口”创建活动，提升公证服务能力和水平，公证处受理各类公证案件994件，其中法律援助公证48件；司法鉴定所受理司法鉴定案件469件，继续保持案件“零投诉”，得到了社会的认可。大力强化法律服务执业管理，严格执行考核制度，对公证处进行年度考核，并开展公证和司法鉴定案件质量评查。

【普法宣传】 2020年，县司法局联合公安、法院、妇联、工商等部门开展春节送法下乡活动10场，举办农村法治宣传月活动8场，送法进企业进职校3场、青少年法治宣传周活动5场、农村法治宣传周“法治乡村建设”主题讲座活动7场、青少年法治宣传周“民法典”及禁毒主题宣讲6场，开展行政执法及民法典专题讲座36次。同时，在特定的节假日开展大型普法宣传活动，如“三八”女性维权活动、“3·15”消费者权益保护活动、“4·15”国家安全教育活动、“12·4”宪法宣传周活动等。全县通过如法网网络平台报考8636人（不含县处级领导），应考8636人，实际参考8625人，参考率99.87%，考试通过8622人，合格率99.84%。

【人民调解】 2020年，县司法局始终把加强人民调解工作作为建设和谐社会的有效途径，坚持以维护稳定为首任，以息访息诉为目标，以服务群众为根本，着力把各类矛盾纠纷解决在基层，解决在萌芽状态。全年排查调处各类民间矛盾纠纷987件，调解成功982件，调解率100%，调解成功率99.5%。进一步推进规范化司法所建设，从组织机构、队伍建设、业务工作、场地建设四个方面，逐步完成所有基层司法所的规范化建设。与此同时，进一步规范乡镇（街道）、村级（社区）人民调解委员会。结合村（社区）平台建设，大力加强村（社区）标准化调委会建设。依托村（社区）平台建设在全县各村（社区）建立了集人民调解、法制宣传、法律援助、社区矫正、安置帮教等基层司法行政工作业务于一体的规范化法律服务工作站，统一了制度、标识、档案、文书，使全县标准化人民调解委员会达95%以上，平台建设社会影响好、群众反映好、调解效果好，使人民调解的社会公信力进一步提高。

【社区矫正】 2020年，岳阳县在矫391人（缓刑373人，假释14人，管制0人，暂予监外执行4人），无一人重新犯罪，未发生因脱管漏管而引发的重大治安案件和刑事案件。县司法局出台的《岳阳县社区矫正日常管理办法（试行）》，统一规范了社区矫正对象每日签到、外出请假、社区劳动、教育学习等日常活动管理的奖惩标准。与此同时，认真对接省厅、市局文件精神，不断推进“数字法治，智慧司法”建设，健全完善视频会议系统、监狱远程探视系统、社区矫正可视化点名系统建设，加强信息化培训力度，积极做好系统对接和数据汇聚共享，拟投资100万元，建成以社区矫正中心、荣家湾司法所、筻口司法所、杨林司法所为骨架，涵盖全县各司法所的社区矫正信息化系统，从数据化平台、智能化监管、智慧化教育、信息化帮扶四个基点将全县社区矫正工作推上新台阶。

【重症收治】 2020年，岳阳县病残吸毒人员收治中心始终坚持“应收尽收、规范管理”的原则，累计收治重症涉毒人员726人次，较好地解决了全县重症涉毒人员收治难、管控难的问题，在打击涉毒违法犯罪方面发挥了作用。在疫情关键期间，承担了新冠肺炎“三类人员”的隔离任务，得到了县疫情防控指挥部的充分肯定，为维护全县稳定发挥了积极作用，被岳阳县禁毒委员会授予“2020年度全县禁毒特色工作先进集体”荣誉。为进一步扩大收容率，已重新选址，将县收治中心搬迁至县戒毒所旁边，高标准新建一个占地面积达1500平方米、可以容纳收治对象150人的特殊人群涉毒人员收治中心。

（张　日）

群众团体

群众团体

岳阳县总工会

【概况】 2020年，县总工会坚持以习近平新时代中国特色社会主义思想为指导，继续深化拓展“五个年”建设，坚持“讲忠诚、优服务、创品牌、强基础、树形象”，不断提高工会工作质量，较好完成了各项工作任务，取得了明显的工作成效，获评市总工会考核优秀单位、县综合绩效评估优秀单位。

【疫情防控工作】 2020年疫情防控期间，县总工会充分发挥职工“娘家人”作用，做到出实招、求实效。加强宣传聚合力，第一时间转发承诺书，发布倡议书，制作《通往春天的距离》《飘扬在抗疫一线的“巾帼红”》等音诗画短视频，大力宣传在疫情防控阻击战中的劳模力量、女工力量、榜样力量，广泛凝聚战“疫”合力。开展慰问暖人心，为医护人员、值勤人员送去慰问资金及物资17万余元，向抗疫一线各级工会发放专项慰问补助资金52万元，全县各基层工会安排慰问资金、物资总计超过170万元。优化服务解难题，组建心理咨询志愿服务团队，为职工提供免费的心理咨询。联手中国人寿开展公益赠险活动，为园区企业职工捐赠价值30多万元的抗“疫”专属保险。动员消费激活力，组织113家基层工会，为8254名会员发放“湘消费”等电子消费券945万元，引导职工释放消费需求、促进市场复苏。

【基层组织建设】 2020年，县总工会坚持党建带工建，全年新建工会组织101家，发展会员3056人，其中农民工2435人。结合省、市两级模范职工之(小)家、“六好”乡镇的评选工作，以乡镇、高新技术产业园、村（居委会）、“两新”组织、非公企业工会组织作为全年示范点重点打造对象，高标准打造湖南贝特新能源科技有限公司、新墙镇新墙河居委会等8个县级基层工会规范化建设示范典型。做好各级模范职工之家的创建和申报工作，强化动态评估管理制度，完成县级以上模范职工之家复查验收工作。中粮米业成功申报省级模范职工之家，张谷英镇和慧璟科技有限公司成功申报市级模范职工之家，高新技术产业园获湖南省“百佳园区工会”荣誉。

【解困脱困工作】 2020年，全县组织95个县直单位联系16家困难企业，1600名机关干部联系1800名企业困难职工，筹措“双联”帮扶资金375.8万余元。成立困难职工解困脱困工作领导小组，全体干部职工都参与帮扶救助，为33户在档困难职工发放疫情专项帮扶资金14.76万元。对已建档的34名国家级困难职工、15名省级困难职工发放生活救助、助学救助和大病救助金41.2万元。以“春送岗位、夏送清凉、秋送助学、冬送温暖”为主题，把党政所望、职工所需、工会所能结合起来，为广大困难职工诚心诚意办实事，尽心竭力解难题。做好医疗互助申报工作，为全县450余名职工发放医疗互助金30余万元。开展“金秋助学”活动，为28名困难学生解决就学难的问题，助学资金5.8万余元。

【弘扬劳模精神】 2020年，县总工会开展“最美职工”评选、劳模宣传月和劳模宣讲团巡回宣讲、劳模疗休养等活动，努力营造学习劳模、关爱劳模的良好氛围。深入推进湖南省百万职工重点建设项目劳动竞赛和岳阳市总工会关于建功七大产业推动高质量发展劳动竞赛工作。9月24日，举办“奋战一百天，夺取双胜利”岳阳县首届“荣湾汽贸杯”制造行业职工技能大赛暨全县劳动竞赛，大力弘扬劳动精神、工匠精神，充分发挥广大职工在岳阳县经济建设中的主力军作用。

【打造特色品牌】 2020年，县总工会打造工人文化宫品牌。新建集便民服务、技术培训、休闲运动、文化教育、办公会议等功能于一体的工人文化宫，打造“智慧工会”品牌。建立工会网上工作矩阵，做实工会服务、会员福利、工人文化宫等基础数据库，构建具有岳阳县特色的智慧工会工作平台。打造“职工活动”品牌。开展“遇见书香·静待美好”2020年全县职工主题阅读活动，启动“阅读伴成长·书香润万家”大型亲子阅读线上活动，为广大职工搭建读书、交流平台。9月底，举办岳阳高新区职工篮球友谊联赛，11月，举办岳阳县第四届职工羽毛球比赛，进一步丰富了职工文体生活，提高了职工身体素质。

（刘　青）

6月24日，“遇见书香·静待美好”大型亲子阅读线上活动启动仪式

共青团岳阳县委员会

【概况】 2020年，共青团岳阳县委员会（简称团县委），团县委紧紧围绕党政中心工作，狠抓团组织建设，团结带领广大团员青年，努力实现新作为，团的各项工作稳步推进，有序进行。

【思想政治引领】 2020年，团县委坚持把政治建设摆在首位。筑牢主阵地，让思想建设“实起来”。组织全体干部参与“学习强国”，以“每日打卡、分享晒分”为方法，营造学赶超的良好氛围；5月26日，联合县委党校、县妇联、第30期中青班学员共赴张谷英镇开展“扬清风正气　传孝廉家风”廉政教育活动，通过实地教育、观看警示片等方式提高政治站位、提升思想意识；9月27日，团县委主办“厉行勤俭节约　岳阳县在行动”系列活动，开展“文明餐桌行动宣传活动”及“拍摄‘我承诺’主题宣传照”专题晚会等活动；9月30日，联合县退役军人事务局等相关单位承办县“9·30”烈士纪念日公祭活动。畅通主动脉，让战斗堡垒“强起来”。在全县广大团员青年中做好意识形态宣传工作。按照上级团委要求，在全体团员中推动“青年大学习”工作，建立联点包片制，团县委全体班子成员至各联点乡

2020年11月16日，岳阳县团县委主办“青春无悔　绿色无毒”禁毒宣传活动

镇、县直学校实地指导推动，并于每周一在微信公众号平台公布“学习成绩”及排名。10月5日，成立岳阳县青年之家，打造团县委直接联系服务青年的阵地依托，打通联系服务青年的“最后一公里”，实现共青团在全县青年身边有形化、日常化；12月17—18日，组织岳阳县青年讲师团至县三中、长湖乡中心学校、县二中、县八中进行“绽放战疫青春　坚定制度自信”示范性宣讲，参与师生2000余名。

【党建带团建】　2020年，团县委根据县疫情防控指挥部安排部署，县委组织部统一组织，团县委主要负责人作为驻企防疫联络员，在疫情期间参与了为期两个多月的驻企复工复产帮扶。助力防汛抗洪。7月，岳阳县启动防汛应急响应以来，团县委主要负责人坚守一线，驻新开镇古港垸大堤32天，参与抢险救灾、值班巡堤等。严把入团关。下发《共青团岳阳县委关于做好2020年全县发展团员调控工作的通知》，科学分配2020年全县各学校的入团名额，要求入团前必须进行青年大学习，达到积分标准才能获得入团编号。为严格控制一编号一团员，按编号下发入团志愿书，收回审核权限，坚决杜绝违规发展团员的情况。

【志愿服务工作】　2020年，团县委响应县委、县政府、县防疫指挥部号召，在疫情防控、扶贫济困、爱心助学、社区服务等方面开展了形式丰富的志愿活动，并发动全镇各级团组织开展参与志愿活动。

2月19日，团县委依托县七色之光党员志愿者协会开展疫情“助农便民”志愿者活动，为解决疫情期间产品滞销难题，同时也方便宅家市民购买瓜果蔬菜。通过用微信群小程序推广销售农户产品，志愿者负责分配派送，活动为农户卖出瓜果蔬菜等滞销物资近3吨，销售金额达18万余元；3月5日是第57个学雷锋纪念日，在抗击疫情的特殊时期，依托岳阳县七色之光党员志愿者协会，将蔬菜、鸡肉、鸭肉等送到了岳阳县人民医院和岳阳县中医院职工餐厅；7月开展防汛工作以来，团县委开展了两次物资筹集及慰问活动，筹集物资5万余元，部分党员青年志愿者主动提出申请投身到防汛抗洪的一线。7月24日，在贫困户的梨园中组织了一场“扶贫帮困‘梨’你很近”现场现买现摘活动并且进行了平台直播，累计销售额3万余元。

【服务青年成长】　2020年2月22日至4月12日每周六、周日晚上，团县委积极响应教育部“利用网络平台，停课不停学”号召，携手清华大学研究生团委“抗击疫情服务队”，为200余名巴陵学子提供线上学业辅导、亲情陪伴、心理疏导等志愿服务；7月23日，组织开展“联通高校报考无忧”活动，邀请岳阳籍高校志愿者进行经验分享交流，为给刚刚走出校门的高三学子提供可靠的信息获取渠道，帮助考生和家长在志愿填报、高校和专业选择方面掌握正确的方法和策略。在疫情期间，引导团员青年在企业疫情防控和复工复产复耕中发挥青年先锋队作用，发动各级团干部、青联委员带头到企业重点工作一线、生产一线以及农业复耕复产一线，为复工复产复耕保驾护航。为青年就业实践提供平台。7月底，发布《2020年岳阳县“返家乡 建故乡”暑期大学生社会实践活动岗位征集通知》，收到来自县直单位、乡镇实践岗位21个，之后在公众号中进行公布，招募成功率达95%。

【保障未成年人合法权益】 2020年，团县委以“六一”儿童节为契机，发动各级团组织开展内容丰富的关爱留守儿童活动。使关爱留守儿童成为社会、学校的共识，也成为每年“六一”儿童节的常态化工作；8月9日，团县委组织开展岳阳县公益小天使五防防溺水知识讲座；8月15日，举办“青春自护，七彩假期”防溺水安全教育宣讲会，采取线下线上结合的模式，同步收看人数突破5000人次；9月16日，主办“五防安全进校园之防校园霸凌”微宣讲直播，全县中小学有10.5万人同步观看；11月16日，主办“青春无悔 绿色无毒”禁毒宣传活动，对青少年进行珍惜生命、远离毒品的教育。

（张子怡）

岳阳县妇女联合会

【概况】 2020年，岳阳县妇女联合会（简称“县妇联”）团结引导全县妇女感党恩、听党话、跟党走，以围绕中心、服务大局为工作主线，以联系和服务妇女为根本任务，积极维护妇女权益、促进妇女全面发展。

【妇女思想建设】 2020年，县妇联组织专题学习，传达习近平到湖南调研时的重要讲话精神，深入宣传贯彻习近平新时代中国特色社会主义思想，中共十九届四中、五中全会精神；参加岳阳县“千名书记讲党课”决赛活动获得第一名；开展以观看革命历史影片《半条被子》为主题的党日活动，重温红军长征期间“军爱民、民拥军”的感人故事；设立妇联干部微信工作群，每周在微信公众号推送1~2条工作信息，大力传播党的声音和主张；积极向报社、电视台等新闻媒体和上级妇联媒体平台推荐岳阳县“三八红旗手”“好婆婆”“好媳妇”等品牌工作，通过线上线下相结合的模式讲好岳阳县妇女故事，强化价值引领、展示巾帼风采，激励广大妇女团结奋进、积极向上。

【服务妇女发展】 2020年，县妇联在“三八”妇女节评选表彰了“岳阳县三八红旗手”35名、“岳阳县三八红旗集体”8个，并邀请县领导参加“把表彰送到你身边”活动，将荣誉送到获奖者身边，进一步激发了全县妇女干

7月28日，湖南省妇联党组书记、主席姜欣调研岳阳县婚姻家庭调适服务中心工作

事创业的热情；在杨林街镇和公田镇开展“一人学一技”创新创业技能线上培训班，采取线上理论培训和线下分批实操培训相结合的形式，168名农村妇女通过培训、考试，获得育婴师职业技能资格证书；进一步抓实“户帮户亲帮亲　互助脱贫奔小康”工作，1677名妇联执委参与，并积极争取到15个协会、合作社的合力支持，为贫困户捐赠物资538件、菜油300万公斤、面条60万公斤、稻谷6.69万斤，开展志愿活动帮助贫困户实现微心愿371个；评选出了一批在“户帮户亲帮亲　互助脱贫奔小康”工作中涌现出来的优秀执委和集体；疫情防控期间，组织巾帼志愿者迅速投身到抗疫工作中；6月底，“妇联小姐姐”化身“网络主播”，在湖南省妇联“七一”扶贫直播中为岳阳县扶贫产品代言，用电商平台直播带货形式助力扶贫产业增收；7月，全县防汛形势严峻，各级妇联组织闻“汛”而动，近千名巾帼志愿者迅速加入防汛队伍，坚守防汛一线；7月28日，省妇联党组书记、主席姜欣到岳阳县看望并慰问防汛一线的妇联干部和妇女群众。

【妇联基层组织建设】　2020年，为进一步加强基层妇联组织建设，配合全县村（社区）“两委”换届同步做好村（社区）妇联换届工作，县妇联主动对接，报批县委组织部审核同意，制定印发《岳阳县村（社区）妇联换届工作实施方案》，并召开全县村（社区）妇联换届动员部署会，对妇联换届工作进行动员和业务培训；评选表彰了第二批特色妇女之家，进一步发挥基层妇联组织的作用和特色；开展形式多样的志愿服务活动，如关爱留守儿童、关爱空巢老人、守护一江碧水、最美庭院建设、农村人居环境建设等志愿服务活动，共同打造“天蓝、地绿、水清、家美”的秀美巴陵。

【维护妇女儿童权益】　2020年，县妇联开展“三八维权周”活动，现场发放资料1000多份，宣传疫情防控知识；6月11日，联合县民政局、县法院、县司法局、县政务服务中心等多部门共同成立岳阳县婚姻家庭调适服务中心，截至年底，志愿者们共接待来访夫妻1828对，其中参与调解1032对，挽救了435桩濒临破裂的婚姻，调和率达42.15%，有效降低了全县的离婚率。联合县教体局、县公安局、县检察院、县人民法院和县司法局在全县开展了女童权益保护宣讲暨法治宣传进校园启动仪式网络直播活动，首场网络直播授课受到8万余人次的关注；聘请13位儿童教育专家为女童权益保护讲师，先后在张谷英镇、荣家湾镇、毛田镇、月田镇、公田镇、步仙镇进行了30余场线下宣讲。全面推进健康扶贫工作，持续落实“两癌”免费检查和救助，对全县7个乡镇的1.5万名农村妇女开展了“两癌”免费检查。

【家庭文明建设】　2020年，县妇联开展以“创建幸福家庭　构建和谐社会”为主题的“四个一”活动，与县教体局联合成立家庭教育讲师团，聘请9位家庭教育专家担任讲师团成员，先后在黄沙街镇黄秀中学开展家庭教育讲座、在筻口镇移山村开展“把爱带回家　我们在一起”的寒假特别行动。11月，举办“创建幸福家庭　构建和谐社会”系列公益讲座，邀请专家为社会各界妇女讲授幸福家庭经营之道；深入开展“最美家庭”评选活动，授予24户家庭2019年度岳阳县“最美家庭”荣誉称号；向市级推选2户文明家庭和1户省级抗疫最美家庭；5月，由岳阳市妇联主办，岳阳县妇联、张谷英管理处、张谷英人民政府承办的“最美家庭访古村，传承百年好家风”活动暨“创建幸福家庭，构建和谐社会”家庭教育公益讲座启动仪式在张谷英村举行，“最美家庭”代表上台分享先进事迹，讲家教家风、读家书家训，引领广大家庭传承中华传统家庭美德，弘扬新时代道德风尚；深入开展廉政教育进家庭主题活动，与县纪委一起策划并在全县开展“扬清风正气，传孝廉家风”为主题的教育活动，以家庭为阵地，以廉政文化建设为主题，教育党员干部要知敬畏、存戒惧、守底线，要行孝治家，以孝促廉，带头树立和培育良好家风。

（毛毛雨　潘　慧）

岳阳县科学技术协会

【概况】　2020年，岳阳县科学技术协会（简称“县科协”）加强科协组织建设，全县成立了15个乡镇科协组织和192个村（社区）科普小组；“科普中国”APP注册了14407名科普信息员的科普队伍；全县152家规模企业注册认证“科创中国”创新资源共享平台。县科协被评为全市科普工作先进单位。

【科技“三下乡”活动】　2020年1月13日，岳阳县2020年“我们的节日，红红火火过大年”暨“三下乡”志愿者服务活动在新开镇朱砂桥村拉开帷幕。岳阳县科协积极履行“四服务一加强”工作职责，团结带领全县广大科技工作者，组织科普志愿者和全体科协机关干部职工积极参加“三下乡”活动。活动现场，县科协专门摆设20余幅“倡导绿色环保，追求低碳生活”画报展板，面向广大群众开展科普知识宣传，倡导绿色低碳新生活；设立专家志愿者咨询台，采取与群众互动的方式，开展“健康常识”“农业种植养殖科学技术”“崇尚科学　反对邪教”等科技咨询服务活动，向广大群众发放种植、养殖等各类科普知识读本和实用技术手册2000余册，深受群众欢迎。

【疫情防控科普宣传】　2020年年初新型冠状病毒肺炎疫情发生以来，县科协积极开展新型冠状病毒肺炎疫情的防控科普宣传工作。通过在县电视台和手机报平台上开辟专栏，不间断地宣传疫情防控知识，以提高公众对疫情的重视和防控意识，引导身边群众不信谣、不传谣；编制疫情防控科普资料，通过县驻企防疫联络员微信群，对200多名驻企防疫联络员利用不间断推送小视频、知识解答及发放宣传挂画等方式进行疫情防控网络知识培训；与教育、卫生等部门联动，印制发放疫情防控科普知识手册、光碟，并组织专门力量对全县中小学生开展疫情防控知识科普宣传，组织科普作品评选活动，努力提升未成年人的防控意识；组织40名科技专家组成复工复产科技服务团，深入农村和企业，指导农民春耕生产和企业开工生产，确保了疫情防控和复工复产统筹推进。

【先进科技工作者表彰】　2020年5月19日，县科协召开四届全委二次（扩大）会议，全面实施创新引领、开放崛起战略，大力加强对科技工作者的思想政治引领，弘扬社会主义核心价值观，加快全县优秀青年人才培养，激励广大青年创新创业，对四届一次会议以来在全县提升科学素质、促进县域经济发展等方面作出贡献的科技工作者进行典

2020年12月18—19日，岳阳县科协承办的第42届岳阳市青少年科技创新大赛活动在岳阳雅礼实验学校举行

型选树表彰通报。黄秀农耕文化园等3个单位获“科普示范基地”称号，并分别推荐岳阳县铁山医院陈勇、湖南海润电器有限公司陆庭钦两人入选巴陵青年英才，推荐中洲乡兴旺学校钱三皇参选2020年科协系统“五美”评选活动。

【“全国科技工作者日”活动】2020年5月28日，县科协召开第四个主题为“科技为民，奋斗有我”的科技工作者日庆祝活动。全体科协委员、园区科协、企业科协和乡镇科协、农技协、青辅协等近200名科技工作者参加。活动邀请了市科协科普业务指导教师为广大科技工作者上了一堂“科普中国”业务辅导培训课，进一步为科技工作者明确科普信息化目标任务、搭建工作平台、促进学术交流。

【“科普日”活动】 2020年9月17日，由县科协、县教体局联合主办、中洲乡兴旺学校承办的2020年岳阳县“全国科普日”系列活动启动仪式在中洲乡兴旺学校正式启动，活动以“决胜全面小康，践行科技为民”为主题，以科普大篷车进校园为载体，以科普仪器演练展示、机器人表演、遥控飞机演示、科普书籍发放等为展览内容。师生们通过现场实践演示“画五角星”“小球运动”“窥视无穷”“旋转的银蛋”“静电乒乓”“铿锵锣鼓”等20余种科教展品，充分展示了数学、光学、电磁学等方面的科学原理；观看妙趣横生的机器人表演、遥控飞机表演，推动新时代“创新、协调、绿色、开放、共享”的发展理念深入人心，弘扬科学精神，普及科学知识，营造讲科学、爱科学、学科学、用科学的浓厚氛围，让偏远山区留守儿童近距离感受科技神奇的力量和魅力，进一步打通科技普及进基层“最后一公里”。

【承办第42届岳阳市青少年科技创新大赛活动】 2020年12月18—19日，由县科协联合县教体局、团县委承办的第42届岳阳市青少年科技创新大赛在岳阳雅礼实验学校举行。全市有2000余名中小学生参赛。岳阳县积极组织，推荐58件作品参赛，其中46件作品获奖，7件优秀作品被推荐参加全省比赛。岳阳雅礼实验学校的章威、中洲兴旺学校的钱三皇被评为市“十佳科技教师”，岳阳雅礼实验学校、中洲兴旺学校被评为市“十佳创新教育”学校，县科协、县教体局仪电站、岳阳雅礼实验学校被评为市“优秀组织单位”。

（王 会）

岳阳县工商业联合会

【概况】 2020年，岳阳县工商业联合会（简称“县工商联”）围绕中心，服务大局，紧扣“两个健康”主题，坚持突出政治引领，着力加强组织建设，努力改进服务方式，积极探索改善营商环境，构建新型亲清政商关系，为决胜全面建成小康社会、决战脱贫攻坚，建设富饶、美丽、幸福岳阳县做出了新的贡献，被评为湖南省“五好”县级工商联。

【非公党建】 2020年，县工商联在县委两新工委领导下，县工商联直属会员单位党委扎实开展非公党建工作，召开中国共产党成立99周年庆祝大会，邀请市委宣传部教授蔡吉跃上了一堂精彩的党课。发展新党员7人，送培入党积极分子20人。市级示范非公党支部创建工作加快推进，同心生态科技支部成为岳阳县非公党支部建设的样板。天裕生态农业公司党支部阵地建设高标准完成，创建工作进步明显。10月，直属会员单位党委组织部分支部书记和党员到临湘市举行了主题党日活动。各支部定期开展“三会一课”及丰富多彩的主题党日活动，组织广大党员积极投身疫情防控、爱心送考、慰问抗战老兵、抗洪抢险等活动。

【邱小平到岳阳县调研】 2020年10月27—28日，全国工商联党组成员、专职副主席，中华全国总工会副主席（兼）邱小平率全国工商联第六调研组到岳阳县调研。省政协副主席、省工商联

10 月 28 日，全国工商联党组成员、专职副主席，中华全国总工会副主席（兼）邱小平到岳阳县调研

主席张健，市政协副主席秧励，市工商联主席何祚云，县委书记田文静，县长肖湘晖等参加调研。邱小平一行先后到岳盛新型材料、全民鸽业集团、湖南科伦制药有限公司、县青年企业家商会、蓝丝羽家纺岳阳县门店、县工商联、天裕生态农业发展有限公司、华中天地环保科技有限公司实地察看，详细了解岳阳县民营企业在疫情防控后期复工复产情况。座谈会上，邱小平认真听取县委、县政府支持工商联以及民营经济发展工作汇报、工商联工作汇报以及海纳物流、天欣科技、大力神电磁机械、岳阳民康医用材料、湖南地网网络科技等企业代表发言。邱小平充分肯定了县委、县政府、县委统战部支持非公经济发展所做的工作以及县工商联充分发挥桥梁纽带作用、服务民营企业取得的成效，对岳阳县民营经济克服困难、创新发展，承担社会责任的家国情怀以及充满发展信心的良好精神风貌给予了高度评价。

【服务企业】 2020 年新冠肺炎疫情发生后，县工商联和统战部全体成员分成 6 个组，对全县 191 家民营企业采取个别走访或集中座谈的形式进行了“民企大走访、同心促发展”调研活动，收集问题及意见建议 90 多条，撰写调研报告上报县委、县政府，为研究解决困扰企业复工复产及高质量发展的困难问题提供决策依据。在疫情得到阶段性控制后，县工商联积极响应县委县政府号召，指导具备疫情防控条件和能力的企业复工复产，协助县委组织部派出驻企防控联络员，联合县人社部门，开展“网上招聘”活动，缓解用工难题。11 月，县工商联联合县人民检察院开展“检察护航民企发展开放日”活动，学习参观了检察院省级优秀党建示范点，深入了解检察机关护航民营企业发展政策和相关案例；派副主席汪洋参加县委优化营商环境专项巡察，优化企业发展环境，维护企业合法权益。为优化全县营商环境，及时、方便、快捷解决企业反映的困难和问题，县委、县政府下发了通知，面向全县基层商会、民营企业开通“政企直通车”工作平台。通过基层商协会、民营企业—工商联—县直相关部门—县级相关领导多方共同参与的线上线下工作平台促进政企交流，使非公企业办事能够“找到门”，发展能够“找到路”，解困能够“找到家”。

【参政议政】 2020 年，政协工商联界别全体委员通过采取委员集中学习座谈、微信、政协云等多种方式，认真学习中共十九届五中全会精神、习近平在湖南考察时的重要讲话指示精神和做好新时代民营经济统战工作的重要指示精神，提高了自身素质，提升了参政议政能力。新冠疫情发生后，广大非公企业界政协委员捐款 28.5 万元，捐赠医用防护服 2100 件、医用口罩 13.3 万个、消毒液 3000 升、红外检测仪 281 个、蔬菜 20 吨等物资，有力支援了岳阳县新冠肺炎防控工作。持续开展委员“三个一”扶贫行动和“三进三助”聚力行动，工商联组的委员们与 7 个贫困村相互结对，签订了帮扶协议书，明确了产业帮扶措施，从项目、资金、技术等方面帮助建档立卡的贫困户。

【服务中心工作】 2020年是脱贫攻坚决战之年。县工商联以“万企帮万村”工作为载体，扎实开展“户帮户、亲帮亲，互助脱贫奔小康”精准扶贫行动，动员、鼓励、引导域内外民营企业，帮扶93个贫困村和基础薄弱村，实施帮扶项目126个，投入资金3452万元，帮扶贫困人口7264人。新冠疫情和汛情发生后，县工商联号召全县广大非公经济人士和寓外乡友积极行动，踊跃捐款捐物，驰援抗“疫”抗“洪”一线，筹集资金近150万元，捐赠物资价值200万元。

（李良玉）

岳阳县文学艺术界联合会

【概况】 岳阳县文学艺术界联合会（简称“县文联”）成立于1987年，属于正科级行政单位。下辖8个县级文艺协会，分别为作家协会、诗词协会、摄影家协会、音乐舞蹈家协会、戏曲协会、美术家协会、书法家协会、楹联学会。

【文艺创作】 2020年2月，县文联组织县作家协会、诗词协会、音乐舞蹈家协会、楹联学会、县美术家协会骨干会员参与抗疫题材创作，创作出原创作品150余篇。其中，诗词曲作品100篇（首），散文、报告文学、通讯等50篇，分别刊登在省市县报刊与网媒。组织全县文艺工作者筹集善款32227元，全部捐赠给县慈善总会。作家协会李响球创作的报告文学《荣家湾镇抗疫记》获得市委宣传部、市文联系统抗疫主题文艺创作征文三等奖。音乐舞蹈家协会冯小河创作的歌曲《鞠躬尽瘁》《爱心大串烧》，小歌剧《走，我们援汉去》在省公共文旅平台上云推广，歌曲《爱心大串烧》获市文联文艺抗疫作品二等奖。音乐舞蹈家协会陈赐明创作的小品《向胜利出发》获市文联文艺抗疫征文优秀奖，歌曲《用歌声向你敬礼》获湖南省最高人气奖，歌曲《我的生命属于你，我的祖国》获2020岳阳市“五个一”工程作品二等奖。

【文艺活动】 2020年1月，县文联组织楹联学会和书法家协会到张谷英镇、黄沙街镇、步仙镇、筻口镇、新墙镇开展“翰墨飘香送春联，文化下乡暖人心”送春联下乡活动。3月，县文联组织摄影家协会联合麻塘办事处举办了“乡村之恋·金色麻塘”摄影大赛，从春夏秋冬四季全面展示了乡村之美，推动乡镇全域旅游发展。6月，县文联联合县委宣传部、县文明办、县摄影家协会举办“文明是最美的风景”创建全国文明城市摄影展；县文联联合岳阳县生态环境局、县作家协会举办“美丽岳阳·我是行动者”环保征文活动，现在作品已集结在《巴陵文学》专刊出

湖南省诗歌学会一行到岳阳县开展主题采风活动

版。7月，县文联联合县美术家协会举办“以艺抗疫”美术作品邀请展览，展现岳阳县人民“众志成城、敢于胜利、事争一流”的精神风貌。11月，县文联联合县市场监督管理局举办“美丽荣城·食安巴陵”岳阳县美术书法作品展，提高了群众食品安全意识；湖南省诗歌学会组织国内外著名诗人及省市诗人一行40人在岳阳县开展了为期3天的“美丽乡村·幸福小康”主题采风活动，创作的诗歌作品结集出版。

【文艺成果】 2020年，县文联文学创作：喻红春的报告文学《垛子大屋记》、刘雄辉的报告文学《魅力再茂》分别获得市委宣传部主办的乡村振兴看岳阳征文优秀奖；杨红燕的散文《大疫小民》获得湖南省文联系统阻击新冠肺炎主题文艺创作优秀作品奖；陈新的长篇小说《人生密码》在江西百花洲文艺出版社出版。音乐创作：冯小河创作的歌曲《农民工匠》获岳阳市“五个一”工程二等奖。书法创作：方白兰的书法作品入展“云起新湖南墨舞大洋河”第二届湖南中青年书法作品展；陈红霞和邓玉凤的书法作品入选“体彩公益 墨香雅韵”湖南省女书法家作品展；易明、王兵旗书法作品获得岳阳市委宣传部组织的“时代印记”书法美术摄影展三等奖。摄影创作：许理伟的《大美家园》、甘童坤的《今日乡村美如画》、龙春涛的《在希望的田野上》分别获得岳阳市“振兴乡村看岳阳”摄影大赛二等奖、三等奖、优秀奖。美术创作：丁罗建的国画《木兰战“疫”》获得湖南省文旅系统主题创作活动“艺抗疫情·云游湖南”优秀奖；张琼的油画《蓝色童话》获得第四届岳阳市文化艺术节二等奖；万炜的油画《恬淡林荫》、万石多的国画《城市角落》分别获得第四届岳阳市文化艺术节三等奖；曾蜀尧的工笔《忆·秦风》、陈乐意的国画《洞庭风景》、丁罗建的国画《祥》分别获得第四届岳阳市文化艺术节优秀奖；左奇的国画《家乡系列》四幅、张琼的油画《秋》入选“守护好一江碧水”岳阳市美术作品展。戏曲创作：大型现实题材花鼓戏《亲家相遇张谷英》10月下旬完成首场公演，12月中旬参加全市第四届艺术节演出，并确定为2021年第七届湖南省艺术节入围剧目；现实题材花鼓小戏《小村故事》参加全省欢乐潇湘展演荣获优秀剧目奖，并参加全市第四届艺术节演出；现实题材花鼓小戏《风吹稻花香》参加全省文化馆业务人员技能竞赛荣获一等奖，12月中旬参加全市第四届艺术节演出，并确定为明年第七届湖南省艺术节入围剧目；恢复排练花鼓戏4台《真假太子》《状元拜母》《柳秀英还魂》《三篙恨》。

（李胜军）

岳阳县残疾人联合会

【概况】 2020年，岳阳县残疾人联合会（简称“县残联”）坚持以习近平新时代中国特色社会主义思想为指导，主动担当作为，抓好政策落实，深入推进残疾人事业持续健康发展，为全县决战脱贫攻坚决胜全面小康起到了积极推动作用。

【残疾人脱贫工作】 2020年，县残联围绕“全面建成小康社会，残疾人一个也不能少”的目标要求，全力推进残疾人行业扶贫工作。汇聚攻坚合力。全县各级党委、政府高度重视残疾人事业发展，进一步完善了党委领导、政府负责的事业领导体制，把残疾人工作纳入了全县经济社会发展大局，作为保障和改善民生的重要内容统筹规划，同步推进。全力落实残疾人“两项补贴”制度，两项补贴均按提标后的65元/月落实，1万余名残疾人享受“两项补贴”。提供身份核实数据，为所有持证重度残疾人代缴城乡居民养老保险以及合作医疗个人缴费部分，并将三、四级残疾人新农合个人缴费减半征收，残疾人参保率达100%。在危房改造、低保等政策落实中，对残疾人家庭予以优先保障和实行最高标准。夯实工作基础。将残疾人脱贫攻坚业务培训会开到乡镇、村，围绕残疾人证办理、精准康复、惠残政策落实等方面组织开展专门的业务辅导与培训。按照“镇不漏村、村不漏户、户不漏人、人不漏项”的标准，全面掌握残疾人“两项补贴”“两保”减免、特困供养、教育助学、辅具配发及证件办理等政策落实情况，走访贫困残疾人家庭2600余户。抓实问题整改。根据全省脱贫质量“回头看”问题整改工作会议精神，按照“举一反三、对标对表、查漏补缺、逐个销号、彻底清零”的工作要求，就全县309个问题户涉及家庭成员992人，有49户64名贫困疑似残疾人未办理残疾人证的问题，306名贫困残疾人疑似未享受扶助政策的问题，迅速动员部署，认真研究对策，对发现的问题做到全部清零，既知既改，当面就办。实施精准服务。开展轮椅等辅具适配上门服务126件次；对427名贫困户家庭成员中疑似残疾人进行上门目测，提出初步办证建议，帮助243名符合办证条件的对象按程序申办残疾人证；对11名贫困残疾人家庭子女（大学生）重新纳入扶残助学政策帮扶；帮助698户符合申报条件的残疾人申领“两项补贴”。针对疑似肢体、精神、智力等重度残疾的贫困人口“办证难”问题，建立了特殊困难对象办证救济机制，由卫健、残联、医院等部门单位派出工作骨干，开展送办证服务上门活动。

【残疾人基本公共服务】 2020年，县残联为100名残疾儿童提供康复救助、为170名重度残疾人提供托养救助服务分别纳入了省、市重点民生实事项目。全县按照“村组申报，乡镇审批，县级把关”工作程序筛查确定救助对象。在儿童康复救助工作中，建立了“发现一例、评估一例、康复抢救一例”的工作机制，0—6岁残疾儿童抢救性康复实现全覆盖。全年全县累计扶助158名残疾儿童到定点医院接受康复训练，康复有效率达98%。同时，通过政府购买服务的方式为170名重度肢体、智力等残疾人提供高质量托养服务，减轻了家庭照护看管的压力，腾出劳动力参与社会经济生产。

6月1日，岳阳县残联党组书记、理事长刘三军带领志愿者为残障儿童送上节日祝福

【残疾人康复工作】 2020年，县残联免费适配轮椅、拐杖、坐厕椅等辅助器具2000余件，为30名残疾人安装假肢、65名残疾人适配助听器。2019年、2020年，争取省聋哑人听力提升项目支持近200万元，为100余名听障残疾人配备了助听器。残疾人康复工作得到了湖南省残联肯定，是全省第三方调查满意度为100%的仅有的两个县市之一。

【残疾人就业工作】 2020年，县残联资助残疾人学生（残疾人子女）就学236人次，投入助学扶持资金40余万元。按照湖南省残联、湖南省财政厅《关于做好疫情防控期间残疾人稳岗就业工作有关事项的通知》要求，对疫情期间全县残疾人就业创业情况开展全面调查摸排。全县排查残疾人个体工商户407家、盲人按摩门店15家、残疾人扶贫基地5家，并开展了残疾人稳岗就业工作。多次与市县企业对接，在新金宝等企业的关注下，部分贫困残疾人获得用工机会。全县各用人单位按比例安置残疾人就业246人；县内各福利企业集中安置残疾人230人。多批次组织开展残疾人种养技术、电子商务培训班，235名残疾人获得就业技能提升机会。发挥残疾人就业创业基地示范带动作用，在资金、技术、项目等方面给予倾斜照顾，建设残疾人创业示范基地7个，安排解决残疾人就业158人。其中，麻塘镇“凤鸣健康生态养殖场”年上缴利税9万余元，解决残疾人就业25人，被评为“省、市残疾人就业创业示范基地”。湘北老兵歌舞团在全国各地巡回演出2500多场次，多次参加中央电视台《向幸福出发》《中国达人秀》等节目，培养优秀残疾人歌舞演员100多名，演员每月平均固定工资在4000元以上。荣家湾镇吴亚洲带动聋人在县城创办5个哑巴洗车行，在君山、楼区、华容等县市开办分店10个，共安置聋人就业300余人，其中贫困残疾户40人，这些残疾人在洗车行吃住费用全免，月平均收入在3000元以上。

【残疾人维权】 2020年，县残联加强《残疾人保障法》《残疾人就业条例》等法律法规宣传，消除企业、事业单位在残疾人劳动就业等方面的歧视现象，并进行有效监管、介入。建立健全残疾人法律援助工作站，为残疾人提供政策咨询、法律援助服务。实施残疾人家庭无障碍改造项目，对任务、数量、过程、质量、效果实施全过程评估评价。60户贫困残疾人家庭获得低位灶台改造，增设轮椅坡道，安装坐便器、无障碍扶手、淋浴设备等项目扶持，残疾人生活更加便利。为781名残疾人申请机动车燃油补贴项目。

（吴雪兵）

经济管理

经济管理

宏观经济管理

【概况】 2020年，岳阳县发展和改革局（简称“县发改局”）团绕县委、县政府决策部署，加强重大规划编制、重大项目推进、重大战略谋划、重大政策制定、重大改革协调，发挥积极作为，为全县经济社会持续健康发展做出重大贡献。全年全县实现地区生产总值362.84亿元，同比增长4.2%；规模工业增加值增长3.5%；固定资产投资增长11%；城乡居民人均可支配收入分别为32555元、19299元，分别增长4.6%、7.7%。县发改局获评全县综合绩效考核、争取国家重点投入、班子建设先进单位。

【助力打赢疫情防控阻击战】 2020年疫情防控期间，县发改局出动工作人员800余人次，印发《生活必需品价格日报表》《疫情相关应急物资价格日报表》和《价格监测简报》500多份，张贴《关于新型冠状病毒感染的肺炎疫情防控期间市场价格提醒告诫函》50多份。组织机关干部20余人赴高速路口、家属院落、超市药店等防控一线值班值勤，为全县疫情防控工作筑牢了安全屏障。突出保供稳价，做好秋冬季防疫物资采购、代储工作。会同县工信、卫健等部门加强疫情防控期间各类防控物资的接收、管理、调拨，切实做好疫情防控物资保障工作。

【编制“十四五”规划】 2020年，县发改局督促相关部门和乡镇完成29个前期课题和29个专项规划的编制。县委常委会、县政府常务会分别专题研究2次，书记、县长与各副县长分别组织召开座谈会7次，书记和县长专程赴省发改委专题汇报。先后组织6次规划编制工作督查，通过召开座谈会、电视台和门户网站发布公告、分送《征求意见稿》等形式广泛征求社会各界意见。经县政协常委会议协商，县人大

6月26日，岳阳县发改局干部赴企业参观学习

常委会议审定，最终由县十七届从大五次会议审议通过。

【项目融资】 2020年，岳阳县落实计划或下达资金项目127个，落实资金35.1亿元，比2019年同期增加7.94亿元；融资项目到位融资7.74亿元，达成协议2.89亿元，与2019年同期增加1.76亿元。其中，县发改局牵头负责的保障性住房小区外配套基础设施建设、新墙镇污水处理工程、洞庭湖小毛家湖段岸线综合治理工程、“135”工程升级版标准厂房项目奖补等38个项目，到位资金2.58亿元，同比增加1.04亿元。

【项目审批】 2020年，县发改局办理政务服务事项518件，其中权限内政府投资项目审批165件、概算审批2件、招标核准25件、企业投资项目核准5件、企业投资项目备案321件，涉及投资额475.02亿元。

【民生保障】 2020年，县发改局对一般工商业电价再优惠5%，降价4.25分/千瓦时。全年办理价格认定案件732件，总认定标的额约1858.5万元。强化定调价成本监审，编制12期《价格监测简报》，为价格决策服务。积极探索便民惠企信用应用，通过全国“信易贷”平台向金融机构推荐信用状况良好企业12家。与市级信用平台保持一致，构建“一库一网一平台+两应用”组成的信用平台功能体系。

【改善营商环境】 2020年，县发改局持续推进深化改革，先后开展了“严肃查处损害营商环境行为”“工程建设领域170改革”“政务服务升级提效”“规范中介服务行为”等7项专项行动。有效为市场主体减负担，为激发有效投资拓空间，为公平营商创条件，为群众办事增便利。

【脱贫攻坚】 2020年，岳阳县易地扶贫搬迁任务全面完成，截至2020年10月底，全县1200户3953名搬迁群众均已稳定脱贫，脱贫率为100%。

（欧安意）

市场监督管理

【概况】 按照省、市县、相关文件精神，岳阳县食品药品工商质量监督管理局更名为岳阳县市场监督管理局，属县政府工作部门，承担原县工商、质监、食药监3个部门以及县科技局的知识产权、县发改委的价格监管和反垄断、县商务粮食的综合执法等职责。

2020年，县市场监督管理局以习近平新时代中国特色社会主义思想为指引，克服疫情防控严峻形势，严守食品、药品、特种设备、产品质量安全底线，充分履行市场监管职责，食品安全工作获全省A级先进单位，获省食安委深化改革典型创新举措的通报表彰；知识产权工作顺利通过湖南省首批知识产权建设强县复核。

【疫情期间市场监督】 2020年，新冠肺炎疫情暴发后，县市场监督管理局全体干部职工取消春节假日，第一时间发布新冠肺炎疫情防控相关商品药品市场价格提醒告诫函，敦促经营者严守红线，不得有捏造涨价、散布涨价、哄抬价格等违法行为；迅速开展市场排查，检查疫情防控相关市场主体7.2万家次，督促关闭活禽市场22家。通过上门巡查劝导、电话沟通等方式，严格督促落实各市场主体“一日一清场，一日一消毒，一日一巡查”制度，各基层乡镇所积极配合当地乡镇政府做好劝停农村集体聚餐、红白喜事操办等工作；在联合荣家湾镇政府检查时，在枫桥村查获黄鼠狼36只、斑鸠41只、野鸡5只，均交县畜牧局做无害化销毁；要求各销售冷冻食品的经营户落实进口冷冻食品索证索票制度和台账制度、严格查验“三证”（冷链食品追溯凭证、核算检测证明和消毒证明）、实行备案制度、在购进和销售冷链食品时要戴好手套和一次性口罩并做好日常消毒。

（胡小倩）

高考前，岳阳县副县长彭碧芳、市场监督管理局局长陈晓军带队检查学校食堂环境卫生

【食品安全监管】 2020年，县市场监督管理局全面贯彻落实“四个最严”要求，强力推进省级食品安全示范县创建，通过了市级初评验收。实施广排查、快反应、严处理的防控措施，以肉及肉制品、水产品、婴幼儿配方乳粉、食盐等消费量大的食品为重点，严格督促落实主体责任，严厉打击食品违法经营行为，关停不符合生产要求小作坊3家。全年抽检食用农产品947批次，合格率98.9%，抽检预包装食品830批次，合格率96.7%。启动餐饮业“明厨亮灶”“互联网+”升级提质，建立企业资质查询、食品原料安全信息跟踪和追溯、监管部门检查记录于一体的远程可视系统，实现全县中小学和幼儿园全覆盖，大中型餐饮覆盖率达50%以上。

（龙雨霜）

【药械安全监管】 2020年，县市场监督管理局结合疫情防控要求，县市场监督管理局对药店发热、感冒、消炎药品销售进行整治规范，同时组织开展特殊药品、专管药品和口腔类医疗器械等医疗器械专项整治，立案查处违法案件16起。深入推进药品流通领域专项整治，紧抓专项检查，全县未发生一起源发性药品质量安全事件，有力地保障了公众用药安全。

（陈　瑜）

【特种设备安全监管】 2020年，县市场监督管理局针对锅炉、压力容器（含气瓶）、压力管道、电梯、起重机械、场（厂）内专用机动车辆6类特种设备成立工作组，对全县特种设备使用单位进行了摸底排查。截至2020年12月，全县有登记在册特种设备2307台（不含气瓶），在用特种设备1598台。对排查的特种设备建立了台账，进行实名制管理，明确了监管责任人，督促企业自查。同时，核查超期特种设备的在用情况，责令岳阳县大明山民康竹业停用超期未检的锅炉、岳阳县仁雅康复医院停用未经检验的压力容器等11台特种设备，并依法进行了查封。共查处23起特种设备违法案件，处罚43万余元，刑事拘留2人。

（蒋　璋）

【重点工业产品质量监管】 2020年，县市场监督管理局按照“预防为主”的工作思路，科学制定抽查目录，统筹安排抽查计划，送检样品47个，合格率100%；加大对危险化学品、化学品包装物及容器、石化产品、混凝土制品和电动自行车等重点工业产品的质量安全抽查和监督检查，及时发现并消除安全隐患，确保重点工业产品安全生产；同时建立电子档案，将重点工业产品生产企业信息录入电脑平台，实施动态监管，监管企业达100%。

（李　俊）

【商事制度改革】 2020年，县市场监督管理局从降低创业准入门槛、简化程序、缩短时限、改进服务、提高效能等方面认真落实简政放权各项政策措施，出台“容缺受理”“告知承诺”“全域通办”“简易注销”“综合受理”“一窗办结”等切实为民的服务举措，最大限度地释放改革红利，促进营商环境优化，赢得办事群众一致好评。全年新增企业120家，新增个体户3095户，一般企业开办登记减少到4个小时，全程电子化办理应用率稳定在90%以上。

（蒋　娟）

【市场执法打假】　2020年，县市场监督管理局组织开展打击传销、侵权假冒、虚假违法广告、网络违法，整治重点计量器具、农资市场、无照经营等专项执法行动75次，查处市场监管领域违法案件497起，罚没款598.2万元，10万元以上3起。查处罗某、邓某销售有毒有害降血糖的保健食品案；柏祥月饼生产黑作坊案等一系列影响较恶劣的典型案件；围绕人民群众最关心、市场主体最关切的价格收费问题，组织开展了涉企收费、教育收费、医药收费、转供电收费四大重点领域的专项整治行动，规范推进商品和服务明码标价和收费公示。

（胡贵林）

【消费维权工作】　2020年，县市场监督管理局开展“3·15宣传”“化妆品安全宣传”“食品安全科普宣讲”等活动，通过公益广告、宣传标语、展览车等形式开展多样化、常态化宣传教育；开展“诚信消费”创建活动，加大投诉举报受理力度，接待消费者来电来访咨询、投诉、举报2785人次，处理“12345”公众热线转办信访件2152件，回复率100%，为消费者挽回经济损失500余万元。

（李　斌）

应急管理

【概况】　2020年，岳阳县应急管理局以防范化解重大安全风险、自然灾害和遏制较大以上安全生产事故为重点，着力建机制、防风险、强基础、补短板，全面推进应急管理体系和能力现代化建设，全力营造安全稳定的经济社会发展环境。

【安全生产监督管理】　2020年，岳阳县坚持“人民至上、生命至上”发展理念，认真贯彻落实上级决策部署，落实统筹发展与安全的要求，进一步厘清监管职责，压实各环节安全生产责任。县领导带头贯彻落实安全生产责任制，践行“一线工作法”，乡镇、部门领导干部定期开展驻企督导，主动组织和参与安全生产大排查、大管控、大整治，倒逼企业安全生产主体责任落实。坚持强化问题导向，严密防范风险，致力于“源头管控、治于未发”，坚持风险分级管控和隐患排查治理双重预防，创新监管模式，治理重大风险隐患89处，严惩违法违规企业613个，通报执法宽松软部门和人员67个；紧盯重点领域，强化专项整治，抓住关键少数，深入推进安全生产集中整治和“强执法防事故”行动，全县查处非法流动加油车和储油罐24起，移交公安部门2起；取缔烟花爆竹非法经营门店21个，收缴并销毁烟花鞭炮1100余件，关闭非法储存仓库1个；整治工贸行业有限空间顽瘴痼疾33处、粉尘防爆顽瘴痼疾12处；查处违法生产矿山3家，取缔非法混泥土搅拌站2处；关闭取缔马路市场10处，新改建市场8处；整治风险路段595处，完成道路安防设施建设387千米，改造危桥9座。常态化开展安全宣教活动，以“5·12”防灾减灾日、安全生产月、“10·13”国际减灾日为契机，结合“边执法边宣教”“企业主要负责人讲安全课”，以及企业安全教育培训监管执法行动，常态化开展安全宣教，在全社会营造“安全第一”的氛围，提升全民安全意识。成立岳阳县安全生产专项整治三年行动领导小组和工作专班，建立完善工作专班制度，召开两次全县安全生产专项整治三年行动工作推进会，通报工作情况，部署推进三年行动。

【应急能力建设】　2020年，岳阳县印发《岳阳县加强乡镇应急能力建设方案》，推进全县乡镇（办事处）应急能力“六有”建

6 月 16 日，岳阳县举办张谷英古建筑群火灾事故应急演练

设。修编全县总体应急预案和自然灾害类等 7 类专项应急预案，指导企业、督导乡镇和部门修编预案，基本形成以总体应急预案为核心、专项应急预案为主线、部门预案为保障、基层预案为支撑的应急预案体系。强化预案实战演练，组织开展地质灾害、防汛抢险、危险化学品、张谷英古建筑群火灾等 10 余次大型应急实战演练，组织指导企业、学校开展 50 余次专项应急演练和地震疏散演练。规范应急处突，严格落实“1+1+2+N”全天候值班值守模式，完善突发事件信息报送流程和处置规范，健全了快速反应、专业处置、应急联动等工作机制。强化科技信息化支撑，加快推进应急指挥平台建设，投入约 140 万元启动应急指挥平台一期项目建设。投入近 70 万元建设完成应急救援训练基地一期项目并投入使用，提升应急救援能力。完善应急联动机制，明确宣传、人民武装、公安、应急、消防等相关职能部门职责，规范响应程序，强化协同作战。依托岳阳县人民武装部基干民兵组建了一支民兵应急连防汛抢险队伍，联合岳阳县城管局组建了一支 40 人的应急救援队伍，各乡镇（办事处）分别组建一支 30 人的民兵应急救援分队，并在 2020 年 7 月开展了防汛抢险专题训练；组织人员参与火灾、儿童溺水、交通事故等多起突发事件救援工作，在主汛期，县应急救援队伍 24 小时备勤备战，协同武警、民兵、消防等力量，开展抢险救援工作。

【防灾减灾救灾】 2020 年 4 月 15 日，岳阳县成立岳阳县减灾委员会，明确各成员单位防灾减灾救灾职责；建立联席会议制度，定期研究部署防灾减灾救灾工作，压实防灾减灾救灾责任；加强了风险监测预警、会商研判、应急准备和应急值守；实施自然灾害防治工程，启动岳阳地区自然灾害综合风险普查试点工作，推动工作重心逐步由救灾向防灾、减灾转移。发挥乡、村两级组织领导作用，定期对地质灾害风险点开展大排查，确保险情早发现、早转移、早处理，最大限度减轻灾害损失。突出抓好防汛抗旱、森林防灭火、灾后恢复重建、冬春救助等工作。构建实物储备、协议储备等多样化储备体系，强化抢险救灾物资和装备保障能力。进一步加强综合减灾示范创建和避难场所建设，全力支持荣家湾镇粤西社区创建国家综合防灾减灾示范社区和黄沙街镇黄沙社区创建省级综合防灾减灾示范社区，把县城荣湾湖广场、厚德广场纳入应急避难场所标准化建设范畴，完善避难场所基础设施和功能，指导乡镇完成了21处应急避难场所建设。7 月，岳阳县发生特大洪涝灾害，紧急转移和安置灾民 4416 人，争取国家救灾资金 675 万元，全力组织灾民生产自救，指导灾后恢复重建，极力降低灾害损失，保障灾民基本生活，确保社会大局稳定。

（甘珊珊）

自然资源管理

【概况】 岳阳县自然资源局2019年3月29日正式挂牌成立，由原县国土局和原县规划局合并而成，主要职责是统一行使全民所有自然资源资产所有者职责，统一行使所有国土空间用途管制和生态保护修复职责。

2020年，县自然资源局践行习近平生态文明思想，围绕“六为”工作思路，即规划为纲，推进多规合一；管制为重，集约利用资源；保障为先，强化发展要素；权益为要，健全产权体系；服务为本，办好民生实事；党建为魂，锻造过硬队伍，攻坚克难，负重奋进，重点在规划编制、生态修复、土地征收、土地储备、地灾防治、房地一体确权登记颁证等方面实现了新的突破、焕发了新的活力，推进了全县自然资源事业高质量发展，有力服务了县域经济的发展。获得省开发园区节约集约用地先进单位、省工程建设项目审批制度改革工作积极贡献单位、市依法征拆工作先进单位、党的建设和班子建设先进单位、经济工作先进单位、文明创建工作先进单位、安全生产优胜单位、扫黑除恶先进单位、信访工作优胜单位、农村人居环境整治先进单位、驻村扶贫工作先进工作单位、河长制落实工作先进单位等多项荣誉，矿山生态修复典型经验做法在全省推介。

【规划编制】 2020年，县自然资源局在规划编制工作中推进了国土空间规划编制。成立工作领导小组，编制工作方案，完成了规划大纲编制，完成国土空间开发保护现状评估和资源环境承载力与开发适宜性评价，推动了“三线”划定，其中生态保护红线评估调整前后经历10余次修改，将之前制约岳阳县发展的位于麻塘、鹿角、台创园、新墙河湿地公园、大云山规划旅游用地等生态红线进行了调划，与永久基本农田调划成果一并已上报自然资源部进行最后审查，同时对城镇开发边界线进行了初步模拟划定。做好村庄规划编制。全省启动“多规合一”实用性村庄规划编制试点工作。全县完成13个村的村庄规划编制，其中柏祥镇临港村规划方案获评市级优秀方案，入选湖南省首届国土空间规划优秀案例展评。做好矿产规划编制。启动第四轮矿规编制工作，完成《岳阳县普通建筑材料用砂石土矿专项规划方案》，初步确定10个新设矿区、2个保留矿区，2个扩界矿山限期退出1个，关闭退出20个，将高岭土矿和长石矿纳入专项规划，解决了岳阳县陶瓷企业原料供应问题。在规划管理服务上，对岳雅南侧、检察院北侧、街赵等重点地块规划深入研究，挖掘县城规划潜力。对城北片区、麻塘片区、荣湾湖片区等重点片区规划进行重点研究论证，完成了高新技术园扩园规划论证，进一步拓展县城规模。强力推进新开、麻塘、荣家湾等重点地区禁违拆违治违工作。完成了汽贸市场、荣湾新天地、欣荣清华园、富荣路批发市场等11个重点项目规划方案审查。

【生态修复】 2020年，县自然资源局扎实开展长江经济带废弃露天矿生态修复工作，涉及岳阳县24个点49个图斑，总面积82.78公顷，争取项目资金1531万元，全部完成生态修复工程。成功申报黄沙街镇全域土地综合整治试点，涉及黄沙街镇苍坪村、三和村、黄秀村及黄沙街茶场，整治区域面积1975.5公顷，预计总投资1.2亿元。推动露天矿山生态修复工作，出台《岳阳县矿山生态修复工作实施方案》，决定对全县合法矿山、历史遗留废弃矿山和非法矿点进行全面摸排，制定“一矿一策”修复方案，限期完成生态修复工作。

【卫片整改及月清“三地”】 2020年，县自然资源局强力推进例行督察卫片整改。岳阳县例行督察存量违法用地问题1360个，总面积332.71公顷，其中耕地122.88公顷（基本农田43.73公顷），全部整改到位。扎实推进月清“三地”工作。月清“三地”是湖南省自然资源厅2020

7月26日，国家自然资源督察武汉局副局长石一连（右四）到岳阳县督查违建别墅清查整治工作

年实行的土地管理新政。撤批土地。通过调查核实，组织佐证材料，岳阳县没有撤批土地。闲置土地。岳阳县累计接到省厅下达的闲置土地处置任务17宗、面积164.0022公顷，已处置到位16宗、面积159.0公顷，另1宗已启动收回程序，实际处置到位率为97%，在湖南省自然资源厅截取数据前处置率可达100%。违法用地。2020年，月度违法用地70个，总面积27.02公顷，其中耕地5.79公顷（永久基本农田2.67公顷），全部整改到位。

【农村乱占耕地建房问题摸排】 2020年，县自然资源局开展农村乱占耕地建房问题摸排工作是贯彻落实习近平重要指示批示精神的一项政治任务。自然资源局部、省自然资源局厅下发岳阳县摸排图斑数任务104454个。经过摸排，全县纳入摸排范围的占用耕地建房图斑11089个，其中单户住宅类9321个、多户住宅类581个、公共管理服务类414个，产业类773个。

【执法监察】 2020年，县自然资源局在规划、土地、矿产执法中共立案查处95起，移送公安8起，移送纪委3起，罚款563.4万元，复耕复绿18公顷，其中对黄河实业集团破坏耕地案，罚款138万元，并移送公安机关；对湘北女校违法擅自进行房屋建设行为，罚款66.5万元。通过严格执法，打击了自然资源领域违法行为，规范了自然资源管理秩序。

【违法建设集中整治】 2020年，县自然资源局坚持存量违建零补偿，完成了全县7个片区共34处、面积7000余平方米的存量违建清零任务；坚持新增违建零容忍，10月底开展违法建设集中整治行动以来，按照“铁腕控建、铁腕拆违、铁腕查处”的要求，严厉打击违法建设，全年拆除新增违建246处，建筑面积4.4万平方米。

【依法征拆】 2020年，岳阳县完成征地拆迁项目20个，征地80.31公顷，拆迁房屋68栋20497平方米，支付征拆资金1.1亿多元。围绕服务民生工程、重点项目、财税项目等工程建设，编制征地拆迁资金概算报告25个，概算资金8000余万元。

【用地报批】 2020年，县自然资源局落实湖南省自然资源厅土地计划改革有关文件精神，按照“可报尽保、应审尽审、省配指标、全力保障、全程监管”的工作模式，开展土地报批审查。批回土地24宗，总面积128.87公顷，其中国有建设土地14宗、面积90.07公顷，集体建设土地10宗、面积32.8公顷，有效保证了全县重点项目、重大基础设施、高新园、公共事业建设和乡村振兴等用地需求。

【土地储备】 2020年，县自然资源局根据“扫尾、深挖、盘活”储备土地六字方针，成立了麻塘片区和新开片区储备土地工作小组。全年收储入库69.33公顷，全县库存土地增至200公顷。

【国土三调工作】 岳阳县三调工作历时两年，2020年主要是对省级、国家级内业核查反馈问题的核实整改，并经过多轮统一时点更新，三调成果于11月6日通过国家级内业核查。最新成果显示：岳阳县湿地面积297.9043平方千米，全部为内陆滩涂；耕地面积491.7767平方千米，种植园用地22.7852平方千米，林地961.1738平方千米，草地5.9033平方千米，城镇村及工矿用地148.8198平方千米，交通运输用地43.6812平方千米，水域及水利设施用地801.6036平方千米，其他土地36.244平方千米。

【土地出让】 2020年，县自然资源局通过加大招商力度，赴外地调研供地政策，积累供地经验，最大限度盘活土地资源。全年网挂土地28宗，已摘牌成交24宗，面积96.96公顷，成交金额10.6亿元。

【优化营商环境】 2020年，县自然资源局深入推进“最多跑一次”改革，基本实现了“一窗受理、一窗办结”目标，完成了不动产登记“160”改革，推行“互联网+不动产登记”，截至年底，办结业务1.3万余宗。加快推进工程建设项目“170”改革，对涉及岳阳县自然资源局的项目立项、用地许可、竣工验收等三个环节的所有审批事项，全部进驻政务服务中心。

【地灾防治】 2020年，县自然资源局全面落实县、乡、村、组、户地灾防治体系，对全县69个地灾隐患点进行多轮全方位排查。制定《岳阳县地质灾害防治方案》。积极向省级争取地质灾害防治经费，治理了大云山等地质灾害隐患点5个。全年未出现一起地质灾害人员死伤事故。

【农村房地一体确权登记颁证】 2020年1月，岳阳县召开全县动员大会，成立工作领导小组，制定工作方案。同时，量化任务，倒排工期，实行“一日一调度，一日一通报”制度。实施督导包乡镇，自然资源局每个班子成员负责联系一个技术单位和两个乡镇，相关股室负责人分别包片，县确权办工作人员分别包所，负责各乡镇确权登记的技术指导，强力推进。截至12月14日，全县完成权籍调查162516宗，权籍调查率100%，完成入库113878宗，审核登簿76417宗，全面完成各项任务。

【脱贫攻坚】 2020年，县自然资源局在对接帮扶的黄道村投入56.5万元，多渠道开展帮扶工作。产业帮扶。投入30余万元壮大湘莲种植产业规模，达到6.67公顷。就业帮扶。引导贫困人口就业创业，对黄道村在外务工人员进行生产发展奖补。消费帮扶。帮助销售贫困户的农特产品，全年累计销售额达14万余元。

（彭芳芳）

审　计

【概况】 2020年，岳阳县审计局紧紧围绕县委、县政府中心工作，积极作为，主动担当，依法全面履行县域经济监管职责、维护县域经济健康有序发展，促进廉政建设取得新成效。

全年完成年度审计计划项目62个。其中，上级统一组织实施项目4个，专项资金审计项目9个，预算执行审计项目13个，经济责任审计项目9个，人大评议审计项目9个，政府投资项目审计17个。审计促进整改落实有关问题资金258万元，其中增收节支144万元，上缴财政144万元。提出审计建议134条，被采纳134条，采用率达100%。2020年，岳阳县审计局被评为扶贫行业先进单位。

【预算执行审计】 2020年，县审计局根据审计全覆盖和过“紧日子”要求，对县财政局、县教育局、县一中、县四中、县职业中专、县林业局、县交警大队、县自然资源局、县农业农村局、县融媒体中心、县市场监督管理局、县畜牧水产服务中心和县残联13个单位预算执行情况和其他财政收支情况审计。审计如实反映了预算执行过程中存在的超标准发放津补贴、超预算、三公经费超标等普遍性问题，有针对性地从体制、机制和制度层面揭示问题、分析原因、提出整改意见和建议，促进深化改革、规范预算管理、提高财政资金使用效益，工作得到了县政府的肯定和县人大的好评。通过审计对比发现，预算执行审计越来越规范，违反中央八项规定，违规发放补贴资金，得到有效遏制。

【自然资源资产离任审计】2020年，省审计厅统一组织对岳阳县县委书记、县长经济责任审计和自然资源资产任中审计。县审计局全力配合县委、县政府在审计期间整改问题86个。成立班子抓协调。成立了党组书记、局长任组长，班子成员任副组长，各股室长任成员的协调小组。多部门联动抓协调。协调小组分组对接上级审计组，针对不同的项目，不同的审计人员安排专业对口的股室联系。上下沟通抓协调。配合县委、县政府多次往返于审计组和省厅，及时协调，在县委、县政府和多个部门共同努力下取得较好的成绩，顺利进入审计整改阶段。

【经济责任审计】 2020年，县审计局在县委组织部的委托下，按照“积极稳妥、量力而行、提高质量、防范风险”的原则，对县教体局进修学校校长，妇幼保健计划生育服务中心主任，县文化旅游广电局党组书记、局长，大云山国家森林公园管理处党组书记、主任，县苇业公司党委书记、总经理，铁山水资源保护中心党组书记、主任，县人民医院党委书记等7名离任领导干部任职期内的经济目标完成情况、财政经济决策情况、重大建设项目、重点资金管理情况和领导干部个人廉洁守纪情况进行审计和评价，促使领导干部进一步增强法纪意识，为相关部门评价和选拔任用干部提供重要依据。

【投资项目审计】 2020年，县审计局完成月田镇污水处理厂、月田镇污水处理厂二级人工湿地及事故、公田镇中心小学整体搬迁、县生态工业园工业集中区标准化厂房、科伦片区土地平整、第四期土地平整区域（科伦二期）挡土墙、土地平整—E标、县交通运输局2017年交通水毁、县交通运输局2017年交通水毁、国网湖南省电力有限公司岳阳县供电分公司葵花变电10千瓦电力管线入地土建、杨林街镇中心小学教学楼、县水利局城市防洪治污安保、县老干部活动中心风雨门球场、县第一中学运动场改造、县自然资源局2018年度城乡建设用地增减挂钩项目（第一、二批）、县土地整理复垦中心荣家湾镇六合垸村农村土地整治（高标准农田建设）、公田镇、张谷英镇高标准农田建设等17个项目的结算审计。送审金额20901.61万元，审定金额19952.15万元，在财政评审的基础上，再次审减949.46万元。

【专项资金审计】 2020年，县审计局配合市审计局开展了全县46个贫困村村级债务和平台建设审计，摸清了村级债务基本情况、新增债务成因，为全市脱贫攻坚有序推进和扶贫资金项目管理全面“回头看”提出审计建议；对公田镇、月田镇、毛田镇、张谷英4个乡镇的易地搬迁安置基础设施进行结算审计，遍查了58个集中点和272个分散安置点，审计核减1300万元，向县纪监委移交6条问题线索。

（张小军）

统　计

【概况】 2020年，岳阳县统计局按照“夯实基础、提升水平、激发活力、树立形象”的工作思路，积极助力复工复产，监测预警经济动态，定期调度经济形势，全力抓好人口普查，有序开展民意调查，为服务党委、政府科学决策、全面建成小康社会提供了坚实的统计保障。被县委、县政府授予2020年度全面建成小康社会推进工作、党的建设和班子建设先进单位，全国文明城市创建工作先进集体、县级平安单位，驻和谐村扶贫工作队获县驻村扶贫先进工作队。

9月18日，岳阳县第十一届“中国统计开放日”暨第七次全国人口普查宣传月启动仪式

【岳阳县第七次全国人口普查】 2020年，岳阳县成立由县委常委、常务副县长吴光文任组长的岳阳县第七次全国人口普查领导小组，各乡镇和东管办组建相应机构，公安、卫健、自然资源等部门配合提供行政记录，为“七人普”顺利开展奠定了坚实组织保障。县乡两级落实普查经费863.7万元，发放PDA设备792台，选聘1365名“两员”，开展业务培训4000余人次。利用新媒体、户外广告牌、电子屏、横幅宣传画等形式开展全方位、高频率宣传。成功举办“大国点名 没你不行”为主题的宣传月活动，向“新湖南”、《岳阳日报》等各级媒体推送“七人普”工作信息30余条。顺利完成普查试点、小区划分、地图绘制、入户摸底、正式登记、长表抽样等工作任务。全县摸底23.94万户，登记长表2.3万户。12月，岳阳县代表湖南省顺利通过国务院第七次人口普查事后质量抽查验收。

【统计服务】 2020年，县统计局聚焦疫情影响，对岳阳县334家“四上”单位开展了6轮快速问卷调查，动态反映企业复工复产情况；关注受影响较大的商贸物流、住宿餐饮、文化旅游等重点行业、企业，联合人民银行进行深度调研，及时反映生产经营困难，提出对策建议；坚持紧盯联网直报数据，在指标攻坚的关键节点召开经济形势分析和调度会，及时服务县委政府科学决策。及时整理岳阳县大中小微企业名录，有效服务疫情期间企业社保阶段性减免工作。着眼“六稳”工作和“六保”任务，撰写的《当前生猪生产形势分析》等4篇高质量的统计分析，得到了县委、县政府主要领导的批示。精心编印《统计年鉴》《岳阳县第四次全国经济普查公报》《统计分析与参考》等，有效满足了社会各界统计数据需求。围绕全面建成小康社会、决战脱贫攻坚、综合绩效评估、重点民生实事等开展考核考评，客观反映经济社会发展状况。开展社会治安综合治理、禁毒、文明卫生城市创建等民意调查，助力平安、文明县城建设。

【依法开展统计工作】 2020年，县统计局抓好“三类重点人员”（县乡政府统计机构工作人员，党委政府及有关部门乡镇副科级以上党政干部，由行政机关任免的企业、事业单位和社会管理人员）的《防范和惩治统计造假弄虚作假重要文件选编》专题学习；利用年定报会、业务培训会等宣传学习统计法律法规；充分利用“中国统计开放日”广泛开展《统计法》《统计法实施条例》精神的学习和宣传，向社会公众发放统计法律法规宣传册1000余份，营造出支持统计、参与统计的良好氛围。扎实开展统计工作“五查五看”专项行动，重点推进防范和惩治统计造假、弄虚作假专项整治。修订完善数据质量管理办法，进一步强化数据质量监管，及时进行数据质量核查，制止虚报、瞒报、拒报、迟报统计数据等违法行为，清退劳动工资抽样单位24家，规模以上工业企业15家，限额以上批零企业3家，执法监督取得新成效。

【统计基层基础建设】 2020年，县统计局积极推动乡镇政府、高新园区按“六有”标准进行规范化建设，争取联网直报工作经费，加大对力量薄弱、任务繁重乡镇的倾斜力度，按照“统计十条”有关文件精神，对47家联网直报企业进行奖励。以统计联席会议为平台，推动部门行政记录和相关数据信息共享，及时对敏感时期的重要指标和重点工作进行调度。注重企业联网直报数据和申报各类政府性项目支持、申请品牌创建的数据联审，促进了各单位应统尽统。以落实县委第七巡察组巡察反馈意见整改为抓手，完善学习教育、干部绩效考核、财务管理等制度，锻造了一支政治过硬、本领高强、作风优良的统计队伍。注重专业素质能力建设，先后举办业务培训20余场，累计培训600人次。

（彭　燕）

人力资源和社会保障

【概况】 2020年，岳阳县人力资源和社会保障局（简称“县人社局”）认真贯彻落实各级党委政府关于人力资源和社会保障工作的方针政策和决策部署，紧紧围绕人社部门工作实际，牢牢抓住“民生为本、人才优先”两条工作主线，着力加强社保体系建设、提高民生保障水平、优化人才生态环境、打造人社品质服务，推进岳阳县人社事业再上新台阶。

【执法维权】 2020年，岳阳县建立企业劳动合同备案制度、重大案件报告制度、典型案例分析通报制度，依法依规办理工伤认定、劳动能力鉴定、劳动监察和劳动争议仲裁案件，全面打击和治理拖欠农民工资问题，依法维护劳动者合法权益。全年审核工伤认定申请613起，调查核实作出认定494起，组织参加劳动能力鉴定273人，完成行政复议和行政诉讼案件3起。依法受理各类拖欠工资案件543起，结案543起，结案率100%。其中，“12345”公众服务督办案件472起、市长信箱4起、省厅督办件1起、网络舆情2起、日常来访投诉举报案件64起，为680多名农民工追讨工资600多万元，收取在建工程项目民工工资保证金累计2700多万元。依法受理劳动争议仲裁案件230起，涉案人员700人次。其中，立案处理121起，结案107起，调解结案87起，裁决20起，法定结案率达100%，为申请仲裁当事人挽回经济损失1213.7万元，法定时效内解案率达到100%，圆满完成调解率达65%以上的工作目标。

【人事人才工作】 2020年，县人社局落实“巴陵人才工程”战略，组织14家县属企事业单位赴长沙市开展“四海揽才”高素质人才专场招聘会，提供事业单位高素质人才岗位25个，企业高级人才岗位40多个，成功预签约58人。承办教体、卫健、

12月15日，湖南省人社厅厅长唐白玉（中）到岳阳县调研督导人社工作

气象局等事业单位招聘考试笔试和面试工作6次；响应全省“集中送岗位进校园专项行动”号召，向社会提供高校毕业生事业单位岗位招聘计划135个，其中教育105个、卫生30个，提供企业高薪人才岗位18个，较好地完成了省政府保障疫情期间应届高校毕业生充分就业的目标任务。办理事业单位人员流动调配105人，其中教育单位65人、其他事业单位45人。完成机关事业单位工作人员工资审批12437人、人员异动审批1583人。做好“三支一扶”人员招募和管理工作，8月，招募符合条件的高校毕业生4人，被分配到乡镇从事就业和社会保障服务平台工作；9月，将2018年“三支一扶”期满人员2人正式列编到乡镇事业单位。

（黄小黑　熊　维）

城市管理和综合执法

【概况】　岳阳县城管局成立于2019年3月29日，有工作人员292人。主要承担市容环境、园林绿化、市政维护、城管执法、控建拆违、燃气管理等工作。2020年，县城管局以习近平新时代中国特色社会主义思想为指导，认真贯彻落实中共十九大及十九届四中全会、五中全会精神，切实加强城管局领导班子建设，围绕“一二三四五”工作思路，凝心聚力，务实创新，顺利完成了全年各项工作目标任务，城市管理和综合执法工作在新的起点上取得了新进展、开创了新业绩。

【市容市貌综合治理】　2020年，县城管局着眼于解决市民反映强烈的“热点”“难点”问题，对主要街道的市容市貌进行综合治理，重拳出击，严厉打击各类占道行为。全年下发整改通知书393份，对城区804家商铺的出店经营行为进行了规范、劝导和整治，同时加强对流动菜摊和流动水果车（摊）的管理，劝导流动菜摊、流动水果车（摊）1906起，暂扣各类物品832件（套），受理门店招牌装修审批432起。协助乡镇开展集中整治行动2次，清理城区落地灯箱、广告标语和拆除破旧广告100余块、强制拆除破损招牌55处、条幅500余条。

（方志远）

【交通秩序整治】　自2020年10月26日以来，县城管局对城区12个重点路段进行集中整治行动，同时对城区8个规定重点地段安排专岗值守，专人督查，张贴《行车管理温馨提示》1791张，劝导违停车辆、摩托车2052台次，劝导违规占道摊贩474次，整治出店占道经营154家，通过交通整治锁车处罚占压盲道行为178起，现场对车主进行批评教育，城区交通和市容秩序有了较好的转变。

（方志远）

【禁违拆违治违】　2020年，县城管局在县城中心区域控建80

岳阳县城市管理执法大队对城区人行道违规停车，占压盲道、占用人行道消防通道车辆进行专项整治

余户，控建面积达12000余平方米，对城北、城南、樟树潭等征拆安置居民点实行专人专班管理，严格管控，防止未批先建、超层扩面现象的发生。通过专项整治，对城北墩上荣、城南棚改区、街赵居委会等地拆除存量违法建设50余处，拆除面积达15000余平方米。配合荣家湾镇、黄沙街等乡镇进行了10余次拆违行动，拆除了20余户违法建设，拆除面积3000余平方米。

（李星星）

【城区环境整治】 2020年，县城管局办理禁炮类行政执法案件1起，劝阻办喜事、葬事燃放爆竹800起，县城区违禁放炮现象基本杜绝。按照渣土扬尘管理“6个100%”的要求，严格监管执法，严控渣土扬尘污染，办理渣土类行政执法案件13起，下达整改通知书39份，行政拘留1人。严厉打击露天焚烧行为，设立露天焚烧举报电话，严肃查处群众举报的露天焚烧行为，查处垃圾焚烧事件42起，制止垃圾焚烧83次。加强油烟污染管理，制定了《2020年县城区餐饮油烟治理工作方案》，完成了城区132家餐饮场所的油烟治理。加大社会噪声和建筑施工噪声治理宣传教育和调处力度，日常巡查以大型工地、学校周围和商业活动集市步行街为主，发现噪音过大问题及时制止和宣传劝导，处理各类噪音问题59起，办理噪声类行政执法案件1起。渣土扬尘、油烟治理、禁止露天焚烧3项环保督察整改任务完成销号。

（万小兵）

【环卫清扫保洁】 2020年，县城管局健全完善“清保合一”常态化管理机制，在城区实行“一扫三保”清扫保洁作业模式，实现主街与小巷、白天和晚上同城清扫同步同标准；实现城区“普洗”全覆盖；城区20座垃圾中转站垃圾全面实行机械化处理和机械化运输，实行全密闭式运输至新开垃圾场，确保生活垃圾日产日清；对城区532家餐饮门店、45个机关食堂和12所学校所产生的餐厨废弃物实施从应急收集逐步走向常态化处理模式，保障人民群众身体健康，为创建省级安全示范县奠定基础。

（荣　坤）

【市政设施运行】 2020年，县城管局累计完成维修路灯约3200盏次，更换各类光源电器1180套、副灯380套，维护线路83千米，更换线路6000余米，维护专用变压器15台，安装及更换节能灯245只、各类钠灯、LED灯950只、定时器材90只、接触器88个、路灯门板97片、接线器材2245只；全年花带护栏维修1600余米，更换800米；维修人行道拉丝板800平方米、大理石板560平方米；维修通道160平方米；完成新开镇东山路路灯工程74盏；配合市政建设架设临时线路2400余米，安装临时路灯50盏；改迁路灯变压器及路灯控制设备各两台。保障城区“灯明路畅”。

（宗碧蓉）

【园林绿化管养】 2020年，县城管局做好了管辖绿地的日常养护工作，全年城区园林绿化绿地施肥100多吨，修剪草坪20万平方米，修剪绿篱15万平方米；补植城区行道树500余株，灌木1.3万余株、地被2万多平方米；投入资金40万元在荣湾湖公园实施隔草带建设，为县城创建国家园林城市打下坚实基础。

（郭　烽）

【公园广场服务】 2020年，县城管局做好了公园广场的清扫保洁、秩序维护、安全保卫等日常管理工作，在城区各广场更换新式不锈钢分类垃圾箱120个、12张乒乓球桌、2副篮球架、22套健身器材；公园广场内亮化率达96%以上，设施设备完好率达95%以上，及时修缮各类公共设施，为丰富群众文化生活提供了有力保障。

（柳　鹏）

农业·水利

农业·水利

农 业

【概况】 2020年，岳阳县农村居民人均可支配收入19299元，同比增长7.7%。耕地面积49820公顷，其中水田42866.67公顷、旱地6953.33公顷，年均粮食播种面积8万公顷以上，总产50万吨以上。

【农村改革】 2020年10月，岳阳县农业综合行政执法局和执法大队成立。岳阳县纳入全省农业社会化服务试点县，农村土地承包经营权确权颁证档案入馆全面完成，农村集体产权制度改革任务基本完成。184个集体经济组织完成登记赋码，颁发了农村集体经济组织登记证，全县统一印制集体经济组织股权证书，向全县集体经济组织成员发放股权证书17.6万本。农村宅基地管理方面，厘清了行业监管职责，完成工作交接，建立了“三个”制度（宅基地建房审批联合审查制度、“三到场”制度，联合动态巡查工作机制），明确了宅基地监管、审批、执法责任主体。制定了宅基地审批操作规程，组织了村级培训，联审联批、日常巡查等工作扎实有序开展。

【粮油生产】 2020年，岳阳县完成粮食播种面积80313.33公顷，总产量50.17万吨，稳住了粮食生产的“基本盘”。有油料作物26666.67公顷，蔬菜、茶叶、水果等经济作物22133.33公顷（其中蔬菜6000公顷）；种植业总产值达到30亿元以上，其中粮食产值15亿元左右。2020年4月16日，中央政治局委员、国务院副总理胡春华实地督导岳阳县春耕生产工作。7月17日农业农村部副部长张桃林、8月4日农业农村部部长韩长赋先后到岳阳县调研指导粮食生产、抗灾救灾和病虫害防控工作，对岳阳县工作予以充分肯定。7月31日省农业厅植保工作现场会在岳阳县召开，并为8月19日全国植保工作会议提供了现场。新华社以《这些田20年来头一回种双季稻》、《人民日报》以《服务一体化种田有奔头（积极有序推进复工复产）》、中央电视台以《防汛‘双枪’齐抓保粮食安全》、《湖南日报》以《胡春华在广东、湖南实地督导春耕和生猪生产工作》为题，先后对岳阳县开展早稻扩面、整治抛荒、救灾补损等粮食生产方面的工作作了重点报道。

【农产品品牌打造】 2020年，县农业农村局坚持“政府引导、市场主导、企业主体、协会组织、群众自愿”的原则，建设大美湖区优质农产品供应基地、培育壮大新型农业经营主体、发展农产品加工业、培育新兴业态、促进小农户与现代农业发展有机融合，突出做优做强肉鸽、特色水果（金盆柚、猕猴桃、葡萄）、黄茶、特色蔬菜（岳阳兰花萝卜、莲藕）和油茶五大农业特色产业，推动现代农业发展，促进乡村振兴。品牌创建成效显著，中粮米业（岳阳）有限公司成功

2020 年 8 月 4 日，农业农村部部长韩长赋到岳阳县调研粮食生产

申报为农业产业化国家级龙头企业，全民鸽业获湖南省标杆龙头企业，岳阳湘佳农牧科技有限公司、湖南田味农业科技有限公司成功申报省级龙头企业，岳阳县幼雄水稻专业合作社、岳阳县好运来生态养鸡专业合作社获评国家示范社。岳阳大米获全国地理标志证明商标，湖南味到舌足食品有限公司、岳阳县芭蕉扇业有限责任公司、湖南春雨生物科技有限公司获得湖南省高新技术企业。产业融合发展向好，岳阳县杨林街镇（肉鸽）被评为第十批全国一村一品示范村镇，黄沙街镇获评湖南省农业产业强镇（茶叶）。黄秀农耕文化园获评全国休闲农业与乡村旅游五星级企业（园区）、岳阳樱花园被评为湖南省农业与休闲旅游五星级企业（园区）。农村创新创业发展步伐加快，岳阳县获评国家农业农村部第三批全国农村创业创新典型县。何金获“农行杯”全国农村创业创新大奖赛三等奖，入选全国农村“创 20”合作机制成员，董敏芳获全国农村创业创新优秀带头人，刘望龙获全国乡村特色产业能工巧匠。特色水产养殖无人船项目获“农行杯”第四届湖南省农村创业创新大赛暨第七届“创青春”湖南青年创新创业大赛（初创组）三等奖。

【科技服务】 2020 年，岳阳县完成超级稻示范推广总面积 12693.33 公顷，总产 8.83 万吨，主要分布在步仙、筻口、公田、长湖、杨林等乡镇，示范推广品种有株两优 819、晶两优华占、H 优 518、天优华占、盛泰优 722 等。积极开展科技指导技术服务，选派 12 名科技特派员深入到乡镇主导特色产业基地和贫困村开展科技创业行动，认真做好高素质农民教育培训工作，共开展现场培训和指导农民 1252 场次，举办各种培训班 134 期，发放技术培训资料 5.276 万份，培训农民 1.6173 万人次，其中培训早稻集中育秧户 8175 人，完成了全年 400 名高素质农民教育培训任务。不断加强转基因生物安全监管工作，做好水稻、玉米、油菜检测工作。在全县 10 个乡镇抽取了 20 个水稻、10 个玉米、10 个油菜样品，对它们进行了苗期快速检测，全部合格。《湖南日报》客户端、华声在线、《岳阳日报》新媒体、新巴陵、巴陵新闻等多家媒体进行了宣传报道。

【农产品质量安全】 2020 年，岳阳县以“基地带证出货、市场验证准入、消费者看证购买”为目标导向，加强“两品一标”认证监管，推行食用农产品合格证制度，将蔬菜、水果、畜禽、禽蛋、养殖水产品五大类农产品纳入试行范畴。2020 年，有农业企业（合作社）获得绿色食品认证 7 家、产品 22 个，有机产品认证 1 个，中国地理标志农产品 1 个。岳阳金福粮油米业有限公司提交的百里香（大米）、金尊明珠（大米）、洞庭明珠（大米）绿色食品申请书，通过现场检查、环境及产品检测。在全县农贸市场、蔬菜水果基地、各超市抽检 1200 个蔬菜、水果样品，其中农药残留超标样品 2 个，超标率 0.17%，远低于全省农药残留目标控制线。同时配合市检测中心抽检样品40个，合格率100%。委托第三方湖北省产品质量监督检验研究院检验检测蔬菜、水果样品78个，无超标样品，合格率100%。同时还委托第三方将中洲乡的蔬菜进行了砷、铅、镉、铬、汞5种重金属元素的检测。根据检测结果，5种重金属含量均在国家限定标准值内，无超标样品，合格率100%。中洲、张谷英、筻口、长湖、公田5个乡镇农产品质量安全监管站和检测室创建为省级示范站。

【高标准农田建设】 2020年，月田镇、毛田镇、公田镇、筻口镇及新开镇完成2019年高标准农田建设任务3800公顷，其中高效节水灌溉面积146.67公顷，项目总投资9178万元，中央财政资金4645万元，省级财政资金4533万元。筻口镇、杨林街镇4020公顷高标准农田建设项目建设任务稳步实施。

【农村人居环境整治】 2020年，全县农村人居环境整治工作综合考核排名被评为岳阳市一类县，并获全省农村人居环境整治先进县。强化垃圾治理。完善“户保洁、村收集、镇转运、县处理”的环境卫生管理和责任体系，农村垃圾压缩转运率、无害处理率达100%，并在长湖乡和新开镇整域推进垃圾分类试点，成效明显。启动露天垃圾存储设施替换行动，完成全县主干公路沿线、城镇周边、旅游景点、铁山库区等露天垃圾池拆除更换500余个。推进厕所革命。克服年初新冠疫情，以及“新国标”和“新省标”出台迟滞的影响，完成了2019年12266个农村改厕全面排查整改。并按新国标要求，全面推进“首厕过关制”，从厕具采购、业务培训、工程施工、检查验收等实施全过程监管，高质量、高标准完成2020年农村改（新）建户厕1万户和公厕改新建21个。因工作成效明显，岳阳县农村厕所革命代表全市6个县市迎接省市民生实事考核验收。优化农村污水处理。全县15个乡镇集镇全面配套了污水厂，建设村极生活污水处理站32个，完成了10个村生活污水治理整村推进试点。大力推进美丽乡村创建。新开镇整域、新开镇龙湾村、麻塘办事处洞庭村等分别获省级美丽乡村建设示范乡镇、示范村和精品乡村称号。毛田镇南冲村、新开镇马山村、柏祥镇柏祥村、公田镇向佳村等荣获市级美丽村庄称号。

【农业机械化】 2020年，县农业农村局推进农机化工作健康持续发展，岳阳县步仙镇获“湖南省平安农机示范乡镇”称号，县农业机械化服务中心袁立军获“全国农机安全监理示范岗位标兵”荣誉称号。完成农机购置补贴资金1728.5万元，补贴农机具1045台（套），受益农户近635户。新增高速插秧机45台（套），有序抛秧机7台（套），大大提高了水稻综合机械化水平，机插、机抛水平提高一倍以上，综合机械化水平提高5%，全县水稻综合机械化率达82.3%。推动自主品牌机具补贴，建设简易保鲜冷库26个，建成面积达2300立方米，淘汰报废机具196台（套），报废补贴资金131万元。落实作业补贴和县级奖补，实施秸秆还田试点，水稻深翻耕2666.67公顷。对插秧机、抛秧机机具实行机补。开展再生稻试点，对中洲渔场进行尾水处理，加速环境净化，推进水产养殖。在全县开展顽障固疾整治活动，岳阳县顽障固疾整治经验得到省、市高度认可，成功经验在全市进行了推介。

【定点屠宰】 2020年，岳阳县新建禽类屠宰企业2家，分别是岳阳县麻塘办事处禽类集中屠宰点和湖南全民鸽业A类畜禽屠宰场，全县生猪定点屠宰点达到8个，配套鲜肉配送点3家，年屠宰生猪量达18万头，禽类年屠宰量1300万羽。实行“两证两章”出场，不定期开展生猪屠宰企业执法检查工作，计执法检查行动30次，执法办理私屠滥宰案件2起（2020年4月23日凌晨在杨林街镇查处以方某某、李某某为首的私屠滥宰黑窝点2个，已移交公安机关处理）、纠正屠宰企业技术违规3次。向公安机关移送案件2起，判刑1人，行政拘留1人。

【农业绿色发展】 2020年，县农业农村局强化绿色发展理念，不断推进耕地污染源头治理。针对中洲、新开、公田等地受污染耕地严格管控区，因地制宜开展了农业结构调整和安全利用示范建设。委托第三方湖北省产品质量监督检验研究院完成定量检测404个样品，全部合格；完成定性监测3400个样品，农残超标率0.53%。加强稻谷镉含量质量安全风险监测，送检早稻样品10个，定量检测2个样镉含量超标；送检中、晚稻样品20个，定量检测全部合格。

【产业扶贫】 2020年，县农业农村局统筹全县产业规划，发挥行业部门优势和后盾单位作用，在全县因地制宜发展“一村一品”种养产业扶贫或整合资金集中发展种养产业。投入县本级财政资金300万元助力大面产业扶贫。投入县本级财政资金142万元，开展“百千万”产业扶贫工程，明确45家新型农业经营主体对接46个贫困村、14个非贫困村开展产业帮扶。投入省级财政扶贫资金360万元，实施省重点产业扶贫项目3个（岳阳县洞庭春纯天然茶叶有限公司黄茶种植基地建设项目、岳阳市惠泰云农业科技有限公司金盆柚种植基地建设项目、岳阳县亭上种植专业合作社艾叶种植项目），带动帮扶贫困人口1351人。

（廖智远）

林　业

【概况】 2020年，岳阳县林业局以习近平生态文明思想为指引，深入践行“绿水青山就是金山银山”发展理念，认真落实省、市林业主管部门及县委、县政府决策部署，围绕“生态建设、生态保护、生态修复、生态惠民”林业工作主题，全力推动全县林业高质量发展，取得了一定的成效。全县森林覆盖率达39%，村庄绿化率达75%，湿地保护率稳定在76.2%，全县林业产业总产值达12.3亿元，森林火灾率控制在0.9‰以下，森林病虫害成灾率控制在3.5‰以下，县林业局连续4年获全县综合绩效先进单位。

【森林防火】 2020年是岳阳县森林防火基础设施建设和应急物资储备大幅提升之年，全年累计添置防火器械150万元，完成防火阻隔带建设97.6千米，建设固定蓄水池15处，村一级建立了应急扑火队伍。县林业局紧抓宣传预防主线，紧盯责任落实主轴，建立监测预警平台，强化野外火源管控，全年出动宣传车1000台次，制作警示教育宣传片1部，发放各种宣传资料10万余份，新增、刷新固定宣传牌557块，悬挂横幅、张贴标语1.2万余张（条），启动“互联网+森林草原防火督查”系统，推广普及

7月9日，各乡镇林业站技术员接受天然林补充调查及森林督查外业培训

“防火码”的使用，查处各类违规野外用火57起。全县全年未发生一起较大森林火灾、无一起卫星火点，因成功处置湖北通城县越界火灾获市森防灭指通报表扬。

【森林病虫害防治】 2020年，全县累计发生森林病虫害面积10656.4公顷，防治率达98%，无公害防治率达100%。防治工作以松材线虫病防治为重点，全年完成松材线虫病疑似枯死木清除任务9523株，除治率100%；开展疫木检疫检查执法行动5次，出动执法人员73人次，查处疫木及其制品20余立方米，切断了传染源传播途径，阻止了松材线虫病蔓延趋势。

【林地保护管理】 2020年，全年审批林地37宗，其中生猪养殖建设项目13宗，面积80.80公顷；审批临时使用林地4宗，面积5.61公顷，确保了全县重点工程建设项目、生猪养殖重点行业林地用额。持续开展森林督查工作，自查核实2019—2020年森林督查疑似图斑379个，细化图斑822个，确定违法图斑135个，完成了违法图斑的调查、处罚、整改和面督促复绿等工作；开展清理涉砂涉矿、打击违法占用林专项行动，排查经营单位17家，其中办理林地使用手续10家、查处5家。

【森林资源管护】 2020年，县林业局加强生态公益林保护和监测。签订管护合同53119份，签订聘用护林员合同305份，发放省级以上公益林补偿资金1371.93万元；完成天然林补充调查面积4.8万公顷，通过省级核查验收天然林面积4.44万公顷，发放天然商品林禁伐补偿资金94.5万元；严格执行林木限额采伐计划。2020年，采伐限额为38452立方米，全年核发林木采伐许可证191宗，办理林木采伐21754立方米，严格控制在计划限额内。

【野生动物保护】 2020年年初，县林业局严格实施“一封控、四严禁”措施，全面加强野生动物经营场所管控，确保疫情期间全县野生动物经营场所领域安全；加大野生动物保护宣传，累计出动宣传车564次，发放各种宣传资料30万份，张贴公告10878份，悬挂宣传横幅200多条，设置宣传牌225块；强化野保执法，开展野生动物专项执法行动、“昆仑”专项行动，快速查处破坏野生动物资源案件2宗，刑事拘留5人，刑事判决3人；积极开展救助行动，本着及时救护，科学放归的原则，救助放归野生斑鸠132只、猫面鹰5只、白鹭2只；稳妥推进禁食野生动物退养处置工作，完成以食用为目的陆生野生动物养殖企业（户）退养处置26家，发放补偿资金980.4万元，退养动物处置率、协议签订率、补偿资金到位率等指标均达100%，切实保障受影响养殖农户的合法权益。

【生态惠民】 2020年，县林业项目资金盯着民生走，全年发放涉林惠民资金3371.93万元；围绕乡村振兴，林业产业对接全省林业四大千亿产业发展规划，重新布局，突出油茶、楠竹两大千亿产业，实施油茶低产林改造666.7公顷、楠竹丰产林培育和低产林改造933.3公顷；整合项目资金300万元，建设大云山国有林场、相思山国有林场森林质量精准提升示范基地2处，引领特色经济林、林下经济等产业的发展；大力扶持农民涉林专业合作社，成功申创省级油茶示范合作社2家；深化“放管服”，完成林业行政许可事项梳理8项，全部下放归口至政务中心林业窗口办理，开通了生猪养殖占用林地审批“绿色通道”，启动了公共服务“一门式”全覆盖工作，为办事群众送去便利，林农和林业企业的获得感和满意度不断提高。

【自然保护地整合优化】 2020年3月，自然资源部、国家林业和草原局联合启动全国自然保护地整合优化前期工作，着力推动自然保护地重大改革；岳阳县相应启动自然保护地整合优化工作，按照“保护面积不减少、保护强度不降低、保护性质不改变”的总体要求，在解决全县自然保护地主要矛盾及历史遗留问题的基础上，结合全县自然保护地现状，编制完成《岳阳县自然保护地整合优化预案》，通过了国家林草局的初审；该次保护地整合优化，拟调出面积16735公顷，拟调入面积14645公顷，整合优化后，全县自然保护地总面积为105450.15公顷，占国土面积的37.52%，其中岳阳县管辖的自然保护地比整合优化前提高了3.73%，自然公园比整合优化前提高了4.34%，解决了交叉重叠和民生问题，优化了岳阳县“一山一水”的生态格局，释放出一定的发展空间，全县新的自然保护地体系初步形成。

【“十三五”期间林业工作】 “十三五”规划期间，岳阳县争取国家林业项目资金投入3.2亿元，完成造林绿化任务13359.9公顷，森林覆盖率达39%，林地保有量95333.3公顷，评价认定省级绿色村庄124个、国家森林乡村3个、省级美丽乡村建设示范村1个；全县实现无重大森林火灾和无人员伤亡事故目标，林业有害生物防治科学有效，累计预防和除治林业有害生物面积4.1万公顷，挽回直接经济损失2000余万元；全面停止天然林商业性采伐，全面提高天然林保护能力，全县生态公益林面积增加到5.19万公顷；开展打击盗伐、滥伐、破坏捕猎野生动物等涉林违法专项行动15次，办理各类涉林案件174起，其中刑事案件50起；林业产业发展迅速，总产值突破12.3亿元，培育国家级林下经济产业基地2家、省级7家，整个林业产业呈现出健康、有序、可持续发展的良好态势；污染防治攻坚成效显著，完成东洞庭湖岸线整治3050米，退耕还湿1079.3公顷，洲滩难整治21处830公顷，欧美黑杨全部清理退出；脱贫攻坚稳步推进，县林业局投入扶贫资金427万元，其中生态补偿资金256万元，基础建设145万元，累计发放产业扶贫资金26万元，累计安排18名局中层干部参与结对帮扶50户，帮助27户贫困户54人全部脱贫。

（许文航）

畜牧水产

【概况】 2020年，岳阳县畜牧水产发展服务中心积极推动畜牧水产生产发展和现代化进程，加强行业管理和执法监督，确保了全县畜禽水产品质量安全和养殖业生产健康发展。益豚农牧、湘佳牧业、正大公司等大型养殖企业相继落户岳阳县，产品产量持续增长，年出栏生猪72.1万头，出栏牛3.22万头，出栏羊11.45万只，出笼家禽497万羽。全县生猪产能恢复到2019年的51%左右。积极推进水产生态健康养殖，发展稻虾综合种养29135亩，休闲渔业、稻田生态养鱼和名优水产养殖成为渔业生产的主发展方向，全县水产品产量43950吨。

【养殖业生产】 2020年，县畜牧水产业产品产量持续增长，益豚农牧、湘佳牧业、正大公司等大型养殖企业相继落户岳阳县，年出栏生猪72.1万头，出栏牛3.22万头，出栏羊11.45万只，出笼家禽497万羽，生猪产能恢复到2019年的51%左右。积极推进水产生态健康养殖，发展稻虾综合种养1942.33公顷，休闲渔业、稻田生态养鱼和名优水产养殖成为渔业生产的主发展方向，全县水产品产量43950吨。

【畜禽良种繁育】 2020年，县畜牧水产发展服务中心全面开展生猪人工授精和肉牛冷配，改良品种，实现畜禽良种化。全县建种公猪站3个，供精网点22个，生猪人工授精覆盖率达92%，有效改良生猪品质。全面开展肉牛冷配工作，为全县免费供应冻精2.3万支，完成肉牛冷配近2.3万胎次。

【生猪稳产保供】 2020年，出台《岳阳县关于进一步促进生猪生产发展的实施办法》，采取引进大型养殖企业、新建规模养殖场和改扩建原有规模养殖场等举措，尽快复养恢复产能。引进天心种业、益豚农牧、建工集团、华冠农业等大型养殖企业新建大型生猪规模养殖场12家，改扩建原有规模养殖场2家，生猪存栏新增23.06万头。积极指导全县生猪养殖户严格动物疫病防控，全面恢复生猪生产信心，在养生猪规模养殖场335个，复养率达72.8%。全县存栏生猪共46.2万头，年度生猪出栏累计达72.1万头，完成上级稳产保供任务。

【动物疫病防控】 2020年，县畜牧水产发展服务中心将重大动物疫病防控工作纳入对乡镇人民政府目标管理和绩效考核，制定《重大动物疫病防控实施方案》《动物防疫工作目标管理考核办法》，召开全县春秋动物防疫会议，签订规模养殖场防疫承诺书，及时处置零星疫情，适时开展重大动物疫病免疫抗体监测。全年免疫生猪口蹄疫61.7万头，牛羊口蹄疫8万头，羊小反刍兽疫2.8万头，鸡鸭禽流感429.55万羽，口蹄疫、高致病性禽流感、小反刍兽疫应免密度达100%，家畜免疫标识佩挂率、免疫卡上墙率达100%，坚决守住了不发生区域性重大动物疫情的防控底线。

【非洲猪瘟管控】 2020年，县畜牧水产发展服务中心继续严格疫情排查，排查生猪养殖场1.9万次，全县生猪规模养殖场情况较为稳定。在高速公路出口设立4个非洲猪瘟临时检查站点，严防外疫输入。开展养殖场（小区）动物防疫条件专项整治，受理养殖场动物防疫条件申请600余个，办结200余个。严格动物卫生监督，全县产地检疫生猪43.5万头、牛0.8万头、禽类212.5万羽。加大违法行为查处，查处违法案件16起，处罚责任人20余人，行政罚款15万余元。

【动物疫情监测】 2020年，县畜牧水产发展服务中心对全县60个规模养殖场进行常规监测，采集猪鼻肛拭子885份，环境拭子1180份。结合春秋免疫效果评估，采集猪血清650份，牛羊血清220份，禽类血清320份，肛咽拭子450份，环境拭子1200份；排查重大动物疫情112起，开展流行病学调查29次，有效防范了区域性重大动物疫情的发生。

【无害化处理】 2020年，县畜牧水产发展服务中心对全县病死畜禽无害化处理厂实行配合收集、定期转运、定期开机处理；县动卫生监督所监督指挥中心实行专人专岗，24小时值班，及时指挥、监督和协调全县收集处理工作，确保整个体系正常运转。全县收集处理病死猪22461头，禽类4.6万羽，屠宰场下脚料、病死猪肉210吨，体系运行效果显著，该工作得到社会各界的充分肯定。

【动物卫生监督】 2020年，县畜牧水产发展服务中心继续落实督促生猪屠宰场（点）严格落实“瘦肉精”和非洲猪瘟自检制度和检疫申报制度，严把“六关”，定点屠宰场（点）屠宰检疫率达到100%。强化流通环节监管，实行跨省调入种（乳）用申报备案制度，对引进的种用、乳用动物严格进行隔离观察。强化养殖场区监管，产地检疫严格落实检疫申报制度和产地检疫与“瘦肉精”抽检同步制度，严格规范检疫出证行为，强力推进检疫电子出证。加强养殖场户监管。结合动物防疫条件审核、瘦肉精抽样检测、动物春秋两季集中免疫等工作，对县域内的规模畜禽养殖场重点监管，进行备案登记，定期整改。严厉打击违法行为。全年查处违法案例16个，其中经营运输依法应当检疫而未经检疫动物案15个，处罚责任人20余人，行政罚款15万余元。不按国务院兽医主管部门规定处置动物尸体案1个，处罚责任人1人，行政罚款0.2万元。有效遏制了非法经营、处置病死动物行为。

【动物血防查治】 2020年，县畜牧水产发展服务中心按照《湖南省2020年家畜血吸虫病监测方案》和《岳阳市家畜血吸虫病监测方案》工作要求，在麻塘办事处、新开镇、黄沙街镇3个乡镇开展了牛羊“两治一查”工作。全年查治牛羊782头，化疗牛羊1568头，开展疫区动物粪便监测600头次，未发现一例阳性。6月，对麻塘纵向观测点实验室操作台进行了规范化改造，检测水平得到进一步提高。

【食品安全监管】 2020年，县畜牧水产发展服务中心突出重点环节监管，对养殖投入品生产、经营和使用环节定期开展专项整治，强化日常监测，全年抽取畜禽水产品样品600余份，检测结果无异常。突出重点时段监管，在“3·15”、中秋、国庆、元旦等节假日定期开展质量安全整治，规范养殖投入品使用行为，下达整改通知书150余份，查处违法行为3起。突出重点区域和重点对象监管，严查孔雀石绿、人药兽用、超剂量使用抗生素等违法行为，检查畜禽水产养殖场500余家，下达整改书163份，没收假冒伪劣兽药价值7000余元。突出追溯体系建设，强化养殖投入品台账登记，对全县32家兽药经营门店实行GSP管理，完成兽药经营门店网上注册和追溯设备的安装，对120个饲料经营户实行备案管理。突出质量安全示范创建，遴选30个质量安全示范点和3个养殖示范基地，发挥以点带面示范作用。同时，高标准推进农产品质量安全“双认证”建设，完成实验室改造、聘请第三方服务、设备招标采购等工作，技术人员进行专门的业务学习培训，为全县创建省级食品安全示范县打下了坚实基础。

【内陆渔政管理】 2020年，县畜牧水产发展服务中心制定下发新墙河流域打击非法捕捞实施方案，投入2万余元组织工作人员编印《渔业法》《渔业船舶检验条例》等法律宣传册，张贴禁捕通告，悬挂宣传横幅，全面营造打击非法捕捞工作氛围。建立和完善渔业安全生产责任制，与全县15个乡镇（办事处）、中洲渔场签订渔业安全生产责任状，层层落实责任，严禁渔船“带病”作业。以打击电、炸、毒、“迷魂阵”等非法捕捞为重点，联合乡镇农推中心和水域属地公安派出所实行联合执法，有力地震慑危害渔业生态不法行为和违法人员。

【天然水域禁投】 2020年，县畜牧水产发展服务中心重新修订《岳阳县养殖水域滩涂规划（2018—2030）》，全县14座水库已明确列入禁养区名录，271座内湖、水库列入限养名录。印发《岳阳县天然水域禁止投肥投饵专项行动实施方案》，建立乡镇巡查、部门监管的工作机制。全县天然养殖水域设立了“禁投公示责任牌”271块，收回承包合同221处，调整经营承包合同50处，全县天然水域养殖方式实现了由“人工养殖”向“人放天养、生态养殖”的全面转变。

【精养鱼塘整治】 2020年，岳阳县印发《关于开展东洞庭湖国家级自然保护区实验区精养鱼塘养殖污染整治通告》《岳阳县东洞庭湖国家级自然保护区精养鱼塘养殖污染专项整治行动方案的通知》，组织乡村干部走村入户签订健康养殖承诺书，举办4次水产健康养殖技术培训。组织东保区各乡镇全面开展鱼池清淤、护坡，排水沟渠疏浚，鱼池道路修整，完善进排水设施等，完成

2020年6月29日，开展联合执法行动对新墙河非法捕捞器具收缴销毁

实验区精养鱼塘1713.73公顷改造升级任务。联合环保部门对试验区60个养殖点的水质进行抽样检测，10个检测因子无一超标。投资270万元在实验区开展养殖尾水治理，完成了中洲渔场75.31公顷、麻塘清渠57.49公顷、中洲乡鸿成渔业公司19.8公顷的池塘养殖尾水治理试点，实现养殖尾水达标排放。

【新墙河禁捕】 2020年，岳阳县印发张贴《关于在全县重点水域实行全面禁渔的通告》，锁定新墙河水域“三无”船舶基础信息，对207艘“三无”船舶集中或以乡镇为单位进行拆解。联合各属地乡镇实行24小时无缝隙巡查，全面清理非法捕捞工具，严厉打击非法捕捞行为，共拆除地笼王（网）609个、丝网5136米、迷魂阵330米，没收背包式电鱼机44台，捣毁非法捕捞船只3艘，没收海竿346支，抓获非法捕捞人员18名，留置2人，并对11名当事人以非法捕捞水产品罪予以刑事立案处理。

【养殖环境整治】 2020年，县畜牧水产发展服务中心全面落实禁养区应退尽退要求，完成74家畜禽养殖场退养，拆除栏舍47974平方米。结合整县推进要求，完成全县1372家畜禽养殖场（户）的粪污处理设施和资源化利用情况的基础信息采录。按照“改造一批、停养一批”的整治思路，对688家畜禽养殖场（户）实现协议停养，对684家畜禽养殖场（户）高标准实施粪污处理设施配套改造，全县规模养殖场粪污处理设施装备配套率达100%。

【粪污资源化利用】 2020年，县畜牧水产发展服务中心改造畜禽规模养殖场202户、规模以下养殖户394户，高标准新建粪污沟98666米、干粪棚16847平方米、粪污暂存池42812立方米、厌氧发酵池63829立方米，沼液储存池64745立方米。配套了节水设备490套，固液分离机35台，粪污收运车13辆，粪污一体化处理设施设备10套。完成30个消纳基地的配套设施建设，新建沼肥池21410立方米，铺设沼液利用管网201300米。开展5个第三方社会化服务平台建设，完成3600平方米的有机肥生产厂房改造，12万吨液态肥加工生产线的扩建，购置了10台粪污转运吸粪车，铺设利用管道4500米。全县有机肥生产、区域性收运、粪污消纳等工作有序推进。

【养殖科技推广】 2020年，县畜牧水产发展服务中心开展基层农技推广机构服务创建，创建2个三星级乡镇农业技术推广中心。引导扶持社会化服务组织发展，满足农业生产经营者的多层次、多样化、个性化的服务需求。遴选25名骨干人才参加省级业务培训，组织2次300人左右的在编农业技术人员的县级集中办班和现场实训活动。遴选20名指导员开展对科技示范主体的点对点服务，促进养殖科技示范主体产业壮大、效益增加，并带动周边农户共同发展。同时创办农民示范校，开展互动式、参与式培训，帮助服务对象解决养殖业中的实际问题和关键技术难题。

【争取国家项目资金投入】 2020年，县畜牧水产发展服务中心在养殖业普惠政策上争额度，成功争取生猪调出大县奖励资金723万元，养殖环节病死猪无害化处理资金602.77万元，洞庭湖周边畜禽退养奖补资金1996.43万元。在个性化项目上求突破，畜牧水产产业发展与扶持项目、生猪规模养殖场建设项目、非洲猪瘟防控项目等先后获批，到位资金629.11万元。同时，畜禽水产养殖菜篮子工程、家禽产业发展项目、畜禽水产品质量安全监管体系建设、动物疫病防控体系建设等13个养殖业项目进入了“十四五”项目储备库。

（漆龙波）

水利

【概况】 2020年，县水利局被评为湖南省2020度文明单位、2020年度全县决胜全面小康综合绩效考评优秀单位，党的建设和班子建设、党风廉政建设、争取国家重点投入、联手帮扶企业、扫黑除恶、信访工作、行业扶贫、安全生产等多项工作获评全县先进单位。

【防汛抗旱】 2020年，岳阳县成功应对了7月7—9日最大降雨高达327毫米和洞庭湖区最高水位高达34.90米的高危洪水的侵袭。面对严峻汛情，岳阳县精心组织、严密部署、科学决策、沉着应对，先后启动防汛二、三、四级应急响应，全县包堤垸防汛的县级领导及部门负责人奔赴责任区指导和参与防汛抗灾工作。突出做好了堤垸巡查值守、山洪灾害防御和水库山塘防守三项重点工作。下达防汛指令和防汛应急处险方案60余道，处置大小险情164处，调动干部和抢险人员1.2万余人次，调拨砂卵石、片石3.67万立方米，编制袋18万条，彩条布11万平方米，堤垸架通照明线近50千米，抢修排涝机埠10台（套），架设临时抽水设施10台（套）。为确保防汛抗灾责任和防汛指令落实，开展防汛专项督查50余次。在全县干部群众的全力配合下，众志成城，同心协力，确保了2020年防汛抗灾工作“不溃一堤一垸，不垮一库一坝”总目标的实现。全年全县发生过多次轻度干旱，全县投入人员800多人次，投入机械设备200多台次，为全年农业生产得到了保障。

【安全饮水工作】 2020年，县水利局抓好安全饮水工作，开展贫困人口饮水保障“回头看”，收集、整改问题63个，做到了所有贫困人口饮水安全有保障，助力脱贫攻坚验收。农饮工程巩固提升。投资326万元兴建农饮工程9处，巩固和新增农村通自来水人口1.14万人，完成了重点民生实事任务。三是投入271万元维修养护经费，并采取多种手段促水质提升，使规模水厂水质达标率达到87.5%。完成城乡供水一体化项目的所有前期工作，12月开工建设。

【河湖管理与保护】 2020年，县水利局组织河道及水土保持巡查1245次，出动人员3013人次、出动车辆831次、出动船艇414次，下达责令停止水事违法行为通知书93份、限期编报水土保持方案通知书28份、限期整改通知书28份，扣押非法采砂机具26台，接待来电来访10件，立案44起，结案44起，行政处罚80.8万元，没收非法所得44.85万元，移送疑似涉黑涉恶线索3条。维护了全县水事秩序。完善了县、乡、村三级河长体系，233人全年巡河9804次，巡河交办问题2764次，其中县、乡、村巡河交办问题2661次、县河长办交办103个（9次暗访）；每季度对乡镇（办事处）进行一次考评。全年下达问题交办函、督促性、政策性通知113次。并向水政交办水事违法问题5次，向环保交办问题4次。宣传活动58次，培训学习37次，专题会及专项整治90次。

开展河湖管理范围划定，乡镇“样板河湖”创建，县河长办重点打造荣家湾镇城南河等一批

中洲垸防汛抢险

示范河湖，该项工作已由市河长办向省河长办推荐参评“湖南省美丽河湖”。2020年度，在全市考核评定为优秀。

【水利工程建设】 2020年，县水利局以坚持民生为优先，牢抓水利建设促发展，对彭宗屋河柏祥—新墙—长湖项目区、小港河相思—毛田项目区、岳阳县费家河黄沙街—新墙项目区、岳阳县水系连通及农村水系综合整治试点县项目一期工程等中小河流进行治理，治理河流6条34.3千米，治理后的河道达到了“河畅、水清、堤固、岸绿、景美”的效果，成了当地居民休闲亲水场所，受到省厅、市局高度评价。已完成小港河相思—毛田项目区治理、彭宗屋河柏祥—新墙—长湖项目区治理、费家河黄沙街—新墙项目区治理、小饶港自来水厂饶村片管网延伸工程、汨罗江尾闾涝区排涝能力建设项目中洲垸南北2号渠配套工程、大毛家湖泵站更新改造工程、燎原垸泵站更新改造工程。小（2）型水库除险加固持续推进，对杨林街镇毛家水库、友谊水库、牛型水库，柏祥镇天龙水库、瓦泥水库，张谷英镇双龙水库，荣家湾镇三义水库，共7座水库启动除险加固，预计2021年汛前完工。实施重点中型灌区节水配套改造，对中洲垸重点中型灌区节水配套改造工程进行开工建设。

（张美霞）

铁山水资源保护

【概况】 2020年，岳阳县铁山水资源保护中心坚持“强基础、严管理、讲公心、正风纪、促两保、创双优”的总体工作思路，切实肩负起铁山饮用水水源地环境保护和民生保障工作（简称“两保”）的重任，取得了显著成效。“六控一治”措施和民生资金发放落实到位，库区绿色产业发展和河长制建设协调推进，铁山水库水质稳定保持在地表饮用水Ⅱ标准。开展“不忘初心、牢记使命”主题教育取得扎实成效，申请创建党建引领发展示范单位，在防疫和防汛工作中充分发扬了党员先锋模范作用。派驻工作队到对点帮扶村，通过政策和资金支持，持续巩固提升脱贫攻坚成效，全力推动铁山库区经济社会高质量发展。

【基础工作】 2020年，县铁山水资源保护中心为充分宣传铁山库区“两保”精神和相关政策，印发“两保”宣传手册3000余份；在毛田、月田、公田等交通主干道上书写固定标语30余条；先后在岳阳县政府门户网、红网手机报等媒体发布信息38条。1月13日，铁山水库水资源保护和民生保障模式被评为省级第四批生态文明改革创新案例在全省推广。同时，全面掌握了库区五类基本情况：①库区总人口15.09万人；②集雨区生态公益林面积36.64万亩；③库区各类型困难户情况（特困分散供养对象390户、特困723户）；④散户型四池净化污水处理设施，截至年底，已建成交付使用12055户；⑤畜禽规模养殖业退出和影响水源安全的生产企业关停摸底（已退养148家规模以上养殖场，依法对库区一、二级保护区范围内8家农家乐餐饮店和11家竹木加工厂进行了强制关停）。五项信息全部建立了电子文档和纸质台账，做到信息详尽、数据准确，并及时比对更新，实行动态管理，为“两保”各项方案的出台或重大事项的决策提供了真实依据，推动了各项工作的有序开展。

【民生保障】 2020年，县铁山水资源保护中心重视民生工作效能的提高，将惠民政策落实有序推进，受到了市县领导及库区群众的高度认可，对铁山库区的环境保护提供了有力的保障。规范建房奖补资金的发放。通过实地查看、查阅资料、基层走访等形式，对全年库区乡镇上报的民生建房奖补资金申请户的情况进行了核查，审核通过月田镇神湾安置点49户，奖补资金132.6万元全部发放到位；推动库区绿色产业发展，对现有绿色产业登记造册，联系环保局、林业局、农业农村局、移民服务中心等相关部

9月18日，岳阳县铁山水资源保护中心党组书记、主任付红宾陪同岳阳市副市长邱虹到铁山库区巡河

门，寻求优惠政策的帮助和扶持。9月18日，副市长邱虹一行深入铁山库区巡河，调度库区绿色种植业发展工作，制定“以点带面，多措并举”的探索模式，在库区指导成立4个中草药种植基地，占地面积28公顷；严格落实生态补偿机制，根据《铁山库区生态公益林补偿资金的管理使用方案》相关规定，对照铁山库区生态公益林项目资金补偿范围、发放方式以及资金管理和使用办法，申报县财政局将729.669万元生态公益林补偿资金核算至库区乡镇；将争资争项工作列入工作的重中之重，向上争力、向外引力争取到了省市资金支持，向下使力确保库区各项民生资金用在刀刃上。全年争取国家重点投入项目资金5043万元，且资金全部拨付到位。

【扶贫工作】 2020年，县铁山水资源保护中心根据毛田镇芭蕉村实际情况，制定《驻村精准扶贫2020年工作计划》，选派优秀年轻干部担任村第一书记。通过努力，产业发展取得了进步，村民收入水平显著提高，“两业”扶贫来势喜人。因地制宜，按照扩户数、控规模、以奖代补原则引导贫困户养牛致富，鼓励种草养牛，生态养牛，合作社和村两委帮助贫困户科学防疫，积极寻找销路，打造产业扶贫长效机制；大力发展小规模、分散型家庭种养，通过以奖代补的形式对家庭小型种养业进行扶持，覆盖贫困户93户277人，免费提供化肥、饲料等生产必备物资，并通过和合作社合作的模式，免费向贫困户发放土鸡苗，提供产前、产中、产后技术服务并保价回收产品；加大就业扶贫力度，鼓励贫困户外出务工、创业致富，对外出务工的贫困户，在争取交通补助的同时对贫困户全年收入按3%的比例进行奖补，调动贫困户务工增收的积极性，全村有77户贫困户通过务工增加收入。先后两次驱车送工“新金宝”及招聘会，已就业贫困劳动力超过2019年就业人数；在“三清理、四拆除、三提升”具体工作上，拆除31733.9平方米，腾地6.8公顷，提升改质黄金公路“白改黑”1.6千米，绿化美化公路10千米；为及时稳定脱贫攻坚成果、促进贫困地区相关产业的可持续发展，帮助贫困户销售农副产品8万余元；按上级政策经民主评议产生低保户35户77人，其中兜底户1户2人，保障最低生活水平。全村村民社会养老保险缴费率达95.51%，32户易地扶贫搬迁户已全部入住。对接“雨露计划”及教育助学等政策，保障全村70名贫困学生就学。因户施策对接健康扶贫、教育扶贫、安居扶贫、产业扶贫、社会扶贫等政策，因户施策落实到户到人，让所有贫困户都有房住、治得起病、义务教育不辍学、产业就业帮扶有实效。

（何东凯）

工业·通信

工业·通信

11 月 5 日，岳阳县工信局局长梁绪望陪同县长肖湘晖到昱华玻璃调研

工 业

【概况】 岳阳县工业和信息化局是由原经委、乡企局、二轻局、民营办 4 个单位合并而成的县政府工信主管部门（简称县工信局），于 2011 年 7 月机构改革正式设立，主要工作职能是工业经济运行调节、服务全县工业企业，推进信息化发展、电力行政监管改革等。2020 年，岳阳县获湖南省工信厅颁发的 2020 年度全省工业数据云建设先进县；县工信局获全市工业经济运行监测协调工作先进单位、全市规模以上工业企业培育先进单位、全市工信系统安全生产先进单位、全市信息化推进工作先进单位；获评全县党风廉政建设党委主体责任先进单位、全县招商引进先进单位、全县脱贫攻坚（驻村扶贫）工作先进单位。

【工业规模】 2020 年，岳阳县新增规模企业 22 家，总数达 198 家，超市定目标任务（16 家）6 家；规模工业完成总产值 674.77 亿元，同比增长 6.2%；规模工业增加值增速 5.1%；工业企业实缴税金 3.45 亿元，同比增长 23.67%；完成工业投资 89.5 亿元，同比增长 16.1%；完成工业技改投资 58.5 亿元，同比增长 43.9%。

【服务企业】 帮扶企业工作：2020 年，县工信局牵头组织 31 名县级领导干部率 100 个帮扶单位，重点帮扶 69 家规模企业，全年开展帮扶活动 110 次，收集困难和问题 153 个，解决 145 个，有力地支持了“六稳”工作，推动了企业复工复产、达标达产。争资引项工作：全年成功争取中小企业发展专项、制造强省专项资金、工业企业技改税收增量奖补等项目 38 个，到位资金 3786.08 万元，较 2019 年增长了 50%。转贷平台工作。在 2019

年平台发放“过桥贷款”112笔1.6亿元的基础上，2020年，除了续贷1亿元以外，另外转贷资金5000万元，有效地解决了企业银行贷款先还后贷需求，避免企业抽调流动资金影响生产经营，促进了企业健康发展。企业培训工作：全年组织县域内相关企业参加国家、省市各类产业博览会、展览会、学习交流活动等20余场，引导企业积极走出去，打开国际国内消费市场，掌握行业发展新态势。至年底，全县879家企业“上云”“上平台”，并获得省工信厅通报表扬。

【工信行业工作】　2020年，县工信局在行业工作方面做了如下工作。电力方面：新建麻塘植山变电站，长湖至公田110千伏线路于2019年5月开工，新开学院变电站于2019年8月正式启动，步仙至张谷英35千伏线路于2019年10月正式开工，黄沙街和柏祥110千伏变电站启动了前期工作；为确保电力安全，县工信局派出两名执法人员长期驻县供电公司安质部，全年发现电力安全隐患10起，下达了电力安全隐患整改通知书，全部整改到位；参与调解触电击伤事故2起；协调处理因电起火事故1起；其他涉电纠纷3起。墙改散装方面：协助1家烧结砖企业产品取得了省新墙材认定证书和1家加气块企业省认定证书通过了复检；引进了1家大型烧结砖企业、2家加气块墙板企业、3家预拌砂浆企业；对城市规划区内两家烧制建筑用砖企业严格按时间节点关闭退出，做到“两断三清”。

【扶贫工作】　2020年，县工信局牵头组织49名帮扶责任人，对月田镇茨洞村105户贫困户开展结对帮扶，其中局机关派出20名干部职工帮扶48户贫困户。2020年通过产业扶贫，发动23户贫困户种植艾叶30亩，并与岳阳县邓谷红薯专业合作社合作发动31户贫困户种植红薯40亩，与镇农业服务中心合作发动39户贫困户种植中稻115亩，以上三项为贫困户增收30万元以上。

【信息化推进】　2020年，县工信局根据全市《2020年岳阳市5G基站建设计划表》的要求，大力调度基站建设，全年建成5G基站46个，第二批39个5G基站正在建设中。同时，根据省通管局近期对通信信号检测，光网建设中，“千兆光网县城”“百兆光网乡村”已经全面实现。并根据省通管局测定，全县自然村4G网络覆盖率达到100%，光纤通达率100%。

【承储工作】　为加强全县公共卫生应急物资储备工作，着力提高应急管理工作处置能力，2020年，县工信局牵头县财政局、县发改局、县卫健局负责全县公共卫生应急物资储备工作。为了做好该项工作，工信局成立专门班子，制订专门方案，完成了与两家存储企业的合同签订，所有计划采购的物资全部采购到位。该项工作得到了省工信厅领导的充分肯定。

（谢森桃）

·生物医药工业·

【湖南科伦制药有限公司】　公司隶属于四川科伦药业股份有限公司（股票代码002422），是一家集药品研发、生产、销售为一体的综合性现代化大型医药企业，下辖8家子公司和1个药物研究院。2020年，实现营业总收入55亿元、上缴税收3.6亿元，居湖南医药企业榜首，为湖南省纳税贡献百强企业。先后获国家绿色工厂、国家智能制造试点人工智能示范企业、国家高新技术企业等荣誉。组建了国家级智能制造平台1个，工程技术研究中心、工程实验室、企业技术中心省级技术研究平台3个。

公司现有员工2000余人，有药品品种140个、批准文号274个，品类齐全、包装体系完备，有7个品种实现单品种年销售收入过亿元。公司持续每年投入5%以上的销售收入用于新产品创新研发，已获授权专利270项，其中发明专利35项。

公司2016年开始承担国家智能制造新模式应用专项试点，

紧密围绕中国制造2025理念与技术，开展智能化工厂集成创新与建设。2018年，获批国家智能制造试点示范及人工智能应用示范企业。

·建材工业·

【湖南岳盛新型材料有限公司】公司是外商独资企业，专业从事石木塑地板制造，于2018年落户岳阳县高新技术产业园区。根据公司规划，计划用五年左右的时间，通过引进外来公司或者与公司合作模式，在本区建设产业链上下游门类齐全、配套完整的石木塑产业基地。公司一厂占地面积10.8公顷，员工近400人，于2019年正式投产；正在建设的二厂占地面积13.67公顷、三厂占地面积7公顷，将分别于2021年1月和5月完成主体工程建设，同时向县政府申请了26.67公顷工业用地指标，安置引进和建设产业链、物流配套项目。

公司生产的石木塑地板，由特殊纤维及复合材料制备而成，具有防水、防滑、零甲醛、可回收利用等鲜明特点。

【岳阳市昱华玻璃制品有限公司】公司是一家日用玻璃瓶罐及药用内包材玻瓶制造销售股份制民营企业，公司成立于2003年7月，位于湖南省岳阳县新开镇，公司占地面积19.3万平方米，厂房面积约1.2万平方米，室内仓储面积约1.8万平方米。

主要经营范围为玻璃制品制造、销售及废旧玻璃制品的回收，主要产品为各类输液瓶、药瓶、大口食品瓶、酱醋瓶、酒瓶、啤酒瓶等。

公司拥有全煤气马蹄焰窑炉3座，窑炉总面积211平方米，共有14台行列式制瓶生产线，其中包括十组双滴制瓶机2台，八组双滴制瓶机4台，六组双滴制瓶机6台和八组单滴制瓶机2台。目前日产各类玻璃瓶罐160多万只，年产各类瓶罐6亿只。

公司有完善的检验检测设备和质量管理体系，技术力量雄厚、生产工艺成熟、管理规范、企业形象良好。于2004年12月通过ISO 9001:2000国际质量体系认证，于2010年9月通过ISO 9001:2008更新认证；于2004年取得钠钙玻璃输液瓶注册生产许可证，于2009年取得钠钙玻璃药瓶注册生产许可证。

【湖南祥柏生态环保科技有限公司】 公司是一家专业从事有机废弃物无害化处理的环保高新技术企业，落户于湖南省岳阳县，注册资本2000万元，拥有岳阳奕健生态环保有限公司、湘阴祥柏生态科技有限公司两家控股子公司。公司主营有机废弃物无害化处理机械设备研发、生产和销售，并提供有机废弃物无害化处理项目设计、运营一体化服务。

祥柏科技自成立以来，获“第五届中国创新创业大赛湖南赛区团队优秀奖”“岳阳市科学技术一等奖”“湖南省首台（套）重大技术装备认定”“ISO 9001:2015质量管理体系认证”“湖南省高新技术企业”“湖南省小巨人企业”“岳阳市农业产业化龙头企业”等资质和荣誉，被列入“诚信品牌产品采购指南企业”。参与制定了湖南省《病死动物高温化制（常压）无害化处理技术规范》《病死动物高温法无害化处理设备通用技术条件》两项地方标准。2019年经岳阳市科技局批准组建岳阳市有机废弃物资源化利用工程技术研究中心。

“高温法”处理技术先后获得湖南省“整体技术处于国内先进水平，其中无害化、减量化、资源化综合处理技术达到国内领先水平”“填补国内外空白，整体技术水平达到国际先进”科技成果评价，被湖南省生态环境厅和湖南省科学技术厅在“2018年湖南省环境保护实用技术目录”中列为优先推荐技术在全国推广。“高温法”已在湖南省多个地市广泛应用，有效推动了我国病死动物无害化处理由传统掩埋、焚烧等旧模式，向“无害化、减量化、资源化”的转变。

·电力工业·

【概况】 国网湖南省电力有限公司岳阳县供电分公司是国家电

网系统内的一个县级供电企业，隶属于国网湖南省电力有限公司岳阳供电分公司管理，以建设和运营电网为核心业务，承担着为县域经济社会发展提供安全、经济、清洁、可持续的电力供应的基本使命。2020年，县供电公司沉着应对风险挑战，统筹推进疫情防控和改革发展，各项工作取得新成效、实现新突破，公司发展态势良好，指标稳中有升，实现年度安全目标。累计售电量10.59亿千瓦时，同比增长6.75%。电网最高负荷达25.8万千瓦，同比增长7.9%。被县委、县政府授予“2020年度支持县域经济发展特殊贡献奖”“2020年度脱贫攻坚工作先进单位”荣誉。被市公司评为“2020年度安全生产先进单位”。

【电网建设】　2020年，县供电公司争取电网建设项目投资12200万元，完成投资10000万元。主电网建设。争取计划投资4400万元，完成投资4000万元，开工35~110千伏项目5个、竣工投产1个。110千伏植山（麻塘）变电站工程于7月10日竣工送电。110千伏学院（新开）变电站工程，已完成场地“两通一平”移交，启动土建施工。110千伏黄沙变电站工程正在开展项目可研和土地调规等前期工作。110千伏文公线改造工程完成项45基铁塔施工。35千伏饶村—狮山线路工程完成线路架设。配电网改造。争取配电网投资7800万元，完成投资6000万元，完成13个批次、152个单项工程改造，改造10千伏线路6条、180千米；新建改造配电台区100个、低压线路300千米，有效解决了一批重过载台区和长期性低电压台区，配电网供电可靠性显著提升。

【快速办理防疫企业增容】　2020年1月28日，县供电公司接到岳阳和岱工业品制造有限公司变压器增容的申请。和岱公司是一家为生产防疫口罩提供布匹的公司，因突如其来的新型肺炎疫情，防疫口罩供不应求。和岱公司拟再增加一条生产线，而原有的250千伏安变压器容量不足，为确保设备投产，急需增加160千伏安的变压器一台。县供电公司接到客户申请后，建立供电绿色通道，由公司负责人带队，于中午12点40分到达和岱公司现场具体了解客户需求。当天下午3点，现场办公，快速制订出了供电方案，协调好施工单位与变压器供货来源。通过与施工单位通力协作，3天时间完成了变压器安装。

【开展“党建+台区降损”帮扶活动】　2020年3月10日，县供电公司农电机关党支部将“转观念、抓作风、强落实”主题活动和当前中心工作结合起来，开展“党建+台区降损”帮扶工作，分别到县福利院、真君殿、廉租房3#等线损居高不下的台区进行现场排查整治。经过前期的精准摸排和现场检查，发现福利院三相表存在计量故障少计电量、玉真观台区存在电表失压、廉租房3#存在比较严重的电池欠压问题，检查人员进行了有效处理，及时消除了设备故障。

【决战决胜脱贫攻坚】　3月11日，县供电公司扶贫帮扶队员赴定点英桥村开展贫困户走访，逐户掌握核实收入，制订帮扶计划。常态化走访驻点帮扶村。走访结对帮扶贫困户，向帮扶贫困户宣传扶贫政策，听取当地政府、村委会对公司扶贫工作的意见建议，了解贫困户家庭情况，激发内生动力致富脱贫。积极申报扶贫项目。争取扶贫捐赠项目资金8万元用于扩种艾叶发展产业扶贫。做实消费扶贫，提高贫困家庭经济收入。通过单位采购、员工自购、助力销售等模式，“以卖代帮、以购代捐”的方式开展消费扶贫，通过购买贫困户家庭自制的土特产品助力消费扶贫，完成消费扶贫40余万元。到年底，46个贫困村户均用电容量已达脱贫标准，驻点帮扶村的60户193人全部脱贫。

【零点作业增容供水变压器】　2020年6月21日凌晨4时23分，县供电公司经过连续6个多小时施工作业，县洞庭供水公司

线路架线施工

增容改造工程顺利竣工投产供电，得到客户“安全第一、优质服务、质量优良”的高度评价。为保障夏季正常供水和解决麻塘片区供水困难，县洞庭供水公司向县供电公司提交了配电增容申请。20日21时，施工人员到达现场，做好施工“四交”及相关准备工作后开始施工。变压器吊拆、安装、低压电缆敷设及安装、计量装拆、低压开关柜拆装。经过通宵鏖战，送电后的供水设备运行正常可靠。

【110千伏植山变电站投产】2020年7月11日凌晨1点30分，变电运维人员先后对#2主变及两侧母线、两台站用变冲击受电成功，110千伏植山变电站顺利投运。该变电站位于麻塘镇麻塘村，有力缓解了岳阳县麻塘地区和湖滨新区日益增长的用电压力。该站保护装置采用了就地化配置的智能汇控柜，运行稳定可靠，有效减少了对一次、二次设备同时进行巡视、维护、现场查勘的时间，显著提高工作效率。其他二次设备则放置在110千伏预置仓内，仓内配置了空气自循环系统、温感装置，实时监测设备运行工况，并可以根据湿温度变化自动调节设定值，使设备更为安全稳定地运行。全站一次设备还采用了一键顺控模式，常规进行的倒闸操作仅需要几秒钟时间，并配有两套独立的五防系统对操作程序逻辑进行安全风险把关。

【应对高温高负荷考验】2020年8月4日，工作人员利用红外线成像测温仪对10千伏线路进行夜巡测温时，发现荣工Ⅲ、Ⅳ回线路67号杆开关连接线B相温度达到120℃，文工Ⅰ、Ⅱ回1号杆铁塔电缆头两相温度160℃、城付线5号杆分段开关C相桩头430℃等设备异常情况，连夜进行了紧急消缺。针对高温高负荷情况，县供电公司加强10千伏线路及配电设备的测温测负荷及夜巡工作，对负荷较大的设备进行特巡，定期对温度变化较大的设备进行红外测温复查，及时掌握设备运行及负荷数据，及时发现并处理各类缺陷隐患。迎峰度夏期间，县供电公司聚焦“供好电、服好务”主业主责，加强电网负荷监测，高效开展设备运维消缺和优质服务工作，确保了电网供电安全。

（魏政楚）

·园区工业·

【岳阳高新技术产业园区】岳阳高新技术产业园区管理委员会系县政府派出机构，对园区实行统一领导、统一规划、统一管理，具体负责园区招商引资，基础设施建设，企业服务，安全生产，环境保护，协调园区征地、拆迁、补偿及土地开发利用，协助园区的财税建设、经济统计等一揽子综合事务管理。园区始建于2003年，2012年升格为省级工业集中区，2015年晋升为省级高新技术产业园区，并获批湖南省新型工业化产业示范基地（战略新兴产业——生物医药）。高新区近期规划面积9.16平方千米，已开发面积约6平方千米。园区积极应对新冠肺炎疫情，主动作为，狠抓复工复产、稳产达产和项目建设，企业复工复产率100%，项目复工复建率100%，全年完成技工贸总收入302亿元，同比增长18.3%，完成税收入库3.32亿元，同比增长13.7%。2020年，园区主要经济指标逆势增长，实现了经济总量和发展质量双提升，新竣工重大产业项目和工业税收贡献等多项指标在全市名列前茅，被评为2020年度全市先进园区。

招商引资。2020年，岳阳高新区围绕生物医药、新材料、智能制造优势产业链招商，高标准编制“两图”“两库”“两池”“两报告”，引进了连心科技、鹏镜耐材、云隆新材、科维航建、柏毅设备、宝易通、盛博新材等28个链上产业项目，合同引资88.18亿元。11月25日，园区承办了第二届石木塑全产业链峰会暨2020年会。财纳福诺木业（中国）有限公司、江苏肯帝亚木业有限公司、圣象集团有限公司等150余家石木塑产业及关联企业近300名嘉宾代表参加会议。会上，岳阳县就大力引进石木塑关联企业、加快石木塑产业发展进行了专题招商推介。

项目建设。2020年，园区新开工项目30个，新竣工项目28个。新湘利、诺方斯、联创热能、渔美康二期等一批项目竣工投产运营，财纳福诺石晶地板产业链项目一期15条生产线全部升级改造完成，二期7万平方米标准化厂房主体工程建设全面启动，宸博铝型材及通信基材项目一期顺利竣工，上述项目预计可新增产值70亿元以上，创税5000万元以上，新增劳动力就业3000人以上。6月11日，岳阳县2020年重大项目集中开工仪式暨财纳福诺石晶地板产业链项目（二期）奠基仪式在岳阳高新技术产业园举行。该次集中开工重大项目10个，计划总投资71.1亿元。9月29日，岳阳县2020年第三批重大项目集中开工仪式在岳阳高新技术产业园区举行，集中开工项目7个，计划总投资16亿元。

基础配套。2020年，园区围绕千亿园区的目标，按照“一园三片”发展规划，持续发力扩园工程建设，五期93.33公顷扩园工程全面完成，六期100公顷扩园工程加速推进，七期106.67公顷扩园工程抓紧实施，全年报批土地54公顷，平整土地46.67公顷，标准化厂房32万平方米。现有工业污水处理厂提质升级改造完成，新建工业污水处理厂筹建之中。

环境优化。2020年，园区企业发展服务中心正式运行，高新区派出所、自然资源所组建成立，企业服务面更广，维度更大，服务更优，效能更高，逐步实现企业客商办事最多只进“一扇门”，企业服务无缝对接。高新区林冲路公租房投入使用，兴园社区（金信路）公租房开工在建，进一步缓解了企业员工住宿难问题。

“僵尸企业”清理。2020年，园区扎实推进“僵尸企业”清理，挖掘存量土地效益。推动华雄陶瓷、百森陶瓷破产处置对外招商，促成科维航建盘活椰星饮料，三立业收购四化建高压阀门，通驰钢构收购双维生物，湘

高新园区二、三期建成区一角

顺新材收购安达耐材未利用地，清退“僵尸企业”13家，盘活土地86.67公顷，基本实现“僵尸企业”和闲置土地“双清零”。该项工作得到了省自然资源厅肯定，园区获2020年度全省开发园区节约集约用地先进单位评选一等奖，奖励周转用地计划指标13.33公顷。

调区扩区。2020年，园区完成了调区扩区发展方向区划定成果验收等十余个专项文本编制并取得了相应批复文件，调区扩区扎实推进。调区扩区完成后，园区核准规划面积将由458公顷扩大至916公顷，未来发展空间更广阔，产业布局更合理。

（李　岳）

12月17日，岳台两地青年融合发展论坛活动现场

【湖南岳阳台湾农民创业园】经农业部、国台办批准成立，2009年落户岳阳县，是湖南省唯一一家国家级台湾农民创业园。园区坚持“以台为主，以农为先”方针，着力打造岳台两地农业科技交流的中心、成果转化的基地、产品展示的平台、体验休闲的窗口。

园区总体规划为核心区、示范区、辐射区三大板块。核心区主要发展科研、设施、观光、体验、总部等生态高效农业和冷链物流、农产品深加工等产业。示范区涵盖全县范围14个乡镇和1个办事处，是岳阳县引进农业企业基地区域。

截至2020年，园区先后投资近3亿元，完成征收土地1914亩，平整土地70公顷，已开发利用土地36.07公顷，储备土地91.53公顷。先后完成核心区广场主干道、办公楼、自来水厂、污水处理厂、电力设施、垃圾处理、绿化以及网络通信等基础设施建设。已入驻园区企业19家，其中核心区内资企业7家，示范区台资企业12家，涵盖种植、养殖、土壤改良、农产品加工、休闲农业、生物科技、地板加工等产业。

项目建设。2020年，县台创园园区经过努力，以台创园核心区为基础，成功创建湖南省农业科技园区。争取了省委台办和农业农村厅的重视，将台创园现代农业产业纳入“湖南省海峡两岸产业合作区一区三园”规划。园区科学编制了“十四五”项目，规划建设黄茶、油茶的生产、加工基地，畜禽定点屠宰基地，规划建设台湾农业创业示范基地。

基础建设。2020年，县台创园争取华润燃气投入420万元建设入园天然气工程；全面更新了监控设备，实现监控无死角、全覆盖；协调周边群众将久拖未决的插花山地块纳入园区范围，并完成堪界定线工作。

招商引进。2020年，县台创园对接了湖南一乡一品科技有限公司、沅江市芦香食用菌有限公司、挪威三文鱼加工项目考察团等项目，并形成了良好的合作意向；引进台资企业腾飞生态科技、钰富苗木种植专业合作社落户示范区。引进投资2.1亿元的湘顺新型材料有限公司落户高新园区并已投产，同时新引进湖南布丁智能科技落户高新区。推进台商在公田扩大澳大利亚淡水龙虾养殖基地。推进湘佳牧业投资4500万元扩建5个基地。推进台资新天地农业投入200万元打造台湾农民示范基地。

对台交流。2020年，县台创园接待台商台胞到园区考察、交流9批次73人次；7月，组织开展赴福建、厦门台创园的考察交流活动，组织专门班子赴福建、厦门台创园考察交流并撰写调研报告。参加了民革湖南省委关于台创园湘台农业合作基地的调研，既扩大了园区影响力，也为园区发展开阔了视野，打下了基础；11月，组织企业赴重庆参加海峡两岸农产品展销会；12月，举办了岳台两地青年融合发展论坛，台创园被授予岳台青年创新创业基地，并与岳阳台胞创业服务中心建立良好的合作关系。

扶贫工作。2020年，县台创园对标对表政策抓落实，完成4户贫困户危房改造，实现贫困户32人务工就业，安置弱劳力到公益岗位，帮助2户落实贴息贷款10万元发展种植养殖业，帮助4户开展规模养殖，以合作社带贫困户方式带动6户19人发展产业，组织单位采购贫困户相关农产品4万余元，其中帮助贫困户消费扶贫农产品1万元，实现了对刘士奇村的精准帮扶、精准脱贫。

（何文霞）

通 信

·电信·

【概况】 2020年，中国电信股份有限公司岳阳县分公司（简称“县电信分公司”）以党的建设为引领，以提升核心平台收入为目标，树牢“四个意识”，坚定“四个自信”，做到“两个维护”，推动高质量发展，强化管理，提升服务能力，实现了收入目标的圆满完成。

【通信建设】 2020年，县电信分公司建设4G基站35个、5G基站21个、室分4个。加快光网建设步伐，满足用户需求。截至12月，全县光网端口总数为114268个，实占69867个，占用率为61.14%。优化网络，对用户反映信号覆盖弱的区域进行多方面处理，提高了信号覆盖能力。网络基础和通信服务能力提升明显。

【客户服务】 2020年，县电信分公司突出服务保障，加强支撑力度；围绕提升客户满意度，进一步优化服务流程，聚焦渠道、装维、政企、网络、投诉，提升服务质量。规范客户接触点的形象，规范厅店的展陈，明确收费标准，诚信经营，重视投诉，及时处理，减少客户抱怨，强化装维、渠道、终端服务穿越，发现问题及时跟踪改善，提升客户感知，不断夯实服务基础。

【新农村信息化建设】 2020年，岳阳县电信分公司发挥网络信息优势，配合各个乡镇搭建“平安乡村”平台，与10个乡镇建立合作关系，助力建设美丽乡村，新增摄像头6000余个，覆盖134

长湖乡京广村“雪亮乡村”村级监控平台

个村（社区）。

（刘五香）

·移 动·

【概况】 2020年，岳阳县移动分公司攻坚克难、转型发展，企业核心竞争力不断提升；公司全体员工敢于担当、锐意进取，取得了较好的经营业绩，实现了企业全面转型、稳健发展。

【业务发展】 2020年，岳阳县移动分公司始终坚持克难奋进，以高质量发展为主线，围绕转型升级、改革创新这两个着力点，以“份额”“质量”和“价值”为核心，以务实、创新、开拓的工作态度，迎难而上，持续扩大业务发展规模。至年底，有通信客户20多万户，年运营收入超亿元。

【网络建设】 2020年，岳阳县有移动基站近千个、管道300多千米、光缆2000多千米，全县4G网络覆盖率达98%以上，5G网络已覆盖中心城区和主要乡镇，有效解决了偏远农村信号弱问题。强力推进县域信息化建设，精心打造“数字巴陵”。移动光纤宽带资源覆盖30万余户，为100多家行政企事业单位提供数字信息化服务。公司运营能力有效提升，转型步伐更加有力，发展思路更加明晰。

【文明创建】 2020年，岳阳县移动分公司积极推进文明建设，公司“省级文明单位”称号继续保持；坚持以人为本，关心员工生活，改善员工食堂，组织专题讲座，开展户外活动，营造积极向上的企业文化氛围，员工归属感进一步增强，公司发展氛围更加浓厚。

【履行社会责任】 2020年，岳阳县移动分公司切实履行社会责任，公司联系柏祥镇七一村开展驻村“一对一”精准扶贫，对扶贫村提供信息化帮扶和5万元资金援助，并给50余户建档立卡户送去了大米和食用油。疫情期间为贫困户代销牛肉、猪肉、鸡、鸭、蛋、青蛙等农副产品，累计销售金额3万多元。

（张 娟）

·联 通·

【概况】 2020年，岳阳县联通深化管理模式和业务发展模式转型，充分发挥信息时代5G、大数据、人工智能及企业上云等全业务经营优势和网络优势，加大加快5G建设及覆盖，以区块链、万物互联、云计算为创新引领，企业综合实力得到显著提升。

【智慧城市建设】 2020年，为加快推进“数字湖南”建设，加速构建智慧社会，岳阳县联通重点聚焦在疫情防控、政务、医疗、教育、旅游、双创、制造等热点领域拓展，进一步加强5G建设、物联网、“互联网+”等领域重点投入，致力于将岳阳县打造成为湖南地区“智慧城市”的示范性标杆，努力成为客户信赖的智慧生活创造者。县联通公司充分利用5G技术、大数据、物联网、云计算、移动互联网等信息化手段，快速推动岳阳县“工业企业两化融合”“互联网+智能制造”“智慧旅游”“智慧医疗”“教育信息化”“智慧农业”“智慧城管”等领域信息化发展。为岳阳县打造“智慧城市”不断构建坚实基础和框架，赋能政府精细化管理，最终实现“群众少跑路、信息多跑路”“一部手机游全域、一个平台管景区”“小病不出村、大病不出县”等“智慧城市”的服务和应用。

【网络建设】 2020年，县联通公司全力推进千兆光网城市、百兆光网乡村和光网扶贫行动，启动城区5G网络规模化部署，确保自然村4G网络覆盖率达到100%，光纤通达率在65%以上，落实网络“提速降费”和“携号转网”，让人民群众在信息化建设中有更多获得感。岳阳县联通公司2020年加速推动中心城区、重点景区、工业园区5G信号体验区试运行，推进双千兆光纤入户工程等规划工作，计划2020年至2025年投资6000万元资金，进一步加大对岳阳县信息基础设施建设的投入。

【市场建设】 县联通公司及筻口营销部分管柏祥镇、麻塘镇、荣家湾镇、新墙镇、黄沙街镇、杨林镇、新开镇、筻口镇、公田镇、月田镇、毛田镇、张谷英镇、步仙镇13个镇和长湖乡、中洲乡2个乡。岳阳县市场分荣城网格和柏祥网格，荣城网格有5个卖场渠道、10个沃店渠道、11个固网渠道、4个渗透渠道、新建15个二级渠道，合计45个渠道，柏祥网格由4个卖场渠道、9个移固复用渠道、9个固网渠道、3个二级渠道组成，合计25个渠道；筻口大市场侧划分为筻口网格和公田网格。筻口网格有1个卖场渠道、3个沃店渠道、7个固网渠道、6个移固复用渠道，二级渠道8家，合计25家。公田网格有2个卖场渠道、6个沃店渠道、9个固网渠道、7个移固复用渠道，二级渠道9家，合计33家。县公司及筻口共128个渠道，2020年10月移网在网用户数85632户，10月出账收入350万元，2020年收入任务4055万元，完成3255万元，固网项目数353个，其中合作项目267个、自建项目86个，端口数74570个，已使用端口13827个，用户数19993户。

2020年，全县网络各项指标运行正常，无安全事故发生，截至12月底，在网2G基站148个、3G基站268个、4G基站369个、县联通公司2G覆盖达到99.5%；3G、4G在城区已达到99.8%，乡村的主要道路、集镇及人口密集的自然村已实现全覆盖。2020年，响应国家政策和集团公司的号召大力发展“互联网+”大数据业务，打造城区集镇智能化城市建设，在加强4G网络建设的同时启动5G项目建设。截至年底，开通20个，实现县城5G网络全覆盖。

（付志强）

东洞庭湖管理

东洞庭湖管理

综 述

【概况】 岳阳县辖东洞庭湖水域面积1328平方千米，是洞庭湖的主体湖。它既是国内外闻名的重要湿地，又是长江流域重要的物种基因库。2000年5月，岳阳市人民政府本着“尊重历史，面对现实，有利发展，有利稳定，权属与管理相结合”的原则，以〔2000〕16号岳阳市市长办公会议纪要形式进一步明确岳阳县对东洞庭湖实行统一有效管理。同年8月，成立岳阳县东洞庭湖管理委员会（后更名为岳阳县东洞庭湖管理局）。2019年机构改革，将岳阳县东洞庭湖管理局更名为岳阳县东洞庭湖管理委员会办公室，列为县政府29个工作部门之一，负责维护岳阳县对东洞庭湖实行统一管理的权限，协调周边关系，落实岳阳县对东洞庭湖的管理职能，代表岳阳县行使东洞庭湖的地域管辖主权；治理东洞庭湖治安、渔政、计生秩序，监督和协调各有关单位的执法工作，优化东洞庭湖区经济发展环境，保护东洞庭湖自然、生态资源，维护和确保东洞庭湖的社会稳定；综合利用和合理开发东洞庭湖资源，发展东洞庭湖区域经济；完成县委、县政府交办的其他任务；履行经县人民政府提请市人民政府上报省人民政府批准划转有关部门部分行政处罚职能。

2020年，岳阳县东洞庭湖管理委员会办公室（简称“县东管办”）坚持以政治建设为统领，始终不忘初心，牢记使命，把“七个政治”的标准和要求落实到东洞庭湖生态文明建设中，各项工作均取得了明显成效。

【湖长工作制】 2020年，县东管办认真履行东洞庭湖湖长制副湖长单位和东洞庭湖湖长办职责，按照发现问题、现场交办、限时整改的原则，组织东洞庭湖巡湖巡查15次，发现交办问题8个，全部督促整改落实到位。

4月9日，岳阳县委书记、县级第一总河长田文静（左二）到东洞庭湖巡湖

【"洞庭清波"行动】 2020年，县东管办按市县洞庭清波办指令，驱离扁山等水域超数量浮吊船3艘，拖离八仙桥、奥园水域餐饮船2艘，协助完成了湖管局生活区污水处理设施改造。

【规范水上垂钓秩序】 2020年，县东管办推动出台《关于规范东洞庭湖水域垂钓行为管理的通告》（岳阳县政通〔2020〕8号）。同时，全方位宣传通告精神，牵头组织执法行动，督促属地乡镇加强日常巡查劝导，推进通告要求的落实，逐步规范垂钓行为。

【"三无"船舶整治】 2020年，县东管办通过开展现场核查、残值评估、联合执法、船舶移交及矛盾化解等工作，水域其他"三无"船舶已完成拆解20艘、集中停靠2艘、驱离1艘，全面完成整治目标任务。

【小区改造提质】 为认真落实岳阳市中心城区段洞庭湖、长江岸线和水域环境集中整治任务。2019年11月，县东管办启动了东管会小区提质改造，至2020年年底全部竣工验收，投入资金1071万元。东管会小区老旧小区改造工程建设改造房屋9幢，共108户居民。主要建设内容为屋顶改造加固、屋面防水、墙面清理、外墙漆、美化亮化等。东管会小区老旧小区配套基础设施建设主要建设内容包括：道路硬化并加铺沥青混凝土改造，改造人行道板，新建给排水管道、绿化亮化，雨污分流改造，新建公共停车位，改造安全护栏杆，物业管理设施等。通过改造，进一步美化了东洞庭湖岸线环境。

【疫情防控】 2020年，县东管办统筹协调系统单位认真落实疫情防控各项举措，坚决防止疫情输入、传播和扩散，确保了东洞庭湖区域无一例新冠病毒感染者。同时，安排专班负责指导辖区企业防疫，实现了防疫和生产两不误。

【安全生产】 2020年，县东管办结合湖区工作实际，牵头组织对辖区内学校、企业、商店进行安全生产检查7次，排查出隐患问题8个，并督促整改落实到位。特别在3月藜蒿采摘期，县东管办以鹿角码头为重点，坚持值守巡查，开展联合执法行动，对"三无"船舶载人装货从严打击，确保了全年无安全生产责任事故。

（彭　立）

东洞庭湖河道采砂管理

【概况】 岳阳县东洞庭湖河道采砂管理局（简称"县砂管局"）于2013年12月24日挂牌成立，由岳阳县人民政府直接管理，属财政全额拨款正科级纯公益事业单位。主要职责：负责贯彻执行《湖南省河道采砂管理试行办法》等有关法律法规；负责东洞庭湖河道采砂的统一管理、组织协调和监督检查工作；会同有关部门做好东洞庭湖河道采砂规划的编制和采砂许可的初步审查；制定东洞庭湖河道采砂年度开采计划和实施方案、采区现场生产管理与监管办法；组织东洞庭湖河道砂石开采权的有偿出让及采砂规划的监督实施；协调有关部门处理因采砂活动引起的各类矛盾纠纷；负责东洞庭湖河道砂石资源费的征缴工作，代收采砂生产涉及的水资源费等规费等。

【采砂工程船集中停靠管理】 2020年东洞庭湖河道采砂禁采期间，县砂管局在对岳阳县水域所有采砂工程船实行集中停靠的基础上推进规范化管理，建立了规范化管理制度，明确了管理责任。严格落实日巡查制度，防止船舶未经审批移动。2020年，东洞庭湖岳阳县水域停靠工程船45艘（吸砂泵24艘、链斗船21艘）。采砂船舶移动及进出港报告审批基本形成机制，船舶规范化管理逐渐走上正轨。

【打击非法采砂】 为有效保护东洞庭湖水域砂石资源，2020年，县砂管局严厉打击非法采砂行为，灵活运用数字化监控平台与执法一、二大队联动机制，对所辖水域实行全天候全方位监控，坚持24小时重点水域巡查值守。全年组织巡查执法行动100余次，出动执法人员1200多人次，出航巡查600余次，车辆上堤200余次，稽查过往运输船舶120条次，驱离岳汨界、岳沅界、三江口等洗沙船19条次，暂扣手续不齐、运输票据不符船舶19条次。尤其是“7·3案”，查处2艘涉案船只（改装小蜜蜂船湘长沙机0822号、运输船湘岳阳货1193号），控制涉案人员12人，刑拘4人，批捕1人。

【数字化监控平台使用】 2020年，为加强东洞庭湖重点水域河道管理，提高监管效率，县砂管局建立东洞庭湖数字化监控系统，对东洞庭湖非法采砂行为能及时发现、锁证、预警、执法调度，实现了对东洞庭湖重点水域非法采砂行为的全天候精准在线实时监测。该数字化监控平台能无缝对接砂管办执法一、二大队一线执法人员，平台监控效果明显。

【金盆港尾堆治理工作】 2020年，为确保东洞庭湖水域航行安全，根据岳阳市“洞庭清波”专项整治工作联席会议办公室《督办函》、市河长办《关于迅速整治东洞庭湖金盆港水域砂石尾堆问题的通知》工作要求，县砂管局主动作为，积极推动金盆港尾堆治理行动的实施，做到了“五个到位”：上级部门对接到位、人员组织到位、舆论协调到位、尾料流向明确到位、场地船只清理到位。

（龚　超）

芦苇生产经营管理

【概况】 湖南洞庭苇业有限责任公司原为岳阳县湖洲管理局。改制后公司受岳阳县人民政府委托，管理8万公顷的水域与湖洲面积。其中有芦苇面积1.79万公顷，洲滩面积6.27万公顷，芦苇正常年度产量约12万吨。自2018年冬季开始，受环洞庭湖生态环境整治影响，公司所辖范围内的芦苇，已全面停止有效收割。2020年来，按照县委、县政府向苇业公司提出的“守摊子、保稳定、谋发展”的工作思路，公司党委一班人团结带领全体干部职工，转变思想，主动作为，强力推动了各项工作顺利开展，取得了社会大局和谐稳定、芦苇产业管护有序、企业转型升级稳妥推进、招商引资工作来势看好、社区建设投入有增无减的良好局面。

【芦苇管护】 环洞庭湖造纸企业退出后，芦苇管护工作继续由苇业公司管理。职责是将8万公顷湖洲守护好，将16586.67公顷芦苇培管好。管辖湖洲面广线长，该公司认真组织开展日常巡查，使打藜蒿、扳芦笋、砍路插阵等现象得到很好的管控。严厉打击各种毁芦造油、矮围网围的反弹、非法种植等行为，切实扛起保护生态的责任。

【环保突出问题整改】 根据洞庭湖生态环境整治要求，县苇业公司所辖新洲、南洲欧美黑杨面积约348.93公顷，分年度逐步清理完毕。公司配合湿地、林业等职能部门，2018—2020年，每年如期完成了市级所下达的欧美黑杨清退任务。2020年销号之年，5月办齐了所有砍伐手续，并采取适当补助办法，做好了种植户思想工作。6月开始动工砍伐，截至11月，辖区欧美黑杨已全部清零并已完成销号工作。为了配合洞庭湖环境整治工作，公司机关院落污水管网改造被纳入整治范围后，公司高度重视，成立专门班子，投入80多万元进行整治到位，并已通过市县验收，顺利完成环保突出问题销号工作

【渔民禁捕退捕工作】 2020年，县苇业公司为稳妥推进禁捕退捕工作，全力配合县退捕办和渔政局，采取划片分组负责，工作人员多次上门入户向渔民宣讲政策，及时掌握渔民动向，解决实际困难。通过多措并举，辖区69户渔民都已办理退捕相关手续，渔民所有船只均已撤改，网具全部上收并进行集中处置。

【隐患排查】 2020年，县苇业公司要求把安全稳定工作作为公司的头等大事来抓，强调排隐患、抓落实，见成效。芦苇柴山防火。秋冬之季，公司安排专职防火员对各场、站巡逻看护，生产线不定期进行巡湖督查。化解矛盾纠纷。环洞庭湖造纸企业退出、渔民退捕禁捕、单位改制时留下的历史遗留问题等各类问题较多，维稳难度大，公司根据不同的矛盾类型制定不同的应对方案，实行分工负责，依法依规维护公司合法权益，妥善化解矛盾纠纷，避免了各类社会矛盾的发生，确保社会大局稳定。

（周运四）

渔政管理

【概况】 岳阳县东洞庭湖渔政监察执法局是东洞庭湖渔政执法和监察主体，辖东洞庭湖面积1328平方千米，占洞庭湖面积的49%，渔业资源十分丰富，有8目23科125种。有国家一、二级保护动物3种，是国际重要的“物种基因库”。2020年，县渔政执法局实行公正、文明、廉洁执法，规范了执法行为，杜绝了任性执法和执法不公，开展了行刑司法对接机制，严格了“五个一律”执法处置措施，有力震慑了违禁捕捞。

【巡湖工作】 2020年，县渔政执法局加强巡湖巡查力度，落实领导带班值班蹲守巡查，做到常规巡查和突击巡查，白天巡查和夜晚巡查、水上巡查和陆上巡查相结合，突出重点水域巡查频率，出动巡查人员1.58万人次，巡查船5600艘次，执法车辆600台次，巡查里程3.6万千米，实现了巡查全覆盖，有效管控了违禁捕捞的发生。

【打非治违】 2020年，县渔政执法局强力推进了“清剿迷魂阵”“整治电捕鱼”“洞庭清波”“整治非法垂钓”等专项联合执法行动26次，办理渔业案件26起，涉案人员39人，其中刑拘3起，行政处罚23起。清剿迷魂阵。清剿迷魂阵125杠1.35万米，清理清缴丝网15736米、虾笼子4500多个、地笼网2500条、拉拉毫590个、拆解囤箱48个，火烧网具近10000米，非法网具得到全面清除。整治电捕鱼。加强了与反电鱼协会等社团的互动，做到信息共享，开展整治电捕鱼专项行动9次，收缴电捕工具165台套，扣押渔船28条，办理电捕鱼刑事、行政拘留案件各4起，电捕鱼得到有效遏制。整治非法垂钓。先后与东管、海事、公安等执法部门在鹿角、太平咀、扁山、北门渡等水域开展整治非法垂钓行动8次，拆解垂钓排筏28个，收缴钓竿46支，驱离教育垂钓人员4600人次，维护了垂钓秩序。

【增殖放流】 2020年5—6月，县渔政执法局先后在鹿角、新墙河等水域分两次投放“四大家鱼”春片、夏花1800万尾，投入放流资金55万元，涵养了渔业资源。

人工增殖放流

【江豚巡护】 2020年，县渔政执法局在长江生态保护基金的支持下，从捕捞渔民中组建了20名江豚协巡员，配合渔政执法和江豚保护，全年救助救护受困江豚3头、中华鲟8条、胭脂鱼6条，鸟类数百只。江豚数量由98头上升到120头，江豚生存环境明显改善。

【禁捕退捕】 岳阳县作为全省禁捕退捕试点县，在县委、县政府的坚强领导下，先后出台县级政策性文件25个，召开工作推进会23次，乡镇层面的渔民大会、民主评议会、政策解读和业务培训会80次以上。累计发放禁捕退捕政策百问百答、告知书、社保政策明白卡9800余份，张贴《禁捕通告》4200余份，签订了退捕渔民购买养老保险征求意见书684份，做到了入户宣传率100%、政策知晓率100%。按照“一调查、二评议、三审核、四公示”程序，精准确认了1078户3888名退捕渔民。其中，持证专业渔民489户1872人，持证兼业渔民159户491人，无证专业渔民36户78人，无证兼业渔民394户1447人，并建立了渔民一户一档。按照“应拆尽拆、应收尽收”的原则，先后完成了684户1606艘渔船拆解回收，拆解涉渔“三无”船舶632艘，回收合法合规网具100.75万公斤。截至2020年12月，全面完成了东洞庭湖禁捕退捕任务，禁捕退捕工作成绩得到了国务院、农业农村部、长江办、省、市等主要领导的一致肯定。

【退捕保障】 2020年4—10月，县渔政执法局联合人社局举办了3场退捕渔民现场招聘会、2期水产养殖免费技能培训班，多次组织有就业意愿的渔民到用工企业熟悉情况，邀请湖南农大、湖南师范大学、中科院的专家教授为退捕渔民讲授稻渔种养等方面的知识。截至12月底，全县已支持89名退捕渔民成功转行水产养殖，通过“311”就业服务，75名退捕渔民实现就业，鼓励千余名退捕渔民外出务工，22名退捕渔民成功加入远洋捕捞队，25名退捕渔民走上“护渔员”岗位，全县符合条件的所有退捕渔民实现再就业。同时，加强政策帮扶力度，将112名困难渔民纳入城乡低保救助范围，保障其基本生活，把122户446人无房户全部纳入2020年住房租赁补贴发放对象，实现了上岸渔民困有所帮、住有所居。

【渔业安全生产整治】 2020年，县渔政执法局开展安全生产大排查大整治8次，先后整治了渔船载客采藜篙、载客非法垂钓，城区岸线渔船撤离60条等，开展了清理涉渔“三无”船舶，整治隐患渔船杜绝了渔业安全生产事故的发生。

（姜 宇）

商贸服务

商贸服务

商务粮食

【概况】 2020年，岳阳县商务粮食局认真贯彻执行《粮食流通管理条例》等法律、法规，突出抓好内贸流通、对外贸易、电子商务和粮食收储等重点工作，各项工作取得较好成效。全县完成社会消费品零售总额133.65亿元，同比增长-2.3%，全市六县市排名第二。完成“四上”企业申报入库13家，超额完成全年目标任务，全市六县市排名第二。1—8月外贸进出口共完成1807万美元，同比增长89.4%(9—12月外贸数据因涉密海关暂未提供)。外资目标任务4840万美元，1—9月完成4840万美元，完成目标任务的100%。全县收购粮食133623吨，其中，早稻38250吨，中晚稻95373吨。2020年，被岳阳县委、县政府评为县脱贫攻坚行业扶贫先进单位、疫情防控攻坚工作先进单位、全国文明城市创建先进集体。岳阳县被湖南省商务厅评为全省电商扶贫专项行动优秀县。

【市场运行和消费促进】 2020年，县商务粮食局监测分析商品市场运行和行业发展状况、县内社会消费品零售总额，拟订市场运行调节的政策措施，统筹全县商务领域消费促进工作。岳阳县限额以上批零餐住企业78家，其中批零企业67家，餐住企业11家，线上个体户31家。2020年，市政府下达岳阳县社会消费品零售总额150.54亿元的目标任务，截至年底，实际完成133.65亿元，增速为-2.3%，全市六县市排名第二。市政府年初下达岳阳县“四上”规模企业任务9家，市商务粮食局下达任务10家。截至12月30日，岳阳县完成“四上”企业申报入库13家，其中月度申报6家、年度申报7家，超额完成全年目标任务，全市排名第二。

【贸易投资和经济合作】 2020年，受疫情影响，岳阳县外贸企业遭受较大打击。岳阳县商务粮食局顶住压力，在抓紧、抓实、抓细防控措施的同时，不折不扣地落实支持企业发展和各项政策，围绕目标任务，内挖潜力、外增活力、上下联动、协调配合，推进外贸工作健康发展。截至年底，岳阳县共有外贸进出口资质的企业26家，其中有实绩外贸进出口业绩的企业14家。1—8月，外贸进出口完成1807万美元，同比2019年增长89.4%；共有外资企业14家，其中独资企业4家、合资企业2家、股份制企业1家。注册资本10598万美元，其中外方认缴6210万美元。2020年，岳阳县外资目标任务4840万美元，至9月提前完成目标任务。

【市场体系建设与市场秩序】 2020年，县商务粮食局以强化管理、统筹规划为重点，积极申报市场体系建设项目，做好了商贸流通安全生产检查、冷链物流企业调查摸底及农贸市场改造等工作。全年开展安全生产集中整治检查4次，强化了商贸流通企业安全生产监督管理，全年无安全事故发生。积极申报项目，经过细致摸底调研，向省市商务主管部门申报“省级商贸流通载体资金冷链物流标准化产地预冷集配中心建设项目”“湖南天裕生态农业发展有限公司农产品供应链项目”，争取了步仙、新开、新墙3个乡镇农贸市场标准化改造项目。3个项目均获省市审核通过，争取项目资金702万元。其中，步仙、新开、新墙3个乡镇农贸市场改造资金68万元。截至年底，3个农贸市场均已竣工运营；湖南天裕农业发展有限公司供应链项目资金284万元、湖南鸽王天下有限公司项目资金350万元。根据省商务厅、市商务粮食局及县委、县政府要求，县商务粮食局组织人员对全县冷链物流企业进行调查摸底，出具了冷链物流建设情况专题调研报告，配合县发改局编制了《2020年全县冷链物流产业发展规划》，摸清了全县冷链物流企业基本情况。

【粮食调控与储备】 2020年，全县收购粮食133623吨，其中早稻38250吨、中晚稻95373吨。卫农粮库中央储备粮轮换9765吨，荣家湾粮库省级储备粮轮换12412吨，县级储备粮轮换4208吨，中粮米业收购中晚稻56180吨，入统社会粮食收购企业收购早稻19193吨，中晚稻34985吨，销售各类成品米12.5万吨。结合县区早、中、晚稻镉超标粮乡镇693个样品检测情况，针对镉超标粮制定了相关收购收储工作方案，确定收购库点，协调好政府临储粮收购和镉超标粮监管工作，做到了先检后收、应收尽收、分仓储存、分类处置。全年收购0.2~0.4镉超标粮3000吨，0.4以上镉超标粮126吨，确保镉超标粮不流入口粮市场。

【行政审批与成品油管理】 2020年，全县共有加油站点58家。其中，社会加油站37家，中石化16家，中石油3家，中海油1家，兴长公司1家，中石化加油站歇业1家，加油船11只。岳阳县商务粮食局开展了全县5000吨/年规模以上的汽油加油站油气回收治理和在线监控安装情况摸底，督促现有5000吨/年规模以上的汽油加油站完成油所回收改造及在线监控安装，截至11月底，全部完成销号。

【电子商务工作】 2020年，县商务粮食局致力于打造经济发展新引擎，不断优化农产品网上销售环境和营商环境，全面孵化电商项目，主动对接推进兴盛优选等多家新零售全国知名电商社区平台入驻，重点打造县域内农产品上行，着力推进“一县一品”优质农产品建设。同时，岳阳县继续推广2019年“互联网+村级基层组织+农村电商+精准扶贫+传统产业升级+公共服务+美丽乡村建设”组成的“6+”模式，大力推进电商扶贫，增收脱贫效果明显。截至年底，全县电商龙头企业共有63家，电商企业增至4500家（含微店），县级电商服

7月20日，岳阳市副市长邱虹（右二）带队到岳阳县调研中晚稻收购情况

务中心3个，消费扶贫馆1个，电商物流园1个，物流分拨中心4个。全县开设湖南扶贫小店550个，实现161个行政村电子商务综合服务站点全覆盖。全县新建社区团购网点245个，新增十荟团团购网点580个，美团优选333个，共有2327个网点。全年全县实现电子商务交易额80.96亿元。其中，通过网络销售农产品零售额达2.25亿元，贫困村通过电商平台销售当地农特产品交易额1203.93万元。

【商务粮食综合执法】 2020年，县商务粮食局分别在汽车销售管理、家政服务监管、单用途商业预付卡管理、成品油市场整治、粮食市场监管及食品安全创建5个方面进行了全面摸排。全县有汽车销售企业及门店14家，二手车交易企业及门店16家，家庭服务业10家（含市家政公司在县内分支机构2家），发卡企业及个体经营户138家。对符合备案条件的66家企业进行了备案；全年查扣非法流动加油车4台，非法存储油罐6处。食品安全领导小组出动人员300人次，对全县各粮食收储加工企业进行了全面排查，抽样50次，下发整改通知书22份。

【粮食产业发展】 2020年，县商务粮食局按照统筹规划、统一标准；需求为寻、应用为主；整合资源，促进共享；经济适用、适度超前；统一管理，稳步推进的建设原则，完成荣家湾粮库3万吨物流项目建设，投资2438万元，完成主体工程。总投资411.8万元，完成2020年岳阳县粮油质量检验检测项目，10月完成市局验收，为全县粮食检验检测工作及粮食安全奠定基础。完成2018年度中国好粮油省级重点支持县项目，粮食产后体系建设项目顺利验收。申报千亿产业主食项目，湖南岳阳拥军面业获批项目资金90万元，项目总投资597.8万元，至年底已完工，促进企业设备升级提质增效，企业得到快速发展。完成2020年早、中、晚稻、菜籽扦样工作，抽样达到650多个，及时掌握全县粮食种植镉超标粮食基地，为粮食食品安全提供可靠依据。同时，为充分挖掘粮油产业现有资源，加强企业产业引导促进粮油企业产品升级换代，经粮油统计报表，岳阳县2019年的销售产值24.5亿元，到2020年全县粮油总产值提升到31亿元，同比增长11%，为岳阳县粮油产业发展奠定了基础。

（陈石娇）

贸易促进

【概况】 2020年，中国国际贸易促进委员会岳阳县委员会（简称“县贸促会”）始终以推动县域经济发展、服务外来投资企业为宗旨，围绕“紧盯三个500强，着力引进中小微，打造特色产业链，实现招商新跨越”目标，从“利用优势资源招商，依托优惠政策招商，依靠优质信息、优秀乡友招商，全力优化环境招商”四优着力，恪尽职守，负重奋进，全力招商，奋发求为，取得较好成效。全年招商引进项目60个，新签约亿元以上项目24个，合同引资208.57亿元，到位资金88.061亿元，超额完成全年任务。

【重大招商推介会】 2020年10月28日，在岳阳市举行了2020年首届湖南（岳阳）口岸经贸博览会岳阳县招商推介专场会，邀请北京、上海、广东等24家省市经贸代表团及湖南省工商联特邀企业代表团、湖南异地商会联合会、长沙市岳阳商会等400多人参加，县委书记田文静致欢迎词，县长肖湘晖作县情推介，湖南异地商会联合会、湖南省湘平路桥建设有限公司、长沙市岳阳县商会与岳阳县进行了现场项目签约。

【湖南省工业技师学院第二校区项目】 该项目于2020年3月4日签约，由中国石油化工集团投资新建，选址岳阳县麻塘中心小学北侧，占地面积33.33公顷，总建筑面积25万平方米。其中，一期占地面积12公顷，投资2.9亿元，建筑面积8万平方米。项目建成运营后第一年在校学生将达到6000人，第三年在校学生将达到8000人，2025年，实现在校学生1.2万人。

【国际稻都（岳阳县）兴荣智慧农贸市场项目】 该项目于2020年6月22日签约，由国际稻都投资经营集团（海南）有限公司投资新建，选址岳阳县荣家湾镇富荣东路与车站路交会处以北，用地面积约3.13公顷，总投资3亿元，建设多功能的农贸综合市场，主要经营蔬菜、肉类、水产、粮油、干贸、小商品等。

【年产20000吨粉末涂料项目】 该项目于2020年7月13日签约，由湖南连心科技有限公司投资新建，选址岳阳高新技术产业园建材产业片，总投资5亿元，用地3.33公顷，建设标准化厂房两栋及机修车间、办公楼等配套设施，主要进行粉末涂料技术研发、制造、喷塑加工制造等。

【岳阳现代商贸物流园项目】 该项目于2020年12月9日签约，由湖南商达中水环保科技有限公司投资新建，选址岳阳县新开镇湘北大道与武广高铁交汇处西侧，总投资12亿元，其中一期投资不低于3亿元，建设商贸交易区、仓储加工区、物流配送区、商务配套区。总规划建筑面积约30万平方米，其中一期建筑面积不少于8万平方米。项目集批发、租赁、物流、仓储、加工、会展功能于一体，将传统商贸市场与现代化物流模式相结合，打造现代化新型物流商贸中心，构建“水路+公路+铁路+航空”主体化物流交通。

（冯　亮）

供销合作

【概况】 2020年，岳阳县供销社在县委、县政府坚强领导下，在省、市供销社业务指导下，以统筹抓好新冠肺炎疫情防控和服务“三农”为宗旨，全面纵深推进供销社综合改革，切实做好“服务‘三农’”工作。

【疫情防控与保供稳价】 2020年，县供销社强化担当，落实防控措施，成立了以供销社党组书记、主任为组长的新冠病毒疫情防控工作领导小组，各乡镇基层社也相应成立工作小组。进一步加强组织领导，强化责任意识，以身作则、坚守岗位，逐项落实好防控措施。组织系统20余人参与社区疫情防控、机关院落设卡管控、情况摸排等工作，共走访住户169户，排摸人数735人，张贴宣传通告85张。强化供销职责，全力保供稳价。在疫情防控期间，为保供稳价，满足城乡居民日常生活需求，组织农业生产企业、农民专业合作社、种养大户积极储备大米、蔬菜等生活物资，保障了疫情期间保全县急需日常生活物资供应及价格稳定。

【春耕生产农资供应】 2020年疫情防控期间，县供销社积极响应上级号召，自筹资金180万元通过市新三湘农资公司合作，组织农资货源投入农资市场，为农

9月11日，岳阳县供销合作联社第六届社员代表大会暨县农村合作经济组织联合会成立大会

资保供保价、助力春耕生产等方面工作贡献了供销系统的一份力量。春季农资销售高达7100吨，在非常时期保质保价保量供应、平抑物价，发挥供销品牌主渠道作用，春耕工作有序、稳步、扎实推进，全方位保障春耕农业生产所需农资供应，中央省市领导多次到岳阳县调研督导。

【推进综合改革】 2020年9月11日，岳阳县供销合作联社第六届社员代表大会暨县农村合作经济组织联合会成立大会隆重召开，恢复完善了供销合作社的“三会”制度，修定了《两个选举办法》《两个章程》，选举产生第六届理事会、监事会组成人员，健全了“三会”体制建设，圆满完成了供销合作社“三会”体制改革。

【提升农业现代化水平】 2020年县供销社充分发挥乡镇惠农服务中心和农民专业合作社在土地托管和土地流转中的影响力，引领其以实施乡村振兴战略为导向，结合当前的农业和农村实际发展形势，进行土地托管、流转、走订单农业的路子，实施耕种、管理、收割现代化、科技化、集约化、智能化，既解放劳动力又能大大提高粮食产量(2020年，流转土地10866.67公顷、托管土地15666.67公顷、统防统治面积933.33公顷)。岳阳县综合采取代耕代种、复耕复垦、土地托管等举措，稳粮食生产基本盘守好群众“米袋子”的工作方法入围省政府2020年重点工作综合大督查典型做法。

【脱贫攻坚】 2020年，在市、县召开消费扶贫推进会后，县社就消费扶贫电子商务方面的相关工作迅速召开班子成员及系统干部职工会议，进行宣传发动，传达会议精神，制定切实可行的实施方案。还将会议精神深入传达到农产品加工企业、农民专业合作社、种养大户和贫困户，并协助县扶贫办统筹部署电商扶贫等工作，推动督促工作落实，将电商消费扶贫纳入年度脱贫攻坚工作计划，动员企业申报扶贫产品，动员社会各界扩大对扶贫产品的服务消费。全县各乡镇、单位积极举办各类线上、线下消费扶贫活动，全县消费扶贫实际销售额达1.2亿元，完成年度目标任务的157.5%。

【资产改造】 资产管理是供销社改革发展的首要选择。2020年，社有资产经营管理有限公司对系统社有资产进行全方面盘底，建立资产登记台账，建立完善供销社资产管理方案，明确供销资产登记、梳理产权的方法流程，强化土地确权方案。实行精细化管理。从人员、资产、资金三方面进行监管，出台了相关的人事、资产管理规定，对基层社工作人员进行业务培训。对社有资产的资产开发、租赁及经营合同等实行审批管理，民主决策，避免资产流失。统一聘请法律顾问，为全县供销系统内的单位提供专业的法律服务。严格按照“公开、公平、公正”原则处置社有集体资产，确保社有资产不流失。乡镇基层社每年在总收入中提取20%的工作经费对临街门店进行维护改造，营造一个舒适的环境，让租户没有后顾之忧，能租得出，留得下，形成聚集效应，加大门店升值的空间。

(米　军)

烟　草

【概况】 岳阳县烟草专卖局(分公司)主要负责岳阳县烟草市场专卖管理和卷烟营销服务，主要管理和服务岳阳县卷烟零售经营户3575户。

2020年，岳阳县烟草专卖局创新项目《县级烟草企业农村服务站高质量运营管理与实践》获湖南省第二十一届企业管理现代化创新成果二等奖；精益课题《基于订足率的零售客户经营指导方法研究与应用》获湖南烟草系统精益十佳；选送参加湖南烟草系统“八个更加懂得”成果汇报演出的快板节目获三等奖；肖庆珍获评烟草行业离退休先进个人；周小红获评湖南烟草系统担当作为优秀干部。

联合公安部门成立涉烟寄递环节联合监管办公室

【烟草营销】 2020年，岳阳县烟草专卖局共销售卷烟25974箱，同比提升3.14%，超全年目标任务216箱；单箱均价34111元，同比提升5.79%，同比增加1862元；省外烟占比27.65%，同比上升2.84个百分比，完成销售额8.86亿元，实现税收4022.26万元。围绕“订足率”关键指标，加大客户经理对应片区订足率指标的考核力度。重新梳理核查约定取货、指定代取客户，非直送比例控制在3%以内。制定《零售终端提质操作手册》，按城区—集镇—公路沿线—村组的顺序层层推进。结合“我与客户共成长”活动，开展客户经理“坐店经营”，指导客户提升盈利水平。公田服务站坚持每周四天驻站制度，加强了对偏远乡镇客户的服务指导，延伸了服务的触角。截至年底，零售户综合毛利率达到12%；客户满意度位居岳阳市烟草系统第一。

【烟草专卖管理】 2020年，岳阳县烟草专卖局查处各类案件179起，查获卷烟总量1046.40万支，其中真烟1003.12万支；案值544.76万元，收缴罚款50.61万元。破获了“2020.05.22”李某非法经营卷烟案，判处其有期徒刑1年，缓刑1年，罚金1万元。破获跨湘鄂两省“2020.08.04”聂某非法经营案，刑事拘留3人，批准逮捕3人。落实“放管服”要求，印制发放了烟草专卖行政许可宣传手册，疫情期间，采取线上联系、线下办理的方式，确保客户如期延续证件。全年累计办理行政许可事项557项。其中新办387户，歇业58户，延续54户，审批注销32户，收回9户，停业2户，恢复营业2户，变更2户，补办7户，责令停业整顿3户，责令整顿恢复营业1户。

【烟草精细管理】 2020年，岳阳县烟草专卖局制订《岳阳县烟草专卖局对标工作方案》，将对标情况纳入部门考核，每季度召开对标分析会，层层分解内部指标。外部对标中，综合评价排名湖南省烟草系统第六，1项专卖管理指标成为湖南烟草系统标杆。内部对标中，综合排名岳阳市烟草系统第二，改善提升排名第三，指标提升率68.57%。按照业务用纸频率、部门人员数将人均办公费中印刷费用目标值分解至每个部门；杜绝餐厨浪费现象，实行微信小程序报餐制，按人数备料、加工，从源头上降低食堂加工环节的浪费。严格落实安全责任，分级签订安全责任状，强化安全隐患的检查与治理。从安全角度出发，联合业委会对机关院落地下室改造、房屋装修进行了明确规定。开展安全检查48次，整改了3处安全隐患，开展了消防知识培训、应急救护培训等活动2次。

【文明创建】 岳阳县烟草专卖局坚持把文明创建有机融入日常工作，列入工作总目标，制定规划和方案，与经济工作同部署、同计划、同落实、同考核，形成了“个个参与，人人重视，全面受益”的创建局面。积极引导干部职工主动回报社会，践行责任，参与社会公益事业，开展帮扶慰问、扶贫助学、义务献血、文明劝导等活动，充分发挥倡导文明、引领文明、宣传文明的作用。根据中央精神文明建设指导委员会《中央文明委关于复查确认继续保留荣誉称号的全国文明城市、文明村镇、文明单位、文明家庭、文明校园的通报》（文明委〔2020〕9号），岳阳县烟草专卖局通过“全国文明单位”复查验收，继续保留称号。

（陈娇妍）

盐 业

【概况】 岳阳县盐业属省属垂直管理单位。2020年11月，公司更名为雪天盐业集团股份有限公司岳阳县分公司。雪天盐业岳阳县公司担负着全县17个乡镇工、农、渔、牧各类盐的供应，公司以效益为中心，以改革为动力，以确保食盐安全供应为神圣职责，各项工作取得较好的成绩。

2020年是岳阳盐业改革转型发展的关键之年，受国家盐改政策的影响，公司生存稳定遇到严峻挑战。面对种种困难与压力，县公司全体干职员工共同努力，迎难而上，围绕“客户为尊、奋斗为本、创新为源、业绩至上”的核心价值观，构建“融化自我、造福社会”的企业精神，按照“树品牌、强终端、调结构、降成本”工作总要求，直面困境，全力履行食盐专营责任，保障合格碘盐供应，推进岳阳县盐业良性发展。全年购进各类盐3000吨，销售各类盐2036吨，其中销售小包盐1477吨，高端盐销售773吨，工、农、渔、牧盐1000吨，实现利税200余万元，全县碘盐合格率99%，较好地完成了全年工作任务，被市公司授予“优秀团队”荣誉称号。

【盐业政策宣传】 2020年，公司坚持保供应抢市场，抓服务促销售，加大对食用合格碘盐防治碘缺乏病的宣传，提高消费者食用合格碘盐的自觉性，确保全县人民吃上合格的加碘食盐。联合岳阳县疾控中心、岳阳县市场监督局、岳阳县电视台陆续进辖区城乡各学校开展“构筑校园食盐安全防线·护航未成年人健康成长，‘雪天盐’公益行科普进校园”宣传活动，用实地科普讲解的形式夯实老百姓“少吃盐，吃好盐”的观念，促进消费认知，保障消费者权益。利用“3·15”消费者权益日和“5·15”碘缺乏病防治日宣讲盐改政策，发放宣传资料、张贴宣传图、悬挂横幅，利用电子显示屏、车辆广播等手段进行了科普宣传；开展了“三送一访”和评选食盐放心示范店的活动。与市场监督管理局将盐业法规，政策传递到边远山村、乡村学校，对餐饮、学校食堂多次进行抽样检查，农村碘盐合格率达到99%以上；协助市场监督局盐政执法人员，深入敬老院、医院、社区、学校、农村村组，查看农户盐罐食用的情况，教百姓如何辨别真假食用盐，利用测碘剂检查辨别食用盐是否合格，提醒引导消费者购买合格的小包食盐，保证全县生产、生活用盐的有序供应，确保全县人民吃上合格的加碘食盐。

“5·15”碘缺乏病防治日科普宣传活动现场

【增收节支】 2020年，公司严格按照“精细严管理推进年”要求，深入开展“挖潜增效”“拧毛巾、降成本”活动，全方位打响抓管理缩开支、减费用增效益的攻坚战，实行预算管理，将任务指标分解，层层签定责任状，实行绩效挂钩，对标管理，民主决策，民主理财，将生产经营状况，费用支出情况，民主评议干部情况等内容定期张榜公布，激发员工主人翁责任感，参与企业经营管理，加强财务核算监督，严控各项可控费用支出，扩大高端营养盐销售，拓展非盐商品经营，培育新的经济增长点。

（李　娜）

7 月，中石化岳阳县公司与县城建投合资建设的北湖加油站（麻塘办事处洞庭村喻家组路段）正式营业

石　油

【概况】　中国石化中国石化销售股份有限公司湖南岳阳县石油分公司下辖 16 座加油站，公司主要经营成品油批发零售、易捷非油商品。在岳阳县成品油的市场占有率约为 20%，继续保持全县成品油市场的主渠道地位。

【石油营销】　2020 年，岳阳县石油分公司按“十三五规划”对 1 座自营加油站进行改造复营，并在麻塘办事处洞庭村喻家组路段与县城建投合资建设加油站 1 座。在疫情压力下，全年完成成品油零售约 3.5 万吨，为岳阳县创造了 396.25 万元的税收收入。

【站点安全管理】　2020 年，岳阳县石油分公司完成了辖区所有站点的双层罐改造，所有站点油气回收系统改造上线，城区所有站点开展了废水、废气的检测工作。系统内对 2 座加油站进行了绿色企业创建的打造，设置了绿色菜园、7S 加油站等。

【扶贫工作】　2020 年，岳阳县石油分公司切实履行扶贫工作，联系小港村开展驻村“一对一”精准扶贫，对扶贫村提供农产品外销帮扶和资金帮扶，“一对一”帮扶 11 户，资助资金 3.5 万元。同时，组织员工对贫困户进行资金及物品募捐。

（陈　婕）

城乡建设·生态环境

城乡建设·生态环境

城乡建设

【概况】 2020年，岳阳县住房和城乡建设局（岳阳县人民防空办公室）被省住建厅评为“城乡环境基础设施建设”先进单位；被市政府评为“工程建设项目审批制度改革工作”积极贡献单位；被市住建局评为“新型城镇化”“公租房建设和管理”“乡镇污水设施建设”“黑臭水体整治”“城市扩容提质”“建筑节能与科技管理”“房地产监管”“智慧住建建设”等工作先进单位和“全市住建系统抗击新冠肺炎疫情暨复工复产”先进集体。

（李　成）

【市政建设】 2020年，县住建局持续推进城建五年行动，全年完成市政投入2.6亿元，城镇化率突破58%。完成长丰北路拓改路基土方工程，提质改造文胜路、城东路，完成兴荣路西延、贺坪路东联、乐祥路新建、滨水东路南延和12条背街小巷提质改造，荣湾国际汽贸城景祥路、长华路、向阳巷，岳雅周边北湖路加速推进，新福路续建工程正式启动。完成北湖路排水管网应急抢险、车站南路鑫鹏包装箱厂附属工程和麻塘片区10千伏电力管线入地工程，开通了长丰路荣湾湖段4个出入口，建成二水厂中控室大楼，完成中控系统平台投入使用。

（冯　兵）

【城乡环境设施建设】 2020年，全县15个乡镇中，除荣家湾镇、麻塘办事处2个乡镇纳入县城和市区污水处理厂，其余10个乡镇污水处理设施建成稳定运行，杨林街镇、步仙镇、长湖乡3个乡镇建成试运行，所有乡镇污水处理设施实现全覆盖目标，顺利通过省厅现场验收，完成市县两级环保验收销号。白洋水库黑臭水体治理已完成周边截污纳管和水库堤岸格槟挡墙施工，即将启动库内清淤；完成跨兴荣路、跨铁路和沿党校路顶管排污工程，城东片区污水管网进一步完善；麻塘集镇污水管网改造，8条乡镇黑臭水体整治已全面完成。认真贯彻落实《岳阳市扬尘污染防治条例》，严格执行“六个100%”标准，组织专项督查52次，下达扬尘治理通知68份，顺利完成省环保督察“回头看”考核。

（冯　兵）

【房地产开发市场管理】 2020年，县住建局坚持“房住不炒”定位，积极稳妥落实房地产调控政策，全面执行疫情期间支持房地产健康发展措施，房地产市场总体平稳。全年新开工面积45.23万平方米，完成开发投资12亿元，实际销售21.87万平方米，商品住房销售均价5100元/平方米，同比下降7.2%。发放商品房预售许可证42个，预售3212套，面积38.5万平方米，监管解控项目资本金5020万元，预售资金15.4亿元。完成维修资金收缴1900万，累计已达1.62亿元。完成开发企业资质审核31家；完成新建商品房和二手房网签备案1313件；完成测绘1125宗，面积182.9万平方米；完成前期物业选聘8个，全县建筑施工企业完成总产值25亿元。

（冯　兵）

【人防工程管理】　2020年，县住建局全面实现工改系统人防业务全程网办，完成33个民用建筑项目审批，征收易地建设费821万余元，批建人防工程5个2.63万平方米。落实全省人防系统行业整治要求，全面开展行业历史遗留问题梳理，16个问题及易地建设费追缴入库任务全面整改完成。结合“5·12”防灾减灾活动日，深入庆丰社区、县党校、明德小学开展人防知识进社区进机关活动，积极参与全市9月通信拉练，落实全省“11·1”警报试鸣活动，全县9个警报点试鸣率达到100%。

（冯　兵）

【安居工程建设管理】　2020年，县住建局开工新建公租房项目10个772套，超额完成省定任务67套。2个棚改项目90户已完成签约，完成率100%。发放住房租赁补贴2481户304.24万元。追缴拖欠租金户325户，清退惠民廉租房闲置房源64户，落实东洞庭湖水域禁捕退捕上岸渔民住房安置保障24户，完成全国公租房信息系统历史数据录入，完成了城区所有公租房小区天燃气入户工程，完成富荣廉租房小区门头建设和惠民、文胜、黄沙街3个小区的雨污分流改造。2020年，新增“四类对象”107户、原“四类对象”375户、非“四类对象”（边缘户）195户，危改“突出问题”整改全面完成，住房信息录入率100%，“住房安全有保障”核验完成率100%，四类重点对象住房安全鉴定全覆盖，全面实现“人不住危房，危房不住人”目标。正式出台《岳阳县老旧小区改造实施方案》，启动城市更新行动。团结、文胜、春风、文艺4个小区直接相连的市政基础配套改造全面完成；东管会小区、三一一、自来水一厂和怡和花园小区改造加速推进；直属库小区、向阳小区改造工程已完成开工准备，即将动工。

（冯　兵）

片区中心全貌

【建筑市场管理】　2020年，县住建局全面执行绿色建筑标准，有序推进农民工实名制管理，严格执行消防验收标准，创新推动差别化管理和红黄牌警示公开曝光制度，持续推进工程质量安全管理标准化建设，全年受监工程63个94万平方米，完成消防验收备案抽查项目34个，创建省级标准化示范工地11个、市级3个。全力推进安全生产专项整治三年行动、交通问题顽瘴痼疾、铁路沿线安全环境等专项整治工作，开展安全大检查7次，排查隐患52条，5条市政道路安装了警示标志，4条增装了减速带，全年建筑市政领域安全生产无事故。

（冯　兵）

【工程建设项目审批制度改革】　2020年，县住建局持续推进对工程建设项目审批制度全流程、全覆盖改革，加速对“审批系统”的全面应用，联合工改相关部门推动区域评估成果利用、中介服务超市引导及运用、进一步推进

“多测合一”“多规合一”平台应用、全面实现线上联合竣工验收、市政进厅及运行，设立项目“帮代办”，为建设单位提供无偿帮代办业务，并设立电子监察员，对各阶段征询、审批及办理事项进行全程监管确保工改系统有效应用，全面实现“一网通办”，做到征询无逾期、审批无超时、秒审、无多次退件现象。截至年底，全县运用“审批系统”完成立项 375 个；规划用地审批 44 个，发放工程规划许可证 70 个；发放施工许可证 73 个；完成联合竣工验收项目 11 个；完成联合审图 46 个；完善和梳理“互联网+”政务服务一体化平台事项 64 项；完成政务服务一体化平台住建引用事项录入 936 个。

（姚李林）

住房公积金管理

11 月 10 日，岳阳市住房公积金管理中心岳阳县管理部办公楼加固装修工作协调会

【概况】 岳阳市住房公积金管理中心岳阳县管理部成立于 1996 年。2006 年 12 月，上收到岳阳市住房公积金管理中心，是直属岳阳市住房公积金管理中心的公益一类经费自理事业单位。管理部的主要职责是依照《住房公积金管理条例》及市住房公积金管理中心授权等相关规定，负责全县干部职工住房公积金的缴存、提取和贷款等工作。管理部立足“忠诚、奉献、担当、自立、和谐、感恩”的单位理念，围绕“抓发展，保安全，强内控，增效益，惠民生，优服务”的总体目标，一直致力于满足缴存职工基本住房需求，实现住有所居目标的重要任务，促进住房公积金制度的建立和发展。

【业务工作】 2020 年，岳阳县管理部共归集住房公积金 2.82 亿元，累计归集 17.28 亿元，总量规模迅速扩大；完成非公企业建制单位 13 个，新增非公企业开户人数 487 人；办理政策性提取 6984 笔，金额 1.24 亿元，比 2019 年同期增长 11.5%，发放政策性个人住房贷款 383 户，金额 1.32 亿元，对拉动全县住房消费、改善干部职工住房条件发挥了应有的作用，民生效益十分明显；全年完成期转现 392 户，完成年计划的 110%；贷款逾期率继续保持“零”记录。

【疫情期间业务受理】 2020 年疫情防控期间，县住房公积金管理部按照中心党组和县防疫指挥部统一部署，扎实抓好疫情防控，守好“大门”，确保全体员工身心健康。在疫情物资方面通过各种渠道采购防疫物资，投入 1.5 万元用于购买口罩、酒精、消毒液等物资，确保了员工和办事人员的防护装备。疫情期间严格落实各项防疫措施，2 月 24 日全员提前上岗，陆续接待前来咨询公积金业务的人员 365 人，办理提取 294 笔 181 万元，受理延期缓交公积金申请 2 份，开展各项业务外调工作 26 次。

【惠民政策落实】 2020 年，岳

阳县住房公积金管理部贯彻落实国家、省市为妥善应对新冠肺炎疫情出台的住房公积金阶段性支持政策，结合岳阳县实际，细化缓缴、降比缴存等方面措施，深入岳阳唐韵房地产开发有限公司开发的岳阳大唐世家楼盘及岳阳南方水泥有限公司了解需求，这两家企业均因新冠肺炎疫情受到冲击，大唐世家楼盘的项目工程进度和销售工作不同程度受到较大影响，南方水泥公司原材料的供应及销售也面临困难。为支持和帮助企业和职工度过难关，不影响员工办理住房公积金提取、贷款等相关业务，根据岳市公积〔2020〕13 号文件精神，缓交了这两家企业 2020 年 2—6 月的住房公积金。在提取方面新增了老旧小区加装电梯提取公积金业务，助力城市更新和存量住房改造提升。坚持“房子是用来住的，不是用来炒的”定位，进一步全面梳理完善归集、提取和贷款业务操作细则及流程，精准投放贷款，截至年底，累计发放政策性个人贷款 5088 笔，金额 13.13 亿元，应贷尽贷支持职工改善住房民生。

【办公楼改造】 由于管理部办公大楼建设年代已久，大楼结构存在安全性隐患，大楼外墙、屋顶开裂渗透严重，局部沉降。为确保办公大楼的安全，为缴存职工提高更好更优的服务，经市住房公积金管委会同意，并报市政府领导批准，对岳阳县管理部办公大楼进行加固装修。为了顺利推进该项工作，多次与相关职能部门沟通协调，于 2020 年 11 月 10 日，邀请县人民政府、市机关事务管理局等相关单位领导召开了办公楼加固装修工作协调会，就项目进展情况及施工前遇到的困难作了汇报，取得与会领导和相关部门的大力支持。

【便民服务】 2020 年，岳阳县住房公积金管理部全面梳理简化服务事项，以县委、县政府“最多跑一次”事项清单为标准，着力精简业务流程，取消了单位证明、单身证明、个人征信报告、房源查询证明等材料，由中心工作人员代替群众跑腿查询；公积金贷款审批从 15 个工作日缩短为 10 个工作日，来柜台次数由 4 次缩减为 2 次。推进服务方式改革创新，实行预约服务和上门服务，推行绿色通道服务，让重症患者、残疾人、孕妇及其他需要照顾的特殊人群，通过绿色通道优先办理业务，无需排队等待。2020 年，上门便民服务 6 次，先后到环卫所、三中、9634 工厂等单位及家属区为有特殊情况的职工提供上门现场服务。大力开展“全域通办”工作，让广大公积金缴存者结合自身实际，选择离自己工作、生活较近的窗口，就近提出政务申请。贷款对冲、退休提取和住房公积金异地转移接续三项业务已纳入“全域通办”政务服务事项的第一批清单。对照国家标准，围绕“简政放权、放管结合、优化服务”的改革目标，利用现代化的信息技术和标准化的服务模式不断适应缴存职工的需求，加快推进“互联网+住房公积金”，大力推广“岳阳市住房公积金”微信公众平台，可在微信平台办理的业务一律在网上办理，极大方便了缴存职工，真正做到了足不出户便可查询和使用公积金。全面协调与自然资源局、不动产登记中心、公安局、民政局及人民银行等相关部门信息共享工作，让数据多跑路，群众少跑路，切实解决群众反映强烈的热点、难点问题，维护了职工权益。

（蒋巧霞）

生态环境

【概况】 2020 年，岳阳市生态环境局岳阳县分局未发生一起较大环境安全事故，全县环境状况保持整体安全并稳步向好。1—12 月，全县 4 个地表水质监测考核断面（新墙水库、扁山、鹿角、八仙桥）水质优良率93.75%，达到污染防治攻坚战目标考核要求。县城空气质量优良率为 92.9%，较 2019 年同期增加 7.7 个百分点，全省排名第 72 名，县城空气质量排名同比上升 9 个名次，环境空气质量综合指数为 3.35，同比改善 13.4%；其中

$PM_{2.5}$浓度 34 毫克/立方米，同比改善 10.5%；PM_{10}浓度 51 毫克/立方米，同比改善 12%；城区交通干线噪声和区域环境噪声达标，土壤环境质量符合环境功能要求。

【蓝天保卫战】 2020 年，市生态环境局岳阳县分局严格执行《大气污染防治法》和《岳阳市大气污染防治条例》，制订出台《岳阳县污染防治攻坚战 2020 年工作方案》《2020 年度污染防治攻坚战暨夏季攻势工作任务分解方案》《岳阳县重污染天气应急预案（2020 修订版）》，划定了岳阳县禁止使用高排放非道路移动机械区域。全年完成 12 家企业炉窑深度治理工作并安装在线监控设备，20 家涉 VOCs 企业挥发性有机物（VOCs）污染治理，42 家涉锅炉企业特别排放限值升级改造，4 家企业的天燃气锅炉改造工作，91 家涉气企业岳阳市大气污染源信息填报；将全县 233 台非道路移动机械录入 APP 监管平台。12 月 18 日，岳阳县首次启动重污染天气橙色预警和 II 级应急响应（2020 年 12 月 18 日至 2020 年 12 月 31 日），应急响应期间，制定岳阳县大气污染防治应急减排工作方案。同时，着力强化工业企业污染、道路扬尘污染、施工扬尘污染、交通源污染、餐饮油烟、露天秸秆禁烧等方面的管理，全力改善岳阳县大气特护期空气质量。2020 年 1—12 月，县城空气质量优良率为 92.9%，较 2019 年同期增加 7.7 个百分点，全省排名第 72 名，县城空气质量排名同比上升 9 个名次，环境空气质量综合指数为 3.35，同比改善 13.4%；其中$PM_{2.5}$浓度 34 毫克/立方米，同比改善 10.5%；PM_{10}浓度 51 毫克/立方米，同比改善 12%；2020 年全年优良天数 340 天，同比增加 29 天。

【碧水保卫战】 2020 年，市生态环境局岳阳县分局根据习近平"守护好一江碧水"的指示精神，强力推进洞庭湖生态环境专项整治三年行动计划和"五大专项行动"。采取全面实行砂石禁采、关闭砂石码头、砂石堆场、清理砂石尾堆、封洲禁牧、退出畜禽养殖场、拆除矮围、浮吊船舶经营秩序整治、清理欧美黑杨、引导造纸企业退出，开展排污口专项整治和复绿等有效措施，切实改善了洞庭湖水环境质量。同时，大力开展饮用水源保护，在铁山库区开展"六控一治"专项行动，采取拆除违章建筑、解体或拖离采矿砂船、关停农家乐餐饮店、关闭竹木加工厂，完成库区一、二级保护区规模养殖场退养，建设垃圾压缩中转站、入库河口拦污闸（排）工程以及"四池净化"及生活污水处理厂，开展饮用水源地环境问题专项整治等措施，有效的保护了集中饮用水源。

【净土保卫战】 2020 年，市生态环境局岳阳县分局全面开展土壤污染详查，加强土壤环境监管。摸排并核定土环境重点监管企业 3 家，对工业园区、污水处理厂和土环境重点监管企业等 7 个点位进行了常规监督采样工作；做好全县 161 个行政村生活

碧水蓝天

污水治理专项规划编制工作；开展第五轮涉镉等重金属污染源排查工作，对新开镇3个遗留石煤及钒矿盗采点、2个地下水井、3个水库共8个点位进行了采样监测；积极实施畜禽粪污资源化利用整县推进项目，推进养殖废弃物资源化利用和病死畜禽无害化处理，建成2家有机肥加工厂、3家沼液收运公司、10个沼肥大型种植基地，升级改造15家规模生猪养殖场；对化肥农药、畜禽粪污、农作物秸秆等农业面源污染进行全面治理，农作物测土配方施肥技术覆盖率达到95%，农作物病虫害统防统治率达到40%以上，化学农药使用总量减少12%以上；推进生活垃圾治理。建成城区（含麻塘片）压缩式垃圾站20座，乡镇垃圾中转站42座；新开垃圾场渗滤液处理系统体制改造顺利完工，大力开展矿山集中整治行动，推进矿山植被生态恢复、尾矿库环境污染和安全整治。

【解决突出环境问题】 截至2020年年底，岳阳县2017年中央环保督察交办的45个信访件全部按规定办结，14个反馈意见全部完成验收销号；2018年中央环保督察“回头看”交办的41个信访件全部按规定办结，8个反馈意见全部完成验收销号；2018年全国人大水污染防治法执法检查指出的3个问题已完成验收销号；2019年第二批长江经济带生态环境警示片指出的1个突出生态环境问题已完成验收销号；2018年省级环保督察交办的48个信访件全部按规定办结，18个反馈意见全部完成验收销号；2018年省“蓝天保卫战”专项督察反馈的13个问题已完成验收销号；“洞庭清波”专项行动指出的51问题除沙港河流域面源污染治理任务上报省农业农村厅同意延期外，其余50个问题已全部完成验收销号。

【环境整治】 2020年，市生态环境局岳阳县分局相继开展了入河排污口排查整治、“千吨万人”饮用水水源地清理整治，同时结合岳阳县实际，全面开展了涉矿企业专项整治、涉危（涉化）企业专项整治、建设项目环评制度执行情况专项整治等专项行动，出动执法人员2000余人次，调配车辆1000余台次，排查企业180余家。立案查处环境违法案件16起，下达行政处罚决定书9份，罚款269.592万元，责令改正违法行为决定书28件，限期治理决定书1件，移送公安行政拘留1件，行政拘留1人。

【环境监测】 2020年，市生态环境局岳阳县分局进一步加强监测监察执法联动，对全县96家污染源企业进行了179批次污染源监督性监测，获取有效数据11116个，为环境执法监管、污染减排等工作提供技术支撑；加强水环境质量监测。每月对新墙水库、小饶港水库、铁山水库及5条入库支流、备用水源六合垸等点位进行每月一次、农村饮用水源每季一次的监测，对国控断面漆市大桥都保持每月一次的监测，共出具环境质量监测报告单124份，监测数据显示岳阳县县城集中式饮用水源和地表水水质稳定达标；加强其他重点区域环境质量监测。2020年，市生态环境局岳阳县分局开展国控断面预警监测。3月收到市局下达的预警函后，立即抽调精干力量每月对八仙桥、鹿角、扁山3个国控断面开展预警监测，及时将数据上报市生态环境局，做到信息互通有无，便于及时有效掌控国控断面水质变化情况；开展各项专项行动监测水质。完成“洞庭清波”专项行动中岳阳县30处精养鱼塘的水质监督性监测工作，完成2处岳阳县县城黑臭水体和15处乡镇黑臭水体的水质监测采样工作，确保整治工作保质保量完成。

【处置环境信访投诉】 2020年，市生态环境局岳阳县分局共受理各类污染纠纷和投诉事件518起，其中“12345”公众热线工单456起，县信访办信系统16起，市局交办2起、县长信箱6起，市微信平台投诉件38起，受理的信访件已全部按时办结，处理率达100%，满意率95%以上。人民群众对生态环境保护工作的满意度不断提升。

【争取生态环境保护项目】2020年，市生态环境局岳阳县分局超前谋划，主动对接上级环保部门，围绕饮用水水源地整治、城乡生活污染治理、农村生活源污染治理、新墙河流域生态环境综合整治、沟渠塘坝清淤疏浚等方面包装和申报项目，争资引项5481万元，其中城乡生活污染治理资金2288万元；农村生活源污染治理资金1140万元；沟渠塘坝清淤疏浚奖补资金1073万元，饮用水水源地整治项目及奖补资金735万元。

【环保宣传教育】 2020年，市生态环境局岳阳县分局制订印发了《岳阳县2020年“六·五”世界环境日宣传活动方案》，联合岳阳县人大环资委、岳阳县人民法院、岳阳县人民检察院、岳阳县文联开展了“六·五”世界环境日主题宣传活动和“美丽岳阳县，我是行动者”环保征文启动仪式，在宣传活动现场，岳阳市生态环境局岳阳县分局、岳阳县人民法院、岳阳县人民检察院分别设置了咨询台，为市民派发生态环境保护宣传资料、相关法律读本和环保手袋，接受环保法律政策咨询，共发放《固体废物污染环境防治法》《土壤污染防治法》和《农村生态环境保护知识手册》《污染防治攻坚战宣传手册》等宣传图册6000余份，发放环保购物宣传袋1000余个、环保宣传围裙500余条；积极引导社会公众参与环境保护事务，营造全民共同参与、共护蓝天白云、共筑美丽家园的浓厚氛围。

【建立司法保护联动协作机制】2020年11月27日，岳阳县生态环境司法保护联络室正式挂牌成立。至此，岳阳市生态环境局岳阳县分局已经建立了公安、检察、法院与生态环境监管部门信息共享、沟通顺畅、办事高效快捷的生态环境司法保护联动协作工作机制，推进环境联动执法的常态化、制度化。

（潘　烨）

交通·邮政

交通·邮政

交 通

【概况】 2020年，岳阳县交通运输局克服新冠疫情和洪涝灾害的影响，抢抓交通强国建设机遇，紧抓运输市场复苏转型，狠抓交通运输安全维稳监管，积极推进交通运输综合行政执法改革，主动担当，积极作为，为保障群众安全、便捷、顺畅出行和促进县域经济发展做出了应有贡献。全年交通运输工作稳中求进，成效显著，获县综合绩效考评优秀单位、全国文明城市创建先进集体、扫黑除恶先进单位、禁毒工作先进单位，并被市精神文明建设指导委员会评为文明单位。

【交通建设】 2020年，县交通运输局全面完工相思山旅游公路工程项目建设和水毁道路修复工程。全力推进岳望高速黄沙街互通至G240连接线项目。全年完成民生实事工程投资2.1亿元，建设自然村通水泥路134.5千米，提质改造农村公路21.8千米，实施生命安全防护工程300千米，建设“四好农村路”（建好、管好、护好、运营好）100千米，实施农村公路“白改黑”120千米，改造范家桥、狮山桥、文政桥等危桥4座，建设农村客运招呼站60个，完成浩吉铁路步仙货运站场连接线建设2.4千米。

【疫情执勤与客运运营】 2020年1月24日（除夕）开始，历时63天，交通运输局作为疫情阻击主力军先后在县内高速公路出入口、主要干线公路县界处、鹿角码头设置检查点11处，成立临时党支部11个，出动执勤值守人员9379人次，检查车辆7.53万余辆，检测人员14.62万人次，劝返车辆1601辆、人员2879人，坚守了湖南北大门。疫情后期组织客运班线、公交和出租车逐步有序恢复运营，推进在建项目复工。由于疫情防控工作得力，被市委、市政府和县委、县政府评为疫情防控攻坚工作先进单位。

【安全维稳】 2020年，交通运输局整改安全风险路段695处，依法取缔京港澳高速公路荣家湾收费站附近长途客运接驳点7个，更新了县汽车站“三品”检查仪。加强农村道路管养，查处超限超载货运车辆486台次，卸载货物10775吨，投入700万元对全县农村道路实行常态化养护，农村道路完好率达88%。及时回应群众关切，妥善处理群众来访6起，办理网上信访、市县长信箱、“12345”热线等750余件，承办市、县建议提案36件。县交通运输局被县委、县政府评为信访工作先进单位。

【专项整治】 2020年，交通运输局开展“洞庭清波”“蓝天保卫战”两大攻坚行动，督促全县21艘船舶、2座水上加油站进行污染防治设施改造，处置554艘船舶污染物2400余吨。开展铁路沿线环境整治，整改省整治办下达的安全隐患75处。开展城区交通秩序专项整治行动，查处非法营运车辆38台、摩托车620台，劝退非法营运摩托车36台，查处违规经营出租车、公交车、班线客车99台。开展“隐患清零”“顽瘴痼疾”集中整治行动，检查道路运输企业32家、立案20起，责令从业人员进行安全教育培训10人次，约谈违规运输企业12次。

（熊少一　刘　滔）

公路建设和养护

【概况】　岳阳县公路建设和养护中心原隶属于岳阳市公路建设和养护中心。2020年，根据中共岳阳市委机构编制委员会办公室《关于岳阳县公路建设和养护管理体制调整有关机构编制事项的通知》岳编办发〔2020〕112号文件精神，划归岳阳县人民政府管理，调整为岳阳县交通运输局所属公益一类事业单位，保留正科级机构规格。主要承担岳阳县区划范围内国、省干线（除107国道外）公路以及重要县道的建设和养护职能。

【岳阳县相思山旅游公路工程】2020年，县公路建设和养护中心完成相思山旅游公路工程。该工程分K线和A线，K线起止桩号为K0+000—K13+715，起点与S310线平面交叉，之后向南经过土地湾、冷家山、付家、相思村后转向延伸，经相思山公园、曹家塝转而向西，终点位于卢墩村，路线全长13.715千米。A线起点位于土地湾北侧，与K线平面交叉，终点位于山河村，路线全长1.508千米。设计标准为四级公路，路面宽度为6米。该项目路基工程，仅对部分路基欠稳定、旧挡墙垮塌段增加挡土墙。排水设施根据实际情况采用矩形边沟、L形边沟，临房屋地段采用盖板。路面工程对于断角病害板，挖除断角用C35砼填筑，再对接缝灌注热沥青，然后跨缝贴抗裂贴。对于整体断裂及连接纵向裂缝板块整体挖除后换板处理，板块处治完成后铺设水稳及沥青。交安工程主要对沿线增设波形护栏，交通标志、标线，轮廓标。该项目总投入2094万元，2020年11月5日开工，同年12月25日竣工通车。

【步仙镇狮山村至安山村乡村道路改造项目】　2020年，县公路建设和养护中心完成狮山村至安山村乡村道路改造项目。该项目起止桩号为K0+000—K2+393，起于步仙镇东侧距步仙桥约260米，与S312线（施工图设计已完成）相接，向西沿S312线张谷英至黄沙街公路施工图设计线位展线（与S312线张谷英至黄沙街公路共线约500米），经过步仙镇政府后折向南，沿老路C462展线至蒙华铁路步仙站货场，于货场西侧70米左右展线，终于胡兴村，路线全长2.393千米。设计标准：二级公路，路面宽度为12米。项目包括路基路面、涵洞、交安及绿化工程。路基工程：挖方地段设置边坡平台，填方地段分层填筑。排水方面根据设计要求并结合实际情况采用边沟、排水沟、盖板沟及截

集中连片农村道路“白改黑”

水沟。路面工程为上面层：4cmAC—13（C）SBS细粒式改性沥青+下面层：5cmAC—20（C）中粒式沥青+封层+透层：1cm沥青表处+上基层：18cm5%水泥稳定碎石+下基层：18cm5%水泥稳定碎石+底基层：20cm4%水泥稳定碎石+垫层：15cm未筛分碎石垫层。涵洞工程：根据设计要求并结合实际排水情况设置涵洞或波纹管。交安工程：根据现场调查及当地镇政府要求对沿线高填方段设置三波波形护栏，标志、标线、里程碑、轮廓标等按设计要求施工。绿化工程包括主线的红叶石楠球、桂花树、栾树种植及废土场的绿化施工。项目总投资3366万元，2020年3月10日开工建设，同年10月30日建成通车。

【岳阳县新墙高桥城市棚改（城中村）安置小区配套基础设施建设合作项目】 2020年，县公路建设和养护中心完成新墙高桥城市棚改（城中村）安置小区配套基础设施建设合作项目。该项目起止桩号K116+900—K124+367，项目起于岳阳县林科所附近中心加油站，终于十六公里高速路口接S312线，全长7.467千米。主要工序是充分利用原老路路基，对沉降严重地方进行挖除换填处理。在排水方面上对部分排水沟破损部分进行修复处理，根据现场实际情况增设部分盖板沟，集镇路段增设污水管。在路面上采用冷再生技术处治后对面层进行全线沥青摊铺。项目总投资2258万元，2020年10月1日开工建设，12月30日竣工通车。

【岳阳县X030龙乌公路水毁修复工程】 2020年，县公路建设和养护中心完成县X030龙乌公路水毁修复工程。该项目起止桩号K0+000—K4+720，起点位于岳阳县新开镇龙湾与S308线相交处，终点位于岳阳县新开镇共和村与经开区乌江交界处，路线全长4.72千米。设计标准：四级公路，路面宽度为6米。主要工艺是对原有老路基加宽至6米，全线水泥砼面板碎石化，软点挖除做换填处理后，铺筑20厘米厚5%水泥稳定碎石基层，上面再摊铺5厘米厚中粒式改性沥青面层，并完善标志、标线等设施。项目总投资642万元，2020年12月5日开工建设，2021年1月20日竣工通车。

【柏祥镇彭宗屋河港堤路工程】 2020年，县公路建设和养护中心完成柏祥镇彭宗屋河港堤路工程建设。该工程起止桩号K0+000—K2+180，该项目起点位于岳阳县柏祥镇西南方新屋组（柏凤线K6+500处），往大许家方向走220米后左拐，沿彭宗屋河，穿过柏祥镇，终点与十古公路相交。全线长2.18千米。设计车速为20千米/时，双向2车道，路面宽度为6米，路基宽度为7.2米。该项目主要工艺是采用面层：5cm中粒式改性沥青+上基层：17cm5%水泥稳定碎石+下基层：17cm5%水泥稳定碎石+垫层：10cm未筛分碎石垫层。项目总投资495.9万元，2020年11月18日开工建设，2021年1月18日竣工通车。

（易四现）

邮政

【概况】 中国邮政集团有限公司湖南省岳阳县分公司是中国邮政集团有限公司旗下的一家县级分公司。2020年，完成邮政业务收入8541万元，年末储蓄存款余额30.81亿元，全年进出口快递包裹302万件。县分公司获湖南省邮政系统“先进基层党组织”、全国邮政系统抗击新冠疫情“先进集体”称号，连续8年获全市邮政年度综合考评“先进单位”，被岳阳县委、县人民政府授予“2020年度决胜全面小康综合绩效考评优秀单位”荣誉称号。

【疫情期间保畅通】 2020年年初，面对突如其来的新冠疫情，在民营快递公司全部停业的情况下，县分公司按照中国邮政集团有限公司和省、市公司“四不中断”的工作安排，公司全体干部职工顶着新冠疫情传染风险，全部奋战在“严防控、保畅通”抗击疫情生产一线，确保了县内疫情期间“网点服务不中断、机要通信不中断、揽投服务不中断和在线服务不中断”，该项工作受到了省、市、县级媒体的持续关注和报道。

【精准扶贫】　2020年，县分公司发挥邮政行业优势，助力精准扶贫。通过邮政电商平台帮助岳阳峰岭菁华果业“大圣黄桃”等农产品线上销售1.38万件，销售金额93.84万元。履行精准扶贫央企责任担当，完成了县委、县政府下达的驻月田镇花苗村扶贫任务，驻花苗村扶贫工作队被县委、县政府评选为2020年度脱贫攻坚驻村扶贫先进工作队。

【能力建设】　2020年，县分公司投资近200万元完成了机关办公楼、机关家属大院、柏祥支局和杨林支局的院内装修改造；投资190余万元完成了天鹅路营业所新址搬迁装修和筻口支局新装改造；全县14个金融网点共累计布放CRS和ITM等银行自助设备48台；全县拥有各类邮政生产（投递）车辆共50台；全面加强普服网点建设，投资近10万元对所属长湖、中洲、步仙和甘田4个邮政代办所的局所对外形象和办公设施设备进行了装修改造和添置；围绕4项基本业务的开办培训和投递服务时限的整治，确保了全县建制村通邮率达到了100%，机要通信全年“0”事故，邮政普服工作排名全市前列。

（邱寿棉）

财政·税务

财政·税务

财　政

【概况】　2020年，岳阳县财政局紧扣积极财政政策落实落地，紧抓收入征管，统筹安排支出，保障脱贫攻坚及各类紧急资金需求。牢固树立过紧日子思想，着力提升财政实力、改善财政管理、强化财政保障，为岳阳县全面建成小康社会和“十三五”规划圆满收官提供坚实财力保障。2020年，岳阳县一般公共预算收入完成12.65亿元，增长3.5%。一般公共预算支出完成46.67亿元，增长7.6%。岳阳县财政日常管理、部门预算绩效管理、地方预决算公开、信息宣传、国有资产管理、财政库款管理、资环工作、会计报刊宣传等工作获省财政厅先进单位；连续6年获岳阳县综合绩效考评优秀单位，小康社会建设、党的建设和班子建设、党风廉政建设、争取国家重点投入、联手帮扶企业、法治政府建设、平安单位建设、脱贫攻坚行业扶贫8个单项工作获全县先进。杨林街镇财政所获全省星级财政所称号，黄沙街镇财政所获市星级财政所称号。

【财政收入】　2020年，岳阳县完成一般公共预算收入12.65亿元，同比增长3.5%。其中，一般公共预算地方收入7.13亿元，增长0.6%；地方收入税比为75.3%，财政总收入和地方收入同步实现正增长。16个乡镇、办事处完成税收1.93亿元，同比增长11%。

【争资争项】　2020年，县财政局累计争取上级补助资金33.5亿元，同比增长12%，其中新增财力性转移支付资金4.88亿元，同比增长98%；争取政府债券资金9.33亿元，增长169%。各项争资在全市所占份额排名第二。

【支持企业发展】　2020年，县财政局拨付产业引导资金4500万元，大力支持新型建材、生物医药、机械制造、电子信息等重点项目落地。拨付8400万元启动六期工业园扩园征拆；拨付2.14亿元用于高新园区标准化厂房等基础设施建设。不折不扣落实新一轮减税降费政策，共减免各项税费7700万元；积极落实财税金融等创新创业政策，发放创业担保贷款1.3亿元，财政贴息1000万元。

【支持疫情防控和复工复产】　2020年，县财政局第一时间启动疫情防控资金物资紧急调度和采购机制，开辟资金拨付“绿色通道”，争取和筹集疫情防控专项资金8650万元。支持企业复工复产，出台十四条支持措施，减免中小企业房租494万元；安排专项资金1701万元，做好企业员工到岗工作；帮助疫情防控重点保障企业获得贷款1.1亿元。

【财政保障】　2020年，县财政局严格执行过紧日子要求，优先保障和兑现“三保”资金支出，确保了工资按时发放，单位有序运转，基本民生得到保障。落实财政资金直达机制，推动资金快速精准投入“六稳”“六保”领域。财政安排1.07亿元用于义务教育“大班额”化解，拨付资金2700万元启动公办示范幼儿园建设。城乡居民医保人均补助标准达到550元/年，基本公共卫生服务补助标准提高到74元/年，安排县级公立医院综合改革和零差率经费962万元，进一步减轻了群众的医药费用负担。争取债券资金2.75亿元，签约社会资金7.43亿元用于城乡供水一体化PPP项目建设；争取债券资金7000万元用于新建高新园区污水处理厂；争取8000万债券资金累计投入1.6亿元用于新建高标准殡仪馆。拨付4300万元用于乡村道路建设。投入3.3亿元支持“六城同创”工作。投入7.84亿元用于新农村建设、农村环境整治等乡村振兴建设。落实乡镇干部人才津补贴发放政策，在全县范围内实施干部绩效工资提标，由6000元/人提高到9000元/人，财政预算增加支出1.3亿元。

【财政助力】 2020年，县财政局偿还隐性债务本息5.2亿元，偿还政府债券本息1.14亿元，完成债务年度化解任务。积极申报专项债券项目，推动高新园区标准厂房和污水处理厂等项目建设。加大县本级扶贫资金投入力度，拨付4195.41万元用于贫困村帮扶建设。推动机关单位和企业定向认购扶贫产品，支持如期打赢脱贫攻坚战。强化资金保障，统筹安排1.1亿元用于东洞庭湖禁渔退捕工作；安排4000万元开展生态绿化保护工作；安排5400万元推进乡镇污水处理PPP项目。

【协同推进财税改革与财政管理】 2020年，县财政局深化预算管理改革，贯彻落实预算法实施条例，地方预决算公开工作在全省排第一，财政日常管理工作绩效评价获省A级。严格财政库款管理，暂付款考核获省厅通报表扬。推进政府采购电子卖场建设，在线交易额突破2000万元。强化财政投资评审工作，全年审核项目372个，核减金额1.4亿元，核减率9.4%。推动非税收入收缴电子化，方便群众办事。巩固国有资产整治成果，全年完成租金收入1010万元。补齐民生短板，全年通过“一卡通”发放惠农补贴54项，资金2.22亿元。持续深化“互联网+监督”平台建设，全年公开民生资金36项，共3.94亿元，将财政行为、财政资金置于群众监督之下。

（周劲　李旲）

城建投资管理

【概况】 岳阳县城市建设投资经营有限责任公司于2001年6月22日经岳阳县人民政府批准成立，和岳阳县城建投资管理中心实行两块牌子、一套班子。2019年，根据机构改革有关精神，结合城建投政府融资平台转型的有关要求，原县城建投资管理中心更名为县国有资产服务中心，调整为县财政局所属副科级公益类事业单位，岳阳县城市建设投资经营有限责任公司通过吸收合并5家政府融资平台公司转型整合为正科级县属国有企业。公司经营范围包括：筹集城市建设资金；负责对国有资产的投资项目、城市建设投资项目及资金的使用，国家开发投资项目的管理及资金的使用；水利、交通、乡村建设等基础设施建设投资；县人民政府依法授权管理的其他业务。

【项目融资】 2020年，县城建投认真落实县政府对融资工作的具体要求，科学谋划筹备项目，全方位筹措资金，通过岳阳县土地综合整治和高标准农田建设项目（一期）、岳阳县土地综合整治项目（二期）、中信银行债务平滑项目、农发行新墙河清淤疏浚项目、华融湘江银行园区污水处理厂项目（二期）、农商行审批流动性贷款等项目，全年融资审批贷款规模10.62亿元。

【城市建设】 2020年，岳阳县完成3万吨标准化粮库建设项目，完成13条背街小巷改造，比年初计划提前超额完成任务；

配合长丰北路拓改工程指挥部完成了部分标段的前期招标工作，并对工程施工和质量进行了监督管理，全线工程启动实施；基本完成了2019年前所有项目的签证结算，并按要求完成了2020年的工程项目台账；按上级要求，依法依规启动了由城建投负责的新墙河疏浚建设项目以及城投作为参股40%的城乡供水一体化PPP项目。

【资产管理】 2020年，县城建投分门别类管好了金融财产、工业地产、土地资产、商服综合地产、特许经营权资产、档案文本资料资产、子公司资产；做好了华雄、双维、华虹服装厂、云山水泥厂、荣湾粮库房地产收购、扫尾工作；经过多次协调，处理好了城北小学卫龙村3亩多土地的历史遗留问题，并出具了红线图。

【投资经营】 2020年，天泽监理有限公司成功取得县城乡供水一体化专项债项目、汨罗国土增减挂项目、县水利局罗水河项目、君山牛奶铺电排改扩建项目、县水利局水系连通二期等项目的监理。同时，新墙河清淤疏浚项目的监理投标也在稳步进行中；县乐盛文化旅游发展有限公司超额完成了户外广告租赁费的收取，按照年初目标任务应完成35万元，实际完成38万元。配合长丰路扩改工程，完成长丰路等地段9块广告牌实地拆除协商、残值收购及灯箱广告的补偿事宜；润达石油公司首座加油站建成投产，第二座加油站建设即将启动；荣投置业有限公司综合楼投入使用，即将启动工业地产建设投资。启动投资7.6亿元的城建投占股40%的城乡供水一体化PPP项目。

【担保业务】 2020年，县城建投全资子公司中小企业融资担保有限公司已完成担保业务23379万元；新增业务8240万元；纳入再担保备案业务18020万元；争取各项补助款合计179万元；实现公司自有资金合规理财收入106万元。同时，从2020年3月起，担保公司将担保费降至1%，为企业减免担保费达300多万元。在疫情期间，公司还建立审查审批绿色通道，对涉及疫情防控的担保新业务，做到特事特办、急事急办，简化流程，提高担保业务审批效率，积极为企业复工复产提供担保资金供给。

【党风廉政】 2020年，县城建投加强党风廉政建设，强化工作纪律，将有关全面从严治党的各项政治、纪律等方面的文件、规定、制度、案例等资料细化、明确具体行为后汇编成册；加强廉洁风险监管，严控项目风险，规范审批审核流程，固定合同范本，实施集体决策核心条款；压实领导责任，落实巡察、审计整改，对于巡察所发现的问题，迅速成立由董事长牵头的工作整改领导小组，将问题落实分解到具体责任人，建立台账，逐个督办，逐个销号，要求不回避立行立改、不敷衍改出成效，确保一件一件落实、一条一条兑现，年底全面落实整改到位。

（李雨桑）

税务

【概况】 国家税务总局岳阳县税务局（简称“岳阳县税务局”）包括13个内设机构、5个派出机构和1个事业单位，负责全县14个乡镇5500余户纳税人和63万余名缴费人的各项税收、社会保险费和有关非税收入的征管工作。2020年，全局干部职工凝心聚力，坚决贯彻落实中共中央的重大决策部署，按照省局、市局和县委、县政府的工作要求，攻坚克难、砥砺前行。取得了令人满意的成绩：获评“全国文明单位”，县委、县政府决胜全面小康综合绩效考评优秀单位，社会治理工作先进单位，文明创建工作先进单位，法治政府建设工作先进单位，驻村扶贫先进单位。

【疫情期间税收工作】 2020年，岳阳县税务局坚定不移落实中共中央、国务院部署，闻令而动，全面落实总局“四力”要求。着力落实优惠政策。研究制定《国家税务总局岳阳县税务局“一对一”帮扶重点税源企业活动实施方案》，成立14个小组对重点税源企业开展帮扶。紧扣便民办税春风行动“战疫情促发展、服务全面小康”主题，推进“三用三全”，成立9个服务小分队对辖区内纳税人，实行网格化管理，确保优惠政策应享尽享，助力企业复工复产。着力推广“非接触式”办税服务。按照“涉税事项网上办”的原则，“非接触式”办税受理业务8625笔次。着力用好数据服务大局。以深化拓展税收大数据分析应用为抓手，以增值税发票数据为依据，深入开展对政策、行业以及税收变化的分析，定期向县委、县政府报送复工复产专题分析报告。同时，通过实时监测数据，分析企业经营状况，在发票领用、延期缴税等方面为纳税人提供“绿色通道”。着力抓好疫情防控。通过严明外出报备审批制度，严格执行清洁消毒、测温登记、人员上岗、应急处置等规定，筑牢了疫情防控的战斗堡垒。

【税收收入】 2020年，县税务局以“四严四突出”为目标，大力提升组织收入的规范性、针对性、精准性和实效性。严格依法征收，突出规范性。科学预测，精准分析，分时段明确工作重心和突破口，提升收入质量。同时，坚持组织收入原则不动摇，严格依法征税，坚决不收“过头税”。严把风险关口，突出针对性。稳妥推进社保费和非税收入征管职责划转。2020年，机关事业单位社保费已理顺流程和资金配套渠道，征缴步入正轨；居民“两险”圆满完成任务。2020年，累计组织各项税收收入17.4亿元，比2019年增加1.5亿元，增幅9.48%。

5月25日，岳阳县税务局深入企业宣传减税降费政策

【优化营商环境】 2020年，县税务局深化“放管服”改革，通过精简资料、缩减时间、简化流程、便利服务4项措施，帮助纳税人“松绑减负”。在精简资料方面，进一步减少纳税人资料报送。同时，不断优化“容缺办理”服务，在合理条件内为纳税人先办后补，受理“容缺办理”业务120余笔。在缩减时间方面，将行政审批事项压缩至6个，压缩办理时间5—10个工作日。在简化流程方面，升级打造“套餐式”服务，完善办税综合窗口涉税业务“一窗受理、全流程办结”制度，确保纳税人只取一次号、排一次队、提供一次资料。进一步优化注销流程。在便利服务方面，推行预约办、延时办等便利举措，确保纳税人“最多跑一次”。预约办理业务130余笔，延时服务纳税人超过1100人次。同时，搭建“银税互动”平台，帮助10余户企业通过“云税贷”“税易贷”等产品，获得资金支持。

【税收征管】 2020年，县税务局稳步推进各项改革。增值税改革持续深化、个税首次汇算平稳落地、企业社保费和新增4项非税收入如期划转，并稳妥推进。健全征管制度。研究制定了各项管理制度，为提升“十三五”规

国家税务总局岳阳县税务局青年志愿服务队

划期间依法治税水平提供制度保障。同时，创新实施征管工作情况月报告制度，对征管基础性指标，按月通报、严格考核，有力促进了征管效能提升。

【税务队伍建设】 2020年，县税务局着力提升队伍建设水平，不断激发干事创业潜能与活力。全面完成首轮首次及二次职级晋升工作，优化了干部配置。强化纪检监督。注重抓严抓小，进一步强化日常监督管理。召开专项整治推进会，开展违规收送礼品礼金等问题专项整治。规范内部管理。加强廉政警示教育，实现廉政谈话全覆盖。开展节假日落实中央八项规定精神、纠正“四风”等专项督查工作，持之以恒正风肃纪，进一步增强纪律规矩意识。激发队伍活力。以道德讲堂、书香税务、青年论坛等活动为抓手，加强干部道德品质、业务素质、精神气质培养。积极组织参加“以师带徒”、业务知识竞赛等活动，助力青年干部快速成长。

（李沐阳）

金　融

金 融

综 述

【概况】 2020年，岳阳县共有银行机构10家（网点64个），其中，包括中国人民银行岳阳县支行，中国农业发展银行岳阳县支行，中国工商银行股份有限公司岳阳县支行，中国农业银行股份有限公司岳阳县支行（网点4个），中国银行股份有限公司岳阳县支行，中国建设银行股份有限公司岳阳县支行，中国邮政储蓄银行股份有限公司岳阳县支行（含邮政局代办点共计网点16个），华融湘江银行股份有限公司岳阳县支行，湖南岳阳湘江村

2020年岳阳县银行业金融机构主要指标一览表

表3 单位:亿元

项目名称	年末余额	比年初增减	比年初增减（%）
一、各项存款	203.25	14.17	7.50
1.住户存款	143.64	19.37	15.59
2.非金融企业存款	19.04	–2.57	–11.89
3.广义政府存款	40.52	–2.60	–6.03
4.非银行业金融机构存款	0	0	—
二、各项贷款	146.49	16.35	12.56
（一）按对象分			
1.住户贷款	64.45	10.60	19.68
2.非金融企业及机关团体贷款	82.04	5.75	7.54
（二）按期限分			
1.短期贷款	34.65	6.93	25.00
2.中长期贷款	111.73	9.31	9.09
3.票据融资	0.11	0.11	—
三、不良贷款	1.86	0.85	84.16

说明:本统计表来源于人民银行岳阳县支行金融统计数据

镇银行股份有限公司，长沙银行股份有限公司岳阳县支行，岳阳巴陵农村商业银行股份有限公司（网点36个）。

2020年，全县金融运行平稳。至12月底，全县银行机构各项存款余额203.25亿元，比年初增加14.17亿元，增长7.50%；全县银行机构各项贷款余额146.49亿元，比年初增加16.35亿元，增长12.56%。

人行岳阳县支行党员合影

银　行

中国人民银行岳阳县支行

【概况】　2020年，中国人民银行岳阳县支行始终坚持以习近平新时代中国特色社会主义思想为指导，以创建“让党中央放心，让人民群众满意的模范机关”为契机，树牢“四个意识”，坚定“四个自信”，坚决做到“两个维护”，认真执行稳健的货币政策，把金融支持疫情防控和复工复产、金融支持稳企业保就业作为最重要的工作来抓，推动全县货币信贷总量稳步增长，推动信贷结构持续优化，推动实体经济融资成本持续降低，推动各项直达企业的金融优惠政策精准落地，确保了辖区金融体系稳健运行，有力地促进了全县经济社会高质量发展。被县委、县政府评为“岳阳县2020年度综合绩效考评优胜单位”，被岳阳市中心支行评为“2020年度先进支行”。

【党建工作】　2020年，县支行认真履行党组书记抓党建第一责任人职责，压紧压实党组班子成员“一岗双责”，实行党组班子成员联点党小组制度，督促班子成员履行分管职责，建立了党组班子、党支部、党小组3个层面的工作责任清单和任务清单，严格落实党建责任。全年召开会议专题研究部署党建工作6次以上，召开党组班子会议12次以上，党组成员到党小组指导工作4次以上，党组班子成员上党课4次。

【疫情防控工作】　2020年疫情防控期间，县支行成立了以支行行长为组长的疫情防控小组，明确疫情防控责任，建立了疫情期间值班制度，确保了疫情期间工作的正常运转。认真落实疫情防控要求，实行门卫每日测量进出人员体温，办公室每日电话排查院内住户及全体干部职工，行领导每周带队上门排查院内住户的模式，不断加大对职工及院内住户的防控，严格落实每日上报制度，确保了支行疫情期间的安全。加大疫情防控宣传。为进一步做好在职干部职工疫情防控工作，支行多次组织线上防疫知识培训，分享防疫小知识，干部职工防疫能力有了显著提高。在不断督促干职尽量减少外出的同时，不断强化意识形态教育，引导干职做到不造谣、不信谣、不传谣。

【基础工作】　2020年，县支行为进一步完善制度体系，支行重新编订《全行性制度汇编》，完善工作制度93个，着力构建以制度管人、以程序管事的良性机制。不断加强对公务用车、接待用餐、财务处理、用人用工等方面规范化、精细化、严格化管理，切实保障了支行工作规范平稳。为进一步提升基础业务水平，支行组织开展“会计财务国库风险防控常态化”活动，以业务分析点评为主线提升工作质量，巩固基础工作。2020年，组织专题学习16次，开展各项业务点评分析11次。以青年行员主讲和岗位互动的形式，学习基础业务操作，解读规章制度及政策文件，提升各岗位业务素质，业务风险防控能力大为提升。全年，会计国库部门未出现一笔业务差错。

【“稳企业保就业”工作】 2020年，县支行把金融“暖春行动”作为打赢辖内疫情防控阻击战，支持县域经济恢复发展的重要举措，支行精心部署开展“十行百企千户”大走访活动。为了解疫情对企业影响的真实情况，班子成员率队走访了辖内中粮米业、科伦制药等13家企业，对企业实地考察；分解走访任务，按片区分解个体工商户走访支持任务，将责任落实到个人；督促银行机构进行实地调研，全县10家银行机构走访对接小微企业146家，个体工商户2072户，掌握融资需求21.75亿元，新发放贷款11.59亿元，融资需求满足率53.31%，贷款加权平均利率4.98%，确保了“暖春行动”真正落地见效。

【用好货币政策工具】 2020年，为充分发挥再贷款撬动信贷投放和降低融资成本的政策导向作用，支行加大再贷款投放力度，引导地方法人机构扩大信贷投放，全力运用3000亿元专项再贷款、5000亿元再贷款再贴现专用额度、1万亿元再贷款再贴现额度等政策工具，保证辖内金融机构流动性合理充裕，引导贷款利率下行，切实支持县域经济恢复发展。积极落实一系列国家金融支持政策，积极推动新型货币政策工具在辖内的有效运用。2020年，岳阳县支农支小再贷款的投放量居全辖六县（市）第一位；两项直达实体工具的主要指标也居于六县（市）前列。

3月2日，县支行参加县政府组织召开的金融支持企业复工复产工作调度会

【金融扶贫工作】 2020年，县支行设立目标各司其职。依托金融扶贫服务站点，对贫困农户金融服务需求开展入户调查，建立“一户一档”金融服务档案，对符合条件的建档立卡贫困人口，开展信用评级、发放扶贫小额贷款，并配合扶贫等部门作好贷款贴息、风险补偿等工作。扩大政策宣传影响力。组织法人金融机构开展了“时间长、地域广、形式多、内容丰”的金融精准扶贫宣传活动，宣讲政策措施，推广产品和服务。加强督导稳步推进。充分利用电子地图等手段，展示建站成果、推动建站工作。配合中支完成全国首家农村信用评级标准化建设，指导巴陵农村商业银行编制全国首个《农户评级授信规范》，并于9月4日在全国企业标准信息公共服务平台公示。

【金融服务工作】 2020年，县支行打造省级移动支付示范工程。岳阳县电子支付示范县创建工作完成“两街两路”电子支付无障碍商业街、张谷英电子支付美丽乡镇以及公交系统“云闪付”便民工程。助农取款服务点优化升级。从农村支付环境建设的实际需求出发，做好助农工作，真正发挥助农取款的便民功能，使农民和商户实现双赢。新建和提质改造服务点251家、地理标志定位48家，服务点业务宣传和培训达到1500多人次，金融查询业务达到2506笔，金融资金业务达到3000多万元，老百姓得到了真正的实惠。全面优化营商环境。为深入贯彻中共中央、国务院关于优化营商环境的决策部署和省委、省政府“一件事一次办”改革工作要求，稳步推进全县优化营商环境工作，积极参与2020年岳阳县营商环境评价部门集中填报工作。遵循高效率与防风险并重的思路，督促银行优化企业开销户流程、缩短开销户时间，将资料审核与上门核实或面签等环节紧密衔接；鼓励辖内银行业金融机构推行电子渠道预约开户，让数据多跑腿，群众少跑腿；依据实际情况，查找短板和不足，不断完善流程细节，进一步推动改革深化和落实，全面优化营商环境。探索成立金融纠纷人民调解委员会，切实保护辖内金融消费者合法权益。10月20日，该委员会在金融纠纷调解工作室成功调解1起贷款纠纷案件。至年底，通过该委员会成功调解金融纠纷4起，金额243万元。

（谢慕兰）

中国农业银行股份有限公司岳阳县支行

【概况】 2020年，农行岳阳县支行全面落实上级行对党的建设工作要求，统筹做好疫情防控与业务发展工作，抓内控案防重点行治理，促业务营销创先争优，突出重点、凝心聚力，年末绩效考核进入市分行前三，各项工作得到持续稳健发展。先后获“农行岳阳分行一级支行经营管理先进单位”“岳阳县2020年度综合绩效评估优胜单位”“农行岳阳分行风险管理先进集体”等奖项。

【业务经营】 2020年，农行岳阳县支行各项存款余额278303万元，存款规模居辖内国有商业银行之首。其中，个人存款余额226100万元，年增量19066万元；对公存款余额52202万元，年增量-11872万元。各项贷款余额235387万元，比年初净增58608万元。贷存比84.6%，比2010年年末提升19.4个百分点。全年实现经营利润4733万元，上缴税收1532万元。

【支持企业复工复产】 2020年，农行岳阳县支行率先实现总行级防疫重点企业中粮米业2000万元贷款投放、实现重点防疫企业渔美康1000万元贷款投放。先后被《中国城乡金融报》、《岳阳日报》、岳阳县电视台等多家媒体报道，进一步提升了农行支持疫情防控、服务地方经济的良好形象。助力民营小微企业复工复产。以抵押E贷、纳税E贷产品为抓手，先后支持欣荣物业、盛祥环保等16家民营小微企业发展。帮助药店药商纾难解困。借着农行省市分行防疫贷款优惠政策，开辟绿色通道，从收集资料到贷款审批至放款成功仅用了3天时间，解除了药商的燃眉之急。仅3月，累计投放“药商贷”额度479万余元，19户医药行业客户享受了这一贷款便利。

【服务“三农”】 2020年，农行岳阳县支行发放农户贷款256户，涉农贷款余额14.45亿元，比年初净增3.84亿元；普惠型涉农贷款比年初净增7131万元。通过上级行“粮食贷”“肉鸽贷”等产品，支持农业专业大户57户、贷款金额6660万元，三农“一号”工程提升明显。2020年上半年，农行岳阳县支行采取“支行团队+网点团队”模式，扎实推进家门口银行建设和农户信息建档两项重点工作，对接11个行政村，农户信息建档户数5023户，发放乡村振兴带头人贷款3240万元。建成家门口银行11个，使金融服务链条向乡村有效地延伸。

【综合治理】 2020年，农行岳阳县支行继续追求“零不良”“零误差”的工作目标，不良贷款连续三年实现双降。全年实现安全平稳运行，各类检查发现问题整改率达100%。员工行为管理“两项排查”继续深入推进。运营、保卫、办公室等保障条线工作质效显著提高。以“三线一网格”为抓手，通过各种警示教育，促使员工合规意识进一步加强。9月，全行开展了严禁酒后驾车等警示教育，全行员工均签订了《严禁酒后驾车承诺书》及负责人的责任状。加强对《员工行为守则》的学习，严格落实上级行“五个一”要求，召开员工行为管理联席会，开展员工行为管理大排查。全年全行违规行为处理处罚36人，进行经济处罚22982元，警告1人，批评教育10人。

（谢小港　钟顺）

中国工商银行股份有限公司岳阳县支行

【概况】 中国工商银行股份有限公司岳阳县支行（简称“工行岳阳县支行”），内设营业管理部和营销管理部。2020年，支行各项贷款余额84112万元，各项存款余额131994万元，全年累计投放贷款16163万元，实现经营利润3674万元。资产质量良好，实现了不良贷款率和不良贷款额的双降，全年无案件、重大安全事故，无重大违规违纪、无大规模群体性事件。

【支持地方经济发展】 2020年，工行岳阳县支行认真履职、积极作为、积极响应国务院及地方政府支持小微企业发展的要求，大力推广小微普惠金融贷款和疫情贷款的投放，为岳阳县湖南金诺纸业包装有限公司、湖南兴和能源有限公司、岳阳市德力机械有限公司、岳阳县中岳环保科技有限公司、岳阳富和科技有限公司、湖南中畅石油有限公司、湖南中囤石油有限公司、岳阳华鑫电机绝缘材料有限公司、湖南祥柏生态环保科技有限公司、湖南俊乔建设有限公司、湖南八达人防设备有限公司及40多家个体经营户发放贷款8700万元。积极参与岳阳县房地产开发建设，为个人购房按揭贷款8600万元。

【队伍建设】 2020年，工行岳阳县支行高度重视对员工人才的培养工作，特别是对新入行员工的培养，及时了解员工思想问题，加强员工思想教育和违规风险的培训，对新员工实行导师负责制，提高员工的综合素质，提高办理业务的效率，加强持证上岗管理，离岗审查，严禁混岗代岗操作。实行每周一晨会制，加强责任制考核，资历培训到位。坚持把反腐倡廉各项要求贯穿于经营管理全过程，切实做到党风廉政建设与业务经营工作同部署、同落实、同检查。结合支行实际，深入开展员工异常行为排查工作，通过以查促防，充分调动和激发党员以党建工作为引领，积极拓展市场、优化客户结构。

【服务工作】 2020年，工行岳阳县支行坚持抓优质服务工作，规范现场服务管理，加强服务督查与投诉处理，营造“以客户为中心”的服务氛围，认真开展“服务大提升”活动。强化客户意识，树立“服务立行、服务兴行”观念，注重服务细节，做好服务讲评和规范服务培训，统一服务标准、服务行为、服务设施和服务形象，提升网点竞争力。提升网服务建设，更换多台老旧自助设备，引导客户使用自助设备，严格加强服务质量管理。通过服务严查严管，支行服务工作得到进一步提升，服务态度和能力明显提升。

（陈学军）

中国建设银行股份有限公司岳阳县支行

【概况】 中国建设银行股份有限公司岳阳县支行2020年年末支行全口径存款19.31亿元，贷款金额22.53亿元，存贷比

116.68%。全年资产质量保持良好，实现“无案件、无重大安全责任事故、无重大违规违纪、无重大负面舆情、无大规模群体性事件”的目标，确保了安全营运和平安运行。被岳阳县人民政府评为2020年度金融机构支持县域经济发展先进单位，被市建行评为“内控合规先进单位”“优质服务先进单位”。

【服务地方经济建设】 2020年，县建行秉承“以客户为中心、以市场为导向”的经营理念，扎根巴陵、服务当地，充分发挥金融在社会经济领域中的促进作用，不断加大信贷投入，加快金融创新，致力于服务地方经济社会发展，致力于成为客户首选银行。截至年底，各项贷款22.53亿元，贷款业务四大银行占比为36.03%，重点支持了地方重点项目建设和实体经济尤其是民营经济的发展。

【支持小微企业发展】 2020年，县建行为助力县域民营及小微企业快速向前发展，成立了普惠金融业务部，同时创新性地推出了大数据信贷产品。通过搭建第三方合作平台和大数据分析为民营及小微企业提供信用或抵押贷款，且大幅降费让利，全力帮助岳阳县近70家民营及小微企业解决了在业务发展过程中存在“融资难，融资贵”的社会痛点难点问题。截至年底，民营及小微企业贷款余额15853万元，四行占比为30.05%，比年初新增6316万元，增幅66.23%。

【助力乡村振兴】 2020年，县建设银行针对全县乡村金融发展有待进一步提高的现状，践行大行担当，下沉服务重心，为全县184个行政村及居委会上线了“裕龙通”综合服务点440多个，实现了村村全覆盖，这些服务点可以为全县村民实现预约办理建行储蓄卡、信用卡，社保、医保、水电煤、话费、有线电视代缴，转账汇款及小额存取款等功能。同时，针对乡村开发了金湘通快贷、优享贷、生猪贷等17个信贷产品。为村民办理4万多张乡村振兴卡，发放贷款13笔。通过对乡村金融全面赋能，从而构建了建行服务乡村的新生态，塑造了建行服务乡村的新品牌，推动了建行服务乡村新格局。

【服务立行】 2020年，县建行贯彻“服务立行”理念，以抓优质服务来提升客户满意度。支行狠抓服务工作落实，强化服务意识、客户意识、责任意识，以为客户提供优质高效的服务为着力点，按照“7+9”柜面服务要求全面提高服务质量，使服务工作规范法、标准化和常态化。

【风险防控】 2020年，县建行强化贷后管理，扎实落实“315工程”各项规定动作，实现每季信贷客户走访全覆盖、重点客户月度定期走访，做好客户调查和风险排查，积极主动防御风险，信贷资产质量继续保持优良，未出现新的不良贷款和风险问题。

（符松光）

中国农业发展银行岳阳县支行

【概况】 2020年，中国农业发展银行岳阳县支行（简称“农发行岳阳县支行”）以习近平新时代中国特色社会主义思想为指导，牢记“支农为国、立行为民”的办行宗旨，坚持“执行国家意志、服务‘三农’需求、遵循银行规律”“三位一体”办行理念，充分发挥政策性银行“当先导、补短板、逆周期”职能作用，全面落实国家强农惠农富农政策，积极引导社会资金反哺“三农”，在全力服务国家粮食安全、脱贫攻坚、农业现代化、城乡融合发展和区域重点战略的金融实践中，紧跟国家政策和市场需求，不断完善金融产品，不断创新业务模式，不断提升服务质效，形成了以存贷款业务为主体，以投资业务、国际业务、委托贷款、承兑贴现、保理业务、银团贷款、支付结算、网银业务、债券发行、代收代付和咨询顾问等业务为支撑的全方位、现代化金融服务体系。2020年年末，各项贷款余额23.36亿元，各项存款余额4.43亿元，各项存款日均余额5亿元，实现FTP利润1801万元，不良贷款继续保持零余额。

【支持县域经济发展】 2020年，农发行岳阳县支行认真履职、积极作为，有力地推动了县域经济发展。支持贫困农民种粮稳产增收。全年累计发放粮食收购储备贷款0.65亿元，支持收购储备粮食22106吨，直接带动种粮贫困农民26人增收。支持农业产业化经营和特色产业发展。2020年累计发放农业产业化和基础产业建设贷款2.44亿元，支持包括芭蕉扇业和弘辉城乡建设开发有限公司，尤其是弘辉城乡2.3亿元高标准农田建设扶贫贷款，通过改造“四低”资源，改良中低产田土和园地，将提升农田平均亩产，为粮食增产提供了有力保障，直接促进了贫困人口收入的提升，辐射带动贫困农户约1.7万人稳定增收。帮扶对口贫困村毛田镇黄道村。黄道村位于岳阳县毛田镇西南方，有住户629户，人口2248人，其中建档立卡贫困人口48户134人。支行先后采取驻村帮扶责任人“专职扶贫”、实地走访“精准扶贫”、捐赠物资“输血扶贫”等方式积极对接，推进扶贫工作。通过“农发易购”“扶贫832平台”和购买扶贫点农副产品约4万元，完成了上级行下达任务，消费扶贫真正有实绩、见成效。支持农业农村基础设施建设，配合乡村振兴战略。2020年，发放水利建设项目贷款1.5亿元用于新墙河疏浚，从根本上改变新墙河流域洪水泛滥的被动局面，为城市防洪保安发挥积极作用，大大提高河道沿岸的防洪能力，改善生态环境，环境效益和社会效益明显，对落实长江经济带发展及长江大保护战略具有重要意义。服务民营小微企业成效显著。2020年，支行新准入两家小微企业客户（均为首贷客户），投放小微企业贷款620万元，分别用于支持水稻种植和生猪全产业链发展。

【主要信贷产品】 2020年，农发行岳阳县支行粮棉油业务信贷产品：收购贷款、调销贷款、产业化龙头企业贷款、储备贷款、仓储（物流）设施贷款。扶贫业务信贷业务产品：产业扶贫贷款、教育扶贫贷款、健康扶贫贷款、贫困村提升贷款、扶贫批发贷款。基础设施信贷产品：水利建设贷款、改善农村人居环境建设贷款、生态环境建设与保护贷款、城乡一体化贷款、农村交通贷款、棚户区改造贷款。创新业务信贷产品：网络扶贫贷款、农业小企业贷款、支农转贷款。

（汪　霞）

湖南岳阳巴陵农村商业银行股份有限公司

【概况】 湖南岳阳巴陵农村商业银行股份有限公司（简称“巴陵农商银行”）于2019年1月23日改制成功并开业。注册资本6亿元。截至2020年12月末，资产总额86.23亿元，负债总额78.86亿元；各项存款余额71.81亿元，各项贷款余额40.05亿元，存、贷款规模分别占全县金融市场份额的35.38%和27.22%，均居全县金融机构首位；实现各项收入4.41亿元，实现经营利润1.73亿元。

【助力企业复工复产】 2020年，巴陵农商银行全力做好防疫抗疫、复工复产、防汛抗洪金融服务，通过运用央行专项支小再贷款、延期还本付息、普惠信用贷款、减费让利等政策，积极支持龙头企业、小微企业复工复产。全年累计发放复工复产企业贷款64户，贷款金额5.46亿元，办理复工复产企业贷款延期还本付息203户，贷款金额2.29亿元，发放普惠小微信用贷款311户，贷款金额5059.41万元，减费让利1660万元。

【金融普惠工作】 2020年，巴陵农商银行坚持省联社党委提出的高质量发展战略，深入、持久开展“党建共创、金融普惠”等行动，与县金融创安工作相结合，夯实“三级”维护模式，大力践行普惠金融职责，党建共创以来，共走访行政村229个，走访、评级农户和商户42935户，发放便民卡贷款5815户、资金53152万元。

【特色产品】 2020年，为减轻疫情影响，支持复工复产、春耕备耕，巴陵农商银行趁势推出线上申贷平台，客户足不出户即可申请贷款，同时创新推出3款信贷产品：用心守护贷、福祥亲情贷和“双复”振兴贷。针对本地经济发展现状和客户需求，加强客群分类，重点从贷款流程、利率定价、融资成本和风险防范等方面对信贷产品进行优化，推出了符合岳阳县实情的“三农”贷（农机贷、农资贷、农情贷）和“三香”贷（果香贷、鱼香贷、稻香贷）等特色产品。

【金融扶贫】 巴陵农商银行2020年发放扶贫贷款2.75亿元，建设金融扶贫服务站53个，实现三站融合22个，全县95%以上的扶贫贷款由巴陵农商银行发放，对全县贫困户开展春节慰问18.5万元，完成了帮扶贫困村的脱贫攻坚任务，发挥了决胜脱贫攻坚的金融主力军作用。

【政银合作】 2020年，巴陵农商银行深化对金融与地方发展规律的认识，切实当好地方发展的有力促进者、百姓银行的忠实奋斗者、普惠金融的坚定推动者，融入地方“一门式”服务，与县委、县政府签订“一门式”服务合作协议，实现与政府人员共用、业务兼办、办公地点共用等资源共享，对接县域谋划战略合作。

【网点建设】 截至2020年年底，巴陵农商银行完成25个网点的升级改造工作，均根据网点功能定位、服务半径、业务规模、客户需求和服务成效等情况优化网点空间布局，因地制宜对网点进行整合优化，增强服务功能，其中新建网点有张谷英支行、空港支行，迁址改造网点有月山支行、珍珠山支行、西塘支行、木里港支行、云山分理处。

【社会责任】 2020年，巴陵农商银行向各级慈善机构捐款近40万元，向县教育基金捐款50万元，成功举办全县“金融三员”大会，冠名了“巴陵农商银行杯”岳阳县第五届业余篮球俱乐部联赛，参与了“岳阳市农商银行”消费扶贫展销会，提升了巴陵农商银行的影响力和知名度。

（许建军　龚江玲）

中国银行股份有限公司岳阳县支行

【概况】 中国银行股份有限公司岳阳县支行（简称“中行岳阳县支行”），截至2020年末，各项存款余额合计74373万元，各项贷款余额合计80674万元。

【支持县域经济发展】 2020年，中行岳阳县支行一直把发展授信业务作为支持县域经济发展工作的核心，对县工业园内一批资质优良、业绩良好的企业持续提高授信额度。2020年中行岳阳县支行支持存款余额74373万元，其中个人存款余额33820万元，公司存款余额40553万元；支持贷款余额80674万元，其中公司贷款余额51197万元，个人贷款余额29477万元。有力地支持了县域实体经济发展，支持了地方经济建设。

【县域金融服务】 2020年，中行岳阳县支行县域金融工作发展部将发展支行县域金融服务工作作为一项重要工作。支行作为民营和小微企业金融服务示范网点，在人力、财力、物力上进行大力支持，营业厅专门建立小微企业开户绿色通道，专人负责业务办理。中行岳阳县支行坚持履行社会责任，促进县域经济发展，积极参与金融营销进社区、进校园、进市场等活动，为居民提供更便捷的金融服务，获得客户的称赞和肯定。被纳入湖南省国民教育体系“三个一百”工程金融知识普及体验基地。举办中银普惠—服务三湘之普惠金融“百场千户”银企对接会，以金融力量支持民营企业和小微企业融资，以大行担当助力岳阳县实体经济发展，全年办理普惠金融贷款3852万元。

【内部管控】 2020年，中行岳

阳县支行组织员工认真学习相关政策和规定，持续加强党风廉政建设和安全保卫工作。与支行每位员工签订《员工职业道德与防案承诺保证书》；按照案件风险排查要求，进一步加大对员工思想行为和员工参与民间借贷、非法集资的排查，开展新版“双十禁”学习，打造平安中行；提升全行员工的思想认识和行为规范，树立依法合规经营就是效益的正确观念，营造企业浓厚的合规文化氛围，确保安全运营。员工合规意识进一步增强、操作愈加规范，风险管控工作总体平稳，无案件、无重大安全事故、无重大违法违规及违纪事件、无重大负面舆论。被评为零违规网点创建进步单位，内控管理考核工作稳居全省先进行列。

【文明优质服务】 2020年，中行岳阳县支行始终坚持提供优质的服务，以服务拓市场、以服务促发展的工作思路，通过完善服务环境规范服务标准、提升服务技能、提高服务效率等措施，全方位提升服务质量和支行整体形象，在岳阳县树立良好的口碑。加强对员工的服务知识和服务技能的培训提高员工素养，每天晨会对员工服务仪容仪表、银行七步曲动作和一句话营销进行演练、点评；每月通过员工评议、监控录像回放评选出服务明星，表扬先进、鞭策后者；组织员工进行个人金融柜台综合业务、点钞、中英文录入、传票录入、计算机等多种业务技能训练，提高柜员操作技能，全员能手率达100%。支行先后被授予中国银行湖南省文明优质服务百佳示范网点、岳阳市银行业文明优质规范服务五星级示范单位等荣誉称号。

中行岳阳县支行为民营和小微企业建立开户绿色通道

【疫情防控】 2020年疫情防控期间，中行岳阳县支行党支部坚决贯彻上级重要指示精神，坚决服从岳阳分行党委、岳阳县政府防控工作的统一部署，成立了党员先锋队，始终秉持着以人民群众的生命健康为第一位的宗旨，服务于客户、员工、企业，为因疫情需要贷款的企业发放2500万元的防疫贷款，成为岳阳分行首家发放防疫贷款的支行。与此同时，支行在疫情最严重的时期，党员始终坚持在一线，积极配合县政府网格化防疫汇报工作，齐心协力，为平稳过渡这一艰难时期发挥了先锋作用。

【履行社会责任】 2020年是扶贫工作的攻坚年，支行多次走访对口扶贫点，慰问、帮扶贫苦户，积极组织支行员工购买扶贫对接户农副产品，消费扶贫，圆满完成了扶贫工作。2020年夏季，岳阳县进入汛期，支行党支部充分发挥先锋堡垒作用，共筹措防汛抗旱资金14万元，支行党员日夜坚守在大堤，以高度的政治觉悟，严格的组织纪律，强效的执行力，坚决落实防汛工作各项要求。

（刘大志）

中国邮政储蓄银行股份有限公司岳阳县支行

【概况】 中国邮政储蓄银行股份有限公司岳阳县支行成立于2008年4月22日。2020年，邮储银行围绕中共岳阳县委、岳阳县人民政府中心工作，积极践行金融单位的责任与使命，深入推进“三大建设”工程，加快理念转变，健全发展机制，提升服务能力。个人储蓄存款35.3亿元（含邮政代理），各类贷款余额9.8亿元（同比增长23%）。

【“三大建设”】 由邮储银行湖南省分行在2020年工作会议上提出并在全行实施。旨在通过3年时间实现经营理念、能力建设、体系机制的根本转变，全面树立“以客户为中心”理念、服务理念、价值创造理念、互联网思维理念，不断加强客户服务能力、产品创新能力、价值创造能力、科技支撑能力、风险管理能力，积极健全资源配置体系、考核评价体系、人才队伍体系。在“三大建设”的推动下，岳阳县支行服务能力和企业效益大幅提升。

【普惠金融】 2020年，岳阳县支行全面深化普惠金融工作，积极践行“服务三农、服务中小企业、服务城乡居民”的宗旨。积极开展金融延伸服务和金融知识宣传，全年开展上门延伸服务50余次，开展各类金融知识宣传活动十余次；全面助力复工复产，全年推出多种信用类信贷产品和网上产品，提升客户体验度，助力县域各行各业复工复产；坚定实施脱贫攻坚，向具有吸纳和扶持困难户的企业、合作组织提供2200多万元贷款资金，向50余名建档立卡贫困户发放800多万元各类贷款助力其脱贫致富；深入落实降费让利，贷款利率整体下调了0.5~1个百分点，为17家中小企业提供了无还本续贷支持，进一步节省企业融资成本。

（毛　雁）

华融湘江银行股份有限公司岳阳县支行

【概况】 华融湘江银行股份有限公司岳阳县支行（简称“华融湘江银行岳阳县支行”）于2015年6月进驻岳阳县，有员工13人。2020年，县支行在上级银行和县委、县政府的正确领导及大力支持下，各项工作稳健有序推进。至2020年年底，各项存款余额5.7亿元，贷款余额5.3亿元，被岳阳县政府评为2020年度岳阳县金融机构支持县域经济发展先进单位。

【支持县域经济发展】 2020年第一季度，华融湘江银行岳阳县支行认真贯彻落实中央省市和银保监会统筹推进疫情防控、支持企业复工复产等决策部署，积极开展“暖春行动”“百行进万企”等活动，向抗疫重点企业发放贷款近1200万元。切实履行责任担当，严格落实“不抽贷、不断贷、不压贷”的政策要求，对多家受疫情影响较为严重的企业采取调整分期还款计划、无还本续贷等方式，极大地缓解了受困企业的还款压力。截至年底，各项贷款余额53641万元，较年初增长8757万元，小微贷款余额7644万元，较年初增长2799万元，小微客户数较年初增长94户，重点支持了地方经济和小微实体企业的发展。

【金融服务】 2020年，华融湘江银行岳阳县支行牢固树立“以客户为中心”的服务理念，始终秉持“想客户之所想、解客户之所忧”的工作思路，进一步提升服务水平，将至诚服务落到实处。坚持网点晨会制度，利用晨会对业务盲点进行强化学习，保证服务意识入口、入耳、入脑、入心；设立服务监督箱，推行服务工作首问负责制；改善服务环境，对柜台实行“净化、美化、亮化”；简化工作流程，落实企业客户“最多跑一次”的开户服务要求。一系列优质的服务得到了客户和监管部门的一致肯定。

（胡　超）

岳阳县县长肖湘晖到县财保公司调研

保 险

中国人民财产保险股份有限公司岳阳支公司

【概况】 2020年，中国人民财产保险股份有限公司岳阳支公司（简称县财保公司）坚持“人民保险，服务人民”的经营理念；贯彻“为党工作，为国经营，为民保险”的服务宗旨，围绕县委、政府工作基本思路，提升保险服务品质，“为政府排忧解难，为百姓保驾护航”为己任，积极履行国有骨干保险企业的社会责任，参与政府安排的新农村建设、精准扶贫、济弱帮困、防汛救灾等社会活动，同时加强行业自律，发展民生保险、全力服务“三农”，各项工作取得较好成效。全年实现保费收入4199万元，同比增长19.6%。年缴纳税收314.00万元，同比增加23.71%。

【农业保险工作】 县财保公司充分发挥农业保险对稳定农牧业生产、降低农户种植养殖风险的保障作用。2020年，公司承保9个乡镇的水稻种植保险，在应对早稻倒伏、暴雨及晚稻“寒露风”灾害中，全年支付水稻赔款近1200万元，真正做到了农业保险应保尽保、应赔尽赔。

【基层服务网点建设】 2020年，县财保公司始终贯彻“人民保险，服务人民”的宗旨。为给广大农民提供更优质的服务，公司不断完善基层服务体系建设，持续加大保险服务“三农”的投入，并结合农村消费特点，积极拓展新型农村金融合作渠道。在重点乡镇公田镇、新墙镇相继设立公田三农营销服务部、新墙三农营销服务部，两部配备专人4人、三农服务专车2台，业务范围涵盖周边乡镇。

【“警保联动”新模式】 2020年，县财保公司联合交管部门推出“警保联动”新模式：统一外观标识，悬挂“警保联动交通管理服务站”标识牌；加快推进与交警部门在交通疏导、事故快处快赔等多方面的业务协同，大力推进“两站两员”建设。在交通拥挤、车流量相对较大的S306筻口集镇、中洲集镇、荣公线十六公里路段建立3个一级劝导站。

【完成县委、县政府中心工作】 2020年，公司积极践行“保险跟着扶贫走”的发展模式，聚焦保险扶贫。根据县委、县政府安排部署，派出两名员工进驻对口贫困村月田镇相思山村开展驻村帮扶工作，并投入专项资金4万元。同时，加大三农营销部在扶贫工作中的参与度，落实公田营销部所辖贫困村饶港村扶贫资金。公司响应号召，落实防汛救灾责任。安排驻守中洲垸堤段防汛，第一时间制定了科学全面的救灾值班表，落实防汛救灾资金5万元，确保防汛救灾工作落到实处。

（方亚娇）

中国人寿保险股份有限公司岳阳支公司

【概况】 中国人寿保险股份有限公司岳阳支公司系中国人寿保险股份有限公司在岳阳县的分支机构。2020年，中国人寿岳阳支公司认真贯彻落实总公司、省公司战略部署，以党建为统领，以高质量发展为主题，以转型升级为主线，秉持“保位进位、率先争先”的工作策略，以“冠军岳阳”为目标指引，注重机制引领，注重提质增效，注重排名进位，注重风险管控，谱写了岳阳支公司高质量发展的新篇章。2020年，总保费收入19338万元，为客户提供风险保障38861亿元，赔付支出1323万元（包括死亡、伤残、医疗等），缴纳各类税费91.34万元。

2020年，岳阳支公司经营考核迈入3A类公司行列，经营指标排名跃居全市第一，各项主要经营指标创历史新高。

【业务指标完成】 截至2020年12月31日，岳阳支公司总保费19338万元，同比增长12%，其中首年期交达成4660万元，达成年度目标的101%，同比增幅13.4%，十年期达成过3287万元，达成年度目标的103%，同比增幅17%，保障性业务达成2882万元，达成年度目标的115%，同期增幅39%，短期险业务达成2531万元，达成年度目标的110%，同比增幅17.6%。

【支持复工复产】 2020年，人寿岳阳支公司通过对《国寿附加国寿福提前给付重大疾病保险（庆典版）》等31款保险产品扩展责任的方式，为客户提供新型冠状病毒肺炎保险保障；发挥保险保障职责，降低保险费率，为岳阳县20万名外出务工人员提供风险保障；发挥保险“金融活水”作用，通过免除保单复效利息、调整续期交费宽限期、提高借款限额等系列金融举措，为小微企业、个体商户提供资金支持，保单借款，助力小微企业轻松周转。截至12月底，全县保单借款金额达2789.06万元，同比增长51.25%。小微企业、个体商户通过保单借款很大程度上缓解了资金紧张的困难。

【助力抗洪救灾】 2020年7月，岳阳出现1952年有气象记录以来最强降水，防汛形势严峻，岳阳县启动防汛二级应急响应，防汛工作进入战时状态。岳阳支公司成立了两支以青壮年党员干部作为队员的防汛突击队，发扬连续作战的工作作风，在当地政府统一安排下，组织开展24小时驻守巡查，监控水情，拉网式排查险情，支部书记身先士卒，冲锋在前，带头坚守巡查岗位，坚定顽强信念，确保安全度汛。党支部还主动组织开展防汛慰问，为抢险队伍、受灾群众送去了关怀和温暖。

【参与社会公益活动】 2020年，

中国人寿保险股份有限公司岳阳支公司办公楼

人寿岳阳支公司在疫情期间向全县抗击新冠肺炎一线医护人员、志愿者，每人捐赠 70 万元保障。主要包括新冠肺炎确诊保障 10 万元、新冠肺炎身故保障 50 万元、意外身故保障 10 万元；到岳阳县特教学校开展爱心活动，为学生们捐赠了 87 套新校服，并为建档立卡贫困家庭学生赠送了一份学生保险。岳阳支公司通过各类献爱心、送温暖的公益活动作为践行企业文化内涵的重要方式，全年累计投入公益基金达 18.2 万元。

【提升服务品质】 2020 年，人寿岳阳支公司致力提升服务品质，树立良好形象。缩短服务流程。坚持以“客户为中心”，着力提升客户服务水平，“柜员技能+科技应用”模式的推广，增加了客户对公司的满意度。加强对临柜人员的业务知识培训，提高综合业务处理技能，让客户“最多一个窗口”就可办理业务；推广科技应用，在客服中心设立绿色通道，客户通过电脑终端就可查询保单详情、自行打印发票。通过公司“国寿寿险”APP，可查询红利配发、续保缴费等保单详情，进行理赔申请。理赔更加快捷。实现重大理赔案件快处快赔，最快当天即可获得赔付，符合“重疾一日赔”条件的，当天即可收到理赔款。

（邓小兰）

教育·科技

教育·科技

教　育

【概况】　2020年，岳阳县共有中小学校149所，中小学生75930人。其中，小学113所（含附属教学点47个），在校学生41834人；初中28所（含九年一贯制学校9所），在校学生18704人；普通高中5所，在校学生9928人；职业学校2所（公办1所、民办1所），在校学生5321人；特教学校1所，学生143人；共有幼儿园179所，在园幼儿19934人，其中公办园87所。全县教师8118人，其中，在职教师4904人。

教育质量稳中有进。2020年高考，全县2826人参考，二本上线1512人，比2019年多263人。其中，县一中二本上线率为84%；县二中、县三中、县四中二本上线人数比2019年多167人；全县600分以上高分116人，比2019年多65人，1人被清华大学录取，2人录取飞行员。学考成绩开好新局。2020年，湖南省首次举行高二学业水平考试合格性考试，全县3296人参考，全科合格人数3281人，全科合格率达99.54%，县一中合格率达100%。中考成绩稳步提升，中考质量在岳阳市排名上升了两个名次。

立德树人成效显著。组织中小学校开展“扣好人生第一粒扣子”主题教育实践活动和“新时代好少年”评选活动，3名学生获市“新时代好少年”荣誉称号。加强中小学生心理健康教育，全县中小学心理辅导室覆盖率达到100%，岳雅实验学校、荷花塘小学被评为第一批岳阳市中小学心理健康教育特色校。举办中小学生独唱、独舞、独奏比赛和全县教师园丁歌手大赛，积极开展文明创建活动，教体局机关创建省级文明标兵单位，新创建省级文明校园1所，市级文明校园4所，县级文明校园创建实现全覆盖。

教育扶贫精准有力。抓好控辍保学，劝返义教阶段适龄儿童11人，义务教育阶段无一人失学辍学。开展好特殊学生送教上门，对142名无法正常入学的儿童少年，组织特殊教育学校和所在区域学校定期开展上门送教。落实好精准资助政策，2020年，共发放各类国家专项奖、助学金1256.4万元，资助县内外学生19859人次，为844名大学贫困新生办理助学贷款706.07万元，全县无一名适龄学生因贫失学辍学。

【疫情期间教学工作】　2020年，县教体局加强校园新冠肺炎疫情防控，组织中小学校摸底排查师生、家长10余万人，向中小学校下发口罩43万只、额温枪1500支，为18所千人以上大校配备并安装了红外线热成像体温检测仪。指导学校落实好“两案九制”等防控措施，做好师生每日体温检测及健康码日排查上报工作，全县师生无一人感染新冠肺炎。开展抗击新冠肺炎疫情募捐活动，教体系统31个单位、4502名党员教师共捐款71.7万元，组织为全县3913名建档立卡贫困学生每人购置一套图书。开展“停课不停学、学习不延期”活动，组织教研员共编发各类资料、练习题库200余份。组织学校精心编制课表，组织师生网络健康打卡，录制好网络微课，召开网络教学交流分享会，邀请县一中、明德小学、县八中等网络教学开展较好的学校进行经验推介，有力有序推进学校教育教学活动恢复工作，实现2020年春季平稳复学复课，秋季正常开学，各项考试和活动顺利开展。

【教师队伍建设】 2020年，县教体局以“国培项目县”为载体，加强教师专业能力培养，扎实开展“送教下乡”活动，培训教师430人。全面完成国培、省培、市培及县级各项培训任务，选送336人次参加国家、省、市各级各类培训。围绕学科培训、信息技术、教育管理、高考改革、高效课堂五大重点开展县级培训，教体系统举办集中培训班35期，县本级培训教师2829人次。拓宽教师补充渠道，加大定向委培生培养力度，完成公费师范生招生274人，其中初中起点153人、高中起点121人。加强教师招聘力度，完成240名大学毕业生的招聘工作；畅通教师调入绿色通道，春季调入岳阳县籍县外教师31人，秋季调入35人；引进高素质人才4人。采取“援教、支教、走教”多种形式，科学合理动态调整编制，组织城区学校、麻塘、新开、湖洲等超编学校68名教师到偏远学校、薄弱学校支教，鼓励乡镇内部规模较大的学校选派骨干教师和短缺学科教师到薄弱学校、教学点走教，充实师资力量。

【师德师风建设】 2020年，县教体局加强党员教师教育培训，在教体系统组织开展以“习近平新时代中国特色社会主义思想和党的十九大精神”等为主要内容的辅导讲座，组织教体局机关全体干部赴张谷英镇开展“扬清风正气，传孝廉家风”主题党日活动，并组织收看《失守的初心》等反面典型案例。发挥党员教师先锋作用，组织党员教师积极参与“四季同行·雷锋家乡学雷锋”志愿服务进社区文明实践活动，常态化开展走访慰问、关爱留守儿童和结对帮扶等创建活动。加强党风廉政建设，严格落实党风廉政责任制定期报告、测评制度。由局班子成员和副主任督学带队，就基层党组织履行党建工作职责、学校行政班子履行党风廉政建设主体责任及廉洁从政情况等，对26个县直学校和乡镇中心学校、56个行政班子和所有行政干部开展了测评，并充分运用考查结果，压实党风廉政建设主体责任。

【“五联帮扶”办学工作】 2020年，县教体局落实好“党建联心、资源联通、教学联动、师生联谊、学校联盟”的帮扶举措，推进“五联帮扶”向纵深发展，不仅由优势学校结对薄弱学校，县城学校结对农村学校，而且在乡镇内部开展结对帮扶，实现帮扶全覆盖，促进区域间学校整体联动发展，“五联帮扶”工作经验被《湖南日报》推介。

【举行义务教育阶段巴陵杯教学竞赛】 2020年10月19—23日，县教体局举行初中组教师教学竞赛，分黄沙街中心学校、鹿角中心学校、杨林中心学校、筻口中心学校、新墙中心学校5个赛点，有147名选手参加；10月27—30日，举行小学组教师教学竞赛，分公田中心小学、荷花塘小学、新长征小学、城南小学、明德小学5个赛点，有106名选手参加。参赛人数为历年之最。

【庆祝第36个教师节】 2020年9月10日，岳阳县举行第36个教师节表彰大会暨岳阳县园丁歌手大赛。中共岳阳县委书记田文静出席并讲话，岳阳县委常委、常务副县长吴光文，岳阳县委常委、县委办主任易新岳，岳阳县人大常委会副主任许吉程，岳阳县政协副主席刘岳等县领导出席会议。会议表彰了“优秀校长”10人、“最美乡村教师”15人、“师德标兵”30人、“优秀班主任”38人、“优秀教师”21人。表彰会后，全体与会人员还一起观看了园丁歌手大赛文艺汇报会演。

【开展“我和我的祖国”主题教育实践活动】 2020年9月28日，县文明办、县教体局、团县委联合举办的“我和我的祖国”主题教育实践之“同升国旗 同唱国歌”活动在城南小学操场举行。县委常委、县委宣传部部长王卫兵，县文明办、团县委有关负责人，县教体局全体机关干部，各乡镇中心学校、县直学校、民办学校校长以及城南小学近3000余名师生、家长代表参加。升旗仪式结束后，城南小学六年级学生表演了诗歌朗诵《我骄傲，我是中国人》，活动在众人共唱《我和我的祖国》中落下帷幕。该活动在岳阳县中小学校同步开展。

【举办教体系统“体彩杯”第一届教职工篮球比赛】 2020年10月22—31日，岳阳县教体系统举办2020年“体彩杯”第一届教职工篮球比赛。该次比赛由教体局机关和各乡镇中心学校、县直学校组成的13支代表队共156名运动员参赛。参照国家体育总局审定的最新篮球竞赛规则，分为预赛与复赛，预赛抽签分两个小组循环，按积分排定名次，每组取前四名共8支队伍进入复赛，复赛采用交叉比赛决出名次。整个比赛为期10天，共有48场。10月31日晚，比赛闭幕。最终，古村联队获冠军、新墙河联队获亚军、县二中获季军。

【肖湘晖调研教育体育工作】 2020年12月15日，县委副书记、代县长肖湘晖深入中小学校调研教育工作情况，副县长周里及教体局主要负责人陪同参加。肖湘晖一行先后到岳雅学校、麻塘中心学校、天鹅小学、城东幼儿园建设工地、县一中，实地察看了校园环境、办学条件、项目建设等有关情况，详细了解学校教学质量、办学规模、办学特色、师资力量等，并提出了针对性意见和建议。在县教体局会议室，肖湘晖听取了县教体局局长王敏关于全县教育工作有关情况汇报。肖湘晖指出，教育是立县强县之本，是阻断贫困代际传递的治本之策，各级各部门要高度重视教育、关心教育、支持教育，始终把教育摆在优先发展的战略地位，不断加大教育投入，促进全县教育更好更快发展。肖湘晖强调，要整合教育资金，用好社会资源，办好民办教育，大力破解教育发展瓶颈，着力解决城乡教育发展不均衡的问题，加快补齐教育发展短板。

【学前教育】 增加公办幼儿园学位。采取“整治一批、改制一批、扩容一批、新建一批、盘活一批”等方式，全力增加公办幼儿园学位供给。2020年，岳阳县累计增加公办园学位7190个，公办园在园幼儿占比达50.93%。推进城镇小区配套幼儿园治理，岳阳县完成7所城镇小区配套园治理，完成率100%。其中，怡和小区与天成小区2所配套园于2010年以前建成，已办成普惠性民办园；荣湾外滩、江河颐璟

新建成的集英学校

城、奥园小区3所配套园已建成，并分别签订三方协议，规划办成普惠性民办园；美的金科郡、荣湖城小区2所配套园尚未建成，但分别签订了三方置换协议，将提供普惠学位。加强普惠性幼儿园建设，普惠性学前教育资源覆盖率达91.12%。

【中小学教育】 2020年，全县全力化解义务教育大班额，投入1.09亿元新建城区集英学校，2020年秋季如期开学，新增学位2650个。投入6300万元完成10所学校新建教学楼工程，累计化解义务教育大班额332个，义务教育大班额实现“清零”。推进标准化学校建设。投入7582万元完成19所乡村小规模学校和31所乡镇寄宿制学校提质改造，全部达到湖南省义务教育合格学校标准；投入270万元安装159套“班班通”设备，实现岳阳县中小学校所有教室“班班通”全覆盖。

高中教育方面，加强新高考下教育教学研究，组织部分教师参加高考复习指导与核心素养下课堂实践经验交流研讨会和“百师联盟”组织的分科研讨会。邀请长沙市一中、长郡中学、雅礼中学的骨干教师或备课组长到岳阳县讲学、讲课。健全完善综合素质评价机制，重新修订《岳阳县高中学校教育教学质量奖励方案》，加强教学管理，深化课程改革。

【职业教育】 2020年，县教体局支持岳阳县职业中专与中联重科企业加强合作，安排52名学生到中联重科定向学徒，推进企业技术人员进校教学，企业文化进校园进班级，截至年底已有佛山顺德矢崎汽车配件有限公司、岳阳大力神电磁铁有限公司加入岳阳职教集团。扎实推进卓越中职校创建工作，大力支持县职业中专打造特色专业体系，构建机电、信息和商贸类三大专业群，形成对接产业、服务产业、提升产业、引领产业，以专业群为核心的特色专业体系。积极引进优质职业学校，分别是湘北女校项目、北大青鸟项目、湖南工业技师学院项目。

【民办教育】 2020年，县教体局开展民办学校评定考核，对岳阳县82所民办培训机构和45所民办幼儿园办学情况现场检查。评定岳阳雅礼实验学校、岳阳县新科职校等24所学校为优秀单位，岳阳县阳光优启幼儿园、岳阳县东方优培培训学校等183所学校为合格单位；岳阳县月田镇新世纪幼儿园、黄沙街镇红太阳幼儿园、荣家湾镇聪伶幼儿园3所学校为基本合格单位。开展校外教育培训机构治理，加强校外教育培训机构从教人员授课内容监管，对相关培训机构及职业学校文化类、专业类、教辅类等教辅资料进行逐一排查。11月16日，岳阳县召开2020年民办教育工作会暨民办教育协会一届三次会议，会议总结了岳阳县民办教育发展取得的成绩，指出了存在的不足及今后努力的方向，表彰了2018和2019两个年度年检先进单位，两位民办学校负责人分别就加强党建工作和内部管理作了经验介绍。

【体育工作】 校园体育。2020年5月15—24日，县教体局组织岳阳县5572名初中毕业生进行体育测试，其中80分以上的学生4730人，优秀率达84.88%；60分以上的5507人，合格率达98.83%。11月11日，组织开展“新华杯”2020年岳阳县中小学生足球比赛，共有21支足球队、216名足球运动员参赛。11月21—22日，岳阳县以明德小学为代表，组队参加了岳阳市小学生羽毛球锦标赛，获得小学甲组男双第三名和男单第五名。12月1—4日，教育部学生体质健康测试专家测试组一行9人到岳阳县一中、岳阳县八中、城南小学、岳雅学校进行体质健康抽测。杨林中学和荷花塘小学被国家认定为全国校园足球特色学校。群众体育。开展全民健身活动，举办岳阳县第七届乒乓球比赛、岳阳县羽毛球单项比赛、“兄弟杯”岳阳县第七届美式台球公开赛、岳阳县业余篮球俱乐部联赛、岳阳县太极拳年会展示活动。组队参加岳阳市业余篮球俱乐部联赛，获第三名；组队参加2020

年湖南省武术大赛，获金牌9枚；参加汨罗环洞庭湖流域羽毛球邀请赛，获团体第三名。竞技体育。岳阳县在2020年湖南省青少年摔跤、举重、拳击锦标赛中囊括8金、6银、6铜。

（万石正）

县一中

【概况】 岳阳县一中创办于1978年，系湖南省首批重点中学和首批挂牌示范性普通高级中学、中国教改教研实验基地、全国百所体育传统项目学校和湖南省现代教育技术实验示范学校、湖南省园林式学校。校园占地面积16公顷，建筑面积11万多平方米，基础设施完善，教学设备先进。2020年，学校有66个教学班，3118名学生，278名教职工。学校按照“以人为本、以德治校、彰显特色、和谐发展”的办学理念，明确“保稳定、保安全、抓质量、促发展”的核心任务，以“抢占新高考、促质量提升”发展战略规划为统领，抓住机遇，攻坚克难，抓好文明建设，加强党风廉政建设，学校安定和谐，各项工作稳步推进、顺利完成。获得“节约型公共机构示范单位”和教育部“第三批国防教育特色学校”两项国家级荣誉。同时，获得“岳阳市文明校园”、“岳阳市文明标兵校园”、岳阳市教学创优特色奖、岳阳市教育教学质量先进单位等荣誉称号，被清华大学授予“2020年生源中学”，被北京大学授予“博雅人才共育基地”。

【党建扶贫】 2020年，县一中党委中心组扎实开展党的理论学习，成立学习领导小组，制定中心组学习方案，高质量组织召开了民主生活会，认真组织学习《习近平治国理政》（第三卷），深入学习中共十九届五中全会精神；扎实开展“支部主题党日”活动，制定了“支部主题党日”活动方案，每月组织开展了一次党员活动，并做好了相关记录；组织全体在职党员开展了“疫情防控践初心、严峻斗争担使命”“向彭庆文同志学习”“听党话、感党恩、跟党走”“中央八项规定和作风建设”“厉行节约反对浪费”等主题活动，赴张谷英镇开展了“扬清风正气·追求孝廉家风”廉政教育系列活动，增强了党员的党性修养。扎实开展精准扶贫工作。2020年是脱贫攻坚之年，将精准扶贫与“三帮三带”工作有机结合，在毛田镇白若村开展扶贫工作，白若村共有113户390人建档立卡户，全村享受农村低保生活保障74户98人。2020年，县一中帮助该村顺利完成脱贫目标任务。

【疫情防控】 2020年，县一中认真贯彻上级疫情防控有关指示，成立岳阳县一中新冠疫情防控领导小组，形成从校长到班主任、值班教师全方位全天候的防御体系。班主任与值班教师及时给学生测体温、及时填写晨检、午检记录。学校及时组织为教室喷洒消毒液，督促学生及时开窗通风，保持室内空气的清新，在学校高度重视、周密部署、通力配合下，防控工作取得了阶段性成果。

【师资队伍建设】 2020年，县一中重视师德队伍建设，坚持师德为首，组织全体教师集中学习《中小学教师职业道德规范》，无体罚与变相体罚学生行为。同时，通过网络、讲座等方式宣讲党的各项方针政策、先进教师事迹等，不断提高教师的职业道德素质。加强业务培训。开展职业技能大练兵活动，组织了“三维开放大课堂”教学竞赛；组织教师参加湘鄂边省属示范高中青年教师线上教学比武等竞赛活动，荣获省、市、县奖励36个。其中，体育科杨杰荣获省级一等奖，数学科陈凯等教师获市、县级一等奖8个；5个省市级课题结题，其中教师杨育球主持的课题获市一等奖；组织教师外出学习、交流300多人次，全面提升了教师的业务素质。关心关爱教师。在春节前对学校贫困教职工和优秀教师代表进行慰问；在“六一”儿童节向教职工子女发放礼品；在重阳节组织离退休教师赴长沙铜官窑等地参观；在教师节对优秀教师和优秀工作者进行表彰；组织庆“五一”“七一”篮球赛、教职工运动会等，增强教师的团队精神；全额发放退休教师的节日补助；召开新教师座谈会，满10年、20年、30年校龄教师座谈会，并举办了第42届教工运动会。

【“两考”工作】 2020年高考，县一中全体教职员工克服新冠疫情影响，认真工作，精心备考，文化生一本上线664人，二本上线948人，二本上线率达84%；600分以上113人；理科1711班平均分达639分，被评为“岳阳市2020年高考最牛班”；戴晓龙被清华大学录取。2020年，学考九科科平均总分达852.18分，全科合格率达100%，是学校历年来学考成绩最出色的一届。

【学生竞赛】 2020年，县一中学生参加奥赛、生物、数学、物理、化学学科竞赛，共有8人获省二等奖，11人获省三等奖，奥赛成绩全市领先；参加岳阳市中小学生运动会，获篮球项目第二名；学生参加“三独”比赛，1人获省二等奖（市一等奖第一名）、2人获市三等奖。

【德育工作】 2020年，县一中创新开展德育工作。加强学生管理，坚持每月文明年级、文明班级竞赛及讲评，加强学生的文明礼仪礼貌教育与管理，建立学生自主管理长效机制。抓实常规教育。扎实开展学生心理健康教育、禁毒教育、励志教育、预防校园欺凌专题讲座、应急疏散演练等活动，全面提升学生的综合素质和能力。创新主题活动。组织青年志愿者参加了创国文、创国卫系列活动；组织学生开展了学雷锋、主题读书读报、艺体节、业余军校、安全和防空疏散演练、“无烟校园”创建等活动。结合《中共中央关于进一步加强未成年人思想道德建设若干意见》，结合清明节、五四青年节、教师节、国庆节、中秋节、一二·九纪念、元旦等重大节日，举办了“系好人生第一粒扣子”“我的中国梦”“光盘行动”“我们的节日——中秋节”“参观新墙河抗战纪念馆”“张谷英研学”等一系列征文比赛、演讲比赛、研学、专题黑板报等活动，对学生进行思想品德、心理素质、革命传统、孝廉和理想前途等教育。组织学生和教师为岳阳县教育基金会捐款。建立健全心理健康教育工作体系。设立了专门的学生发展中心，由具体教师负责学校的心理健康有关工作，并扩大到学校干部、班主任、任课教师，实行多元组合，根据中学生心理生理发育特点，开设心理健康辅导教育课。在各年级不定时开设心理健康教育辅导课程，设立心理咨询机构，针对各年级学生特点和男生、女生生理特点，进行专项的集体心理辅导。通过系列活动，有效地带动了“班风、学风、校风”的建设，提高了学生自身的文明建设，促进了学生身心健康，提高了学校文明建设程度。

【持续改善办学条件】 2020年，县一中新安装了南北门的门禁系统；慎思楼教室全部安装了空调，学生学习条件得到改善；慎思楼屋顶进行了防水防漏改造；学校南坪进行了生态车位和学生自行车停放位改造；改造了学校化粪池和排水管；解决青年教师住房问题的教师周转房已经立项。

【奖学助学工作】 2020年，县一中发放“傅依备院士励学教育基金”、深圳“文科园林公益教育基金”“国际私塾1%力量·高118”“中央彩票滋惠计划公示”等奖学助学基金共734120元，用于奖励优秀教师、学生，资助贫困学生。

（李　亮）

县职业中专

【概况】 岳阳县职业中专创办于1994年，是一所以职业教育为主附设成人学历教育于一体的县级职教中心主体学校。学校设施齐全，师资力量雄厚，教育教学和日常管理信息化。有全日制在籍学生3633人、教职工218

岳阳县职业中专开展“扬清风正气·传孝廉家风”廉政教育主题党日活动

人，本科以上学历教师100%，其中硕士研究生16人，高级职称教师45人，专业教师基本实现“双师”化。开设有电子电气、信息技术、商贸旅游三大专业群共12个专业，建有70多个校内实习实训室，有价值4000余万元的仪器设备和20余万册藏书。

【学生获奖】　2020年，县职业中专推荐评选省级三好学生1名，优秀学生干部、优秀实习生各1名，先进班集体1个。赵佳成获“湖南向上向善好青年”称号。“新时代好少年”主题教育读书活动全国征文朗诵交流获1个一等奖、1个二等奖、2个三等奖。全省中职学生技能竞赛获1个一等奖、4个二等奖、5个三等奖。全市文明风采活动“我在抗疫中成长”征文演讲比赛中获3个一等奖。

【教师队伍建设】　2020年，县职业中专教师高红梅被评为“特级教师”。教师秦伟获岳阳市“优秀教师”称号。全年教师发表（获奖）国家级论文10篇、省级论文25篇。在全省职业院校项目申报中，有2个专业教学团队、3门省级精品课程、4个教改项目成功立项。2020年下学期，分系开展3次“教学开放周”活动，共开办24堂教研公开课。

【校企合作】　2020年12月29日，县职业中专与湖南中联重科股份有限公司举行校企联合办学基地授牌仪式。校企共同制定人才培养方案，学校承担理论教学与管理，企业选派骨干技师到校任教专业实践课，接收教师到企业实践提升，企业出资设立奖学金和奖教金。

【基础建设】　2020年，县职业中专负责的国家发改委产教融合项目两期工程全部完成，新建实训楼正式投入使用，完成了学校机房、多媒体教室、数字广播系统、新实训楼附属人行道绿化、变压器增容、宿舍公寓化改造、录播室、多功能会议室等系列建设项目。

（汪正利）

科学科技

【概况】　2020年，县科技局坚持以党的政治建设为统领，紧盯全面建成小康社会科技创新绩效指标，紧扣“忠诚履职创佳绩，开拓奋进谱新篇”工作总基调，不断加快构建区域创新体系，大力发展高新技术产业，全面增强自主创新能力。全年争取省市科技项目11个，到位项目资金807.44万元。其中，21家企业争取省级财政研发奖补资金557.44万元，领先于岳阳市其他县（市）。湖南利尔康生物股份有限公司获批湖南省高新技术产业科技创新引领计划科技成果转化类项目。岳阳台湾农民创业园获批省级农业科技园。湖南天欣科技股份有限公司、湖南利尔康生物股份有限公司入选市级科技创新人才团队，2020年，岳阳市共评选出 10 家，岳阳县入选 2 家。丰瑞农机星创天地入选省级星创天地。民心绿色农产品星创天地、岳阳台湾农民创业园星创天地入选市级星创天地。县科技局生产力促进中心获批东洞庭湖生态保护血防健康教育示范项目。支持县高新园区发展，争取中央引导地方项目“岳阳高新区科技创新创业服务中心平台建设”资金 80 万元。岳阳县新认定高新技术企业 13 家；技术合同交易额完成 11020 万元；高新技术产业增加值 GDP 占比达到 26.3%；全社会研发经费投入快报统计完成 16 亿元；财政科技支出达到 4595 万元。

【全县科技创新工作会议】 2020 年 4 月 1 日，在县委党校多功能厅召开全县科技创新工作会议，全县 50 多家高新技术企业和科技型企业参加会议。会上对 2019 年新认定的 9 家高新技术企业每家企业兑现财政奖励 10 万元。会后，就企业研发财政奖补政策、高新技术企业认定政策和争资争项业务工作进行了专题培训。

【县委常委会议研究科技创新工作】 2020 年 4 月 24 日，岳阳市科技创新大会召开后，5 月 9 日县委召开常委会议，专题学习传达了全市科技创新会议精神，会议强调各级领导干部要高度重视、各职能部门要积极发挥作用，工业园区和科技部门要全力配合，在全县形成科技创新的浓厚氛围，推动科技创新快速发展。会议明确每年召开一次全县性规格较高、规模较大的科技创新工作会议；按要求统筹考虑、整体提升科技发展工作经费；县科技局有关事业编制的调整，由县委编办调查全县类似编制情况后提出整体方案，逐步解决相关问题。

【曹合群调研岳阳县科技创新工作】 2020 年 8 月 3 日，市科技局党组书记、局长曹合群一行深入岳阳县调研企业科技创新工作。曹合群一行先后到岳阳华中天地环保科技有限公司、岳阳联创热能设备有限公司、岳阳渔美康生物科技有限公司、湖南湘商智能科技有限公司等企业生产车间边视察边与企业负责人进行科技创新工作交流。调研组一行还视察了岳阳高新园区第五期湖南宸博铝业、财纳福诺石晶地板第二期以及高新园区创新创业服务中心等在建项目。曹合群对岳阳县企业科技创新热情给予了高度肯定。

【开展系列活动庆祝建党 99 周年】 2020 年 6 月 30 日，县科技局开展庆祝建党 99 周年系列活动。召开全局党员大会，组织全体党员观看了“战‘疫’一线党旗红”宣传片，学习了全国两会精神及县检察院扶贫干部彭庆文先进事迹。结合先进典型学习，开展对照检查。7 月 2 日，机关支部组织全体党员干部职工赴十八洞村开展“庆七一·科技助推精准扶贫”主题党日活动。通过参观学习，现场感受精准扶贫的成果和给新农村带来的巨大

7 月 2 日，岳阳县科技局机关支部组织全体党员干部职工赴十八洞村开展“庆七一·科技助推精准扶贫”主题党日活动

变化，大家纷纷表示，要以良好的精神风貌和更加饱满的热情投入到脱贫攻坚工作中。

【开展廉政教育主题党日活动】 2020年10月29日，县科技局、县科协全体党员干部赴张谷英镇开展“扬清风正气，传孝廉家风”廉政教育暨落实中央八项规定精神警示教育主题党日活动。全体人员在解说员的引领下参观了张谷英孝廉家风传承馆，聆听了一堂《传承廉洁家风，弘扬廉政清风》的主题党课。传达了《关于开展违反中央八项规定精神突出问题专项整治工作的通知》文件精神，重温了《落实中央八项规定精神政策汇编》，观看了党风廉政警示教育片《失守的初心》。

【开展禁毒教育活动】 2020年12月10日，县科技局组织全体干部职工参观县禁毒教育基地。在基地讲解员的指引介绍下，通过观看涉毒实物、展示图片、体验模型、真实案例及录像视频等，每一名参观者生动直观了解到毒品的本质、毒品给人类和社会带来的危害，深刻认识到禁毒人民战争的严峻性。

（易岳如）

文化·旅游·广电

文化·旅游·广电

文化·旅游

【概况】 岳阳县文化旅游广电局是2019年4月机构改革中组建的，将原县文化旅游广电新闻出版局职责职能进行了调整和划转，为县政府工作部门，加挂县文物局、县文化市场综合行政执法局牌子。主要职责是承担全县群众文化、专业文化宣传、普及和指导，全县重点文化旅游设施建设、文化旅游公共服务、文化遗产保护、文化旅游市场管理、文化旅游产业发展、广播电视管理、旅游营销、文化旅游市场行政执法等工作。文化馆为国家一级文化馆，县博物馆为湖南省第六批全民国防教育基地，县图书馆为国家三级图书馆。

2020年，县文旅广电局先后在国家、省获得了一系列荣誉，岳州扇制作技艺入选国家级非物质文化遗产代表性项目。成功创建省级全域旅游示范区；岳阳县博物馆获批湖南省第六批全民国防教育基地；黄沙街镇三和村获评2020年湖南省乡村旅游重点村、张谷英镇莲花湖村获评湖南省旅游扶贫示范村；县文化馆获湖南省文化旅游系统标兵集体荣誉称号。岳阳县全域旅游创建工作入选全市文化旅游品牌创建项目，全域旅游创建工作、《亲家相遇张谷英》创排工作、岳州扇制作技艺成功申报国家级非物质文化遗产项目工作入选岳阳市文化旅游广电系统十大优秀工作案例，荣获全市文化旅游广电工作年度综合先进单位；黄秀农耕文化园成功创建AAA级旅游景区；《亲家相遇张谷英》《小村故事》等8个节目参加岳阳市第四届艺术节，获4金、2银、1铜的好成绩。

【全域旅游工作】 2020年，县文化旅游广电局召开岳阳县创建第二批湖南省全域旅游示范区工作推进会，制定了《创建第二批湖南省全域旅游示范区工作方案》，对各县直相关部门、各乡镇和文旅企业进行了创建任务分解。市委、市政府将岳阳县作为全市唯一一家创建单位推荐至省文旅厅，县委、县政府主要领导多次赴省文旅厅对接创建工作。省文旅厅先后对岳阳县全域旅游示范区资料、现场点进行暗访和实地检查，岳阳县以资料、暗访和明查综合评分全省第二名的成绩，成功创建湖南省第二批全域旅游示范区。

【项目建设】 2020年，县文化旅游广电局启动了张谷英特色文旅小镇、桃李春风特色小镇、大云山生态旅游度假区、四馆一中心四大重点文化旅游项目建设，分别由一位县级领导牵头负责，并成立了项目建设协调指挥部。相思山景区、刘备洞峡谷景区、黄秀农耕文化园、岳阳樱花园、菁华研学旅行营地、花约四季（牡丹园）、新墙河抗战史实陈列馆等景区、景点通过不断开发，品质都得到很大提升。洞庭渔歌美食街、新墙葡萄采摘园、麻塘草莓采摘园、杨林鸽文化田园综合体等“旅游+农业”产品迅速兴起。

【艺术创作】 2020 年，县文化旅游广电局公演大型现代岳阳县花鼓戏《亲家相遇张谷英》，编排的现代小戏《小村故事》《风吹稻花香》参加省市比赛并获奖，恢复排练传统岳阳花鼓戏 4 台，全年新编创《又闻花鼓声》等音乐舞蹈器乐节目 6 个。完成出版非遗丛书《岳阳花鼓戏》、《中国戏剧志》（岳阳花鼓戏卷）的资料收集和剧照的拍摄。

【公共服务】 2020 年，县文化旅游广电局全面完成湖南省现代公共文化服务体系建设三年行动计划，公共文化服务体系建设满意度测评排名全市第一；推进了“四馆一中心”项目建设前期工作，启动数字文化馆图书馆总分馆建设，顺利通过第五次全国文化馆评估定级考核。改建了岳阳县全域旅游集散中心，在县城内商业街区、汽车站、高速服务区等人流密集地区设置了旅游咨询服务点。巩固深化厕所革命成果，新建、改建旅游厕所 17 座并完成百度地图标准。投入 100 多万元在高速公路出口、重点景区、星级乡村旅游区点、人流集中点制作安装岳阳县全域全景导览图 23 块。开发建设了岳阳县全域旅游大数据中心，对重点景区实行实时人流、车流、安全监控，并进行数据分析、安全预警。开发了岳阳县旅游智慧导览系统，并在门户网、微信公众号等平台上线推广。

【惠民活动】 2020 年，县文化旅游广电局组织编排的小戏《寸土不让》参加 2020 年湖南戏曲春晚、湖南省文艺轻骑队“精准扶贫”优秀文艺节目巡演、2020 国家宪法日暨法治湖南建设年度盛典活动等演出活动；县文化馆代表岳阳市参加全省第五届群艺馆（站）业务技能竞赛。岳阳花鼓戏参加中央电视台六大流派花鼓戏拍摄活动，岳阳花鼓戏《补背搭》代表湖南省参加“百戏（昆山）盛典”活动。公共文化服务均衡发力，千场公益电影响映房前屋后、百场文化惠民活动走进镇村组。开展“为山区留守儿童捐赠爱心图书活动”捐赠爱心图书 1200 多册，第三届“你读书·我买单”活动新增读者 360 人采购图书 3400 多册，开展“周末绘本故事会”25 场次；举办了“巴陵韵墨”迎新春美术书法作品邀请展、“礼赞十月·丹青焕彩”“美丽荣城·食安巴陵”美术书法作品展览，开展了“守护好一江碧水”采风写生，“文旅交融·大美巴陵”中国旅游日岳阳县主题活动。“四馆”全年免费开放接待群众超过 20 万人次。

【文化遗产保护】 2020 年，县文化旅游广电局举办了“夜游南湖·打卡非遗”——岳阳市 2020 年文化和自然遗产日系列活动，展示非遗项目 17 个，接待游客 1.2 万余人次。完成湖南省革命文物保护三年行动计划编制和市级、县级及尚未核定文物保护单位 185 处的数据录入，确保了全年县域文物安全“零事故”。

【文旅市场管理】 2020 年，县文化旅游广电局加强旅游秩序整

2020 年 10 月，大型现代岳阳花鼓戏《亲家相遇张谷英》公演剧照

治，对景区景点的旅游线路、产品安全评估进行了综合整治，强化了旅游从业人员安全教育培训，确保了旅游市场全年“零事故”。净化文化市场环境，以整治“行业乱象”为重点深入推进文旅行业扫黑除恶工作，全年开展“小片网取缔”“校园周边”环境整治、“扫黄打非”及网吧娱乐场所违规经营等专项整治行动170多次，出动执法人员750余人次，检查文化旅游经营单位200余家次，查处违规网吧13家、违规娱乐场所19家、取缔非法卫星传输站点13个，收缴各类非法出版物2000余册，为全面规范文化旅游市场秩序、净化社会文化旅游环境打下了坚实的基础。

（费　维）

县融媒体中心

【概况】　岳阳县融媒体中心担负着岳阳县广播电视新闻、专题、栏目、广告策划、采访、编辑、播音、制作、播出等工作。2020年，县融媒体中心面对新形势下的机制体制改革、重大任务挑战、新冠肺炎疫情等重重危机，不畏艰险、迎难而上，通过不断自我变革，各项事业焕发生机。

【新闻宣传】　2019年4月16日，县融媒体中心挂牌成立。2019年12月18日，融媒体指挥大厅投入使用，“新巴陵”APP正式上线运营。改革后，整合了全县电视频道、手机报、新闻网、微信公众号、新湖南岳阳县频道、手机客户端等平台资源，全力建设“中央厨房”，迅速组建融媒体采访、编辑、技术、传输和推广“五大中心”，并通过“引”和“育”的人才机制，打造了一支强有力的采编队伍，促使单一的媒体人才向全媒人才转变，逐步实现“一次性采集、多渠道发布、快速度传播、广覆盖受众”格局。2020年，《巴陵新闻》共播出2413条。加大外宣力度，积极推介岳阳县的好成果好经验，《湖南岳阳防汛“双抢”齐抓保粮食安全》《兵分两路　武警官兵成功封堵管涌》等7条稿件在央视报道；《易地搬迁：让群众搬得出　住得下　能致富》《“芒果扶贫云超市”走进岳阳县　岳阳王鸽“云飞”百姓餐桌》等37条稿件在省电视台报道；《岳阳县：全方位服务帮助企业复工复产》《岳阳县：直播“带货”电商助农》等142条稿件在岳阳市电视台《岳阳新闻》报道；《岳阳县：严阵以待迎战主汛期》等34条稿件在《岳阳日报》报道。

【有线网络发展】　2020年，县融媒体中心通过制定网络传播应急措施，提升新闻制作及有线、无线安装水平，提升客户服务质量，赢得了全县人民群众的肯定与支持。按照县委、县政府有关要求，县融媒体中心全力配合规范全县各类电视节目转播和接收工作，实现有线广播电视入户率达到60%以上的小康社会考评指标。

【“小片网”整治】　2020年，县融媒体中心针对岳阳县长期存在的“小片网”现象，按照县委、县政府有关要求，积极摸排，制定整改方案，加快推进有线电视整合，维护全县意识形态阵地安全，促进广播电视事业安全稳定有序发展。全县14个乡镇（办事处）“小片网”与岳阳县电视台进行并网，9050户用户基本完成转网工作。

【户户通和村村响工程】　2020年，岳阳县“户户通”工程建设在省、市的统一部署下，按照把各项工作做实、做好，确保“户户通”“长期通”的要求，县融媒体中心仅用一个月左右的时间完成2025户的录入、2006户的开通。同时，对全县各级广播平台、163个村级广播室、6324只高音喇叭进行规范管理，按照播出安全要求，实行专地存放、专人管理、专人播出，并加强维护与监督，圆满完成了既定的民生实事工程。疫情期间，县融媒体中心所属“一网一微一报两端”等共发布疫情防控类信息900余条，“村村响”应急广播总控平台每天早、中、晚3次，每次半个小时，为全县161个行政村、32个社区发送疫情防控信息。为县委、县政府的宣传工作和全县人民群众的疫情防控工作提供了正确的舆论导向。

【基础改造】 县融媒体中心鹰咀山发射台站担负着全县节目传输发射的重要任务，因其地理位置偏僻、建设年代久远、安全防范基础力量薄弱，与新形势下广播电视安全环境和安全技术标准的要求存在差距。争取项目资金新建了围墙、门头，对停车场硬化及站房改造，对路面进行了拓宽、弯道裁直、外坡护砌等建设。

（叶　辉）

图书发行

【概况】 湖南省新华书店有限责任公司岳阳县分公司主要担负全县中小学教材教辅的发行任务和一般图书、文化用品、数码产品等商品的征订和销售任务。

2020年，岳阳县分公司始终坚定发展信念，坚持担当责任，坚守发行阵地，以”守土有责、寸土必争”的使命感和责任感，全体员工凝心聚力、励精图治、奋发求为。紧紧围绕年初制定的工作目标任务，强化目标考核，狠抓责任落实，积极应对市场变化，聚精会神兴主业、促融合，全年完成商品销售码洋5763万元（其中，教材教辅销售4385万元、一般图书销售955万元；文化用品销售423万元）；营业收入4967万元，占全年任务4900万元的101%，同比增加618万元，实现利润总额732万元，同比增长330万元，货款回笼率达100%。

【教材教辅发行】 教材教辅的发行是新华书店的主营阵地。2020年上学期，新华书店将全县110所学校、7.8万名学生需要的书籍，通过15天高强度的分发打包，再统一安排车辆按线路有序送达到校，仓库里所有书籍在3月10日前全部清空。全年完成教材教辅发行4385万元。

【“阅达教育”APP推广应用】 2020年，县新华书店分公司为学生家长提供了便捷的订购模式，经过大力推广，全体代办员耐心、仔细加强与学校班主任的沟通与交流，利用电话、QQ、微信等方式联系学生家长，发送操作视频和操作步骤并一对一进行解释。学科学习类教辅、教育期刊、主题活动用书、四维阅读等各项业务在线上平台的应用，对校业务中打通了学校“最后一公里”，通过几期的强力推进，销售大幅增长。线上征订完成322万元，四维阅读完成线上征订发行300万元，全年完成《诵读》发行63万元，《实验报告》完成销售100万元，中小学生教育期刊完成发行380万元。

【“爱心阅读·书香巴陵”活动】 2020年，县新华书店分公司为积极响应国家关于“推进全民阅读，构建书香社会”的号召，公司组成5支爱心推销小分队，深入各单位宣传讲解爱心图书的作

岳阳县新华书店分公司开展“爱心捐赠·书香岳阳”全民阅读公益活动

用，推销队员全力投入营销，纷纷展示了各自的能力，最终实现“爱心卡”销售额码洋71万元，并于10月20日在县城明德小学举行岳阳县2020年全民阅读公益活动图书捐赠仪式，向偏远山区、贫困地区捐赠各类图书，价值28万元。

【打造鲜明企业文化】 2020年暑假期间，县新华书店分公司中心门市部开展了第三期为期两个月的“一日店长体验营”活动，活动有20余名小店长积极参加，其中年龄最小的7岁、最大的13岁。小店长们在书店工作人员的细心指导下，开展“店长日常工作”，小到考勤打卡、大到组织临时活动，解答读者咨询、维护阅读环境秩序、图书上架与整理等，认真积极参与了每一项体验环节。

【精准扶贫工作】 为进一步推动驻点村精准扶贫工作，提升贫困村民对扶贫帮扶工作的满意度。县新华书店分公司经常性组织帮扶队员开展入户调研、产业帮扶等精准扶贫大走访活动。驻村第一书记自负责扶贫工作以来，深入月田镇月田村，走访看望了62家贫困户。2020年11月14日，公司选派党员小组向贫困户家庭赠送生活慰问品，并组织全体员工自费选购贫困户自产的农副产品，鼓励他们积极发展产业，争取早日脱贫致富。对口扶贫3年，公司党支部始终如一高度重视，公司全体员工积极参与，努力推动脱贫攻坚责任落实、政策落实、工作落实，共捐赠扶贫款12万元。

【参与防汛抢险工作】 2020年6月下旬，岳阳县境内连续暴雨，洞庭湖超警戒水位，防汛形势非常紧张，县防汛抗旱指挥部分配县公司的新墙河责任堤段要求派人上堤防汛值守，公司4名员工在经理尹小文的带领下，24小时轮流奋战在抗洪第一线，坚守大堤一个月，直到洪水退去。

（陈拥东）

张谷英管理处

【概况】 2020年，张谷英管理处围绕县域发展总体思路及上级各项部署，按照以党建统领张谷英各项事业发展，坚持张谷英村整体保护、活态保护、特色保护相结合和多元化投入、多业态发展、多价值挖掘相结合，把文物保护利用与旅游开发融入美丽乡村建设和乡村振兴战略，凝心聚力、积极探索、大胆实践、攻坚克难。争取张谷英文物保护项目资金2529万元，其中上新屋横堂屋保护修缮项目1257万元，张谷英村环境整治项目1226万元，当大门东横堂屋修缮项目46万元。积极对接中国华夏文化遗产基金会，成功引进张谷英村文化遗产保护项目，对张谷英村文物建筑修缮、水环境综合治理、污水处理共投入2.07亿元。受疫情影响，截至年底，景区累计实现旅游人次25万人次，实现门票收入510万元，相比2019年分别减少18%和20%。2020年，张谷英镇被评为“湖南省华侨文化交流基地”。

【景区疫情防控】 2020年，张谷英管理处响应县防指指令，组织干部员工按上级要求对张谷英景区进行隔查，对外来旅游车辆和人员进行劝返，共劝返外来人员2750人，隔离人员24人。关停所有餐馆、旅社、民宿、KTV娱乐场所、麻将馆，不允许人员聚集。组织人员每日分时段对景区卫生进行彻底清洁，对所有办公场地及景区公共设施进行全面消毒。4月1日，根据《岳阳市突发公共卫生事件应急指挥部通告第12号》，经岳阳县防疫指挥部批准同意，张谷英景区恢复营业。张谷英管理处制订《张谷英村景区安全防疫有序开发实施细则》50条，明确开园防控管理的细则措施，发布游客告知书。安排安保人员全天候值守，采购人脸识别测温一体机，对进出人员进行了体温检测，扫健康码，做好出入情况登记台账；对餐饮住宿等经营场所进行整改，景区室内公共区域一律禁止堆放杂物、摆摊经营、接餐，预留游客安全空间，保持游客之间1.5米的安

张谷英镇获评"湖南十大特色文旅小镇"

全间距，规定圆桌就餐人数不得超过5人、方桌就餐人数不得超过2人。

【景区营销】 张谷英景区自2020年4月1日至12月31日，对全国医务工作者实行免票开放。参加"5·19"中国旅游日、湖南省国际文旅博览会等活动，获博览会"最佳展台奖"。

【张谷英旅游开发建设指挥部成立】 2020年5月27日，县委办正式发文成立张谷英旅游开发建设指挥部。县委常委、统战部部长苏红琳任指挥长，县人大常委会副主任许吉程、张谷英管理处主任毛一民、张谷英镇党委书记张文毅、县妇联主席黄丽娟任副指挥长。指挥部下设招商融资部、规划与协调部、项目建设部、营销与文创部、办公室指挥部。

【"古村巨变，丰收乐章"文艺下乡演出活动】 2020年9月26日，由岳阳市政协牵头，张谷英管理处、张谷英旅游发展有限公司联合岳阳市音协共同举办"古村巨变，丰收乐章"的文艺演出活动。文艺演出与景区文化旅游活动有机结合，活跃了景区广大民众文艺生活。

【"扬清风正气，传孝廉家风"廉政教育活动】 张谷英管理处争取并配合县纪监委开展"扬清风正气，传孝廉家风"廉政教育系列活动，以岳阳市廉政文化教育基地"张谷英孝廉家风传承馆"为载体，开展"扬清风正气，传孝廉家风"廉政教育系列活动，在全县营造"以孝为美、以廉为荣"的良好氛围，全县89家单位参加，2657人次参加活动。

【中国华夏文化遗产基金会捐建张谷英文化遗产保护项目】 2020年，张谷英管理处对接中国华夏文化遗产基金会，引进华夏文化遗产基金会无偿捐建张谷英村文化遗产保护项目，项目总投资2.07亿元，提质景区环境、水环境综合治理及核心文物修缮。4月签订框架协议；8月5日，签订实施协议，正式启动。

【张谷英文旅特色小镇建设项目融资贷款】 2020年，张谷英管理处通过整合项目资金、盘活景区资产，谋划景区长远发展，计划融资贷款2亿元全面提质景区设施，打造高端休闲民宿。经报请县政府常务会研究通过，按融资相关要求，变更张谷英旅游发展有限公司法人、董事会及注册资本金、基本户信息。深圳华侨城哈克文化公司编制的小镇建设项目策划方案于7月13日经省文旅厅、县委、县政府主要领导及相关专家评审修改优化，相关项目实施内容融入景区规划。9月，办理完成项目国土、环评、发改立项批复等相关手续，按相关要求全部完成景区资产产权划转办证、财务审计、项目包装、银行授信办理，与省建设银行达成贷款意向。

【"海外侨胞故乡行——走进湖南（岳阳县）"活动】 2020年12

月9日，在张谷英中国侨联国际华侨文化交流基地，举办“海外侨胞故乡行——走进湖南（岳阳县）”活动。县委书记田文静，县委副书记、代县长肖湘晖，县委常委、县委办主任易新岳，县委常委、统战部部长苏红琳参加活动。华侨同胞参观了张谷英古建筑群、张谷英孝廉家风传成功。

【江苏卫视《从长江尽头回家》探索张谷英湘楚文化】 2020年11月26日，江苏卫视公益文化纪实类真人秀节目《从长江尽头回家》携手彭宇、邓莎、廖佳琳、王新乔到张谷英探索湘楚文化，在张谷英景区进行拍摄。通过探访者的第一视角，节目在被赋予“文旅”属性丰富视听内容的同时，进一步凸显长江沿岸地区的文化魅力。

【争取文保项目资金】 2020年，张谷英管理处争取张谷英文物保护项目资金2529万元，其中上新屋横堂屋保护修缮项目1257万元、张谷英村环境整治项目1226万元、当大门东横堂屋修缮项目46万元。截至2020年，正在实施的文物保护项目：完成总投资462万元的张谷英村古建筑群防雷项目省文物局验收通过；投入1184万元对张谷英村古建筑群东头岸院落等10处因灾受损文物建筑抢险维修，竣工完成，正在准备文物部门初验收；投入资金900万元启动当大门东横堂屋修缮项目，完成东四横堂屋修缮；投入资金1257万元进行上新屋东西横堂屋抢救性修缮项目。9月，完成招投标并进场实施。

（万里程）

大云山国家森林公园

【概况】 湖南省岳阳县大云山国家森林公园位于湘北岳阳临湘两县（市）交界的大云山。大云山属幕阜山西北支，自古为江南名胜，道家洞天，盘旋七十二峰，海拔911.1米。1996年，升级为国家森林公园，属国家AAA级旅游景区。辖地1180.6公顷，规划景区面积540公顷。有祖师殿景区、真君殿景区、鸡子石景区和上威池景区4个景区、48处景观景点。山上有各种植物16科35属1230种，有蕨菜、烟竹笋、高山霉豆渣等绿色食品20多种，有古珍稀树种12种。曾建有28座庙宇，现已批准恢复开放5处。有8处市级文物保护单位和1处全国重点文物保护单位（“三战三捷”摩崖石刻）。大云山集森林休闲、观光避暑、宗教朝拜于一体，是人们回归自然，生态旅游的理想去处。大云山被列为岳阳十景之一（云山探幽）、湘北宗教生态旅游区、岳阳生态旅游重点线路，是中国优秀旅游城市岳阳市的重点景区。2020年，被评为湖南省“十佳森林公园”。

大云山国家森林公园管理处为大云山国家森林公园管理机构，为岳阳县政府直属正科级公

2020年10月24日，大云山“九月九庙会”及“金秋帐篷节”

益类全额拨款事业单位。2020年，大云山管理处充分挖掘大云山旅游特色资源，坚持保护、开发、利用、建设全面发展的工作思路，统筹加快旅游开发项目建设，着力打造国家AAAA级优质景区，各项工作取得了明显成效。2020年，实现社会总产值3141.59万元。国家森林公园全年共接待游客14.91万人次，旅游总收入达986.58万元。其中门票收入101.1万元，食宿收入180.7万元，娱乐收入60万元，其他收入644.78万元。

【植树造林】 2020年3月，春季补苗66.67公顷，抚育93.33公顷，清理和修复防火线25千米。4月下旬及时开展查苗补苗，保证了95%以上总成活率。对现有树林实行提质改造，培育大径材，营造红叶石楠、水杉、银杏等树种，由用材林向景观林转变，成带成片造彩色林阔叶林。

【防汛抗洪】 2020年7月7日，大云山国家森林公园境内连续暴雨，景区多处地段发山体滑坡泥石流，辖区景区、2个分场，所有组队全部告急。公园管理处全体党员干部职工根据防汛专题会议安排，所有机关干部职工、分场书记主任、广大党员全力以赴投入抗洪抢险，用实际行动展现出基层共产党员的先锋模范作用，筑起坚强堡垒，干部群众万众一心，生产自救，夺取了防汛抗洪的全面胜利。

【大云山旅游开发建设指挥部成立】 2020年7月28日，设立岳阳县大云山旅游开发建设指挥部。指挥部由县人大常委会副主任胡海平任指挥长，县人大环境与资源委员会主任刘亮甫、大云山国家森林公园管理处党组书记主任周水果为副指挥长，相关部门负责人为成员，指挥部下设综合部、征拆部、工程部及协调部。指挥部设大云山管理处，大云山的旅游开发建设工作正式步入正轨。投入1亿元，按照五星级旅游酒店标准建设凌云酒店，建设面积1.8万平方米。投入1100万元，推进高家洞至枫坳塘1.6千米旅游公路拓改升级项目，投入3000余万元，建设2万平方米的游客集散中心和生态停车场。截至年底已完成游客集散中心和生态停车场土方平整工程。

【王一鸥调研大云山旅游开发工作】 2020年8月30日，岳阳市委书记、市人大常委会主任王一鸥到岳阳县大云山国家森林公园调研大云山旅游开发工作，县委书记田文静、县人大常委会副主任胡海平陪同调研。

王一欧先后察看景区凌云宾馆工地现场和全国重点文物保护单位“三战三捷”摩崖石刻等景点，并参拜了大云山革命烈士纪念碑。现场听取了大云山国家森林公园负责人的情况介绍，详细了解项目基础设施建设、项目进展、旅游景点开发打造等情况。

【庾庐山调研大云山森林公园建设工作】 2020年10月15日，省林业局国有林和森林公园管理局局长庾庐山一行到大云山调研森林公园建设工作，县人民政府副县长杨前进、市林业局副局长杨大成以及相关负责人陪同调研。调研组对大云山森林建设和旅游开发工作取得的成绩给予充分肯定。2015年国有林场改革以来，大云山相关政策落实到位，营林生产、森林防火、地质灾害防治和冰冻灾害应对措施得力，基础设施和景观打造进展迅速。并提出项目建设要依法依规，安全生产要高度重视，景点打造要精华细致等要求。

【核心景区、景点修缮改造方案评审会】 2020年10月22日，大云山国家森林公园召开核心景区、景点提质改造方案评审会。省市县相关专家、县直相关单位负责人、各景区景点负责人、方案设计单位、大云山管理处30余人参加评审会。会议充分肯定了专家、相关部门以及景区景点负责人的意见和建议，要求各设计单位根据评审会形成的意见和建议，按照国家AAAA级景区的标准，明确定位、注重细节，尊重历史传承、深挖文化底蕴、符合本地特色，对各项目规划设计方案进行认真修改、优化设计。

严格按照相关规定，做好规划统筹衔接，充分考虑未来发展、合理布局、生态环境、本土风格、因地制宜、就地选材等问题，形成一套具有较高科学性、较实操作性、较强前瞻性的规划设计方案。

【举办“云开圣境——湘岳大云山”全国摄影邀请大赛及“金秋帐篷节”】 2020年10月24日，大云山国家森林公园迎来了一年一度的“九月九”传统庙会。由大云山管理处主办，岳阳县青年摄影协会、岳阳县起点户外俱乐部承办的“云开圣境——湘岳大云山”全国摄影邀请大赛及“金秋帐篷节”也同期举行。10月24—25日活动期间，公园各旅游景区景点共接待省内外游客3000余人次，实现旅游收入20.7万元。

【获评“全省十佳森林公园”】 2020年12月29日，湖南省林业局下发《关于2020年全省国有林场和森林公园质量管理评估结果的通报》，大云山国家森林公园被评为“全省十佳森林公园”。湖南省林业局于2020年11月1日—22日，通过林场、公园自评，市州评价和委托第三方省级评估三个阶段，组织开展全省国有林场和森林公园质量管理评估工作，在全省122个参评公园中共评定出12个森林公园为“十佳森林公园”。

（李志鑫）

医疗卫生

医疗卫生

卫生与健康

【概况】 2020年，县卫健局在县委、县政府的正确领导下，坚持以习近平新时代中国特色社会主义思想为指导，坚决践行“两个维护”，深入贯彻落实全国、全省、全市卫生健康工作会议精神，着力推进健康岳阳县建设，交出了人民群众满意的答卷。

【抗击新冠肺炎疫情】 2020年新冠肺炎疫情发生以来，县卫健局按照市委“堵、查、隔、治、停、备、稳、督”的八字方针，全县人民同舟共济，打赢了一场防疫的人民战争。确诊病例4例，实现了“三零”目标（零死亡病例、零医务人员感染、零聚集性疫情），受到市委、市政府的高度肯定。严格疫情监测防输入，严格落实国（境）外入岳人员入境集中隔离14天、核酸检测、居家隔离7天的管控措施；严格落实国内高中风险地区返（入）岳人员核酸检测、居家医学观察7天的管控措施；坚持政府主管、企业自检、行业监管、部门指导的原则，人、物同防，严格落实冷冻冷链食品检测、索证、溯源等管控措施。规范集会管理防扩散。严格按照国务院联防联控机制相关要求，规范管理大型集会。加强能力建设防反弹，县疾控中心、县中医医院核酸检测实验室相继投入使用，为应对突发疫情、开展全员核酸检测提供有力的保障。举办了多期乡镇医院核酸采测的资质培训，并由此扩大为所有医务工作者的全员培训，积极探索混检的检测方法，全县已储备核酸采集人员856名、检测人员118名，全部建立台账，确保全县有能力应对新冠肺炎疫情暴发下的核酸检测工作。严格按疫情暴发极端条件下的防控要求，做好药品、防护用品、消毒剂的动态储备。同时，调整了后备定点救治医院，部署了定点隔离点、方舱医院。强化机制措施防风险，坚持预案管理。充分发挥集体智慧，动员各层次各单位力量，编制出《岳阳县应对可能发生的新冠肺炎疫情应急预案》，《预案》附有核酸检测、医疗救治、定点隔离等6个子方案，重点突出，职责分明，可操作性强。

【医疗能力】 2020年，县卫健局从医疗质量、院感控制、医疗安全等多个环节着手，严格落实医疗安全核心制度。建立护士分层级管理制度。全面推进6S管理模式，提高服务内涵和水平。

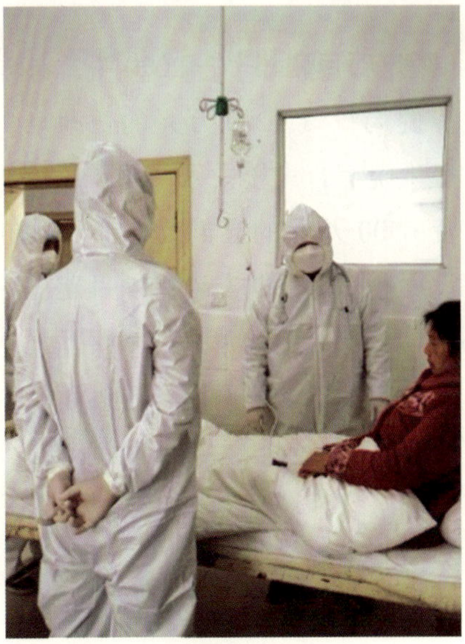

医护人员对隔离人员进行问诊

扎实推进中医传承和适宜技术推广。全县医疗机构年门急诊量达30余万次，年出院病人数达12万人次。县级医院重点建设临床专科8个，新技术、新项目超过15项，基于卫生健康信息平台，对接湘雅二医院的远程会诊中心，形成“县、乡”二级远程医疗服务体系。全年开展远程会诊338例，会诊率96.3%，取得了良好效果。

【药政工作】 2020年，县卫健局全面实行网上集中采购制度，严格执行两票制，全年网上集中采购药品9759.2万元，无违规发生；推进公立医疗机构短缺药品信息网络直报，完善县、乡两级短缺药品监测网络体系和预警机制，发布短缺药品监测预警信息，并将临床必需、短缺影响大的药品纳入重点监控目录。岳阳县接受了药政管理国家考核，取得了全省第二名的好成绩。

【医疗项目建设】 2020年，县卫健局投资1200万元的长湖乡卫生院综合大楼投入使用；总投资6500万元的县妇幼中心，建设面积1.5万平方米，项目建设主体已完成；总投资9000万元的公田县二人民医院，建设面积1.5万平方米，主体工程完成，东部医疗区域功能正在形成。组织筹集资金800多万元，完成了中洲、麻塘、相思、筻口、黄沙街、饶村、月田、杨林街等乡镇卫生院改造。

【公共卫生服务】 2020年，县卫健局进一步优化公共卫生服务的重点人群管理、服务项目、服务内容、服务方式，借力信息化平台，实行“次次刷脸”“时时在线”“样样齐全”的动态管理，全科医生的批量填注、DR、全自动生化仪的添置和巡回服务车的使用，确保了服务的真实性和全方位。免费建立电子居民健康档案66万份，服务管理更新率达91.5%，家庭医生签约服务58.05万人，让老百姓有了自己的家庭医生。

【全科医生人才工作】 2020年，全县14家建制乡镇卫生院的198名全科医生完成注册，提前、超额实现每个建制乡镇卫生院2名全科医生的小康目标。本土培训招人才，依托岳阳市职业技术学院，成功踏出卫健系统本土化人才录用机制的不毛之路，让一批学有专长、扎根农村的学子源源不断充实基层队伍，2020年本土化培训40名。畅通渠道引人才多方开辟人才流入通道，全日制本科人员和在乡村工作并取得执业医师资格的专业技术人员，到基层医疗机构工作只考核、不考试，让一批立志长期扎根农村、了解病人疾苦、深受百姓欢迎的医生进入基层医疗队伍。2020年首次拿出3名本科、10名村医名额只考核不考试进入卫生院工作。养老保险稳人才。财政按照每年每人2000元的补助标准，为439名在岗乡村医生进行了养老保险，解决了乡村医生的后顾之忧，稳定了乡村医生队伍，筑牢了网底建设。

【健康扶贫】 2020年，贫困患者县内外门诊、住院累计55006人次，全病种的住院治疗医疗费用实际报销比例达83.35%（其中县域内住院实际报销比例达85.22%），“六重”保障落实救助资金4930.25万元，县域内各级医疗机构“先诊疗后付费”循环垫付资金1200多万元。岳阳县健康扶贫工作在迎省检中得到检查组领导的高度赞许。

【产前筛查】 2020年，全县免费产前筛查3811人、免费“两癌”检查15000人、免费新生儿48种遗传代谢病串联质谱筛查4748人、免费孕前优生检测3600对，全部超额完成。无先天性艾滋病、梅毒患儿出生。

【计划生育】 2020年，县卫健局把关怀、服务、医治创伤摆到突出位置，倾情关注计生奖扶、特扶家庭，扎实推进计划生育家庭发展工作。发放奖扶、特扶资金1000万元；走访慰问计生困难家庭340户，发放慰问金及物资25万元；开展基层群众自治先进单位创建活动，全县共有13个村申报市级先进创建，1个乡镇和1

个村申报省级先进创建。全县已有10个村建立了会员之家。

【红十字会工作】 2020年，县卫健局加大无偿献血、遗体和人体器官捐献宣传力度，深入开展“三献三救”工作，大力开展红十字会应急救护员培训。6月，在党群活动中心开办救护员培训班2期，培训救护员88人；7月，在厚德广场开设以“人人学急救，急救为人人”为主题的模拟急救演练活动，宣传急救知识；8月，招募小学生40余名，在党群活动中心举办了暑假期间防溺水知识讲座，增强未成年人防溺水安全意识，掌握防溺水知识和技能，提高自救互救能力。无偿献血健康发展。利用世界红十字会日、志愿者日、党日活动等契机，在全县企事业单位中开展无偿献血活动，1—5月共有1411人参加献血，献血量50.8万毫升，占全年总任务的72.5%。10月，在各乡镇开展预约无偿献血，宣传发动各村组群众参与无偿献血，提前超额完成全年工作任务，连续11年超额完成上级下达的预约任务，实现了临床用血百分之百来源本县市民无偿献血，有效保证了全县临床用血的血源供应。岳阳县参加岳阳市无偿献血最美者评比活动，荣家湾粮库陈荣被评为全市最美献血者，岳阳县两新工委李龙波被评为最美组织者，岳阳县卫生健康局姜炎新被评为最美志愿者，岳阳县人民政府办公室、筻口镇人民政府、岳阳县水利局和县妇幼保健院被评为无偿献血最美公益团队。

【网底建设】 按照“全覆盖、高标准、村为主、乡镇督促、卫健指导”的总思路，典型示范、重点先行，奋力推进村级卫生室高标准入村级平台，全县194个行政村卫生室标准化达标率100%。

（邓曙军）

县人民医院

【概况】 2020年，岳阳县人民医院加强党的领导，推进政治建设，把政治标准和政治要求落到疫情防控、医疗业务、党的建设、文明创建等重点工作中，各项工作取得较好的成绩。医院开放床位700张；获市级文明单位，市政法委十大平安医院，精准扶贫工作（驻村帮扶）先进单位，县卫健系统党建先进单位等荣誉称号。

【医院党建工作】 2020年，县人民医院全面落实公立医院党的建设总要求，落实党委领导下的院长负责制，支持院长依法依规独立负责行使职权。将党建工作写入医院章程，制定了医院党委会、院长办公会议事规则，进一步规范议事程序。严格履行抓基层党建主体责任，党委书记亲自抓党建工作，党委委员、纪委书记具体分管，各党委班子成员负责各自分管工作的党建责任。加大党员教育培养力度，全院收到入党申请书24份，确定入党积极分子17人，发展党员7人，其中新冠肺炎疫情期间火线入党1人。用好“学习强国”“红星云”等学习平台，党员人均学习积分达到14000分，日均学习时长超过30分钟。推进“三帮三带”抓党建促脱贫攻坚。组织入村义诊1次，入户走访8次，继续推行马山村贫困户住院全免费政策，确保贫困户能得到及时的医疗救治。推进党风廉政建设，推动了履行党风廉政建设主体责任落地生根。全年召开7次党风廉政建设工作专题会议，开展违反中央八项规定精神问题专项整治和行业作风建设专项行动，召开警示教育大会2次，开展警示教育活动6次。

【抗击新冠疫情】 2020年，面对新冠疫情，在县委、县政府的坚强领导和大力支持下，县人民医院坚持生命至上、人民至上，冲锋在前，打赢了新冠肺炎疫情防控阻击战；克服新冠肺炎疫情不利影响，打赢了复工复产复诊攻坚战和常态化防控持久战。作为全县新冠肺炎定点救治医院，按照县委、县政府的决策部署，1月23日至3月5日，医院暂停所有普通门诊和普通住院，全力投入新冠肺炎疫情防控阻击战。

院党委班子团结带领全体干部职工坚守医院40多天，接诊发热病人900余人，住院观察148人，确诊3人，上报疑似22人，确诊病例、疑似病例治愈率100%，实现了“在院患者零死亡、医护人员零感染”的防控目标。3月5日复工复产复诊后，统筹推进疫情防控和复工复产复诊，召开防控调度会10余次，发热门诊接诊1125人，完成核酸检测46059人次，常态化防控各项措施得到有效落实。

8月19日，岳阳县人民医院举办中国医师节庆祝表彰暨文艺会演晚会

【提升医疗服务能力】 2020年，县人民医院持续巩固医疗内涵质量建设，开展医护质量分析讲评各9次，开展护理教学查房11次，质控病历2400余份。制定了《岳阳县人民医院科室考核细则》，将评分结果与科室绩效挂钩，进一步规范科室管理。新成立呼吸内科，开展了首例游离穿支皮瓣修复软组织全损术、根治性胰十二指肠切除术等一批新手术，三、四级手术比例提升至26.9%，CD型病历比提升至23.6%。开展院内业务培训20余场，选送9名医生、8名护士赴省级三级甲等医院进修培训，邀请省市专家开展学术讲座8场。采用微信公众号预约挂号、预约诊疗、诊间支付等信息化方式，累积微信挂号15077人次，微信诊间支付66495人次，线上支付金额达到10382054元。完成了居民健康卡改造项目，群众就医更加方便快捷。推进紧密型医联体建设，先后与岳阳市一人民医院、岳阳市二人民医院建成紧密型医联体，共享优质医疗资源。医院健康管理中心被定为全县机关事业单位干部职工定点体检机构，与50余家单位签订了体检协议。

【改善办院条件】 2020年，县人民医院新增绿化1000余平方米，完成了院内道路白改黑；住院楼墙面粉饰一新，所有天棚吊顶全部更换；完成了医院整体规划设计和门诊楼前坪设计，拆除了原门诊和医技楼并进行平整，医院整体面貌大为改观。投入220万元对信息系统进行了加固。启动了外科大楼建设项目的前期立项工作。

【拓展发展空间】 2020年8月31日，县委书记田文静到县人民医院调研医院发展建设。9月11日，县委常委会专题研究人民医院的发展建设事宜，按照建设区域性三级综合医院要求，决定了“将荔园宾馆的土地、资产整体划拨给县人民医院”“将工商银行东北角小块菜地划给县人民医院”“将县强制戒毒收治中心搬迁至县戒毒所旁边”“做好医院整体空间规划和外科大楼建设规划，县财政在5年内每年支持1000万元”“重新调查核定县人民医院编制”“将县人民医院设为全县机关事业干部职工体检定点医院”6个事项。完成了体检定点医院的确定，荔园病区的整体划拨，重新核定医院编制700名，为医院的“十四五”发展定下了总基调。

【倡导文明新风】 2020年，县人民医院扎实开展公益活动，共开展义诊10次，接诊群众1000

余人；开展3~6岁幼儿口腔健康检查和局部用氟公益活动，2000余名儿童受益；组织无偿献血活动1次，97人参与，共献血32500毫升；组织公益捐款2次，共募得善款23537元。扎实开展志愿服务活动。累积开展志愿服务活动10场，常态化派出志愿者开展指导挂号、引导就医、便民服务等150余天，累计志愿服务超2000工时。开展了“5·12”护士节庆祝活动暨演讲比赛，“8·19”“中国医师节”庆祝表彰大会暨文艺会演，两场活动均全网直播，网上点击量突破3万人次。组织全体医师庄严宣誓，开展了七一孝廉家风警示教育活动、违反中央八项规定精神警示教育活动、禁毒教育活动等系列宣传教育活动。

（孙剑　沈晖）

医疗保障

【概况】　岳阳县医疗保障局于2019年4月1日挂牌成立，属县政府工作部门，正科级局。主要承担城镇职工和城乡居民基本医疗保险、生育保险、药品与医疗服务价格管理和医疗救助等职能。2020年，县医疗保障局紧紧围绕上级医保部门改革工作目标和县委县政府工作大局，坚持“为医保立形象、给医保人争荣耀、让医保对象享尊严”的工作主线，着力落实防控，完善制度，深化改革，强化监管，夯实基础，优化服务，各项工作卓有成效。

【基金征缴】　2020年，岳阳县基本医疗参保率达到95.2%，超额完成实事指标任务。抓参保。从争取领导重视上做文章，层层召开会议，压实责任；从强化宣传做文章，印制医保政策问答、医保政策宣传手册20万份，开展电视专题访谈，宣传车全覆盖行政村；从强化督查考核做文章，将征缴纳入全县绩效考核，制订考核细则，明晰奖惩措施，加大奖惩力度。抓覆盖。就城乡居民医保征缴，建立人员信息台账，对已参保、特殊群体、异地参保、合理不参保、拒绝参保五种人群一一标识；就城镇职工征缴，从参保基数源头进行稽核，杜绝少征漏征。抓总量。做大基金盘子，增强自主参保积极性，让参保率带总量；加强特殊人群资助，让资助参保活总量；加强稽核稽查，杜绝少部分人群骗保侥幸心理，让稽查稽核增总量。

【待遇保障】　2020年，按照市级统筹统一基本政策和统一待遇标准要求，岳阳县医疗保障局迅速准确领会精神并全面落实待遇。保障基本医疗待遇，全年职工基本医疗补偿2.3万人次，基金支出9000余万元，补偿面与补偿率分别达到72%和82%；城乡居民医疗保险补偿94.8万余人次，基金支出4.31亿元，补偿率达到36%，基金使用率83.8%。保障普门、两病、特门等新增待遇。全县21家乡镇卫生院、191家村级卫生室全面展开相关门诊统筹业务。门诊统筹补偿807555人次。其中，特门16447人次，特药956人次，两病24411人次，普门765741人次。受理特殊慢性病门诊资料审核4658份，通过审核3645份。保障意外伤害及补充保险待遇，年度补偿意外伤害4149人次，补偿金额1254.34万元；补充保险新政策为138个家庭送去温暖，赔付227.45万元。保障大病保险待遇，全年补偿大病保险3688人次，拨付医保基金3320.46万元。对清查近3年大病保险待遇落实中发现的应补未补589人192万余元全部进行了追补。

【医保清风行动】　2020年，县医保局始终将医保基金安全作为首要工作来抓，从监管上着力，全面开展“医保清风”行动，打击欺诈骗保工作取得了良好效果。强化监管监审。对各级各类定点医疗机构进行专项督查，重点通过抽核病历、网上匹对、现场核实等手段，查处挂床住院、过度检查（用药）、超标准收费等违规行为；对定点零售药店进行全覆盖监督检查，重点监管聚敛盗刷医保卡、诱导参保人员购买药品以外的化妆品、生活用品和以药易药等行为。全覆盖检查

2020 年 5 月，城乡居民大病补偿清理兑付工作现场会

医院和随机查房两轮次、68 家，覆盖率 200%，药店覆盖 164 家，覆盖率 100%。督查经办机构的大病保险、意外伤害、补偿意外伤害等业务的实施状况，重点监管兑付金额和结算过程的执行情况。强化稽查稽核。制订了完备的稽核操作规程，深入开展“两类机构”专项治理和“医保清风”专项行动。深入开展自查自纠收缴基金 52.67 万元。配合省检和检查复核 1 个单位。配合市交叉检查和检查复核 4 个单位。全年立案 9 起，行政处罚和行政处理 10 起，收回基金 144.5 万元，行政处罚 142.67 万元。移交纪监委案件 1 起，移交公安案件 2 起，刑（行）拘 2 人。

【医保扶贫】 2020 年，县医保局落实参保补助政策，出资 764.4 万元对全县 47980 名贫困人口、一至四级残疾人予以资助，出资 116.4 万元资助五保户参保，确保贫困及特殊人口参保率达 100%。“一站式”结算全面落实。2020 年，全县共有 33669 人次享受了“先诊疗后付费”政策和“一站式”结算服务。县域内住院治疗实际报销比例为 85%，县域外住院治疗报销比例为 80%。贫困患者住院救治 33669 人次，补偿 9583.26 万元，报销比例达 85.18%。医疗救助全面落实。对符合条件的对象医疗救助全面到位，全年救助困难人群 2992 人次，拨付救助资金 415.6 万元，资助特殊群体参保 4656 人 116.4 万元。选派两名工作人员常驻黄沙街镇复兴村，并担任第一书记。派出 12 名班子成员和中层负责干部开展结对帮扶。驻村工作队狠抓“就业、产业”促增收，强力推力教育、住房、医保、饮水四项政策全覆盖，结队帮扶人员定期深入走访，结合实际和自身能力开展消费扶贫和点对点资助帮扶，确保了复兴村扶贫工作一直处于全县先列。

【行风建设】 2020 年，县医保局始终坚持以人民为中心。从宣传、教育、梳理和规范着力，落实“最多跑一次”和“放管服”改革。按照“马上办、网上办、就近办、一次办”要求，实现县域内城乡居民医保、大病保险、医疗救助三项政策“一站式服务、一窗口办理、一单制结算”。落实医疗保障惠民利民便民十条措施，加强窗口规范化建设，进一步明确文明用语、服务禁语，以实际行动赢得民意，汇聚民心。启动“我的行动大家评”活动和“重礼仪 优服务 提素质”女工教育活动，加强经办人员礼仪和业务培训，工作人员推行承诺晒成绩与措施活动，进一步提升服务能力和服务品质。推行志愿服务。全年共开展疫情防控捐款、义务献血、送健康下乡、消费扶贫、创文劝导等志愿活动十余次，单位凝聚力全面提升。开展舆情队伍建设，正面应对相关舆情，年度共承办市长信箱 16 件。

（邹　颖）

人民生活

人民生活

【社会保险】 2020年，岳阳县社会保险参保人数54.94万人。其中，企业养老保险4万人，机关事业养老保险2万人，城乡居民养老保险40万人，工伤保险6.22万人，失业保险2.72万人；共享受待遇14.26万人次，其中企业养老保险2.4万人次、机关事业养老保险0.6万人次、城乡居民养老保险11万人次、工伤保险0.23万人次、失业保险0.029万人次。社会保险基金总收入11.79亿元，其中企业养老保险61123万元，机关事业养老保险36285万元，城乡居民养老保险18775万元，工伤保险1140万元，失业保险654.95万元；基金总支出11.48亿元，其中企业养老保险63174万元、机关事业养老保险35661万元、城乡居民养老保险13995万元、工伤保险1598万元、事业保险397.21万元。

【就业服务】 2020年，岳阳县就业创业及就业扶贫各项目标任务均如期完成，全县就业形势平稳。全县城镇新增就业6725人，完成年度任务5500人的122%；城镇登记失业率控制在4.5%以内，为2.66%；失业人员再就业3367人，完成年度3000人任务的112%；就业困难人员再就业1421人，完成年度任务1000人的142%；新增农村劳动力转移就业4354人，完成年度任务4300人的101.3%；发放创业担保贷款9923万元，完成年度任务6000万元的165%；职业技能培训6085人，完成年度任务4200人的145%，创业培训360人，完成年度任务330人的109%，农村转移就业劳动力培训1114人，完成年度任务1000人的111.4%；失业保险参保总人数26075人，完成年度目标任务23500人的111%。在就业扶贫方面，全县建档立卡贫困劳动力11162人，实现就业8683人，就业率77.8%（目标任务65%），较2019年年底增加635人；稳定就业人数8198人，稳岗率94.3%（目标任务75%），未脱贫有就业意愿贫困劳动力353人，全部实现就业。开展贫困劳动力技能培训10期407人，完成年度任务340人的140%；贫困家庭“两后生”技能培训2期85人，完成年度任务60人的142%。

【人才引育政策】 2020年，岳阳县人社局认真贯彻落实市委、市政府《岳阳市打造高质量发展人才高地的若干措施》和县委、县政府《岳阳县促进人才向基层一线流动方案》，结合岳阳县实际，制定《岳阳县引进高层次和急需紧缺人才实施办法》《岳阳县洞庭英才支持计划实施方案》。从引才、聚才、育才、扶才、优才等方面发力，以最大诚意、最优服务、最好保障招贤纳士，为推进岳阳县高质量发展提供人才支撑；扎实开展“四海揽才”活动，积极参与岳阳市“四海揽才”（长沙）大型招聘会，22名引才用编计划，报名32人，其中硕士研究生29人，双一流大学本科3人，为企业招揽本科以上学历人才27人，为全县经济社会发展提供了高层次人才保证和支撑。

【婚姻登记】 2020年，岳阳县办理结婚登记3696对，其中办理离婚登记2092对，补发结婚证件1275对，补发离婚证件50本，办证合格率100%。联合妇联、政法等部门创新婚姻调解服务，采用“情理+法理+心理”调解模式，高效化解家事纠纷，尽力挽救“亮红灯”婚姻，降低离婚率，共为1000余对预离婚夫妻提供婚姻家庭关系辅导和离婚调适等服务，成功劝和300余对。

【殡葬管理】 2020年，岳阳县新殡仪馆主体及配套工程已建成，1.7千米专线道路已通车。新馆主要包括火化、吊唁、综合业务、住宿、餐饮等6个功能区，总建筑面积11432.94平方米，总投资1.6亿元，统筹治丧与安葬，能满足岳阳县未来30~50年殡葬服务需求。清明节期间，按照“防疫情、保安全、重环保、倡新风”的工作思路，加强清明祭扫工作组织引导，与移动、联通合作，向30多万名手机用户发送文明祭扫和防疫知识短信。开展“三沿六区”专项整治6次，发出《关于加强殡葬管理工作的函》6封。通过分类施策，岳阳县共完成300余座坟墓整治工作。2020年，县殡仪馆接办丧事共112场，减免群众丧葬费近20万元，减免火化费近10万元。

表4　**岳阳县各乡镇农村居民人均可支配收入一览表**

单位：元

	2020年	2019年	同比增量	±%
全县	19299	17915	1384	7.7
荣家湾镇	21250	19688	1562	7.9
公田镇	18510	17171	1339	7.8
新墙镇	21093	19604	1489	7.6
张谷英镇	17960	16723	1237	7.4
新开镇	19987	18593	1394	7.5
杨林街镇	18490	17153	1337	7.8
筻口镇	20133	18694	1439	7.7
中洲乡	18434	17148	1286	7.5
柏祥镇	20280	18803	1477	7.9
黄沙街镇	22005	20413	1592	7.8
长湖乡	19765	18352	1413	7.7
步仙镇	17374	16192	1182	7.3
毛田镇	15719	14650	1069	7.3
月田镇	15087	14009	1078	7.7
麻塘办事处	19563	18216	1347	7.4

乡 镇

乡 镇

荣家湾镇

【概况】 荣家湾镇为岳阳县县城驻地，是全县政治、经济、文化中心，东靠武广高铁，京广复线贯穿南北；西抵东洞庭湖鹿角码头，通江达海；北靠岳阳市湖滨开发区，是市区南扩的重点区域；南接汨罗市桃林镇和岳阳县中洲乡，岳荣新公路、荣黄公路、荣宝公路从辖区穿过，新墙河流经北部。地貌以丘岗为主，水陆交通十分便利。全镇面积143.8平方千米，其中耕地面积5746.87公顷，下辖13个行政村、20个居委会。2020年，全镇人口总量134267人，共出生1176人，符合政策生育1352人，符合政策生育率90.8%，出生人口性别比120，死亡人口524人，人口自然增长率5.02‰。

2020年，荣家湾镇经济形势保持稳中有进的总基调，在疫情防控、脱贫攻坚、防汛救灾等一系列工作中，全镇干部上下一心，不畏艰难，以“大城镇、大作为”的战略格局，按照“三四五”的工作思路，严格防控新冠疫情，周密部署落实“三大攻坚”，攻坚克难推进“四大会战”，全力以赴完成“五件实事”，坚持一以贯之抓落实，保证全镇各项工作沿着既定的发展轨道有序推进，形成了经济稳中有进、民生持续改善、社会和谐稳定的良好局面。

【交通项目】 2020年，荣家湾镇文胜路、城东路完成提质改造，长丰北路和长丰路沿线完成征拆任务，青山北路道路全部净地，镇域内投资600万元的13条背街小巷改造完成。

【城市建设】 2020年，荣家湾镇共组织大小拆违行动32次，拆除各类违法建设88处，拆除违法建设面积1.06万平方米，清除抢栽抢种树木计3500余株，城南河上游黑臭水体完成了景观式治理；G240沿线7处违法建筑全部拆除到位；从天鹅北路城北社区至大唐世家段完成自来水管网扩容改造建设1100米；欣荣村中信片居民集中安置点建设完毕；白洋水库和检察院污水管网征拆工作全面完工。

【重点项目建设】 2020年，荣家湾镇的重点工程项目建设有：亿丰时代特色化专业市场完成建设任务；集英学校建设建成开学；公租房已完成主体建设；城南大道沿线项目，2020年的老旧小区改造均完成建设；新墙河大道、城北路建设，荣湾湖周边项目建设，3个棚户区改造，和立东升特色化专业市场建设，贺平路西延、滨水东路南延道路建设，工业污水处理厂建设，七期扩园，疏浚八仙桥至东洞庭湖段航道，新建城关农村客运服务站，岳阳樱花园景区建设，白洋水库黑臭水体治理，隆平高科特色化专业市场建设，社会停车场和货运停车场建设等项目稳步推进。

【招商开发项目】 2020年，荣

荣家湾镇庆祝第36个教师节暨优秀教师表彰大会

家湾镇新引进5个项目，续建1个项目，共投资金额5.7亿元，维也纳项目计划投资2.5亿元，岳阳锴鑫石英材料有限公司总投资0.5亿元，岳阳县大旺运动用品有限公司总投资0.2亿元，岳阳县吉祥湖农业发展有限公司总投资0.3亿元，岳阳县汽车后服务市场总投资1亿元，湖南亿丰置业发展有限公司总投资1.2亿元。

【教育发展项目】 2020年，荣家湾镇改造孙坞、枫桥两所幼儿园的基础上再新建一所城东幼儿园，预计总投资2100万元，保证了2020年实现公办幼儿园占比达到50%以上，普惠性学前教育资源覆盖率达到80%以上；扩大教育基金规模，募集资金逾1200万元，建立了全镇教育发展长效机制；召开全镇教师节大会，将教育基金产生的收益22万元全部用于98名优秀教师、教育工作者的奖励，营造尊师重教浓厚氛围；聚焦留守儿童、贫困学子等举办“六一”儿童节等一系列活动，打造阳光教育。

【精准扶贫】 2020年，荣家湾镇扎实开展扶贫工作，在15个村级单位，360余名扶贫干部每月两次访困问需，提振了贫困户脱贫致富的信心，结对帮扶成效显著。为贫困户开发36个公益性岗位，开发长信农业、拥军面业、民康医药等五家企业为“扶贫车间”，吸纳50余贫困劳动力就业，全镇贫困劳动力907人，基本保障了有劳动力家庭无“零就业”现象。

【疫情防控】 2020年新冠肺炎疫情暴发后，荣家湾镇紧急成立防疫指挥部，下设8个专职工作小组，由8名党政领导班子成员任组长、副组长，组织31个部门、35个村（场）社区共600余名镇村社区干部奔赴一线，为守卫家园安全做出了奉献；在建立常态化防控机制下，全镇累计摸排涉外人员2993人；累计隔离450人。报告确诊病例2例，密切接触者中无症状感染1名，已全部治愈，归属镇域管辖的人员全部纳入监管范围，未造成重大公共卫生问题；全面加强了市场等重点场所以及冷链食物的监管，加强对重点风险地区返乡人群的监管、信息收集梳理报送等工作，在镇域范围内推广健康码注册工作，完成14万人注册登记。

【防汛救灾】 针对2020年汛期强降雨雨量大、雨势猛的特点，荣家湾镇周密部署，紧急成立镇综合协调指挥部，先后抽调300余名机关干部上堤防汛，处置险情158处，在60天的时间里开展物资准备、安全蓄水、清基扫障等各项工作，各分指挥部险情上报、处理及时，农推中心报灾、救灾及时，在完成基础性理赔资金的基础上争取到60万元的大灾保险资金，最大限度减少了灾情损失。

【环境整治】 2020年，荣家湾

镇坚决扛起“守护好一江碧水”的重任，以生态环保优先、以绿色发展优先。全年完成畜禽退养223户，总栏舍面积超过9万平方米；完成了对县城规划区畜禽养殖调查摸底共1173户，栏舍面积共110870.5平方米；全镇天然水域全部按要求禁止投肥投饵养殖，实施人放天养、生态养殖；恢复发展绿肥4000亩，农药化肥包装废弃物回收点，在全镇各农业村安排专人定点收集，集中处理。

【乡村振兴】　荣家湾镇作为岳阳县县城所在地，切实承担起新时代乡村振兴的重任。2020年，完成277户改厕任务；完成1496户“空心房”拆除，面积达21万平方米，腾地66.67公顷；完成76户四类对象危房改造，争取危改补助资金160万元，开展了人居环境整治攻坚月行动。

【农业生产】　2020年，荣家湾镇设立3个优质稻示范片，分别是文发村五爱片、东方村东方片、六合垸村，各占地面积46.67公顷，合计140公顷。全年完成早稻集中育秧17公顷，分散育秧51.23公顷，共完成育秧早稻1091.73公顷，直播早稻819.07公顷。全年共完成双季稻面积1910.8公顷；共培育规模种植大户117户，完成流转面积506.33公顷；建成133.33公顷优质稻示范基地建设。投入2000余万元用于安全饮水工程建设，新建供水管网260千米，解决9个农业村共2.8万人的饮水问题。

【文明城市创建】　2020年，荣家湾镇针对国家卫生城市复审和文明创建，制作了各类大型户外公益广告牌100余块，如“社会主义核心价值观”“讲文明、树新风”等公益广告。在背街小巷、楼道悬挂“学雷锋、树新风”“社会主义核心价值观”“关爱未成年人”等小型广告牌200多块。开展未成年人思想道德建设，学雷锋志愿服务，文化建设等活动共16次。通过制定红头文件、组织各社区积极开展“文明家庭”“道德模范”“好婆婆，好媳妇”等评选活动，正面宣传倡导好家风、文明之风、正气之风。

【民生实事】　2020年，荣家湾镇新建硬化村道15条，里程达到6.16千米；新装1200米安全防护栏，新装安全标示牌及反光镜45处；整治破损路面0.5千米，整修边坡边沟15千米。完成21公里沟渠疏浚和28口山塘清淤加固；完成友爱水库除险改造加固工程；完成总投资千万余元的大毛家湖排渍机埠建设项目；完工三义水库以及白马水库建设；完成六合垸和大毛家湖总共6千米防洪大堤除险护坡建设；完成寿桥机埠折除重建。

（刘霖灏）

麻塘办事处

【概况】　麻塘办事处北邻岳阳南湖新区，东接新开镇，南抵荣家湾镇，西滨东洞庭湖。地势由东向集镇西倾斜，坡度在25度左右，东部为山原地貌区，中部为丘陵地貌区，西部为平原地貌区，最高海拔352.7米，最低海拔32米，素有“鱼米之乡”之称。

麻塘办事处于2017年3月从荣家湾镇剥离设立而成，总面积74.15平方千米，辖6个行政村、1个居委会、233个村民小组，共8422户28596人。

【基层党建】　2020年，麻塘办事处充分发挥基层党组织的战斗堡垒作用和党员先锋模范作用。防疫期间，组建2个临时党支部，240余名党员响应，连续坚守50多个昼夜，做到了全民零感染。防汛期间，成立7个一线临时党支部，12千米岸线白天时时有人看，夜晚处处有人巡，做到了全线零溃堤。同时，通过深入挖掘党员微故事，在县级以上媒体报道相关新闻16篇，红色引领效应得以彰显。在率先完成“一肩挑”工作的基础上，积极指导调度换届选举，下村走访97次，座谈干部、党员、群众代表840余人次，解决换届问题20余个，推动基层党组织带头人队伍整体优化提升。同时，全面完成7个村财务审计及任期审查工作，查摆问题26项，整改完成8项。特配7名专职人员，落实71个“一门式”服务待办事项，实现了场地、事项、流程、服务、管理标准化；在村便民服务中心设置“综合受办窗口”，实现“一件事一次办、大事小事门口办”；同时，投入270万余元打造麻布山村专业合作社党支部阵地，并指导畔湖新村成功申报省村级集体经济扶持项目。

【经济发展】 2020年，麻塘办事处坚持“产业融城先行一步”的工作思路，在高质量发展征程上迈出了坚实步伐。实现税收收入1950万元，一般公共预算收入680万元，财政总收入2400万元。同时，固定资产投资稳步增长，增长比例达到11.4%，其他各项主要经济指标增速均持续回温。在全力服务好北大青鸟、湖南工业技师学院、天裕农业、金色麻塘实业等公司企业和江河·颐璟城、奥园·誉湖湾、富华·观澜郡、怡兴置业等房产项目的同时，积极招商引资，主动调整产业结构，新引入泛美集团、桃李春风文旅小镇等一批投资体量大、质量优、带动力强的第三产业项目。办事处三次产业结构优化为15.7:45.2:39.1。

【乡村振兴】 2020年，麻塘办事处为进一步加大车辆乱停、房屋乱建、垃圾乱倒、秸秆乱烧、污水乱排、厕所乱搭等“六乱”整治力度，办事处开展交通顽瘴痼疾整治，定期在春风十字路口、农贸市场、麻塘铁路涵洞、岳雅十字路口等交通拥堵节点进行疏导分流，严查严惩违停车辆，同时开展“查隐患、保平安”专项治理，在7.5千米隐患路段安装防护栏、道路反光镜。在此基础上，进一步完善道路基础设施建设，拉开大交通骨架，新修0.8千米听湖路、1.5千米麻布山樟树林小径，提质改造4.9千米横八路、12千米大堤路面，有效解决了交通问题。开展违法建设集中整治行动，按照“新增违建零容忍、存量违建拆除零补偿”的处置原则，拆除县控区违法建设8处2072平方米、市控区违法建设50处2558平方米、存量违法建设13处1019.1平方米。开展生活垃圾分类试点行动，立足“三清一改”，打捞河湖垃圾20余吨，清理生产生活垃圾13863吨，新建1座垃圾压缩站，购置垃圾分类装置835套，在省级精品乡村洞庭村和集镇街道进行垃圾分类试点，提升了城市精细化管理水平。开展露天焚烧整治行动，通过村村响、流动喇叭、告知信等在全域范围普及相关关法律法规，宣传露天焚烧垃圾、秸秆的危害性。持续推进污水管网建设，加快完善集镇污水主管网和毛细管网布局，拉通5.6千米二期管网，基本实现排水管网的雨污分流和污水处理设施的有效运用，为打造全域“污水零直排”夯实了基础。持续推进厕所革命，紧扣民生需求，坚持规划先行与统筹推进相结合，完成640户改厕任务，完结率100%。

麻布山村红心柚基地秋收，种植户喜笑颜开

【脱贫攻坚】 2020年，麻塘办

事处始终将脱贫攻坚作为首要政治任务和第一民生工程。至年底，428户1144位建档立卡贫困群众全部脱贫。全面开展排查监测，进一步加大帮扶力度。围绕因疫情、灾情、大病等原因导致收入骤减、支出骤增等情况，实时更新“三户一体”底数（未脱贫户、脱贫监测户、边缘易致贫户和老少病残孤等困难群体），通过社保兜底、社会帮扶、临时救助等形式，多渠道拓展增收途径，防范返贫致贫。全面解决“三保障一安全”，进一步达成脱贫标准。全面落实133位建档立卡学生资助政策，确保应助尽助；及时帮助82人办理慢性病证件，确保应办尽办；进行两轮危房改造回头看工作，确保住房安全；持续开展贫困户饮水安全动态监测，确保饮水安全。全面推进政策落实，进一步保证收官质量。持续做好特色种养业扶持资金申报，共为220户贫困户申报产业补助资金24.41万元；为312人申请外出务工就业补助16.84万元；安排24个公益性岗位，切实发挥扶贫公益岗位“稳就业、托底线、救急难”的作用；依托岳阳市扶贫复工专列等方式，输送在外务工的63位贫困劳动力返岗复工；深入开展企业帮扶，辖区两个扶贫车间共提供21个岗位助力脱贫；深入开展社会扶贫，共募捐善款15万元用于脱贫攻坚。

【民生工作】　2020年，麻塘办事处始终牢记“民生是最大的政治”，着力在加快发展中保障和改善民生，不断推动实施各项惠民利民工程。惠民惠农政策落实，办事处有7738人参保城乡居民养老保险，参保金额95.06万元，完成率85%；22736人参保城乡居民医保，参合金额636.61万元，参合率82.5%；发放“三农”补贴资金163.67万元；发放油菜种植补贴75万元；申报水稻保险理赔资金101.86万元。持续推进安全生产工作，扎实开展安全生产大检查，集中整治96家烟花爆竹零售经营店，没收销毁价值4万余元的非法烟花爆竹；开展“强执法、防事故”行动，对辖区78家企业检查共计288人次，整改各类安全隐患80余处，实现了安全生产“零事故”。“12345”热线解决回复办结率100%，调处各类纠纷539起，法治政府建设工作成效明显。保障农民工工资支付，通过不断加大欠薪隐患排查力度和查处拖欠工资力度，通过不断畅通劳动者维权投诉渠道，共计处置集体欠薪16起，为269人讨回薪资162.9万元。大力提升科教文卫水平，麻塘中心学校一中上线共72人，其中54人录入一中，18人委培，一中录取比例居全县乡镇学校第一；岳雅学校首届中考成绩斐然，包揽全县前四，一中上线率达49.4%；着力改善卫生医疗条件，卫生院接待门诊病人10650余人次，收治住院病人1836人次；深化计生优质服务，累计发放奖励扶助资金110.8万元；发放两女户新农保资金18.2万元，发放失独家庭补助金3.28万元。

（黄　柳）

新开镇

【概况】　新开镇位于岳阳县境内西北部，毗邻市区，区位优势明显。总面积133.4平方千米，耕地面积2675.33公顷，耕地灌溉面积2640公顷；林地面积6362公顷，林森覆盖率42.84%。全镇辖9个行政村和1个居委会，共13619户，总人口40433人，其中男21330人、女19103人。2020年，人口出生率为8.61‰，人口自然增长率为4.3‰。境内矿产资源丰富，山水纵横，风景优美，湘北大道、107国道、308省道、京港澳高速、武广高铁、岳望高速贯穿全境，交通优势得天独厚，是岳阳市的卫星城镇。

2020年，新开镇紧扣全面建成小康社会目标任务，坚持稳中求进总基调，坚持新发展理念，围绕“突出项目建设、突出产业发展、突出乡村振兴、突出集镇建设、突出生态宜居、突出社会事业”六个突出，加快融城步伐，打造市区后花园，经济社会发展取得新成绩，全年完成各项

秀美村庄

税收5520万元，疫情防控和防汛抗灾实现“双战双胜”，三大攻坚战取得决定性历史成就，魅力新开建设见到新气象，高质量发展的态势持续向好、动能日益强劲、优势不断厚植。

【项目建设】 2020年，新开镇以项目建设为龙头，带动经济朝高质量方向发展。全年启动项目43个，涵盖招商引资、基础设施、社会事业等多个方面。石油化工职业技术学院已顺利开学，入学新生达6000多人；建工集团、青云高新、通益混凝土、公路物资站等重点项目已建成投产；飞安新型建材、硅砂项目等工业项目正在推进；110千伏变电站、新开社区公租房、公办幼儿园等民生实事项目如火如荼。项目建设为新开镇的经济发展铆足了后劲，项目建成投产将为新开每年新增2000万元以上的税收。

【乡村振兴】 2020年，新开镇投入资金1.18亿元，成功创建省级美丽乡村示范镇，实现人居环境持续改善。全镇围绕“村美、屋美、路美、水美”目标，完成全镇265个自然屋场整治任务，打造一条镇级精品线路和10条村级精品线路，确保了全镇“干净整洁”的基本目标。加速推进集镇建设，完成集镇污水处理厂建设和集镇雨污管道铺设，完成集镇工业绿化长廊建设，完成新开大道提质改造，完成荷花路、育星路、完校路、景园路等背街小巷油化亮化，集镇面貌焕然一新。长效机制不断完善，引进专业保洁公司，实现全天候保洁，构建了“有制度、有标准、有队伍、有经费、有督查”的村庄人居环境管护机制。产业短板逐步补齐，引导各村依据自身资源特色，制订和完善村级产业发展规划，农业产业化正在形成。

【三大攻坚】 2020年，新开镇561户1490人全部脱贫，顺利通过省脱贫攻坚考核组的验收。深入推进龙湾河、新墙河流域水环境治理，全面开展禁捕退捕工作，拆解无证船只35条，严厉打击非法偷捕滥捕行为。加强镇域工业企业排放监督，关停了宏达建材砖厂。完成集镇黑臭水体治理和楠木水库污水治理，集镇污水处理厂运行，实现了新开集镇生活污水全截污、全处理。对全镇60家养殖专业户进行整治，收回所有小（1）型、小（2）型水库承包权。落实“三资”清查核实工作，建立“三资”管理台账，规范镇、村、部门固定资产的管理。全面化解镇村债务，大力压减建设项目和投资规模。

【综合治理】 2020年，新开镇对镇域范围内的工贸企业进行累计203次检查，治理重大安全隐患6个，严惩违法违规行为45个，全年没发生一起安全生产责任事故。全年拆除中心城区违建设21处，6773平方米。开展涉砂涉矿整治行动，关停非法洗砂厂6家，查处涉砂涉矿机械设备（挖机）16 台，纠正查处违规渣土车7台。全年摸排线索6起，训诫3起，治安拘留30起，刑事拘留11起；侦破电信诈骗案1起，追回赃款63万元，确保了社会大局和谐稳定。

【民生工作】　2020年，新开镇坚持在发展中保障和改善民生，全年民生类财政支出累计达630.6万余元，完成危房改造114户。教学质量不断提升，在中考中，31名学生考入县一中，全县排名靠前。打赢了疫情防控阻击战和防汛保卫战，实现了“零感染”的目标。入汛后，党政一班人带领干部群众冒高温、战酷暑，坚守防汛一线43天，保住了大堤，取得了防汛工作的全面胜利。灾后，投入500多万元全面开展水利设施恢复建设，启动了河湖连通大堤加固前期工作，各村水利工程建设顺利推进。顺利完成十年一度的人口普查工作，投入近16万元，聘用69名普查指导员和普查员，对全镇人口进行全面普查，做到应登尽登、应销尽销，全镇共登记人口44880人，居委会第三小区通过最严格的国检，全镇人口普查工作获得省、市、县一致好评。

（谢子维）

筻口镇

【概况】　筻口镇位于岳阳县东北部，北抵临湘市白羊田镇、岳阳市经济开发区；东连公田镇；南与杨林街镇搭界；西与新墙镇、新开镇相接。全镇总面积139.38平方千米，辖13个行政村、2个居委会、595个村民小组，共19055户，总人口61397人，其中非农业人口5570人。2020年，人口出生率为8.87‰，人口自然增长率为2.28‰。全镇耕地面积5266.7公顷，是岳阳县最大的粮食生产镇。

2020年，筻口镇坚持稳中求进工作总基调，贯彻新发展理念，立足镇情实际，持续推进“唱响‘三镇’——特色小镇、农业强镇、旅游新镇，打造‘三区’——现代农业示范区、绿色家园宜居区、研学旅游体验区”的发展思路，全面推动筻口镇经济社会发展。

【精神文明建设】　筻口镇坚持在经济发展的同时，抓紧抓好精神文明建设，将精神文明工作纳入镇经济和社会发展规划。2020年，中央电视台播出了筻口镇春耕生产、抗汛“双抢”新闻，湖南卫视播出了疫情防控和“脱贫感党恩，走向新生活”恳谈会新闻，举办“悦游筻口·情牵扶贫”抖音大赛；开展“千名书记讲党课”及十九大五中全会基层宣讲团活动，以新思想武装全镇党员；积极支持峰岭菁华加快桃淘屋研学旅游营地建设，争取新墙河抗战战场遗址恢复项目，启动毛致用事迹陈列馆项目，不断挖掘红色资源，发展红色旅游产业；提倡文明节俭操办婚丧喜庆事宜，推动移风易俗，破除陈

“百户卖货，千元增收”一季度消费扶贫集中售卖活动。图为筻口镇党委书记李林与农户交谈

规陋习，禁炮成效显著；西冲村成功通过了全国文明村的复查，释迦寺村被评为2020年市级文明村。

【粮食生产】 2020年，筻口镇围绕“稳面积、稳产量、提质量、提效益”，狠抓粮食生产，强力推进压单扩双，全镇共播种早稻4066.67公里，双季稻覆盖率达92%，整治抛荒耕地面积60公顷，全镇粮食播种面积和双季稻覆盖率达到近年来最高。面对接踵而至的风灾水灾，筻口镇认真开展生产自救，把灾情损失降到最低程度。争取了4000万元高标准农田建设资金，覆盖全镇13个村，进一步改善了农业基础设施条件。筻口镇连续8年被评为全市粮食生产标兵乡镇，各级媒体以《粮食安全的筻口担当》为题纷纷推介报道，省政府将岳阳县稳粮食生产基本盘守好群众“米袋子”评为全省2020年度工作实绩，彰显了筻口镇的重责大任。

【脱贫攻坚】 2020年，筻口镇严格按照“脱真贫、真脱贫”要求，全镇剩余123户258人如期如质完成了脱贫任务，317名镇、村干部参与结对帮扶，创新“百户卖货、千元增收”消费扶贫模式，共代销贫困户农产品8.74万元，让76户贫困户平均增收1100余元；在全市首倡开展的“脱贫感党恩、走向新生活”恳谈会，使贫困户知党恩、感党恩，坚定听党话、跟党走的信心决心，在脱贫新起点上迈向更加美好的生活，该项做法在全市得到推广。

【疫情防控】 面对2020年年初输入性病例的严峻形势，筻口镇全体党员干部无惧使命，齐心协力发起“守土守责、爱家护家”的持久战，并踊跃带头参与防疫捐款46万余元，成功打赢了外防输入、内防扩散的新冠疫情阻击战。5月以来，常态化管理确保了疫情防控持续向好，从境外、高危地区返乡人员，一律第一时间报告，第一时间管控。

【禁捕退捕】 2020年，筻口镇全体党政干职坚持巡守沙港、游港两河流域，在集中整治专项行动的基础上，建立常态化巡查整治机制，开展“大宣传、大巡查、大监管、大整治”，并多次配合县水政执法部门，抓捕十余名非法涉鱼人员，扭转了野生渔业生态资源恶化的态势，全体党员干部用忠诚与担当，切实践行好习近平“守护好一江碧水”的殷殷嘱托。

【特色产业】 2020年，菁华果业的黄桃、猕猴桃、蜜梨年产达240万公斤，依托菁彩水果“互联网+”电子商务平台，实现销售额3600万元；漆家埠萝卜种植示范基地流转土地15.33公顷，实现亩产4000公斤；释迦寺村33.33公顷薄荷金银花套种基地，火龙果基地，移山村的6.67公顷有机蔬菜种植基地，老街的香菇基地种植大棚均已初见成效、来势看好。

【项目建设】 2020年，筻口镇坚持拉长短板，补强弱项，大抓基础项目建设，做到了基础条件和镇容村貌有了一个突飞猛进的提升。基础设施明显改善。全年实现“白改黑”28千米，完成精品线路延长线工程17.6千米，投入500万元完成了筻西线5.9千米“白改黑”，至此，筻口镇交通主干道全部完成提质改造。重大项目相继上马。投入3500万元的峰岭菁华种养结合循环农业产业园项目，2020年7月正式投入运营，现已有存栏母猪2400头，实现年出栏仔猪5万头。投资2亿元的洞庭明珠项目，主体工程已启动建设，润升水稻的绿色农业产业园大型现代化育秧工厂已完成建设并投入使用。集镇建设日新月异。投资1200万元完成了潼溪、熊市、李丙、莲塘4个小集镇提质改造工程，镇容镇貌焕然一新。投入3800万元日处理量1500吨的污水处理厂正式投入运行。民生实事推进有力。完成山塘整修护砌200余口，大小沟渠硬化11.5万余米。争取上级项目资金400万元用于改造中心幼儿园二号危楼，投资360万元的熊市小学学生公寓和教职工周转房已投入使用。卫生院完善了流行病防治救治硬件建设。

【人居环境整治】 2020年，在进一步强化大面卫生保洁的同时，筻口镇强化战略定力，全域全员抓整治，对标对表“四个五工程”，巩固提升基本面，大力整治黑臭水体，疏通沟渠12千米，治理水塘26口，切实发挥农业面源污染的工程治理效应，落实河长制常态化巡查机制，实现河畅水清岸绿景美。2020年，共在释迦寺、大塘、沙南新完成厕改618户，实行点上示范，大面推开。

【安全稳定工作】 2020年，筻口镇镇村两级和综治、公安、司法等部门，通力协作，通过保持对黑恶势力、吸贩毒、寻衅滋事、电信诈骗等违法犯罪行为的高压态势，有效震慑了犯罪，维护了社会的长治久安；推进“雪亮工程”建设，在全镇主要街道路口、农贸市场、娱乐场所等重要路段及治安复杂场所新增高清摄像头80余个，实施重点监控，进一步完善了集镇社会面流动犯罪防范体系。通过深入开展安全生产大排查大整治，全年未发生重特大安全生产事故，全年没有发生群体事件。

（李 月 万振宇）

公田镇

【概况】 公田镇地处岳阳县中东部，东接大云山国家森林公园，邻铁山水库，西通岳阳市区，北及临湘。公田镇辖13个行政村、1个集镇居委会、466个村民小组，总面积146.3平方千米，耕地面积2558.27公顷，共48679人。

2020年，公田镇围绕“建设温泉特色小集镇，打造全域旅游集散地”的工作目标，较好地完成年初定下的目标任务，脱贫攻坚圆满收官，连续5年蝉联全县先进；粮食生产连续4年全县第一，成功创建市级文明乡镇，获全县禁毒工作先进，医保收缴全县前三；港口村成功创建市级文明村，被评为首批岳阳市社会主义核心价值观建设示范点，向佳村被评为市级美丽村庄，大塅村下塅屋场获市级美丽屋场，东淇村入选县级平安村。

【脱贫攻坚】 2020年，公田镇突出“四个精准”，全镇4个贫困村如期摘帽，2376人顺利脱贫。目标精准。根据脱贫攻坚全面收官的要求，全力帮助未脱贫人口实现脱贫，努力巩固已脱贫人口脱贫质量，确保贫困人口稳定脱贫、可持续脱贫，让脱贫成果经得起历史和时间的检验。队伍精准。全镇派出13个驻村工作队、36名驻村工作队员，共有435名干部参与全镇的结对帮扶工作。措施精准。投入产业发展资金43万多元，发放鸡苗1.2万余羽，种植水稻113.33公顷，有效帮助贫困群众增产增收。安排贫困劳动力公益性岗位就业117人，有效确保稳岗就业的工作成效。各村设置消费扶贫展柜，并举办扶贫农副产品集中展销会，有效解决贫困户农副产品滞销卖难的问题。全镇贫困人口农村医保参保率达到100%、贫困户住危房问题已经全部清零，义务教育阶段无一人因贫辍学，安全饮水全面达标。成效精准。2020年11月，经核算，贫困户收入全部达标，脱贫攻坚实现收官。以全国扶贫日为契机，以“脱贫·致富·感党恩”为主题开展扶志教育和恳谈教育，宣讲24场，巩固了脱贫成效。

【乡村振兴】 2020年，在乡村振兴“三年行动”中，公田镇发挥优势，稳扎稳打，突出重点，推动乡村振兴战略落地见效。完善基础设施。强力实施河湖连通项目，投入200余万元对50口骨干山塘进行维修。引进农业项目1800余万元维修了渠道1万余米。投入60万元解决了青隐洞1400人的用水难题，投入20余万元对洞下水厂、港口末端输水管网进行维修升级，解决了港口用水民生难题。推进农业工作。大力开展耕地抛荒整治，累计复耕复垦面积近73.33公顷，新修机耕路23.7千米；强力推进粮食生产，全年累计种植早稻2133.33公顷，同比新增1266.67公顷；实施秋冬种面积400公顷。整治村容村貌。14个村、2个集镇与惠农公司签订长期协议，环境卫生工作社会化服务效果显著；完成改厕697户，超额完成任务。

【污染防治】 2020年，公田镇实施“水清”工程。强力落实“河长制”，实施河道长效管理60余千米；大力开展洞庭清波专项行动，强力推进新墙河禁捕退捕；完成“千吨万人”饮用水水源保护区的划定、县级以上集中式饮用水源保护区环境问题整治工作，关停、退养3家无证企业。精养鱼池升级改造3.47公顷、68家畜禽养殖场通过污染防治验收；完成410米沟渠清淤疏浚和岸带修复。实施“地绿”工程。2020年，共查处了非法采矿18起，扣留车辆46台，扣留挖机26台；完成卫片违法整改图斑120宗，长源矿厂两宗违法用地依法强制拆除并复耕复绿。实施“天蓝”工程。做好打赢蓝天保卫战工作，禁止秸秆焚烧，鼓励秸秆粉碎机械进行秸秆综合利用；完成第二次全国污染源普查公田镇区域内的工业污染源普查考核；关停了饶港方家组、港口村的两家塑料厂，关停了饶港村的包带厂。

【社会治理】 2020年，公田镇围绕社会稳定和长治久安总目标，构建乡风文明和治理有效新格局。安全生产。实行常态化安全监管，建立长效机制，全年共进行日常巡查监管执法48次，深入开展隐患排查和“打非治违”专项行动，强化部门联动执法，全年境内未发生一起安全责任事故，防止了次生事件发生。禁毒工作。把禁毒工作作为年度重点工作开展，将专职禁毒工作站打造成岳阳县标杆工作站，并结合“党建+禁毒”，增强全民禁毒意识，提升社戒社康效果。2020年全镇社区戒毒21人，社区康复25人。移风易俗。充分发挥了督导队伍的主观能动性和监督劝导作用。婚丧喜事操办情况巡查组在辖区内开展定期巡查，通过发放宣传册、发放宣传单、出动宣传车等宣传形式，群众思想观念产生极大转变。

【民生工作】 2020年，公田镇坚持以人民为中心的发展思想，把群众的小事当作政府的大事，让人民群众得到更多实惠。完善社会保障。居民医保参保42350人，基本实现社会保险法定人员全覆盖。社会救助、优抚、残疾人补贴资金足额发放，社会救助政策全面落实；挂牌成立退役军人事务站，构建了乡镇退役军人服务保障体系。优化公共服务。加快“最多跑一次”改革，落实“一门式服务”，高标准建成公田政务服务大厅，已入驻办公。计生全员人口数据质量匹配率为97.75%，为全县先进水平。规范建房。全年完成农村村民规范建房审批166户，危房改建全部清零；实行定期巡查和突击巡查相结合，及时制止了违规建房的现象。

【文化事业】 公田镇积极开展文明创建工作，2020年创建市级文明乡镇，港口村创建市级文明村。投入200余万元，高标准建成公田镇新时代文明实践所。全县的新时代文明实践所（站）建设推进会在公田镇召开。完成大塅村以寿星文化为主题、铁山村以乡风文明为主题、港口村以农耕文化为主题的3个村级实践站的建设。重阳节举办了以“长寿福地，康养公田”为主题的2020岳阳县公田镇创建全域旅游示范区推进仪式，《湖南日报》、网红自媒体人报道20余篇，点击率累积超50万次。投入20余万元用于机关部门羽毛球、乒乓球、篮球比赛活动，机关干部积极参与；成立了大鹏乒乓球俱乐部、太极拳协会、武术协会、金牛篮球俱乐部、铁山诗联社、舞蹈协会、文化馆艺术学校等民间文艺组织，村民的精神文化生活更丰富多彩。

（陈思远）

毛田镇

【概况】 毛田镇位于岳阳县东北部，由原毛田镇、相思乡、云山乡3个乡镇合并而成。镇域总面积189.8平方千米，其中基本农田面积1756.67公顷，山林面积1466.67公顷。距岳阳市68千米，距岳阳县42千米，东接湖北省通城县，南连月田镇，西与公田镇交界，北与临湘市毗邻。毛田镇下辖17个行政村、1个居委会。2020年，总人口57446人，其中男性29918人、女性27528人，性别比为108。2020年新出生421人，其中男性235人、女性186人，人口出生率为7.32‰，自然增长率为2.62‰。镇内自然资源丰富。林木主要有松、杉、楠竹、枫、杂木等，经济林有桃、李、梨、柑橘、板栗等，特色农产品有铁山银刁、毛田腐乳、毛田蕨菜、红薯粉丝、云山谷酒、相思蘑菇等。

2020年，毛田镇以习近平新时代中国特色社会主义思想为指导，在县委、县政府的正确领导下，决战脱贫攻坚，决胜全面建成小康社会。协调推进“一二三四”战略布局，即弘扬“毛田精神”，深化“干部作风、镇村治理模式”两个转变，推进“脱贫、产业发展、环境污染治理”三大攻坚，开展“交通、集镇提质、财源培植、民生实事”四大会战。科学谋划，攻坚克难，圆满完成年初预定目标任务。疫情防控扎实有效，产业扶贫蓬勃发展，乡村振兴亮点纷呈，民生事业稳步推进，社会大局和谐稳定，人民群众的幸福感和获得感显著提升。加大招商引资力度。2020年，入驻毛田镇的湖南润力集团为镇财政增收165万元，税收增收245万元。2020年，全镇完成财政总收入5829.57元，地方财政预算收入完成2549.27元，完成固定资产投资10.42亿元，税收收入完成257.29元，一般公共预算支出2549.27元，实现公共预算财政收入2549.27万元，农村居民人均可支配收入12351元。

【疫情防控】 2020年年初，面对突如其来的新冠肺炎疫情，毛田镇在县委、县政府的坚强领导下，全力投入疫情防控工作，逐户宣传，全面排查，昼夜巡逻，最终取得阶段性胜利，实现了境内零确诊、零疑似。在与临湘、岳阳、通城两省三县交界处设立8个交通值守卡点，成立8个临时党支部，党政班子成员带头值守，地毯式排查涉鄂涉外人员。张贴、发放防疫宣传资料1万多份。累计摸排2000余人，其中涉鄂人员800人次，集中隔离管理14人。登记建档、落实“三包一责任制”管理800余人。关停宗教场所13个、KTV等娱乐场所8家、旅游景点3个，简办丧事100余件。发动全镇党员干部带头捐款捐物，助力疫情防控。共有1796名党员和157名爱心人士累计捐款298750元。

【意识形态工作】 2020年，毛田镇认真贯彻落实各级党委对于意识形态工作的指示精神和决策部署，牢牢把握正确政治方向，严守政治纪律和政治规矩，紧紧围绕党委主体责任落实、网络意识形态安全、精神文明创建、队伍阵地建设深入做好意识形态工作，为各项工作的平稳健康发展提供了坚强的思想保障。开展党委中心组理论学习132人次，组织开展“千名书记讲党课”、中共十九届五中全会精神宣讲会等活动，参加人员600余人次。认真处理网络舆情，及时回应网友留言。依据法律法规和国家政策，办理“12345”公众服务热线1093件，回复市长信箱和县长信箱53件。事件办结率和群众满意度达100%。被评为岳阳市信访工作“三无”乡镇。做好新闻宣传。2020年，毛田镇发布新闻报道139条，在“学习强国”APP刊登《昔日抛荒地，如今样板田——湖南岳阳县摁下耕地抛荒整治‘快进键’》《农民丰收|湖南岳阳县：库区村民的致富‘金叶子’》《“三湘巨变|岳阳县黄道村：农民喜摘‘致富莲’》等，在《岳阳日报》刊登《红袖章为森林撑起‘保护伞’》《岳阳县毛田镇：全体干部日夜坚守

在防汛一线》等。

【脱贫攻坚】 2020年，毛田镇完成109户261人脱贫任务，全镇建档立卡贫困户1406户4174人全部脱贫。坚持疫情防控和脱贫攻坚“两手抓、两手硬”，严格疫情防控常态化措施，有序推进贫困劳动力复工复产、稳岗就业。专车接送贫困户参加专场招聘会活动，如新金宝企业招工、岳阳县多家企业复产招工、“三田一洞”专场招聘、荣家湾专场招聘等，1350名贫困劳动力顺利实现返岗和外出务工。提供保洁员、护林员、护路员等公益性岗位148个。创建八斗安置点艾叶扶贫车间，与贫困户签订直接帮扶协议，吸纳70余户八斗安置点易地扶贫搬迁劳动力。全镇通过艾叶种植和茶叶种植为976户贫困户提供委托帮扶，重点帮扶易地扶贫搬迁户、脱贫监测户、低保兜底户。

拉网式开展住房保障危房改造清零行动和易地扶贫搬迁大巡查、大整改行动。55户“四类对象”和64户一般户对象全部完成危房改造，达到竣工入住标准。对2016—2018年的全镇552户易地扶贫搬迁户和搬迁安置点逐户调查摸排，对搬迁入住、拆旧复垦、违规加建、豪华装修等突出问题逐一进行核实，全面梳理，分类施策，排查发现的273个问题全部整改到位。

【铁山库区水资源保护】 毛田镇坚持“绿水青山就是金山银山”的发展理念，被评为岳阳市农村人居环境整治工作十大“示范乡镇”之一。农村生活垃圾得到有效治理，农村人居环境水平和生态质量明显提高。扎实推进“厕所革命”，形成户有垃圾桶、组有收集点、村有保洁员、镇有收集车的垃圾处理体系。排查整改厕改问题1023个，完成改厕任务户厕1099个、公厕2个。制定《2020年度禁违拆违治违工作村级考核办法》，与17个行政村签订规范村民建房、禁违拆违治违、水资源保护3个责任状，进一步明确责任和分工，全面落实水资源保护政策。坚决遏制违章建房，所有库区建房暂停审批。2020年，毛田镇共下达44份停建通知书，拆除4处违建房屋，认真落实上级库区水源地一、二级保护区内严禁新建的要求。高标准设立水资源保护宣传栏37个，发放《倡议书》3万份。全年共办理涉砂、涉矿、涉林、涉国土行政案件10起，刑事案件1起，行政处罚10人，刑事拘留1人，扣押挖机、铲车等机械设备20台，移交县治超办处罚超限超载车辆14台，移交公安机关超载车辆扣分处罚12台，被推荐为“禁拆治违”市级先进单位。

【项目建设】 2020年，毛田镇完成集镇提质改造项目。完成毛田中学、相思中学、白若小学、毛田镇中心小学、卢塅小学基础改造项目。毛田中心敬老院项目建设进入装修阶段，预计在2021年1月底投入使用，能够解决100名特困人员的集中供养问题。集镇移民集中安置点建设已完成前期协调，土地平整，基础设施建设，建房规划设计，24户集中在建。启动毛田镇中心小学食堂改扩建项目建设。

【基础建设】 2020年，毛田镇投入2000余万元的相思山景区路完成大修工程，13.6千米全线铺油。结合杨白线二期、云钓线建设，启动编制了西台集镇、珠港集镇建设规划。投入200余万元完成毛田集镇高压改道，弱电入地，蜘蛛网、电杆清除，店面标牌统一，街沿石铺设。投入80余万元配备休闲、健身器材，完成三角坪建设。防汛期间投入70余万元用于为水库配备防汛物资、清基扫障和做好道路养护工作，及时处置险情3起，转移群众6户24人。

【安全维稳】 2020年，毛田镇着力推进扫黑除恶专项斗争。张贴宣传海报1000余张，入户走访宣传1500余户，发放宣传知识资料5000余份，设立墙体固定标语40条，展出次数20余次，“村村响”广播播音30余次/每村。获评县级“平安乡镇”。化解信访积案10件，接收、办结各类信访举报线索83件，调解各类矛盾纠纷20余起，处理涉访涉稳苗头隐患10件，无一例进京访、非法访。获评岳阳市信访工作“三无”乡镇。坚持以人为本的管理理念，建立安全生产监督管理长效机制。认真组织开展“安全生产月”“119消防宣传月”“咨询日”等宣传活动，制作宣传标语85条，悬挂横幅36条，印发宣传资料2100份。集中开展14次专项整治，重点排查整治3个加油站、学校，无安全生产事故发生。排查交通顽瘴痼疾问题隐患169处，完成整改135处。镇村领导干部带头进行不定期夜间治安巡逻，帮助群众提高自我保护意识和防范能力，减少、杜绝违法犯罪行为的发生，营造平安环境，提升群众安全感。排查宗教场所100余次，无异常情况。汇报精神病患者5人，避免了精神病患者肇事肇祸。

（史秀楠）

月田镇

【概况】 月田镇镇域面积175.5平方千米，辖红光村、花苗村、改港村、江坝村、月东村、茨洞村、月田村、立新村、白竹村、大界村、相思山村、稻田村、铁山湖村、黄岸村14个行政村和月田居委会；山林1.26万公顷（其中退耕还林面积279.53公顷、生态公益林1.05万公顷）；水田1233.33公顷、旱地800公顷；小（1）型水库3座、小（2）型水库16座，骨干山塘286口。主要农产品为水稻、红薯、生姜、油茶、楠竹、黄牛、黑山羊、香菇等。主要农业加工产品有红薯片、红薯粉丝、腐乳、竹笋等。2020年，人口出生率9.7‰，人口死亡率8.7‰，人口自然增长率1.0‰，户籍人口46297人。年末，常住人口46948人。

2020年，月田镇围绕建设“美丽幸福活力”月田目标，突出抓党建强基础、抓扶贫建小康、抓实事惠民生、抓整治促振兴，实现了队伍活力不断增强、人民生活水平不断提高、乡村面貌不断改善。

【意识形态工作】 2020年，月田镇制订《月田镇党委班子成员意识形态工作清单》，将意识形态工作纳入全年工作重点。深入抓好意识形态问题专项整改。召开党委会研究意识形态工作2次，组织意识形态专题学习讨论1次，对镇内7处宗教场所管理情况进行专题调研，督导完成4个宗教问题整改。开展集中宣讲、微宣讲25次。加强“学习强国”APP推广使用，并积极向平台投稿，共有7篇稿件上了省平台，1篇上了中央总平台。向各级媒体报送和更新信息175条，其中市县及以上媒体共发表38篇。新建群众文化活动场所5个。完成改港村、立新村新时代文明实践站示范村阵地建设，并积极发挥阵地作用，举办文化活动十多场次。创建市级文明村1个、市级文明单位1个、县级文明村4个，弘扬主旋律的氛围进一步浓厚。

5月25日，月田镇白竹村村民为新栽的油茶扶苗扶草

【脱贫攻坚】 2020年，月田镇抽调一线骨干力量组建了24个扶贫核查小组，对全镇14个村的贫困户、边缘户、低保户、五保户、重残户、重病户进行“回头看”。对排查发现的14大类1000多个问题按村按部门形成了问题清单，严格整改到位。平头铺、徐家、高雅3个易地扶贫搬迁集中安置点实现入住，完成上年度88户286人易地扶贫搬迁任务，拆旧和复垦率达到100%。形成了以邓谷红薯、上洞竹笋、江墺黄茶、铁山湖药材为特色的产业发展点。顺利迎接省、市常态化督查和省易迁扶贫搬迁检查验收。脱贫108户263人，完成脱贫攻坚任务。克服疫情影响推进复工复产，843名贫困劳动力在镇、村两级的协助下，及时走上务工复工的岗位。

【疫情防控】 月田镇地处湘鄂边界，防控任务艰巨，疫情暴发时迅速反应，在全镇范围内实施“五级隔断”措施，隔断湖北交界路口11处，设置其他检测岗十多处，最大限度地阻断新型冠状病毒感染的传播途径，外防输入效果明显。全镇歌厅、网吧、茶楼、寺庙等重点场所全部关停并消毒，喜事停办，简办丧事30多起，减少了人员聚集。防控期间，出动宣传车数深入村组屋场巡回宣传、“村村响”循环播放疫情防控知识、发放宣传资料2万余份，利用微信群、防疫系列报道、防疫热线即时发布疫情通告，做到了疫情防控入脑入心，提高了群众防范意识，全镇无一例感染病例。疫情防控进入常态化后，月田镇坚持排查和核实中、高风险地区及境外来辖区人员信息，严格按相关文件落实措施，确保了一方平安。

【生态保护】 2020年，月田镇无新增涉污企业和养殖大户。坚持常态化巡查管控盗采和违建行为。捣毁采砂机具28台次，扣押挖机、铲车、农用机车27台次，清理处置堆场15处。制止违法建设20多例，拆除违建1500多平方米。完成上游立新小学、立新幼儿园生活排污治理，投入80万元配套建设小型污水处理设施。10月下旬，耗资7万多元购置打捞船一艘专门打捞水葫芦，完成库湾水域清理。继续深入推进村庄清洁行动，全面实行户收集、镇清运，新增配垃圾桶1000多个。全力协助县铁山水资源保护中心对黄岸村、稻田村、月田村、铁山湖村等水岸停靠的40余艘“划子”“竹排”全部拖离上岸。在抓好禁伐的同时还抓好了营林和森林病虫害防治，进一步提高生态林建设水平。

【民生工作】 2020年，月田派出所场所建设已完工。分别对半山水库、幸福水库、高雅水库进行了除险加固；投资100多万元改造自来水厂，更换新型消毒机1台、增加1台，新增800吨清水池1个、化验室1间，确保1.7万余人口饮水安全保障。完成蒋家湾流域河道治理，较好解决了立新水库上游主河港道山洪水患问题。完成村道提质改造和硬化16千米。完成稻田移民美丽家园建设和集镇自来水厂清水池建设工程。完成江墺小学、立新小学、中心幼儿园周转房建设。启动全镇农网按国标整改工程、江墺村和白竹村农田建设项目。实施立新小学治污工程。完成增减挂钩项目116.67公顷。

（万纯宗）

张谷英镇

【概况】 张谷英镇位于岳阳县东南部，2016年1月由原张谷英镇和原饶村乡合并而成，辖13个行政村和1个居委会，416个村居民小组，2020年，总人口4.78万余人，人口出生率为8.08‰，人口自然增长率2.22‰。土地面积167.34平方千米，林业用地面积1.39万公顷，森林覆盖率达81.73%，其中成片楠竹6893.33公顷，素有“湘北十万亩楠竹基地”之称。2019年，经省政府审定获评为“湖南省首批十大特色文旅小镇”。

2020年，是全面建成小康社会和“十三五”规划的收官之年，是实现第一个百年奋斗目标的决胜之年，也是脱贫攻坚战的

张谷英镇集镇（景区）入口、停车场

达标之年。张谷英镇党委、政府紧紧围绕县委、县政府各项工作部署，坚持“以党建强基础、以项目惠民生、以旅游带产业、以特色建小镇”的工作思路，实干担当、锐意进取，努力建设富饶、秀美、宜居、宜游张谷英镇。

【项目建设】 2020年，张谷英镇大坳节水灌溉项目和8座小(2)型水库除险加固、粮食产能田间工程、湘北特委维修改造等工程项目如期完工；张谷英中学和渭洞小学置换项目第一期主体工程竣工；大明山东方红希望小学正式投入使用，饶村小学教学楼主体已完工；张谷英村“最美村庄”建设项目如期完工；渭洞村四维民宿集中建房点主体及配套工程项目完工；镇派出所整体搬迁项目如期竣工，交付使用；新修渭桂线，完成“白改黑”道路28.5千米，新修、拓宽村组道路共30.4千米，完成公路生命安全防护工程20千米；改造机关部门院落4个，新建生态停车场1个并增加公共停车位200个；机关食堂建设项目建成并投入使用。

【生态环境】 2020年，张谷英镇持续推进农村人居环境整治攻坚行动，拆除“四房”19万平方米，拆除偏杂屋、亭棚1.1万平米，整治破旧围栏1万余米；累计清理生产生活垃圾7000余吨；疏浚沟渠70余千米；植树造林333.33公顷；畜禽养殖污染整治51户，停养57户；顺利推进“厕所革命”，完成改厕1483户，流域水质稳定改善。集镇综合整治（改扩翻）基本完成，建成集镇公厕1个，新建垃圾压缩中转站2个。

【社会治安】 2020年，张谷英镇机关干部轮流开展社会治安义务巡逻，群众安全感明显提升。对违法犯罪现象坚持“零容忍”态度，坚持打早打小，除恶务尽，2020年，破获刑事案件14起，行政案件33起，刑事拘留12人，行政拘留20人，涉毒起诉2人，涉赌起诉2人，逮捕直诉10人，共计抓获32人。积极妥善处置矛盾纠纷，2020年，县级接访25次，网上信访件办理17件，成功化解矛盾纠纷92例，成功调解89例，16例非正常死亡事故成功调处，确保了大事不出镇、小事不出村。2020年，张谷英镇综治民调综合排名全县第一名；连续3年获评市级信访三无乡镇，4个村获县级平安乡村称号。

【民生工作】 2020年，张谷英镇新型农村合作医疗保险收缴完成95%，共1060万元，贫困户、一二级残疾户、低保户、五保户实现全覆盖。为321名计划生育奖励扶助、特别扶助及手术并发症等对象发放利益导向专项资金60.54万元，为157名计划生育困难家庭发放慰问金、生育关怀金及住院护理补贴等8.4万元，超额完成农村适龄妇女“两癌”检查1684人。为退役军人及家属解决临时救助60万元，为330名重点优抚对象兑付发放专项资金102万余元。

【精准扶贫】 2020年，张谷英镇按照“一超过、两不愁、三保障”的要求，因地制宜、因户施策，全镇3个贫困村全部出列，建档立卡贫困户539户1577人如期脱贫。2020年投入资金1436.78万元，全力推进村级道路、安全饮水、灾毁水利设施建设，改善基础设施。湖南同济生态农业有限公司和岳阳县顺景水稻专业合作社对411户贫困户进行了产业帮扶；针对贫困劳动力，劳务输出376人，本地灵活就业和发展产业311人，公益性岗位、扶贫车间安置113人。累计发放扶贫小额信贷408笔1852.2万元。贫困村莲花湖村被授予“2020年湖南省文化和旅游扶贫示范村”。

【疫情防控】 2020年年初，新冠肺炎疫情暴发，张谷英镇迅速成立了以镇党委书记张文毅为组长的疫情防控工作领导小组，对返乡探亲人员进行劝返，对539名湖北（武汉）返乡人员迅速落实居家隔离，对公共场所加强管控。疫情防控期间，在全镇范围内实施防控“五级隔断”措施，党员群众自发捐款14.7万元，全镇设立64个检查岗，300余名党员干部坚持24小时义务值班值守，筑牢防疫屏障。

【文旅小镇建设】 2020年，岳阳县成立了张谷英省级特色文旅小镇建设工作领导小组，由县委书记田文静任组长，县委副书记、县长肖湘晖，县委常委、统战部部长苏红琳，副县长周里任副组长；成立了岳阳县张谷英旅游开发建设指挥部，由苏红琳担任指挥长；引进了华夏文化遗产基金会，无偿捐建项目工程2亿元，提质景区环境、水环境综合治理及核心文物修缮；向建行融资1.8亿元，全面提质景区基础设施建设及景观打造，已进入省行审批阶段；完成了《张谷英古镇概念策划方案》和《张谷英镇集镇街道风貌提升项目初步方案》；完成了景区景区外迁人口安置点土地征收工作；完成了北门游客集散中心和旅游环线道路等建设用地征收。

【移风易俗】 2020年，张谷英镇加强了全镇门店安全隐患排查，严厉打击非法经营、储存、运输烟花爆竹等行为，共清缴鞭炮90余挂、烟花4箱。充分利用“村村响”、横幅、标语、警示牌等，全方位开展宣传，推动农村移风易俗；张贴、发放“树新风、治陋习”倡议书，督促商户签署禁售烟花爆竹承诺书，强化思想教育，倡导文明新风；加大对违规宴请党员干部处理力度，文明节俭操办婚丧喜庆事宜的新风基本形成。

【安全生产】 2020年，张谷英镇深入开展“打非治违”专项行动，先后出动执法人员200人次、执法车辆78台次，设置联合检查点2处，发放宣传资料5000余份，在车站周边、车辆上张贴宣传海报100余张。检查车辆800台次，依法检查处罚非法、违法营运车辆43台次。积极参与全县“雷霆”行动，形成行业监管的高压态势；开展了交通安全集中整治，检查货运车辆200余台次，卸载货物18吨。

【粮食生产】 2020年，张谷英镇坚决遏制耕地抛荒，对全镇基本农田进行摸底造册，动员党员干部带头复耕；按照宜双则双、宜单则单、宜旱则旱的种植模式确保种植面积，抓好集中育秧和压单扩双，禁止早稻直播。全镇耕地面积1666.67公顷，其中水田1466.67公顷，旱地200公顷；早稻面积400公顷，年产粮食约2100吨，晚稻面积426.67公顷，年产粮食2500余吨，一季稻面积1000公顷，年产粮食约8000吨。

（田　黎）

杨林街镇

【概况】 杨林街镇位于岳阳县城30千米处，地处岳阳县中心，北依新墙河，308穿境而过，是连接张谷英、公田、月田、毛田的枢纽，“三田一洞”咽喉要道，区位交通优势明显。全镇辖8个行政村、286个村民小组，有 8462 户，总人口 3.4 万人。土地总面积 85.96 平方千米，山林面积 5092 公顷，其中人工造林 1400 公顷，森林覆盖率 34.3%。水田 2601.8 公顷，旱地 134.3 公顷，是全县产粮重镇。2020 年，杨林街镇被农业农村部评为全国第十批“一村一品”示范村镇，获得全县绩效考核先进乡镇称号。

2020 年，杨林街镇在县委、县政府的坚强领导下，以习近平新时代中国特色社会主义思想和中共十九大精神为引领，认真贯彻落实中央和省、市、县委各项决策部署，紧紧围绕决胜全面小康、决战脱贫攻坚目标任务，认真做好“六稳”工作，落实“六保”任务，全面完成了年初确定的各项目标任务，全镇经济社会呈现快速平稳发展的良好态势。

杨林街镇“岳阳王鸽”

【脱贫攻坚】 杨林街镇坚持把脱贫攻坚作为“头等大事”，统筹推进各项政策落实、责任落实、工作落实，持续巩固脱贫攻坚工作成效，确保群众脱真贫、真脱贫，获得了 2020 年脱贫攻坚先进乡镇称号。高质量完成脱贫任务。扎实开展脱贫攻坚“回头看”问题整改，建立防贫返贫监测预警机制，巩固提升精准脱贫成果，顺利通过省市检查，全镇 508 户 1386 人全部脱贫。高标准落实扶贫政策。全面落实兜底保障政策，差额兜底 236 户 442 人，全额兜底 37 户 78 人。实施新型农业经营主体带动贫困户脱贫计划，投入 100 万元发展生猪养殖委托帮扶，全面实现产业补助、雨露计划、金融扶贫等扶贫政策落地落实。抓实抓细住房安全保障工作，存量危房 30 户，全部实施危房改造。对有产业发展需求的贫困户进行贴息小额贷款放贷，累计发放 1103 万元贷款，为贫困户发展生产提供了资金保障。高要求完成消费扶贫。成立爱心超市农产品销售平台，销售贫困户农产品达 26 万余元，惠及 156 户贫困户。开展镇长网上直播带货活动，销售扶贫产品 10 万余元。

【疫情防控】 2020 年年初，自新型冠状病毒疫情发生以来，杨林街镇迅速反应，周密安排，认真贯彻落实中央和省市县关于疫情防控工作相关部署和会议精神。完善组织机构。第一时间成立防控指挥部，明责到人，联防联控，为打赢疫情防控战役提供了坚强有力的组织保障。全面摸排登记。发动镇、村干部大排查，共排查 726 人，无一例确诊病例。强力宣传引导。利用宣传标语、宣传单、宣传车、电子显示屏、微信平台等多种形式，全方位、多层次、高密度宣传新型冠状病毒感染的危害及预防措施，营造了良好的防控氛围。加强场所消毒。对全镇超市、菜店等场所开展预防性消毒，并引导群众做好个人防控工作，并加强对公共场所的人员管控和环境卫生治理。

【农业生产】 2020 年，杨林街镇围绕农业产业结构调整，坚持以市场为导向，以培育龙头企业为重点，以农民增收为目标，推进农业产业特色化。特色产业有新突破。着力发展培养肉鸽、富硒稻、金盆柚三大特色产业，并依托肉鸽产业优势被评为入选全国第十批“一村一品”示范村镇。尚书村幼雄水稻专业合作社被评为省级产业扶贫合作社、国家级农民专业合作社示范社，同时加大了对冷链物流的建设，新建4个保鲜库，农产品仓储冷链设施建设日益完善。农业生产增收显著。治理抛荒面积25.07公顷，完成早稻专业化集中育秧面积达78.89公顷，比2019年增加了33.27公顷，完成杨林街镇早稻面播种面积2378.53公顷，比2019年增加了710.33公顷，晚稻播种面积2565公顷，布局了水旱轮作“稻油”“稻稻油”基地及秋冬生产示范基地313.33公顷，并获得2020年市级粮食生产先进乡镇称号。养殖产业持续稳定。生猪存栏共2.7万头，存笼种鸽34.7万对，存栏15万羽鸡，稻虾面积73.33公顷。同时，对养殖场进行粪污治理。

【项目建设】　为实现镇域经济高质量发展，杨林街镇坚持把重点项目作为主抓手，加快新旧动能转换，全力推动重点项目建设。集镇提质改造，投入1300万元在集镇铺设路沿石5500米，铺设给水管2740米、排水管5480米、排污管2740米，人行道板铺装7088平方米，路灯安装188盏，植树743棵，配套建设通信、有线电视等弱电工程，现主体工程已完工。基础道路建设，投入230万元完成王安村兰田片麻洞林场全长3.7千米的通组公路建设。投入150万元完成贯穿于王安村兰田、聚云、鲁楚3个片的道路提质改造工程。水利设施建设，投入249万元完成富贵、新庄、姚家3座小（2）型病险水库处险加固工程。完成花果园村、溪源村两村340户共4000人安全饮水项目。污水处理厂，新建主管网7.4千米，日处理污水500吨的污水处理厂，现已投入运行，日收集污水200吨。农业设施改造，投入4000万元启动高标准农田建设，包括土壤改良、灌溉排水、高效节水灌溉、田间道路、农田防护与生态环保工程、科技推广等工程。投入160万元新增2条暗室叠盘育秧生产线。

【民生实事】　杨林街镇始终把发展和改善民生工作放在第一位，2020年，获得县级民生实事工作先进乡镇称号。2019—2020学年度，获得省市县各项荣誉8个，一中上线57人，在乡镇中学排名中始终处于领先地位，新增募集37万元教育基金用于杨林教育事业发展。惠农政策全面落实。及时兑现农机补贴等各类惠农资金。认真开展农村农业综合改革工作，做好宅基地和集体建设用地房地一体确权登记颁证工作，严格农村宅基地建设用房联合审批工作，继续完善土地确权颁证扫尾工作。社会保障体系不断完善。落实五保供养政策，认真开展农村低保“应保尽保，应退尽退”专项清理工作，真正做到应保尽保。农业农村工作稳步推进。做好粮食生产，全镇种植粮食4800公顷，稻油446.67公顷，保证粮食安全，其中尚书村“三区三带”布防监测点为全国秋粮农作物重大病虫害防控提供现场会并推荐经验。人口普查圆满完成。严格按照“不漏一户、不落一人”的原则，完成摸底登记工作。

【社会综合治理】　2020年，杨林街镇为发展夯实基础，全力提高人民群众安全感，确保大局平安稳定。引导群众依法合理表达诉求、解决纠纷，成功调处矛盾纠纷案件126起213人，被评为全市信访“三无”乡镇。集镇环境整治成效显著。重点针对交通问题顽瘴痼疾、集镇环境卫生、市场经营秩序等问题开展集中整治行动，集镇面貌明显改观。安全生产工作稳步推进。牢固树立安全发展理念，加强安全监管，强化安全责任，明确安全目标，加大安全隐患排查治理力度，全年开展烟花爆竹、道路交通、食品安全、校园安全、非法电动车载客等专项整治100余次，确保广大人民群众生命财产安全，获得2020年市级安全生产示范乡镇称号。平安创建工作深入人心。深化“平安杨林”建设，完成综治中心建设，进一步健全完善网格化社会治安防控体系，持续开展“扫黑除恶”专项行动。河长制与禁捕退捕工作持续推进。全面落实河长制与禁捕退捕工作的决策部署，从制度、人员、经费等方面全力予以保障，加大舆论引导和宣传教育力度，营造形成广大群众支持参与河长制和禁捕退捕工作的良好氛围。

（欧阳涛 许 韬）

步仙镇

【概况】 步仙镇地处岳阳县东南边陲，东临平江，西接汨罗，镇域面积104.1平方千米，耕地面积1711.5公顷，其中水田1565.6公顷，旱地146.5公顷，山林面积7333.3公顷。辖9个村、1个居委会、311个村民小组，人口37070人。其中农业人口35676人，非农业人口1394人，出生人口304人。境内盛产粮、油、茶、果、竹等经济作物，是全县重要的粮食生产基地。

2020年，步仙镇在县委、县政府正确领导下，始终坚持以习近平新时代中国特色社会主义思想为指导，立足步仙镇实际，深入贯彻中共十八、十九大及十九届历次全会精神，认真落实中央一号文件精神，紧紧围绕全面建成小康社会和全县高质量发展目标任务，深入践行新发展理念，团结带领全镇广大党员干部群众攻坚克难、砥砺奋进，经济社会呈现出持续、健康、稳中向好发展的良好态势。

【项目建设】 2020年，步仙镇建设项目社会效益高、涵盖范围广。通过人大民生实事票决制票选推动了一批群众呼声高的民生实事建设项目。突出重点项目建设。岳坊水库防汛道路提质改造项目，全长5.7千米，投资920万元，全面竣工通车；凤凰学校学生公寓建设项目，建筑面积约900平方米，总投资260万元，新学期可正式投入使用；污水处理厂项目，总计投入2300万元，已全面完工投入使用，实现污水的净化和循环利用；君胜桥危桥改造项目投资150万元，已完成拆除重建全面通车；全长2.4千米，路面宽12米，油化路面10.5米的浩吉铁路货运站连接线项目，已正式竣工通车；农贸市场项目已竣工进入招商阶段；推进重点项目进程。便民服务中心建设项目有序进行，项目建筑面积2400平方米，投资620万元，主体工程建设已完工，投入使用后将极大提升便民工作服务水平；敬老院项目、罗水河二期等项目有序推进。同时创新工作方式，通过人大民生实事票决制等工作机制，票选并推动了一批群众呼声高、社会效益好的民生实事建设项目，确保“好钢用在刀刃上”。

（刘宇杰）

【疫情防控】 2020年，步仙镇常态化抓好疫情防控工作。精准抓人员排查。设立各级检查岗7个，摸排外地返乡人员637人次，集中隔离境外返乡人员3

步仙镇“白改黑”道路建设

人，涉鄂人员8人；开展常态化督查60余次，下发专项督查通报7次，切实做到守住“内防线”、筑牢“外防线”。大力抓防控宣传。自制音频8条“村村响”播放，悬挂横幅30余条，发布各类宣传报道29条；取消操办红白喜事105起；做到疫情防控形势人人知晓，防控行动人人参与，营造了群防群治的浓厚氛围。党员带头树旗帜。成立党员先锋突击队12支、党员先锋岗5个，集中开展党员志愿行动8次；组织全镇党员干部捐款881人次，共捐款9.5万元。在全镇党员干部的努力和群众的配合下，实现了新冠肺炎零感染零输入，切实保障人民生命安全和身体健康。

（肖 丽）

【脱贫攻坚】 2020年，步仙镇建档立卡贫困户共498户1732人，已全部实现脱贫。慢性病上门服务259人，秋季教育助学217人，发放教育资金120125元。积极与县扶贫办、县人社局对接，对26户贫困户进行技能培训工作，帮助15名贫困户成功就业；通过雨露计划对112人次贫困学子发放补助16.8万元；发放临时救助资金100户，共计5万元；累计下拨扶贫资金114万元。紧紧围绕“两不愁三保障一达标”关键指标，依托“十大工程”建设为抓手，创新工作思路，突出重点、多措并举，认真组织实施脱贫攻坚各类工程，扎实有效完成脱贫攻坚工作。

（刘李明）

【美丽乡村建设】 2020年，步仙镇大力推动村组道路提质改造，争项目争资金，改善出行条件，提高安全保障。维修村组道路6.8千米；道路“白改黑”12.9千米。强力推进交通问题顽瘴痼疾整治工作，不定期针对无牌无证上路、非法载人等危险驾驶行为进行专项整治，营造良好的交通氛围。环境整治更加有序。推行垃圾分类源头减量。共配备500多个垃圾池、810多个垃圾桶，使用4台大型垃圾转运车辆，启用3个垃圾中转站（狮山社区、关王村、凤凰村），配备86名保洁员，按照“户分类、村收集、镇转运、县处理”模式，因地制宜推进垃圾分类源头减量处理工作，在2020年人居环境整治工作评比中，排名全县第二。黑臭水体源头治理。累计投入120万元专项资金对黑臭水体进行治理，通过清淤限排、通沟建渠、生态治理，已完成整改。“厕所革命”推进更加宜居。按照现行标准山美村、狮山社区、步仙湖村、关王村480个新厕已全面完工。2020年，步仙镇坚持“实事求是、因地制宜、群众自愿、费用分担”原则，合理选择改厕模式，多管齐下，确保“厕所革命”有序推进。美丽乡村初显成效。完成30户以上大集中建房点2个；小集中建房点5个。通过示范引领，全镇居民规范建房意识明显增强。为全面推进美丽乡村建设，改善农村生产条件、生态环境、提高生活质量，各村积极推进美丽村庄建设，集中打造产业兴旺、生活富裕、生态宜居的农村环境，共打造美丽屋场16个，人居环境提质明显，居民获得感、幸福感明显提升。

（黄宇夫）

【移风易俗】 2020年，步仙镇各村均成立了人居环境整治与乡风文明理事会，通过全面完善村规民约（包含移风易俗、禁炮限塑、卫生费收缴、村民规范建房等规约），村民自治工作深入推进。健全移风易俗劝导奖惩机制，针对农村人情风盛行，“婚丧喜庆”大操大办和殡葬中的陈规陋习，大力实施禁炮限塑，持续推进“婚事新办、丧事简办、其他事项不办”文明节俭事宜。民众文明节俭操办婚丧喜庆事宜成效明显，大操大办得到遏制，禁炮限塑成效明显。

（刘李明）

【农业生产】 2020年，步仙镇重视粮食生产安全，采取逐块整治、以奖代补、主体流转等多项举措，扎实推进抛荒地专项整治工作，共摸排出荒田85.17公顷，全部完成复垦工作。认真贯彻落实历年中央一号文件精神，以专业合作社为龙头，完成“压单扩双”面积333.33公顷，全年粮食产量达1.4万吨，较2019年增产1500吨。同时，召开岳阳县耕地抛荒整治现场会。成功创建省级“平安农机”示范乡镇。培育新型农民，提供优质服务，增强调整活力。着力抓好对农民的农业技术服务，常态化的组织农技、畜牧、等涉农部门技术人员，深入农户、田间指导科学种、养，解决好群众在农业结构调整中遇到的难题，确保群众积极性不受伤害，提高群众农业结构调整成功率，达到了农业增效、农民增收的目的。

（万　雷）

【民生保障】　2020年，步仙镇开展城乡居民社会养老保险工作，完成参保、续保工作任务。全镇居民养老保险参保人数共25218人，为确保全镇60岁以上老年人的养老保险金的顺利发放，扎实开展城乡居民养老保险生存认证工作，共为6012人发放养老金69.78万元。全镇城镇居民基本医疗保险参保人数32333人，参保率达到94.28%，实现住院报销1820.57万元；全年申请“大病救助”54人，补偿金额共94.69万元；全面清理、完善低保对象相关资料，实行一户一档，分类施保、信息化管理，做到了资料齐全、管理规范。步仙镇农村低保户268户，特困人员394人，政策全部落实到位。优抚工作。已为全镇262名优抚对象，100多名享受60周岁补贴的退役士兵做好登记造册和抚恤金发放工作。为383名特困供养对象，按时发放五保金，确保五保老人生活无忧。

（李向阳）

【人口普查】　2020年，在疫情防控常态化的情况下，步仙镇人普办将风险防范工作纳入规范化、制度化、程序化轨道，及时研判、超前应对，努力克服疫情对普查工作带来的不利影响，按照既定进度安排，有序开展普查工作。通过上户、摸底、录入、核查等阶段把准业务、把准时间节点、把握好程序，有条不紊、高质量完成了第七次全国人口普查工作。

（刘　敏）

【村级财务管理】　2020年，步仙镇以换届为契机，狠抓审计监督。全面开展村干部任期经济责任审计，逐村完成审计报告。较好地服务了村级换届选举，进一步规范了村级财务行为，维护了村级集体利益，促进了村领导班子正确履职、积极履职，为维护农村稳定，推动农村财务工作良性发展，发挥了较好的职能作用。

（刘　敏）

【社会综合治理】　2020年，步仙镇坚持打防结合的方针，按三年规划目标开展扫黑除恶专项斗争，依法严厉打击刑事犯罪，坚决扫除黄、赌、毒等社会丑恶现象，建立和健全镇、村（社区）两级安全防范和社会矛盾调解网络。全年受理行政案件60起，上级交办办结完成率达125%；行政拘留39人次，上级交办任务完成率达108%。全年度刑事案件25起，上级交办破案14起，侦破12起，完成比例85.7%；逮捕直诉15人次，完成上级交办任务。发动镇、村力量开展夜间巡逻、水库值守、交通疏导、矛盾调解等工作，保障步仙社会稳定，营造良好乡风氛围。强化社会治安综合治理各项措施，开展安全生产、交通安全、食品安全等宣传活动，开展行业专项整治行动，扎实开展“十大平安”创建，落实安全生产责任制，全年无一起安全事故发生。2020年，步仙镇被授予“市级平安乡镇”创建示范单位、“森林防火先进单位”、“禁毒工作先进单位”、“市级信访工作‘三无’乡镇”。做好群众工作。镇妇联、镇团委积极行动，开展国家级妇女地位调查、关爱留守儿童送温暖、青年干部谈心会、公文培训等多项范围广、形式多、效果好的联合活动，团结各方力量，倡导向善向好。及时化解矛盾，以问题整改台账为蓝本，问题解决一件销号一件，绝不拖延推诿，有限防范和减少了违法犯罪，切实提升了人民群众的获得感、幸福感、安全感。

（张予凡）

【队伍建设】 2020年，步仙镇高度重视队伍建设，严明党的政治纪律和组织纪律，突出全面落实从严治党。建设学习型政府，把培养学习型党员队伍作为党建工作的重要内容，营造出比、学、赶、帮、超的学习氛围，不断增强干部职工的理想信念和思想觉悟，形成人人爱学习、个个肯争先的良好局面。深入落实中央八项规定，建设法制型政府。抓好党风廉政建设，深化政务公开，自觉接受监督，让权力在阳光下运行。毫不松懈整治“四风”不断改进会风会纪，定期对班子成员、支部书记开展谈心谈话，防止违法违纪行为发生。为有效防止“四风”问题反弹回潮，步仙镇针对四风陋习加大明查暗访、通报曝光、整改落实、问责处理的力度，推进作风建设常态化、长效化、制度化。坚持一切行政机关为人民服务、对人民负责、受人民监督，创新行政方式，提高行政效能，建设人民满意的服务型政府。

（陈三华）

柏祥镇

【概况】 柏祥镇地处岳阳县中南端，辖8个行政村、1个居委会，镇域距县城24千米。境内纵有京珠、十宏路，横有荣公、柏凤线穿越（插）而过。柏祥地属丘岗，种养业发达，全镇共有人口34352人，水田2000公顷。2020年，柏祥镇持续加大粮食生产力度，大力推广双季稻种植，在万庆村创建高产农田示范片200公顷。拓展新型产业，逐步构建了以深圳文科为龙头的园艺苗木基地，以蒋渭雷公藤、鹅咀绿缘栀子花为代表的药材基地，与伏太、付义、四知、明淑、赵李为主的油茶基地，促进农业生产向“精、优、特、强”转型。全力参与和支持“洞庭清波”行动，对全镇1座小（1）型水库、20座小（2）型水库大摸底大排查大整改，拆除所有增氧设备，清除饵料，重拳出击，不留口子，对铁山南干渠沿线居民生活污水实施截流。推进厕所革命，改造旱厕500户，累计投入改厕经费90万元。严打涉砂涉矿，现场查处涉砂场所5处，扣押运输车20辆、挖机12台、铲车10台。成功拆除集镇二门市部。

柏祥镇新建停车场

【脱贫攻坚】 2020年，柏祥镇认真落实六个精准、五个一批要求，共完成建档立卡危房改造137户，推动百企帮百村行动落地落细，带动500名建档立卡贫困人口人均年增收1000元以上。2020年，全镇在档的贫困人口共354户，1178人已全部摘帽脱贫。

【民生工作】 2020年，柏祥镇投资700余万元的新建敬老院项目，主体工程和配套设施完工，端午节前完成老人入住工作。投资1400万元的自来水工程让集镇及周边村组居民喝上了安全放心水，为全镇自来水全域覆盖奠定了基础。投资300万元将原粮站院子建成停车场，利用彭宗屋改造之机，投资600万元拓宽并油化港堤路，投资240万元改造升级镇北路，扭转了集镇交通拥堵局面。

【平安创建】 2020年柏祥镇每月由班子成员带队对加油站、工厂、液化气站等重点领域的安全排查，利用“村村响”广播、悬挂横幅、下发资料等方式，加大对道路交通、森林防火、食品安全、危化品及人口密集场所的宣传力度，确保了全镇无重大安全事故发生。加强镇区禁毒工作检查和宣传，强化矛盾纠纷的排查化解，共化解信访案件48起，司法所、派出所和村支“两委”共化解调处各类矛盾纠纷92起。2020年，柏祥镇被评为市级信访“三无”乡镇和县级平安乡镇。

【教育工作】 2020年，柏祥镇坚持教育优先发展，致力改善办学条件，着力提升教育质量。完成柏祥中学标准化田径场改造，依托江河集团教育基金，发放奖教助学金22万元用于奖励优秀师生，支助困难教师及寒门学子。高度重视教学质量，柏祥镇中心学校正取县一中32人。关注校园安全，减少义务教育大班额，绩效考核在乡镇类排名第五。

（陈荣林）

新墙镇

【概况】 新墙镇位于岳阳县中部，地处新墙河下游南岸，距岳阳县城12千米，距岳阳市区33千米。下辖7个村、2个居委会，面积75.97平方千米，耕地面积2400公顷，人口36266人，其中非农人口4400人，是岳阳县经济重镇。2014年，纳入全国重点镇行列。

2020年，新墙镇始终坚持以习近平新时代中国特色社会主义思想为指导，全面落实中共十九大和十九届二中、三中、四中、五中全会精神，不断增强“四个意识”，坚定“四个自信”，做到“两个维护”。紧紧围绕县委、县政府的决策部署，积极推进“两建”（建设全国重点镇集镇、建设美丽乡村），深化乡村振兴；全力实现“三提”（提振信心、提高标准、提升效益），强化发展效能；稳步落实“五防”（防财政风险、防生态风险、防生产风险、防安稳风险、防领跑风险），筑牢安全屏障。“两建三提五防”工作思路落地见效。2020年，获得全县乡镇绩效考核第一名。

【财政工作】 2020年，新墙镇主动出击，加强对“四大行业”等主体税种的税源监控，进一步完善税收台账，澄清税源底子，确保了应收尽收。全年完成财税收入任务2338.3万元（其中四大行业改征增值税累计868.2万元）。精通上级项目信息，畅通上下项目渠道；坚持“走出去”招商，坚持迎老乡、回故乡、建家乡。新上招商项目3个，超额

岳阳县第五届新墙葡萄旅游文化节暨消费扶贫湖湘农事直播带货活动

完成引资任务4.2亿元；引进其他项目18个，共投资4000万元。

【教育工作】 2020年，新墙中学中考有46名学生考上县一中和委培师范生，升学率居全县先进行列，在全县中考教育质量排名第四；2020年上学期，小学五年级全县统考取得了第三的好成绩；2020年下学期，中心学校在全县足球比赛中获得男子组第二名的好成绩；三合小学被县教体局评为“发展性评价先进单位”。

【民政工作】 2020年，新墙镇享受城乡低保223户685人（其中城市低保61人），发放低保金156.7万元；在册五保户268人，其中敬老院供养71人，分散供养197人；临时救助233人次，救助金额28.75万元；救助流浪人员300余人次；1名孤儿享受孤儿基本生活保障，9名14岁以下儿童享受困境儿童救助；慈善总会资助5名贫困大学生，发放资助金2.5万元。按照“全国示范型服务站”标准要求，顺利完成了新墙镇退役军人服务站建设。2020年“八一”慰问优抚人员267人，发放优抚款9.4万元；核对为其他优抚对象代缴城乡居民基本医疗保险146人，共计金额4.08万元；组织三等功退役军人进行免费体检。

【防汛工作】 2020年入汛以来，新墙镇严格按照上级要求，周密部署、科学调度、狠抓落实积极完成防汛各项工作。力推防汛工作新举措，备足防汛物资、坚持24小时值守、强化信息报送。面对防汛任务重、值守时间长、人员疲劳大的问题，全体参与防汛工作的人员在堤垸指挥长姜其胜的统一调度下坚定信念、勇斗洪魔，确保汛期无大险。集中民智发明了抢险作业神器，提升了处险能力。

【卫健工作】 2020年，新墙镇抓好免费孕前优生健康检测和产前筛查，加强出生缺陷防控，全年完成128对，未发生一例出生婴儿死亡和出生缺陷婴儿；严格执行现行技术服务政策，指导育龄群众知情选择，基本满足群众的技术服务需求；及时兑现卫计奖励政策、完善和丰富利益导向机制；组织适龄群众参与两年一次的两癌筛查。共完成1395人，超额完成县下达的1100人的任务；全员人口录入信息及时率、准确率99%以上，居全县前列；全员人口与公安部门人口数据比对匹配成功的比率97.4%，居全县第一；新墙镇中心卫生院被评为2020年度“优质服务基层行”活动达到推荐标准机构。

【项目建设】 2020年，新墙镇投入2300万元高标准完成荣公公路升级油化，擦亮古镇老街品牌；投入150万元完成金桥桥、付家桥危桥改造工程，实现库企通达夙愿；投入30万元完成清水葡萄园精品路线连接项目，发挥品牌辐射效应。完成老街农贸市场建设任务，担当顽瘴痼疾整治责任；完成107国道集镇段绿化改造，履行乡村振兴植树义务；完成老街和西街下水道、人行道亮化、绿化配套建设工程，提升集镇居民幸福感满意度。在农业项目上，益豚农牧万头母猪养殖项目建成投产，年养猪量30万头；湘佳牧业前进养殖基地建成投产，年养鸡量100万羽；景园至诚农业合作社平整土地20公顷，种植红心柚、果冻橙11700株。

【果浓小镇创建】 2020年，根据新墙镇水果种植特点和发展实际，将“果浓小镇”的特色品牌不断强化。改良品种。集中改良阳光玫瑰、醉金香、富太8号等优质葡萄500亩，引进翠冠梨3.33公顷。培养特色。通过宣传推进、基础设施支持、项目支持等多种方式，鼓励特色种植、特色种养并肩推进。七仙女果园的活力打造、农之源的丰富果品、尚品葡萄园独特的青蛙套养等，都获得了品质上的高度认同、销售上的供不应求、效益上的示范轰动。延伸产业链。新墙“果浓小镇”创建以葡萄为主旋律，逐步加强对草莓、蓝莓、红心火龙果、樱桃、红心柚等果品引进，成功举办岳阳县第五届新墙镇旅游文化节暨消费扶贫湖湘农事直播带货活动，带动休闲旅游产业进一步发展，消费人群日渐拓宽、市场份额占比逐年增加。

（黄双薇）

长湖乡

【概况】 长湖乡地处岳阳县正南部，和汨罗市大荆镇相接，全乡总面积119平方千米，拥有耕地面积2533公顷，全乡5大水系、8条支渠、13座小型水库灌溉全乡，总库容达500万立方米，可利用水面213.33公顷。辖10个行政村、402个村民小组、10806户、4.2万人。其中中共党员1280人，设立10个党总支、6个支部，在编村干部68名。

2020年，长湖乡贯彻落实县委、县政府决策部署，聚焦县委、县政府“做大新型工业，做强现代农业，做活生态旅游，做旺商贸物流，做美县城集镇”具体目标，务实奋进，扎实干事，全面贯彻落实上级的各项决策部署，大力推动社会各项事业全面发展，较好地完成了全年工作任务。

【疫情防控】 2020年，长湖乡严格落实中央省市县各级决策部署，扎实做好各项防控措施，排查2136人次，居家监管隔离1060人，集中隔离23人，核酸检测118人，全乡无一例感染病例。科学精准做好常态化疫情防控工作，统筹做好疫情防控和经济社会发展工作，推动各项防控措施落地见效。指导天欣、亚泰、宏康陶瓷厂等企业做好疫情防控与生产工作，为全县经济社会发展做出积极贡献。

【项目建设】 2020年为长湖乡基础设施建设年，全年投入5000多万元推进22个项目。新卫生院整体搬迁，107国道边集镇三角坪绿化带建设、集镇路面改造和下水道雨污管道铺设、集镇污水处理厂建设、长湖村生活污水集中处理、洪山洞水库整治、常家大屋河综合整治、集镇老街“白改黑”、市场北路建设、中心学校南门、政府机关围墙、乡便民服务中心（一门式服务大厅）、乡村文明实践中心所站、荆洲小学门头、范家桥新建项目、农村厕所革命等项目建设。岳阳高新技术产业园第一期土地平整23.47公顷完工，完成道路、管网的附属设施建设。新引进的云隆新材料科技有限公司一期厂房建设完工，磊强建筑有限公司运营投产。高新产业园六期扩园项目定为市流动现场会现场点，长湖乡六期扩园项目获2020年全县重点项目建设一等奖。

【环境整治】 2020年，长湖乡开展人居环境整治。配齐日常保洁工具，添置垃圾桶780个。推进集镇污水处理厂建设，主体工程已完工；新建杨三道、周茂生两个屋场农村生活污水集中处理站点。完成农村改厕770个。狠抓大面环境卫生，加强常态化保洁，顺利进入全市18个“美丽乡镇”提名名单。坚持“宣传发动，利益驱动；公司带动，服务互动；累计迎接省市县各级单位考察学习43批次，先进经验得到省市县相关领导充分肯定。

长湖乡长湖村杨三道屋场集中污水处理点

【综合治理】 2020年，长湖乡查处治安案件50起，查处涉赌人员12人，查处涉黄人员3人，行政拘留49人，受理刑事案件46起，侦破刑事案件15起，逮捕起诉12人，追回往年积案逃犯2人。长湖乡获得岳阳县“平安乡镇”称号，长湖派出所被评为岳阳首批“枫桥式派出所”。召开安全生产专题会7次，开展安全生产大检查11次，对建筑施工安全、校园及周边环境安全、食品卫生安全、烟花爆竹安全、用电安全、消防安全、防溺水安全等进行全方位无死角大排查。岳阳市食品安全现场会在长湖乡召开。

【脱贫攻坚】 2020年，长湖乡加强产业扶贫，增强“造血”能力，大力扶持发展鸽业、小龙虾、光伏发电、油茶种植等特色产业，实现人均增收2600元以上；开展消费扶贫，为贫困户销售农特产品10万元；全面落实医疗救助、教育助学、危房改造、安全饮水、扶贫贷款、兜底保障等行业扶贫政策；在全市率先开展垃圾分类减量工作，设置公益性岗位，解决68名贫困人员就业问题，人均受益1.2万元；以党建促扶贫，开展“感党恩、听党话、跟党走”恳谈会35场，进一步增强贫困户发展致富的决心和信心。全乡建档立卡贫困户440户1201人全部脱贫。

【民生工作】 2020年，长湖乡全力支持教育工作，投入120余万元完成中心学校南门建设，新建16套教师廉租房，解决了燎原小学、洪山小学教师的安居问题，改造新建了荆洲小学校门头，添置教育硬件设施，完成中心幼儿园二期工程建设。2020年，长湖中心学校考取县一中学生42名，教育教学质量位居各乡镇中小学前列。完成常家大屋河整治，山塘维修126处，清淤扫障40千米，灌溉农田约200公顷。完成自然村通村公路新建维修13千米。开展彭宗屋河中小河流治理。升级改造老化电力线路，新增变压器11台。抓好农业大面生产，培育了千亩油菜种植基地，深入开展非洲猪瘟防控工作。抓好森林防火工作，造林113.6公顷，完成G107国道长湖段沿线绿化提质2000米，乡村道路绿化1.4万米。立案查处非法占用林地7处。林业站站长姚三林获省级先进个人。完成2020年度医保征缴36378人，征缴金额863万元。计生办组织开展“两癌”筛查，共为1450人进行检查，孕前优生检查209人，产前早中期筛查183人次，新生儿串联质谱检查261人。农商行发放三农、小微企业贷款8438万元，其中扶贫小额信贷254万元，有力促进了经济发展。

【阳光政府建设】 2020年，“互联网+监督”平台采集了长湖乡10个行政村的民生资金项目、精准扶贫、精准脱贫、村级财务信息，包括民生资金项目到户资金、民生项目查询，贫困户、脱贫户信息公示，村级基本财务信息（收入、支出明细及其发票凭证）等，将这些信息全部导入外网系统进行公示。2020年1—6月村级财务凭证全部上传。同时在全乡大力推广“三湘e监督”公众号，将关注“三湘e监督”公众号作为一项政治任务常抓不懈，确保群众公众号的了解度，增强对村务、财务的监督力度，强力推动全乡党风廉政建设纵深推进。

（徐沁玲 胡 旭）

黄沙街镇

【概况】 黄沙街镇位于岳阳县南部，东抵107国道，西濒洞庭湖，南接汨罗市，北枕县城，京广铁路横跨集镇，武广高铁、岳望高速、G240国道纵贯南北，离岳阳县城12千米。全镇区域总面积130平方千米，下辖13个村、1个居委会，总人口5.4万人，是现代农业和农产品加工业融合发展的农业产业大镇。2014年，被评为全国重点镇。2020年，创建全市农业产业化特色小镇“茶香小镇”。

2020年，黄沙街镇经受住了新冠疫情的考验，全镇上下坚持“一盘棋”“一条心”，一方面落实防控措施，加强民生保障，另一方面打响茶香品牌，提升人居环境，全面推进各项社会事业发展，夺取了疫情防控和经济社会发展双胜利。

【项目建设】 2020年，黄沙街镇大力发展黄茶产业，壮大稻虾养殖等特色种养产业，做活乡村旅游融合产业，振兴黄沙街百叶传统品牌。完成集镇二期的全面改造，集镇新街信用社至政府的房屋门面统一改造，改造门面406.5个，门窗、招牌、电力等配套工程全面完成。完成黄秀集镇300余米道路提质改造。完成三和村村民集中建房点30户主体工程建设。全面推进交通顽瘴痼疾整治，启动岳望连接线征迁工作，完成廖山连接线建设和黄青路等项目。加大水利秋冬修、冬春修的力度，投入专项资金解决水毁工程恢复、小山塘改造、六小垸的防堤保安和排渍排涝能力问题，全面提高防汛抗旱的防御能力。加速推进机关设施提质，启动机关服务性用房和公租房项目建设。

【脱贫攻坚】 2020年，黄沙街镇始终把决战决胜脱贫攻坚作为头号工程来抓，全镇3个贫困村全部退出，所有贫困人口已全部脱贫。实施贫困户城乡居民医保缴费减免政策，其中特困供养对象62人、重度残疾对象158人享受全免；公益性岗位实行贫困劳动力优先安置，实现贫困劳动力、边缘户105人就近就地就业。积极组织开展春耕备耕生产，制定出台重点产业扶贫方案，发放奖补资金13万余元，激励贫困户积极通过发展产业实现脱贫致富。充分发挥驻村工作队在精准扶贫精准脱贫中的“指挥部”作用，涌现出倒在扶贫路上的和谐村原驻村第一书记彭庆文等一批先进典型。

【生态环境保护】 2020年，黄沙街镇以“洞庭清波”专项整治为契机，全面禁止天然水域投肥投饵，持续推进精养鱼塘升级改造，坚定不移打好污染防治攻坚战。全面落实河长制。加强对河道的清淤疏浚和水域垃圾治理，打造荆州河“样板河”。全力推进农村生活污水治理。大力实施“厕所革命”，苍坪、荷塘、三和等村1600余户农村改厕完成扫尾工作，新启动大明、中兴、黄秀、黄沙等村580余户农村改厕。常态化推进农村人居环境整治。加强考核督导，重点整治农村“脏、乱、差”现象，完成了全镇主干道路沿线杂草清理，公共区域、村组道路沿线、农户房前屋后卫生状况明显改善，集镇出店经营、占道经营行为大为减少，美丽乡村建设和移风易俗推进有力，苍坪村和三和村获第二批国家级森林乡村，三和村获得省级美丽村庄，苍坪村获得市级美丽村庄。积极开展大气污染防治。严格落实禁止焚烧秸秆规定和禁炮限塑规定，从源头上减少气体污染的产生。

【社会综合治理】 2020年，黄沙街镇强力开展涉砂涉矿整治。加强巡逻防控，严厉打击违规采砂采矿和违规建房等违法行为。开展涉砂涉矿专项整治行动32次，扣押挖机21台、渣土车37台。严格规范村民建房，全年完成村民建房审批250余户，开展专项拆违行动28次，共拆除违法建设4796平方米。坚决守住耕地农田红线。对抛荒的基本农田和旱地进行实地摸底调查，共排查整改抛荒耕地面积78.42公顷。推进粮食生产压单扩双，早稻播种面积达1420公顷。加速推进农村土地确权登记颁证。推进人、房、地全面综合普查，全面完成14个村（居）房屋权属调查并已开始正式颁证。

【民生工作】 2020年，黄沙街镇强力推动城乡学校建设三年行动计划落实，做好教育基金会筹备工作，通过在岳阳市和东莞市举办乡友会，筹集资金500多万元。五保、低保做到应保尽保。全镇享受低保待遇440户776人，发放生活保障资金22.29万元；特殊群体受益347户，发放特殊救助33.71万元。医卫服务显著提升。实现60岁以上老人到卫生院门诊费用报销比例达到90%，城乡医保参保率位居全县第一。住房安全得到保障。安排专项资金40余万元，“四类”重点对象危房改造全面清零。

【队伍建设】 2020年，全面完成村党（总）支书记、主任“一肩挑”工作。优化村干部队伍结构，推进行政村工作规范化，促进村“两委”的协调运作。全力打造支部示范建设品牌，加强流动党员管理，成立全县首家“飞地”党支部。高质高效推动基层公共服务（一门式）全覆盖。择优选聘14个村级代办员和5名乡镇政务中心工作人员，推动基层公共服务（一门式）全覆盖，下放村社区职能19项，细化政务服务中心和村（社区）综合服务平台工作职责，提升为民办事服务效率，实现“大事不出镇、小事不出村”。重点开展“两清理、两整顿”行动。完成对历年欠账的系统清理，对各村集体资产强化管理和有效处置，对村级财务、组长人选进行全面规范整顿，全力化解村级债务和加强村级财务、村组事务管理，共清理虚假、挂靠债务近500万元，复兴、大明等村完成债务清零，实现了村级管理“轻装上阵”。

（陈思源）

中洲乡

【概况】 中洲乡位于岳阳县城西南部，西、北临东洞庭湖，由一条长10.4千米的中洲大堤阻隔，隔湖与君山、沅江相望，南抵汨罗市白塘镇，东接岳阳县黄沙镇、荣家湾镇。全乡总面积74.3平方千米，耕地面积3609.93公顷，其中水田1827.93公顷，旱地1782公顷；林地面积1466.67公顷；养殖水面1000公顷。全乡有8个村、183个村民小组，总人口3.1万人，其中非农业人口2300人，人口出生率为8.26‰，人口自然增长率为5.15‰，其中移民和移民后代2.1万人。境内辖8个村、1个乡渔场、2个县二级机构（中洲渔场和中洲堤垸管理所），有党支部15个，党员1052名。境内交通便利，自然资源优越，物产丰富，是全省有名的移民乡。

中洲乡有各类专业合作社40多家，其中稻虾合作社18家、规模蔬菜合作社2家、油茶合作社1家、西瓜合作社1家、莲藕合作社2家、其他合作社共18家。全乡油菜种植面积733.33公顷，产值880万元；大白菜种植面积800公顷，产值1800万元；其他经济作物种植面积400公顷，产值1800万元，农民增收2000万元。中洲乡湖泊众多，水产养殖颇有名气，可养水面达2726.67公顷，境内有全省较大的淡水精养国营渔场——中洲渔场。在工业方面，全乡境内企业9家，为众多移民解决就近就业的难题，全乡经济发展呈现良好态势。

【疫情防控】 2020年，中洲乡坚持“一盘棋”防控思路，统一指挥、统一协调、统一调度。乡党政班子成员带头取消休假、带队联点防控，乡、村、部门以最快速度进入战时状态，落实各项防控措施，构筑联防联控的坚固防线。进入常态化疫情防控后，坚持思想不松、机制不变、队伍不散，抓实抓细外防输入、内防反弹工作，扎实做好重点地区、重点行业、重点人群精准防控，实现“零感染”目标，得到岳阳县委、县政府充分肯定。

【防汛抗灾】 2020年，中洲乡坚持“人民至上、生命至上”，把防汛工作作为压倒一切的头等大事，全体乡村部门干部、270多名党员全部上堤，用实际行动诠释了站得出、靠得住、战得胜的坚强作风和政治本色。自7月4日上堤到9月2日岳阳县解除防汛应急四级响应，经过中洲乡干部群众62个日夜的辛勤坚守，夺取了防汛抗灾的全面胜利。

【化解重大风险】 2020年，中洲乡打好了防范化解重大风险攻坚战。着力防范化解政治风险，增强政治敏锐性和鉴别力，善于从政治上分析问题、解决问题，坚持全方位“稳”字当头，注重稳住社会面、稳住人心，确保全乡经济社会发展大局稳定。着力防范化解债务风险，加强扶贫小额信贷监管，风险系数控制在安

中洲乡大棚蔬菜种植基地

全区间；全面开展村级债务清查，严控违规新增债务；厉行勤俭节约，继续压减一般性开支，牢牢守住保工资、保运转、保基本民生的底线。着力防范化解公共卫生风险，切实加强新冠肺炎、非洲猪瘟和高致病性动物禽流感防控，全面提高快速反应能力和应急处置能力，更好地保障人民群众生命财产安全。

【脱贫攻坚】 2020年，中洲乡通过多轮排查和“回头看”整改，全乡“四类人员”存量危房全面清零，义务教育阶段贫困家庭学生秋季控辍保学率100%，贫困人口参保率100%，贫困人口签约率100%，兜底21户56人，低保253户476人，贫困群众“两不愁三保障”全面落实。通过合作社与贫困户签订用工协议、设立3个扶贫车间，统筹安排53个公益性岗位，持续抓好兜底保障、稳岗就业、产业帮扶和消费扶贫，3个贫困村全部退出，1602人全部脱贫。

【生态环保工作】 2020年，中洲乡严格落实长江十年禁渔政策，扎实推进东洞庭湖禁捕退捕专项整治，彻底完成渔船等涉渔船舶解体上岸。全面完成各类环保督查问题整改销号工作，切实加强费家湖饮用水源地保护，持续推进“洞庭清波”专项整治，饮用水质安全达标。污染治理成果丰硕，精养鱼池完成改造升级、规模养殖场全部退养、天然水域严禁投肥投料、非法采砂采矿严厉打击、传统畜牧水产逐步转型转产，中洲乡染防治攻坚战取得阶段性胜利。

【基础建设】 2020年，中洲乡完成自然村通水泥（沥青）公路7.098千米，百姓出行更加方便。水利建设。投资200万元完成南北二号渠渠道清淤和生态护砌；投资900万元的中洲灌区重点节水改造工程项目顺利实施；投资500余万元的东洞庭湖流域生态环境整治项目，已完成前期实地调查，进入设计、招投标阶段。集镇建设。在2020年完成提质改造的基础上，进一步完善集镇配套设施建设，引入第三方公司负责日常保洁，集镇进入常态化管理。投资2800万元的集镇污水处理厂建设全面完工，进入运营阶段。建房建设。平江河村红星建房点50栋、中洲村枫亭建房点36栋、平江河村青峰建房点19栋房屋，全部竣工入住。

【人居环境整治】 2020年，中洲乡扎实推进农村改厕，按进度要求完成了900户的指标任务；彻底治理黑臭水体，投入20余万元完成集镇加油站后池塘的池塘清淤、管道铺设、场地平整，生活污水一并接入污水处理厂；建立健全长效机制，以巩固提升、常治长效为目标，乡村干部蹲村包组，落实“门前三包”和卫生评比制度，垃圾及时收集、转运。中洲乡村面貌大为改观。

【发展现代农业】 2020年，中洲乡特色种养规模不断壮大，培育各类专业合作社40多家，以蔬菜、稻虾种养为代表的特色农业逐步做大做强。农业观光旅游初具雏形，投资75万元完成中洲乡油菜花基地旅游观光路建设项目，打造油菜赏花区400公顷。受污染耕地整治有序推进，在520公顷安全利用区，采取水淹、部分休耕、改良品种等措施有效利用土地。在426.67公顷严格管控区内，投入40万余元铲除“压单扩双”晚稻33.33公顷，全面退出水稻种植；积极引导农户转型转产，采取“公司+农户”模式，引进牧草种植173.33公顷，发展生态健康养殖；支持民心蔬菜种植大棚蔬菜26.67公顷，滨海农业公司种植药材66.67公顷。2021年，计划引进荷花虾种养，进一步抓好受污染耕地整治，增加农民收益。

【民生工作】 2020年，中洲乡妇女“两癌”筛查、寄宿制学校改造等9项重点省市民生实事项目全部完成。医保缴费率位居全县前列、低保五保等保障性政策全面落到实处，农民工工资支付有效保障，未出现恶意拖欠现象。教育事业再攀高峰，2020年中考，中心学校正取县一中44人，5所学校有4所学校教育教学质量位居全县前列。持续推进文明创建，2020年，被评为“湖南省卫生乡镇”。住房安全更有保障，危房改造全部清零，彻底清除危房隐患，确保了农村“危房不住人，人不住危房”。

【社会综合治理】 2020年，中洲乡深入推进扫黑除恶专项斗争，从重从严打击处理涉恶势力3起，刑事拘留5人，治安拘留8人。扎实开展社会治安综合治理，成立专门班子，多次研判形势、深入调查，座谈走访130人次，接访240多人次，化解各类矛盾纠纷、信访问题60余例。持续筑牢安全生产底线，严格落实“一岗双责”，加强安全生产监管，共开展校园校车、消防、食品安全、烟花爆竹打非清缴、交通问题顽瘴痼疾整治等专项行动20余次，确保社会大局安全稳定。

（刘相灵）

人　物

人　物

新任县级领导

肖湘晖

男，汉族，1974年5月出生，湖南洞口县人。1996年7月参加工作，中共党员。历任邵阳市委政法委综合办科员（2001.12湘潭大学法律专业自考本科毕业），邵阳市委政法委社会治安综合治理指导室副主任，邵阳市委政法委执法监督室副主任，邵阳市委政法委维护稳定工作办公室副主任（正科），湖南省委政法委综治办主任科员，湖南省委政法委综治工作室副主任，湖南省委政法委综治二室副主任（机构调整）（其间：2009.04—2011.11湖南大学法学院法律硕士专业学习），湖南省委政法委综治二室调研员；2016年8月任岳阳市平江县委副书记；2019年11月任岳阳市平江县委副书记、二级调研员；2020年9月，任岳阳县委副书记、代县长；2020年12月，任岳阳县委副书记、县长。

杨革新

男，汉族，中共党员，本科学历，湖南湘阴县人。1970年10月出生，1994年5月加入中国共产党，1992年8月参加工作。1995年12月起，先后任职湘阴县关公潭乡副乡长、湘阴县赛头管区主任、湘阴县鹤龙湖管区党委书记、湘阴县城西镇镇长、湘阴县城西镇党委书记；2010年10月调入市纪委，先后任职案件监督管理室主任、信访室主任、第六纪检监察室主任、组织部部长；2020年6月任岳阳县委常委、纪委书记，岳阳县监察委员会主任候选人；同年8月，任岳阳县委常委、纪委书记，岳阳县监察委员会代理主任；同年12月，任岳阳县委常委、纪委书记，岳阳县监察委员会主任。

陈晓军

湖南岳阳县人，汉族，1964年12月出生，1987年1月加入中国共产党，1985年7月参加工作，大专文化。1982年9月至1985年7月，岳阳地区农业学校农学专业学习；1985年7月至1987年12月，岳阳县原兴旺乡团干、秘书；1988年1月至1989年12月，岳阳县原鹿角区秘书、武装部

副部长；1989年12月至1991年1月，岳阳县中洲乡党委副书记；1991年1月至1992年10月，岳阳县原友爱乡党委副书记、乡长；1992年10月至1995年3月，岳阳县原友爱乡党委书记；1995年3月至1995年11月，岳阳县中洲乡党委副书记、工作委员会主任（撤区并乡）；1995年11月至1998年1月，岳阳县中洲乡党委副书记、乡长（其间：1995年9月至1997年12月，岳阳市委党校经济管理专业业余专科班学习）；1998年1月至2000年2月，岳阳县中洲乡党委书记；2000年2月至2003年1月，岳阳县新开镇党委书记（其间：2000年9月至2002年12月，湖南农大经济管理学院农业经济管理专业研究生课程进修班学习，结业）；2003年1月至2003年2月，岳阳县交通局党委书记；2003年2月至2006年2月，岳阳县交通局党委书记、局长；2006年2月至2006年8月，岳阳县纪委工作（拟任副书记）；2006年8月至2011年3月，岳阳县原广播电视局党组书记、局长；2011年3月至2011年4月，岳阳县广播电视台党组书记、台长；2011年4月至2013年12月，岳阳县广播电视台台长；2013年12月至2015年12月，岳阳县广播电视台党组书记、台长；2015年12月至2017年6月，岳阳县原市场和质量监督管理局党组书记、局长（机构改革撤并）；2017年6月至2019年3月，岳阳县原食品药品工商质量监督管理局党组书记、局长；2019年3月至2020年5月，岳阳县市场监督管理局党组书记、局长（机构改革）；2020年5月至12月，岳阳县市场监督管理局党组书记、局长，县市场监管综合行政执法局局长（兼）；2020年12月，任县人大常委会副主任。

吴承棉

湖南岳阳县人，汉族，1965年11月出生，1993年11月加入中国共产党，1989年12月参加工作，本科文化。1985年10月至1988年7月，长沙农校农作专业学习；1988年9月至1989年11月，长沙农校种植专业大专师资班学习；1989年12月至1990年8月，岳阳县原大明乡经管员；1990年8月至1991年8月，岳阳县原第二职业中学教师；1991年8月至1992年2月，岳阳县原白羊乡工作；1992年2月至1995年3月，岳阳县原白羊乡副乡长；1995年3月至1995年11月岳阳县长湖乡工作委员会副主任（撤区并乡）；1995年11月至1998年4月，岳阳县长湖乡副乡长；1998年4月至1999年3月，岳阳县大云山林场党总支书记、大云山森林公园管理处主任；1999年3月至2001年12月，岳阳县大云山国家森林公园管理处（林场）党总支书记、主任（其间：1998年8月至2000年12月，中央党校函授学院法律专业函授本科班学习）；2001年12月至2008年2月，岳阳县林业局党委委员、副局长（保留正科级）；2008年2月至2008年8月，岳阳县原农办副主任；2008年8月至2012年9月，岳阳县新开镇党委委员、书记；2012年9月至2013年12月，岳阳县环保局党组副书记、局长；2013年12月至2016年5月，岳阳县环保局党组书记、局长；2016年5月至2017年1月，岳阳县纪委副书记；2017年1月至2017年12月，岳阳县纪委副书记、监察局局长、预防腐败局局长（兼）、县政府党组成员；2017年12月至2020年12月，岳阳县纪委副书记、县监察委员会副主任、县政府党组成员；2020年12月，任县人大常委会副主任。

张海波

男，汉族，1981年5月出生，吉林榆树人。2010年7月参加工作，中共党员，海军大连舰艇学院法律专业函授本科毕业。1999年9月，解放军汽车管理学院汽车分队指挥专业学员。2002年开始，历任海军汽车司机训练第一营三连一排排长，副连长，教研室副主任、教员，连长，副营长，教研室教员（专业技术十一级），海军出版社管理处副营职助理员；2011年6月，晋升为正营职；2014年5月，晋升为副团职；2015年9月，海军出版社管理处副处长；2019年1月，海军参谋部海图信息中心国际标准电子海图制图室主任；2020年8月，任湖南省岳阳县人民武装部部长。

先进人物

袁立军

男，中共党员，大学本科学历，1975年3月出生，岳阳县农机安全监理所副所长、工程师。2020年，被评为2020年全国农机安全监理示范岗位标兵。

业务能力强，爱岗敬业。袁立军工作勤奋务实，能够积极探索新的工作方式。在为农机手办理上户手续时，他总是替他们着想，尽量一次性帮他们办好，少跑路，并耐心细致地为农机手解答有关农机购置补贴的有关政策。在业务工作中积极发挥模范带头作用，深受广大农机手好评。

法律意识强，公正执法。袁立军同志政治立场坚定，能够全面贯彻落实各项方针政策，遵守国家及农机化法律法规，具有较高的政策理论水平。他时时刻刻维护农机安全执法形象。对拖拉机注册和驾驶员考核亲自把关，对符合条件的拖拉机及驾驶人都一一签批，对不符合规定的坚决不予办理。在路检路查工作中，他严格纠正违章行为，严肃查处无证无牌拖拉机及驾驶人，公正执法，照章办事，把事故隐患消灭在萌芽状态，净化了执法环境，增强了机手的安全意识。

服务意识强，贴心暖心。他一贯坚持“服务农业、服务农户、服务机手”服务理念。他始终把人民群众的利益放在首位，摆正监理与服务的关系，在保证农机安全生产的前提下力求把服务做到最“优”。他负责的农机事故的查勘、调解是又累又不招人喜欢的工作，每次报警他总是亲自带领事故处理人员到现场查勘，做好事故救援工作，遇到不理解的农机驾驶员就耐心细致的做工作，大力宣传农机安全责任险的好处，任劳任怨。使岳阳县农机安全责任险工作上了一个台阶，为全县的农机手提供了安全保障。

王石虎

男，大学本科学历，1970年7月出生，岳阳县人民医院副院长，主任医师。湖南省第十三届人大代表，曾获湖南好人、省抗疫先进工作者等荣誉。2020年，被评为湖南省劳模。

学术领域的中流砥柱。2011年，县人民医院组建泌尿外科，他担任科主任，带领团队攻坚克难，全力打造“小切口、大手术，甚至无切口、大

手术”的微创品牌，每年完成手术近千例，未发生一起医疗事故。2018 年，科室荣获岳阳市卫健委首届中国医师节的优秀团队光荣称号。

手术台上的拼命三郎。担任泌尿外科主任 9 年多，他保持着“三个最”：一是接诊病人最多；二是查房耗时最长；三是做手术例数最多。长时间的超负荷工作，体力透支，不断吞噬着王石虎的身体健康。在一次连续做完 5 台手术后，王石虎突然晕倒在手术台边，后被确诊为冠状动脉狭窄，引发痉挛和缺血性心绞痛，狭窄达到 60%。

患者眼中的骨肉亲人。面对困难患者时，王石虎经常自掏腰包帮助垫付费用。治疗过程中，常常亲自为患者导尿、掏粪，帮忙服侍他们的饮食起居。既是主治医师，又是陪护家属。

抗疫前线的忠诚卫士。2020 年暴发新冠肺炎疫情以来，作为医院分管业务的副院长，王石虎不顾自己的身体，从早至晚都在医院，平均每天工作 18 个小时，凌晨 2 点睡觉是常态，每天承担着高强度、高风险的工作，被评为湖南省抗疫先进工作者。

夏建禹

男，汉族，1978 年 4 月出生，1997 年 7 月参加工作，中共党员，专科学历，泌尿外科主治医师，县三人民（血防）医院支部书记、院长。2020 年，被评为湖南抗击新冠肺炎疫情先进个人、湖南省优秀共产党员。

作风务实创业绩。主动谋事干事，善于创造性开展工作。夏建禹任县血防医院院长初期，克服困难，完成了食堂修整、院内道路改造、病房漏水维护，添置了彩色 B 超、DR、生化设备、手术室消毒设备，完成了基层党支部软弱涣散、综治民调黄牌警告单位等后进工作的整改，得到了广泛认可，领导放心，群众满意。

自警自律赢口碑。坚持讲原则、严用权、严律己，处事公道，作风正派，廉洁自律好。在工作和生活中，夏建禹严格遵守作风建设和党风廉政建设各项规定，坚持按制度办事，按程序把关，不为亲友承揽工程项目打招呼，不接受红包礼品，干部群众反映好。

疫情防控克难关。新冠肺炎疫情爆发以来，夏建禹带领全院干部职工第一时间投入到防控一线，克服医疗用房紧张、资金困难等问题，用不到 7 个小时时间将内科住院楼改建为隔离点，开设单间隔离病房 28 间。为期 45 天的隔离点工作，医院共接收发热病人 29 例，全部按要求完成隔离治疗，为确保岳阳县的疫情防控工作取得阶段性胜利做出了应有的贡献。

吴立山

男，1969 年 9 月出生，大学毕业，中共党员，岳阳县卫生健康局党组成员、副局长、县计生协会常务副会长。分管计生业务工作以来，为岳阳县连续 14 年保持“全省人口计生工作先进县”做出了较大贡献。2020 年，被评为湖南抗击新冠肺炎疫情先进个人。

吴立山忠于职守，勇于担当。疫情之初，吴立山身兼数职，防控方案制订、疫情监测、设卡守点、后勤保障、流学病调查、信息发布、防控措施督查等，各项疫情防控工作有条不紊地积极推进。岳阳县毗邻武汉，防控压力大，但是全县仅有确诊病例4例，为全市最少。

吴立山勤勤恳恳、积极作为。科学研判疫情、积极当好参谋。吴立山全力组织流学病调查，冲在疫情防控最危险的第一线。组织全县排查“涉鄂人岳”人员8488名，4名确诊病例、2名症状感染者、28名疑似病例、287名密切接触者，他都熟记于心。2月9日，省卫健委以《岳阳县建立两个数据库，构建新冠肺炎疫情严密防控网》为题对岳阳县进行了报道，并将典型经验向全省推介。

他不计个得失，舍小家为大家。疫情防控最紧张的春节期间，他加班加点工作，120多天中没有休过一天假。常态化疫情防控以来，他担任县疫情联防联控办公室主任，用责任与担当全力守护人民的生命安全和身体健康。

肖庆珍

男，中共党员，1933年9月出生，1952年8月参加工作，1994年1月退休。2020年4月，获评全国烟草行业离退休干部先进个人。

曾任岳阳县烟草专卖局（分公司）党组书记、局长、经理。作为一名老党员，肖庆珍时刻感念党恩，热心公益。2020年新冠肺炎疫情暴发初始，他心系家国，捐赠1万元，为疫情防控贡献了自身力量。作为岳阳县烟草组建后的首任一把手，他两袖清风，从不向党组织伸手、不向党组织要名要利。任期内，他注重企业制度建设和选人用人，为岳阳县烟草发展打下坚实的思想基础和队伍基础，岳阳县局获“全国烟草系统纪检先进集体”。退休以后，他继续发挥余热，曾担任多个社会职务，任岳阳县烟草专卖局机关党支部老干小组组长、安全巡查员、行风监督员、机关晨练小组组长、岳阳县老年科学协会副会长。他组织老年人开发养鸡场，培养灵芝菌，开办瓶盖厂，不但有经济效益，还产生了良好的社会效益。在他的示范感召下，岳阳县烟草专卖局党组班子一届接着一届干，获“全国文明单位”“烟草行业县级烟草专卖局（分公司）标兵单位”等称号。

新闻人物

谢　斌

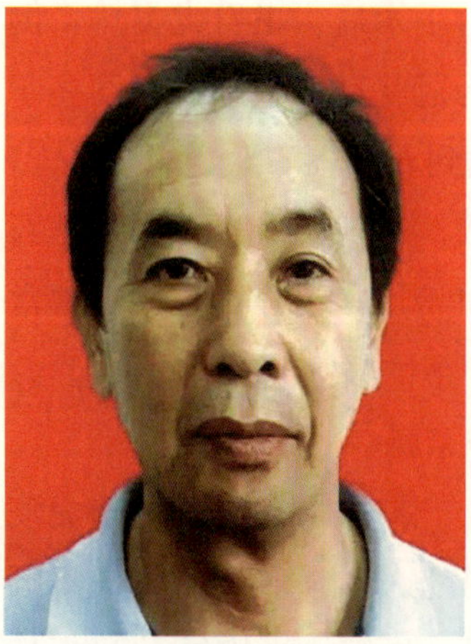

男，1966年8月出生，岳阳县公田镇甘田中学高级教师。从1995年起，义务帮助患有精神疾病的同学高路恩，并侍奉高母25年。2020年1月，被评为岳阳市第七届助人为乐道德模范、湖南好人；2020年12月，作为岳阳市唯一代表入围“中国好人”候选人。

为了帮助同学高路恩，20多年来，他联络同学亲友，筹措资金20多万元，先后7次送高路恩入院治疗。每次高路恩住院后，谢斌都要与医生保持密切联系，随时了解治疗进展，每过半个月去一次医院，陪高路恩聊天谈心，开导他。2017年高路恩出走，流落上海。谢斌通过上海救助站将其找到，并托人将他送往上海市精神医院治疗。2018年3月，在接连遭受失去理智的高路恩两次拳脚相加后，谢斌毫无怨言，想尽一切办法将他接回，送至岳阳市康复医院治疗至今。

高路恩是独生子女，生病20多年来，高母无依无靠。谢斌挤出时间，行走20多里路，照顾老人的生活，挑水、种菜、送米、送油，义无反顾。逢年过节，还将高母接到家中一起过节。2018年高母生病，谢斌拿出家中积蓄把老人送到岳阳市广济医院治疗。高母出院后，他又隔三差五去照顾，还出钱请人料理老人生活起居。

附　录

附　录

文件目录

中共岳阳县委重要文件

▲县委、县政府《关于印发〈岳阳县加快推进文化旅游融合发展的实施方案〉的通知》（岳县发〔2020〕1号）。主要内容是：一、加强文旅产业统筹领导。二、构造全景文旅产品体系。三、推进文化旅游+融合发展。四、完善文化旅游公共服务设施。五、优化文化旅游服务要素。六、创新文化旅游宣传营销。七、打造特色文化旅游小镇。八、创新开发文化旅游商品。九、加强文化旅游人才队伍建设。十、加强政策支持保障力度。

▲县委《关于建立县人民政府向县人大常委会报告国有资产管理情况制度的意见》（岳县发〔2020〕4号）。主要内容是：一、总体要求。二、报告方式和重点。三、审议程序和重点。四、组织保障。

▲县委、县政府《关于印发〈岳阳县引进高层次和急需紧缺人才实施办法〉的通知》（岳县发〔2020〕5号）。主要内容是：一、总则。二、引进对象。三、引进方式。四、引进程序。五、优惠政策。六、人才管理。七、组织保障。八、附则。

▲县委办公室、县政府办公室《关于印发〈岳阳县深化乡镇机构改革方案〉的通知》（岳县办发〔2020〕1号）。主要内容是：一、总体要求。二、理顺乡镇职责权限。三、调整优化乡镇机构设置。包括科学设置乡镇党政机构、综合设置乡镇事业单位、整合设置综合行政执法机构、推进乡镇站所属地化管理等。四、优化乡镇编制资源。五、规范乡镇领导职数。六、组织实施。包括加强组织领导、协调统一推进、注重宣传引导、严明纪律规矩等。

▲县委办公室、县政府办公室《关于印发〈岳阳县洞庭英才选拔计划实施方案〉的通知》（岳县办发〔2020〕3号）。主要内容是：一、项目设置。二、评选条件、三、选拔程序。四、待遇标准。五、组织保障。

▲县委办公室、县政府办公室《关于印发〈岳阳县新型冠状病毒感染的肺炎防控期间“平战结合”工作方案〉的通知》（岳县办〔2020〕3号）。主要内容是：一、指导思想。二、基本原则。包括突出重点，防疫优先；以人为本，民生优先；统筹兼顾，平战结合；改进作风，一线攻坚等。三、坚决打赢新型冠状病毒感染的肺炎疫情防控阻击战。包括切实开展地毯式排查；切实开展核酸检查排查；切实开展重点对象隔离；切实开展交通管制与控制流入劝导；切实开展治陋习、树新风及禁止聚集聚餐活动；切实开展爱国卫生运动及农村人居环境整治；切实开展严格的市场监管；切实开展复工复产企业、建筑工地防疫监管；切实抓好医疗救治、防疫物资供给与应急管理等。四、统筹抓好改革发展稳定各项工作，决战脱贫

攻坚，决胜全面小康社会。包括积极主动抓好产业项目建设；积极主动抓好农业生产；持之以恒抓好脱贫攻坚；“平战结合”抓好教育教学工作等。五、保障措施。包括高度重视，强化领导；严格要求，压实责任；加强宣传，营造氛围；加强督查，严肃问责等。

▲县委办公室、县政府办公室《关于印发〈岳阳县推行村（社区）党组织书记、村（居）民委员会主任“一肩挑”工作方案〉的通知》（岳县办〔2020〕17号）。主要内容是：一、指导思想。二、基本原则。包括坚持党的领导、坚持民主公开、坚持依法依规、坚持分类指导等。三、目标任务。四、方法步骤。五、纪律要求。六、组织领导。

▲县委办公室、县政府办公室《关于印发〈岳阳县农村宅基地管理与改革工作实施方案〉的通知》（岳县办〔2020〕49号）。主要内容是：一、工作目标。二、主要工作。三、工作措施。四、工作保障。

岳阳县人民政府重要文件

▲岳阳县人民政府关于印发《岳阳县提升政府系统执行力十条措施》的通知（岳县政发〔2020〕3号）。主要内容是：1.严守政治规矩，2.坚持以上率下，3.提高决策质量，4.压实工作责任，5.加强统筹协作，6.提高执行效率，7.全力创先争优，8.提升服务水平，9.杜绝形式主义，10.优化督查考核。

▲岳阳县人民政府关于在全县重点水域实行全面禁捕的通告（岳县政通〔2020〕7号）。主要内容是：自2019年12月20日零时起，岳阳县东洞庭湖水生生物保护区水域，永久性全面禁止生产性捕捞；岳阳县东洞庭湖与长江、湘江、沅江岳阳县段除上述水生生物保护区以外的水域，暂定10年全面禁止天然渔业资源的生产性捕捞。自2020年7月1日零时起，新墙河全域禁止生产性捕捞。相关部门单位及属地乡镇建立联合巡查执法机制，在禁捕水域开展定点式侦察、常态化巡查等执法行动，确保有禁必止、有案必查，从严从重打击违法犯罪行为。通告自发布之日起施行，岳县政通〔2019〕6号自行废止。

岳阳县特色农产品简介

大云山白酒

岳阳县毛田镇大云山农民自古就有收割稻谷后就酿酒的习惯。千百年来，大云山白酒以其“入口净爽、口感绵甜、清香甘冽、隔夜留香、回味悠长”的高雅品质和独特风格，誉满三湘。传统古方、纯土曲酿造的大云山谷酒是居家饮用、馈赠亲友的随手好礼品。

大云山处在东亚季风气候区，温暖湿润、四季分明、季节性强、热量丰富、严寒期短、无霜期长。春湿多变，盛夏酷热，雨水充沛、雨季明显很适合农作物生长。大云山片区主产稻谷、玉米、红薯等作物，常年种植面积大，产量高，充分保障酿酒原材的供应。科学显示，普通工序酿造的谷酒甲醛超标，对身体和眼睛有害。岳阳市富仁生态农业发展有限公司高薪聘请国家级品酒师、调酒师为公司技术顾问，通过学习、探索、实研，研发了一套除甲醛超标方法，科学去除谷酒产品中的有害物资。同时，在原有传统酿造技术的基础上作出调整和改进，进一步提升了白酒的品牌和品质，让百姓喝上健康优质大云山白酒。

岳阳茶油

岳阳茶油又名岳阳山茶油、山茶籽油，是从山茶科山茶属植物的普通油茶（Camellia Oleifera Abel）成熟种子中提取的纯天然高级食用植物油，色泽金黄或浅黄，品质纯净，澄清透明，气味清香，味道纯正。中国先秦古籍《山海经》中记载“员木，南方油食也”，员木即油茶。《本草纲目》记载，岳阳茶油有“明目亮发、润肠通便、清热化湿、杀虫解毒”之功效。《中国医药宝典》记载，岳阳茶油外用可治疗癣疥、防蚊虫叮咬、除疣、防晒去皱等。《纲目拾遗》记载：“(岳阳)茶油可润肠、清胃、解毒、杀菌……”相传岳阳茶油曾与明朝开国皇帝朱元璋结下不解之缘，被朱元璋封为“皇宫御膳”用油。

岳阳藜蒿

藜蒿学名狭叶艾，又名芦蒿、水蒿、青艾等。《本草纲目·草部》第十五卷记载：藜蒿气味甘甜无毒，主治五胀邪气，风寒湿脾，补中益气，长毛发，久食轻身，耳聪目明，防衰。中医认为其除食用之外还有清热、利湿、杀虫之功能。

岳阳县的岳阳藜蒿生长在中洲、麻塘、黄沙镇沿湖一带。据史料记载，皇宫后妃们发现藜蒿有十分明显的排毒养颜作用而竞相购买，京城一带呼之“贵妃草”。明朝朱元璋在金陵称帝后，指定岳阳县县官在清明时节进贡嫩藜蒿食用，因此，民间又称之为“贡草”“洞庭人参”。该地区常年生产鲜嫩藜蒿2万吨以上，主要销往武汉、南京、合肥、上海、长沙、北京等地。

岳阳藜蒿系菊科蒿属多年生野生草本植物，其嫩茎可作蔬菜食用，每100克可食部分中含蛋白质3.6克、钙730毫克、硫胺素0.0075毫克、磷102毫克、胡萝卜素1.39毫克、抗环血酸49毫克、铁2.9毫克。

以岳阳藜蒿为食材的主要菜品有藜蒿炒腊肉、藜蒿炒香干、藜蒿炒牛肉。随着人们菜谱的变化，经过人工栽培的藜蒿走近了解寻常百姓家，也步入了高档次的宾馆、酒店。为适应市场需要，岳阳县人工种植藜蒿3万亩，一般藜蒿亩产鲜茎4000~5000千克，效益较高。

岳阳张谷英油豆腐

岳阳县张谷英镇有近600年的历史，是国内保存最完整和最大的明清时代的汉居，属全国重点文物保护单位。张谷英镇在湘北地区也小有名气，像用古井水做的油豆腐，张谷英豆腐乳、岳阳小干笋、农家土猪腊肉等都是当地非常有特色的食品。

岳阳张谷英油豆腐，是用张谷英镇生产的黄豆、渭洞茶油和龙涎井清泉，采取传统工艺加工而成。色泽金黄，空心酥软。油豆腐属于百搭食材，可以与肉类、各种蔬菜同炒，也可以煎、炸、烩、煮、炖，味道鲜美可口。

岳阳红薯粉皮

岳阳红薯粉皮在中华人民共和国成立之前，是渭洞、月田、毛田、新墙镇，黄沙街镇，杨林乡，柏祥镇，麻塘镇，长湖乡，公田镇，月田镇，新开镇，张谷英镇等地人民的主粮，鹿角区是红薯主产区。1949年全县有红薯粉皮4.5吨，1960年有8.6吨，1980年有9.8吨，红薯粉皮的产量占粮食产量的5%。1990年后红薯粉皮大部分人家都做，2015年产量达1200吨左右，畅销长沙、湖北、天津、南京、江西、广州、北京等地。岳阳红薯粉皮色泽光亮，白中泛青，晶莹如玉，身干条细，均匀片薄，韧性好，拉力足，食之柔软爽口。

索引

说　　明

一、本类目设主题索引和表 2 个分目

二、主题索引中文标目按汉语拼音顺序排列，然后按页码顺序排列。首字为阿拉伯数字的主题词，排列在本索引之首。

索引名称后的阿拉伯数字表示内容所在的页码，拉丁字母 a、b、c 对应表示栏别左、中、右栏。

类目用彩色字，仅标注所在页码，未标注分栏。

本年鉴的类目“特载”未做主题索引。

三、表格按序号排列，仅标注所在页码，不标注分栏。

主　　题

数字首

A

E

F

K

N

P

Q

R

S

Y

Z

表 格